普通高等教育物流管理专业系列教材

采购管理

第4版

Purchasing Management

徐 杰　卞文良　主编

本书在借鉴和吸收国内外采购管理理论和最新研究成果的基础上，密切结合国内企业采购管理的实际情况，介绍了采购管理的基础知识、基本理论和相关前沿问题。

全书分为基础篇、实务篇、专题篇，共 15 章，内容涵盖了采购管理基础知识和基本理论，采购计划和组织、采购洽商和合同管理、采购价格和成本分析、供应商管理、采购信息化等采购管理实务，以及国际采购、项目采购和政府采购等，既包括基础理论和前沿性内容，又包括采购实务方面的知识，同时每章都附有真实企业采购管理案例。

本书内容深入浅出，体系新颖完善，既可作为物流管理与工程类专业的本科生教材，也可用作相关专业本科生、研究生以及从事采购和物流管理的研究人员、管理人员的参考书。

图书在版编目（CIP）数据

采购管理/徐杰，卞文良主编. — 4 版. —北京：机械工业出版社，2021.12（2024.8 重印）

普通高等教育物流管理专业系列教材　北京高等教育精品教材

ISBN 978-7-111-69338-3

Ⅰ.①采…　Ⅱ.①徐…　②卞…　Ⅲ.①采购管理-高等学校-教材　Ⅳ.①F253

中国版本图书馆 CIP 数据核字（2021）第 205114 号

机械工业出版社（北京市百万庄大街 22 号　邮政编码 100037）
策划编辑：曹俊玲　易　敏　责任编辑：曹俊玲　马新娟
责任校对：王　欣　　　　　封面设计：张　静
责任印制：张　博
北京建宏印刷有限公司印刷
2024 年 8 月第 4 版第 8 次印刷
184mm×260mm·19 印张·470 千字
标准书号：ISBN 978-7-111-69338-3
定价：59.80 元

电话服务　　　　　　　　　网络服务
客服电话：010-88361066　　机　工　官　网：www.cmpbook.com
　　　　　010-88379833　　机　工　官　博：weibo.com/cmp1952
　　　　　010-68326294　　金　书　网：www.golden-book.com
封底无防伪标均为盗版　　　机工教育服务网：www.cmpedu.com

前　言

随着专业化分工的细化和信息技术的发展，采购管理的作用日益凸显，采购已不仅是企业的一种独立的功能和业务性的工作，更是一种与企业战略决策紧密相关的综合性管理活动。目前，各行业的采购管理同物流管理、供应链管理一样，越来越受到人们的重视。

中国既是一个制造大国和消费大国，也是全球重要的产品市场和资源市场。在推动以国内大循环为主体、国内国际双循环相互促进的新发展格局下，企业的采购活动日益频繁，采购复杂度和管理难度也不断加大。一方面，平台采购、智慧采购、电子采购等新模式不断涌现，优势日渐显现；另一方面，企业的采购管理模式还相对落后，采购计划、组织、流程管理、供应商管理的水平和信息化程度有待提升，部分传统行业的采购管理水平与国际一流的跨国公司相比仍有较大差距。因此，加强企业的采购与供应管理，使采购成为一个重要的增值过程、成为企业价值链中的重要一环，对企业提升核心竞争力以应对新发展格局具有十分重要的意义。

为了实现科学合理的采购管理，采购管理者必须具备经济、技术、管理等方面的知识与技能，这就需要通过学习和实践不断提高自身素质。基于这种情况，本书的编写具有十分重要的意义。本书自出版以来被多所高校采用，经过了多次印刷和修订，本次修订在第3版的基础上增加了平台采购、数字化采购等新内容，既有编者在多年采购管理课程教学中总结的对采购管理的认识和感悟，也有对采购管理新理论、新视角、新模式的引入，同时更新了国内企业典型采购管理实际案例，在结构体系的设计、素材的选取等方面，都十分适合作为高校的专业教材。

本书重点讲述采购管理的基础知识、采购模式的运用、采购计划和组织、成本分析技术、供应商管理以及企业内部的采购管理策略等，在内容设计方面的特色在于，既包括基础理论和前沿性内容，又包括采购实务方面的知识；内容深入浅出，体系新颖完善；在每章的后面都附有与本章学习内容密切相关的案例，非常便于读者学习和理解所学的内容。

本书为北京高等教育精品教材，由北京交通大学经济管理学院徐杰、卞文良主持编写（北京交通大学"采购学"课程已被评为北京市精品课程和北京交通大学优质课程）。本书共分为15章，其中第一、二、六、七章由卞文良编写，第三、八、九、十、十一、十四、十五章由徐杰编写，第四、五章由耿勇编写，第十二、十三章由周建勤编写。在编写过程中，北京交通大学经济管理学院张娜、柴雪琴、陈娅娜、朱敏、王墨涵、王靖、齐婷婷、张颖、郭睿、孙玉平、任育衡、李和繁、许诺，中央财经大学林琴等研究生在资料收集、文字整理等方面给予了大力帮助，在此表示衷心感谢。

在编写本书过程中，编者参考了大量的相关文献，在此向各位文献作者表示衷心的感谢。采购管理的理论、方法与实践仍在研究和发展之中，尚在不断充实和完善。由于编者水平有限，书中不当之处在所难免，恳请读者批评指正。

编 者

目 录

前言

第一篇 基 础 篇

第一章 采购概述 ... 2
第一节 采购的含义 ... 2
第二节 采购的地位和采购管理的作用 ... 4
第三节 采购的基本程序和原则 ... 6
第四节 采购组织 ... 9
第五节 现代采购管理 ... 12

第二章 采购分类 ... 20
第一节 采购的分类概述 ... 20
第二节 集中采购、分散采购与联合采购 ... 23
第三节 即时制采购 ... 28
第四节 可持续采购 ... 35

第三章 招标采购 ... 39
第一节 招标采购概述 ... 39
第二节 招标、投标与评标 ... 44
第三节 招标采购中常见的问题 ... 52

第四章 电子采购 ... 60
第一节 电子采购概述 ... 60
第二节 电子采购的模式 ... 63
第三节 电子采购方案的实施 ... 66
第四节 平台采购 ... 69
第五节 共享采购 ... 71

第五章 战略采购 ... 75
第一节 战略采购的兴起 ... 75
第二节 创建双赢采购战略的原则 ... 79
第三节 整合供应网 ... 80
第四节 利用供应商进行创新 ... 82
第五节 发展全球供应基地 ... 86

第二篇 实 务 篇

第六章 市场调查和采购预测 ... 92
第一节 市场调查 ... 92
第二节 采购预测 ... 97

第七章 采购计划和预算 ... 108
第一节 采购计划概述 ... 108
第二节 战略采购计划 ... 112
第三节 采购需求确定 ... 115
第四节 采购预算 ... 131

第八章 采购谈判和合同签订 ... 142
第一节 采购谈判 ... 142
第二节 采购合同签订 ... 150

第九章 合同履行和绩效考核 ... 162
第一节 货款支付 ... 162
第二节 质量管理 ... 166
第三节 采购绩效考核 ... 176

第十章 采购成本管理 ... 183
第一节 采购价格分析 ... 183
第二节 采购成本分析 ... 188
第三节 价值分析在采购中的应用 ... 193
第四节 降低采购成本的方法 ... 195

第十一章　供应商管理 ················ 201
第一节　供应商选择 ················ 201
第二节　供应商审核 ················ 206
第三节　供应商绩效考评 ············ 212
第四节　供应商关系管理 ············ 215

第十二章　采购信息管理 ············ 231
第一节　企业采购管理信息系统 ······ 231
第二节　ERP 中的采购管理 ·········· 234
第三节　电子订货系统 ·············· 237
第四节　数字化采购 ················ 241

第三篇　专　题　篇

第十三章　国际采购 ················ 246
第一节　国际采购概述 ·············· 246
第二节　国际采购的程序 ············ 250
第三节　国际采购的运输与保险 ······ 255
第四节　国际采购的结算 ············ 260

第十四章　项目采购 ················ 264
第一节　项目采购概述 ·············· 264
第二节　项目采购管理 ·············· 268

第三节　项目采购风险管理 ·········· 277

第十五章　政府采购 ················ 285
第一节　政府采购概述 ·············· 285
第二节　政府采购方式 ·············· 291
第三节　国内外政府采购管理现状 ···· 293

参考文献 ·························· 297

第一篇 基础篇

第一章

采 购 概 述

■ 作　用

本章是对采购管理所涉及内容的概括性介绍，目的是使读者了解最新的企业采购管理理念，理解采购管理在企业管理中的地位和重要意义，掌握企业采购的基本原则和程序，熟悉采购相关概念及各概念之间的联系和区别，为以后各章的学习打下基础。

■ 关　键

本章所涉及的基本概念包括采购、供应、传统采购、现代采购、采购组织；基本理论包括采购的价值地位（杠杆作用）、传统采购管理与现代采购管理的主要区别、采购组织的组建；主要方法包括采购程序的制定方法、采购原则的确定方法等。

第一节　采购的含义

采购是各个企业所共有的职能，是企业经营的起始环节，同样也为企业创造价值。随着企业规模的不断扩大及精细管理和信息技术的广泛应用，采购的作用日益突出。它不但是保证生产正常运转的必要条件，而且也为企业降低成本、增加盈利创造条件。

一、采购的概念

（一）基本概念

> 思　考：
> 1. 什么是采购？
> 2. 采购管理与物流管理、供应链管理有什么关系？

狭义的采购是买东西，就是企业根据需求提出采购计划、审核计划、选好供应商、通过商务谈判确定价格和交货条件，最终签订合同并按要求收货付款的过程。这种以货币换取物品的方式，可以说是最普通的采购。无论是个人还是企业机构，其消费或者生产的需求大都通过购买的方式来满足。因此，在狭义的采购之下，买方一定要先具备支付能力，也就是要有钱，才能换取他人的物品来满足自己的需求。

广义的采购是指除了以购买的方式占有物品之外，还可以通过其他方式取得物品的使用权，来达到满足需求的目的。广义的采购除购买之外，还可以通过租赁、借贷和交换等方式来实现。

我们可以从以下几个方面来全面理解采购的概念：

（1）采购是从资源市场获取资源的过程。采购对于生产或生活的意义在于能提供生产或生活所需但自己缺乏的资源。这些资源，既包括生活资料，也包括生产资料；既包括物质资源（如原材料、设备、工具等），也包括非物质资源（如信息、软件、技术、文化用品等）。资源市场由能够提供这些资源的供应商组成，从资源市场获取这些资源都是通过采购的方式来进行。采购的基本功能就是帮助人们从资源市场获取他们所需要的各种资源。

（2）采购是商流过程和物流过程的统一。采购的基本内容，就是将资源从资源市场的供应者手中转移到用户手中的过程。在这个过程中，一是要实现将资源的所有权从供应者手中转移到用户手中，二是要实现将资源的物质实体从供应者手中转移到用户手中。前者是商流过程，主要通过商品交易、等价交换来实现；后者是物流过程，主要通过运输、储存、包装、装卸、流通加工等手段来实现。采购过程实际上是这两个方面的结合，缺一不可；只有这两个方面都完全实现了，采购过程才算完成。因此，采购过程实际上是商流过程和物流过程的统一。

（3）采购是一种经济活动。采购是企业经济活动的主要组成部分。既然是经济活动，就要遵循经济规律，追求经济效益。在整个采购活动过程中，一方面，企业通过采购获取了资源，保证了企业正常生产的顺利进行，这是采购的效益；另一方面，采购过程也会发生各种费用，这就是采购成本。我们要追求采购经济效益的最大化，就要不断降低采购成本，以最低的成本获取最大的效益。而要做到这一点，科学采购是必然要求。科学采购是实现企业经济效益最大化的基本利润源泉。要实现科学采购，就要科学地进行采购管理。

（二）相关概念

1. 订购、购置和购买

采购与订购、购置和购买等概念是不同的。订购是采购过程的一部分，它是指依照事先约定的条件向供应商发出采购订单，它还被用于在没有询问供应商的条件下直接发出采购订单的情况。电话订购属于这个范畴，因为电话订购的产品已经列在供应商的产品目录中。订购实际上与采购过程的最后几道程序有关（本章第三节将对采购程序进行介绍）。"购置"一词一般用于固定资产和设备的采购。购买主要是指获取商品所有权的采购活动，是采购中的商流活动。采购比购买的含义更广泛、更复杂。

2. 供应

在美国和欧洲，供应具有包括采购、存储和接收在内的更广泛的含义；在中国，供应是指供应商提供产品或服务的过程，偏重于物流活动，而采购更偏重于商流活动。

3. 开发原料来源

在物流领域正越来越流行的一个术语是"开发原料来源"。它包括寻找供应源、保证供应的连续性、确保供应的替代源、搜集可获得资源的信息等活动。这些活动中的大多数与采购过程中的寻找和选择供应商有关。

4. 采购管理

采购管理指的是对采购过程的计划、组织、协调和控制等。它包括管理供应商关系所必需的所有活动。它着眼于企业内部、企业和供应商之间构建采购关系和持续改进采购的过程，因此采购管理包括内部和外部两个方面的内容。

二、采购的范围

采购的范围是指采购的对象或标的。采购按其对象的不同可分为有形采购和无形采购。有形采购主要包括原料、辅助材料、半成品、零部件、成品、投资品或固定设备及保养、维修与运营（Maintenance Repair and Operations，MRO）；无形采购主要包括服务和技术采购，或采购设备时附带的服务。

采购的对象还可以分为直接物料和间接物料。直接物料是与最终产品生产直接相关的物料，间接物料是与最终产品不直接相关的商品或服务。间接物料又可以分为运营资源管理（Operating Resource Management，ORM）和MRO。ORM通常是指企业日常采购的办公用品和服务，MRO是指维持企业生产活动持续进行的维护、修理、装配等所需的间接物料（包括备品备件、零部件等，如润滑油）。

第二节 采购的地位和采购管理的作用

在传统思维里，采购就是拿钱买东西，目的就是以最少的钱买到最好的商品。但是，随着市场经济的发展、技术的进步、竞争的日益激烈，采购已由单纯的商品买卖发展成为一种职能，一种可以为企业节省成本、增加利润、获取服务的职能。总体而言，采购由战术地位提高到了战略地位。

一、采购的地位

采购曾一度被认为是一种注重文书工作的行政职能。近年来，企业才开始意识到采购活动本质上是具有战略意义的。

采购在企业中具有举足轻重的地位。采购已经成为企业经营的一个核心环节，是获取利润的重要来源，在企业的产品开发、质量保证、供应链管理及经营管理中起着极其重要的作用。走出传统的采购认识误区、正确确定采购的地位，是当今每个企业在全球化、信息化市场经济竞争中赖以生存的一个基本保障，更是现代企业谋求发展壮大的一个必然要求。

（一）采购的价值地位

采购成本是企业成本管理中的主体和核心部分，采购是企业管理中"最有价值"的部分。在工业企业的产品成本构成中，采购的原材料及零部件成本占企业总成本的比例随行业的不同而不同，大体在30%～90%，平均水平在60%以上。从世界范围来说，对于一个典型的企业，一般采购成本（包括原材料、零部件）要占60%，工资和福利占20%，管理费用占15%，利润占5%。而在中国的工业企业中，各种物资的采购成本要占企业销售成本的70%。现实中，许多企业在控制成本时将大量的时间和精力放在不到总成本40%的企业管理费用及工资和福利上，而忽视其主体部分——采购成本，因此往往事倍功半、收效甚微。

（二）采购的供应地位

从供应的角度来说，采购是整体供应链管理中"上游控制"的主导力量。

在工业企业中，利润是同制造及供应过程中的物流和信息流流动速度成正比的。在商品生产和交换的整体供应链中，每个企业既是顾客又是供应商。为了满足最终顾客的需求，企业力求以最低成本将高质量产品以最快的速度供应到市场，以获取最大利润。从整体供应链的角度来看，企业为了获得尽可能多的利润，都会想方设法地加快物料和信息的流动，这样就必须依靠采购的力量，充分发挥供应商的作用，因为占成本60%的物料及相关信息都来自供应商。供应商提高其供应可靠性及灵活性、缩短交货周期、提高送货频率可以极大地改进工业企业的管理水平，如缩短生产总周期、提高生产效率、减少库存、增强对市场需求的应变力等。

此外，随着经济一体化及信息全球化的发展，市场竞争日益激烈，顾客需求的提升驱使企业按库存生产，而竞争的要求又迫使企业争取按订单生产。要解决这一矛盾，企业只有将供应商纳入自身的生产经营过程中，将采购及供应商的活动看成自身供应链的一个有机组成部分，才能加快物料及信息在整体供应链中的流动，从而可将顾客所希望的库存成品向前推移为半成品，进而推移为原材料。这样既可减少整个供应链的物料及资金负担（降低成本、加快资金周转等），又可及时将原材料、半成品转换成最终产品以满足顾客的需要。在整体供应链管理中，"即时生产"是缩短生产周期、降低成本和库存，同时又能以最快的交货速度满足顾客需求的有效做法；而供应商的"即时供应"则是开展"即时生产"的主要内容。

（三）采购的质量地位

质量是产品的生命。采购物料不只是价格问题（而且大部分不是价格问题），更多的是质量水平、质量保证能力、售后服务、服务水平、综合实力等。有些商品看起来买得很便宜，但经常维修、经常不能正常工作，这就大大增加了使用的总成本；如果买的是假冒伪劣商品，那么企业就会蒙受更大的损失。一般企业都将质量控制按时序划分为采购品质量控制、过程质量控制及产品质量控制。

由于产品中价值的60%是通过采购由供应商提供的，毫无疑问，产品的质量很大程度上受采购品质量控制（Incoming Quality Control，IQC）的影响。也就是说，保证企业产品"质量"不仅要靠企业内部的质量控制，更依赖于对供应商的质量控制。这也是"上游质量控制"的体现。上游质量控制得好，不仅可以为下游质量控制打好基础，还可以降低质量成本，减少企业来货检验费用（降低IQC检验频率，甚至免检）等。经验表明，如果企业能将1/4甚至1/3的质量管理精力花在供应商的质量管理上，那么企业自身的质量（过程质量及产品质量）水平可以提高50%以上。由此可见，通过采购将质量管理延伸到供应商质量控制是提高企业自身质量水平的基本保证。

同时，管理好采购能对质量成本的削减做出贡献。当供应商交付产品时，许多企业都会进行来料检查和质量检查。所采购货物的来料检查和质量检查成本的减少，可以通过选择那些有健全的质量保证体系的供应商来实现。

管理好采购不但能够减少所采购的物资或服务的成本，而且能够通过多种方式增加企业的价值，这些方式主要有支持企业的战略、改善库存管理、稳步推进与主要供应商的关系、密切了解供应市场的趋势等。因此，加强采购管理对企业提升核心竞争力具有十分重要的意义。

二、采购管理的作用

1. 直接作用

采购管理在以下几个方面对企业经营的成功具有重大贡献：
（1）可以通过实际成本的节约显著提高营业利润。
（2）通过与供应商一起对质量和物流进行更好的安排，为更高的资本周转率做出贡献。
（3）通过科学的采购流程管理，能够对企业的业务流程重组及组织结构的改革做出贡献。

（4）通过与市场的接触可以为企业内部各部门提供有用的信息，主要包括价格、产品的可用性、新供应源、新产品及新技术等。供应商所采用的新营销技术和配送体系很可能对营销部门大有益处；而关于投资、合并、兼并对象及当前和潜在的顾客等方面的信息，对营销、财务、研发和高层管理都有一定的意义。

2. 间接作用

除了直接降低采购成本，采购管理也能够以一种间接的方式对企业竞争地位的提高做出贡献。这种间接贡献以产品的标准化、质量成本（与检查、报废、修理有关的成本）的降低和产品交货时间的缩短等形式体现。在实践中，这些间接贡献通常比直接节省的资金更有利于企业的持续发展。

（1）产品标准化。企业可以通过采购标准化的产品来减少采购品种，从而降低企业生产成本。这样还可以降低企业对某些供应商的依赖性，更好地使用竞标的方法。

（2）减少库存。通过对采购活动的科学管理，可以实现对企业各个生产环节所需原材料的即时供应，从而降低企业的库存水平以及因大量库存而带来的资金占用。

（3）递增的柔性。迫于国际竞争的压力，越来越多的企业正尝试实施柔性制造系统。这些系统的实施要求供应商具有良好的市场反应能力。采购部门的协调将使供应商与企业共同努力，为供应链在最终用户市场上竞争力的提升带来益处。

（4）对产品设计和革新的贡献。随着科技的进步，产品的开发周期在极大地缩短，产品开发同步工程应运而生。以汽车为例，20 世纪 50 年代的开发周期约为 20 年，70 年代缩短为 10 年，80 年代缩短到 5 年，90 年代则进一步缩短到 3 年左右。企业能做到这一点与供应商参与早期开发是分不开的。通过采购使供应商参与企业产品开发，不仅可以利用供应商的专业技术优势缩短产品开发时间、节省产品开发费用及产品制造成本，还可以更好地满足产品功能性的需要，提高产品在整个市场上的竞争力。成功的工业革新常常是从供应商和买方的相互深入作用中实现的，积极地寻求这种相互作用是采购的任务。

（5）提高企业部门间的协作水平。近年来，许多企业都采用了事业部结构，事业部有着相当大的自主权。在这种结构中，每一个事业部的经理都需要报告其负责部门的损益情况。因此，事业部经理要对收入和成本（包括原料成本）负责。在这种情况下，整个企业的集中采购可以促使各部门加强协调和协作。

总之，采购管理在企业管理中占有至关重要的地位，采购环节是整个经营中关键的一环。因此，搞好采购工作和做好采购管理是企业在激烈的市场竞争中发展的基本条件。

第三节 采购的基本程序和原则

一、采购的基本程序

采购的基本程序会因为采购品的来源（国内采购、国外采购）、采购的方式（议价、招标）及采购的对象（物料、工程发包）等不同，而在作业细节上有若干差异，但每个企业的基本采购程序大同小异。

在采购过程中，作为制造业的购买方，首先要寻找相应的供应商，调查其产品在数量、质量、价格、信誉等方面是否满足购买要求；在选定了供应商后，要以订单方式传递详细的购买计划和需求信息给供应商并商定结款方式，以便供应商能够准确地按照用户要求的性能指标进行生产和供货；最后，要定期对采购物料的管理工作进行评价，寻求提高效率的采购流程创新模式。

> **思 考：**
> 1. 采购工作应该按照怎样的程序进行？
> 2. 采购的基本原则有哪些？

采购的基本程序如下：

1. 提出需求

任何采购都产生于企业中某个部门的确切需求。负责具体业务活动的人应该清楚地知道本部门独特的需求：需要什么、需要多少、何时需要。这样，采购部门就会收到这个部门发出的物料需求单。这类需求也可以由其他部门的富余物料来满足，但是企业早晚需要进行新的物料采购。

采购部门还应协助使用部门预测物料需求。采购部经理不仅应要求需求部门在填写请购单时尽可能采用标准化格式及尽可能少发特殊订单，而且应督促尽早地预测需求以免出现太多的紧急订单。由于不可能完全准确地了解价格变化和整个市场状况，为了避免供应终端的价格上涨，采购部门有时要发出一些期货订单。采购部门和供应商早期参与合作会带来更多信息，从而帮助削减成本，加速产品推向市场的进度并能带来更大的竞争优势。

2. 描述需求

如果不了解使用部门到底需要些什么，采购部门就不可能进行采购。因此，要对需要采购的商品或服务有一个准确的描述。准确地描述所需商品或服务是采购部门和使用部门或跨职能采购团体的共同责任。如果通过对需求描述做某种调整，企业可能获得更多的效益，那么采购部门就应该对现存的需求描述提出质疑。采购部门和提出具体需求的部门在确定需求的早期阶段进行交流有重要的意义；否则，轻则由于需求描述不够准确而浪费时间，重则会产生严重的财务后果，并导致供应的中断及企业内部关系的恶化。

由于在具体的规格要求交给供应商之前，采购部门是能见到它的最后一个部门，因此需要对它进行最后一次检查。如果采购部门的人员对申请采购的产品或服务不熟悉，那么这种检查就不可能产生实效。任何关于采购事项描述的准确性方面的问题都应该由需求部门向采购者或采购团队进行"交底"，采购部门不能想当然地处理。

采购的成功始于采购要求的确定，同时应采取适当的办法来保证供应商能完全理解。这些办法通常包括：制定规范、图样和采购订单的书面程序；发出采购订单前与供应商协商；在采购文件中提供清晰描述所订产品或服务的数据，如产品的精度等级、检查规程、应用的质量标准等。所有检查或检验方法和技术要求应指明相应的国家标准和国际标准。在很多企业中，物料清单是描述需求最常用的单据。

3. 选择可能的供应来源，评价供应商

企业应根据需求说明选择成绩良好的厂商。供应商是企业外部影响企业生产运作系统运行的直接因素，也是保证企业产品的质量、价格、交货期和服务的关键因素。因此，企业对供应商的评价是很重要的。

4. 确定适宜的价格

企业在确定了可能的供应商后，要进行价格谈判，确定适宜的价格。

5. 发出采购订单

企业对报价进行分析并选择好供应商后，就要发出订单。

6. 订单跟踪与催货

采购订单发给供应商之后，采购部门应对订单进行跟踪和催货。企业在采购订单发出时，同时会确定相应的跟踪催货日期。在一些企业中，甚至会配备专职的跟踪和催货人员。

跟踪是对订单所做的例行追踪，以确保供应商能够履行其货物发运的承诺。如果产生了问题，如质量或发运方面的问题，采购方需要对此尽早了解，以便及时采取相应的行动。跟踪需要经常询问供应商的进度，有时甚至有必要到供应商那里去走访。不过这一措施一般仅用于关键的、大额的和提前期较早的采购事项。通常，为了及时获得信息并知道结果，跟踪需要采用先进的通信技术。

催货是对供应商施加压力，使其按期履行最初所做出的发运承诺、提前发运货物或加快已经延误的订单涉及的货物发运。如果供应商不能履行发运的承诺，采购部门会威胁取消订单或以后可能进行罚款。催货应该只用于采购订单中一小部分，因为如果采购部门对供应商能力已经做过全面分析，那么被选中的供应商就应该是那些能遵守采购合约的可靠的供应商；如果企业对其物料需求已经做了充分的计划工作，不是特殊情况，不必要求供应商提前发运。

7. 产品检验

采购合同上应明确产品检验体系。该检验体系应在采购合同签订之前由供应商和采购方达成协议。以下任何一种方法均可用于产品检验：

（1）采购方信赖的供应商的质量保证体系。
（2）供应商提交检查检验数据和程序控制记录。
（3）当收到产品时由采购方进行抽样检查或检验。
（4）在发送前或在规定的程序中由采购方进行检查。
（5）由独立的认证机构进行认证。

8. 退货处理

如果供应商因所交货品与合约规定不符而验收不合格，则应依据合约规定退货，并立即办理重购。

9. 结案

凡验收合格付款或验收不合格退货，均需办理结案手续，清查各项书面资料有无缺失、绩效好坏等，签报高级管理层或权责部门核阅批示。

10. 记录与档案维护

凡经过结案批示后的采购案件，应编列档案登记编号分类保管，以便参阅或事后发生问题的查考。档案应该具有一定保管期限的规定。

二、采购的原则

采购决策应该以正确的商业导向为基础，兼顾对其他部门的影响，并且以适应企业内部用户要求为目的。

1. 商业原则

要做好采购和供应，就必须对企业的经营方针有一个全面的理解。企业的目标市场是什么？那些市场中未来的主要发展状况如何？企业所要面临的是什么样的竞争？企业在制定价格政策时有哪些余地？原料价格的上涨能以何种程度转嫁到最终用户身上，这种方法是否可行？企业在新产品和新技术方面有何计划？何种产品会在未来一年中退出市场？理解这些问题是十分重要的，因为它将决定采购和供应战略如何对实现企业的商业目标给予支持。

2. 整体效应原则

采购决策不能孤立地制定，并且不能仅以采购业绩的最优为目标。采购部门在制定采购决策时应该考虑这些决策对于其他主要活动的影响（如生产计划、物料管理和运输）。因此，制定采购决策需要以平衡企业总成本为基础。例如，在购买一条新的包装流水线时，不仅要考虑初始投资，还要考虑将来用于购买辅助设备、备件和服务的成本。因为供应商卖出设备是一回事，在许多年里提供令人满意的服务则是另一回事。因此，采购部门要做出决策就要考虑所有受其影响的领域，使用一种跨职能的并且以团队为基础的方法。采购和供应战略只有与所有领域和有关的（高级）经理紧密合作才能有效地发挥作用。

3. 适用性原则

采购并不应该只作为一种服务职能起作用，采购部门要有主动适应内部用户要求的意识。对于内部用户提出的采购申请，采购部门应当有能力提出其他更加符合企业生产实际的、更为节约的采购方案，并能与用户进行有效的沟通。采购部门应该始终如一地追求提高企业所购买的产品和服务的性价比。为了完成这一任务，采购部门应该能够提出现有的产品设计、所使用的原料或部件的备选方案和备选的供应商。

第四节　采购组织

采购组织是指为了完成企业的采购任务，保证生产经营活动顺利进行，由采购人员按照一定的规则组建的业务职能团队。建立一个高效率的采购组织机构，可以帮助企业控制采购成本，以尽可能低的价格获得企业需要的产品。采购组织的工作状况直接影响整个企业的运作流程和竞争优势，对企业有重要意义。

> **思　考：**
> 1. 采购组织有哪几种类型？
> 2. 作为一名采购人员，应该具备怎样的知识和能力？

一、采购组织的类型

采购组织的基本类型有分权式采购组织、集权式采购组织、混合式采购组织和跨职能采购小组。

1. 分权式采购组织

在建立了分权式采购组织的企业中，企业把与采购相关的职责或工作分别授予不同的部门来执行。分权式采购组织的优点是：时效性强，能主动配合生产需要；利于地区性物资的采购，仓储管理简单，占用库存空间小，占用资金少；采购手续简单，有问题能及时反馈。其缺点是：权力分散，无法取得集权式采购的价格折扣，难以培养专业人才；对供应商的政策不一样，可能导致多部门与同一供应商就同一产品谈判所达成的采购条件有差异；决策层面低，易产生暗箱操作；作业分散、重复，使成本增加。

2. 集权式采购组织

集权式采购组织将与采购相关的职责或工作授予一个部门来执行，将所有生产或经营的物料、商品集中进行采购与供应。集权式采购组织企业有一个中心采购部门，其主要工作包括采购专家战略及战术层面的运作、产品规格的集中制定、供应商的选择、与供应商的合作准备与谈判等。

集权式采购组织的优点是：能形成规模效益，获得价格折扣、运输等多方面优惠，降低采购成本；采购功能集中，便于培养专业人员；易于稳定与供应商的关系，有利于长期合作的实现；公开采购、集体决策和阳光操作，能防止腐败；便于采购程序标准化，减少分散采购的重复工作。其缺点是：手续较多，过程较长；专业性要求高，责任重大。

3. 混合式采购组织

混合式采购组织结合了分权式采购组织和集权式采购组织的特点。在混合式采购组织中，总公司和下属企业都设立采购部门，总公司统筹进行政策性采购、技术性采购、大批量采购和国际采购等；下属企业采购部门可办理除总公司采购以外的零星采购、地区性采购和紧急采购。这种分权与集权协调运用的采购组织可以提高采购效率，增加采购灵活性，有效降低采购成本。其缺点是采购组织结构复杂，管理协调成本增加。

4. 跨职能采购小组

跨职能采购小组是采购组织中比较新的组织形式。跨职能采购小组由来自不同部门的人员构成，而且越来越多的企业开始将供应商纳入采购小组中，以共同完成采购或供应链的相关工作。跨职能采购小组的具体工作包括产品设计或供应商选择，以及更广义的工作，如减少采购项目的成本和改进质量等。

跨职能采购小组的优点是：能减少完成一项采购任务花费的时间；能更好地识别和解决问题，提高创新能力；能加强部门或组织间的交流。其缺点是共享决策权容易造成决策混乱。

二、采购组织的组建

采购组织的组建，是将采购组织应负责的各项采购功能整合起来，并以分工的方式建立不同的部门以执行这些功能。具体的组建步骤为：

1. 确定采购组织的结构

采购部门的组织结构因企业情况不同而有所区别，采购部门主要可以有以下几种组织结构形式：

1）产品结构式。它是指将企业需要采购的产品分类，一个或几个采购人员为一组，负责采购其中一种或几种商品。在这种结构形式下，采购人员对其负责的项目非常熟悉。

2）区域结构式。它是指将企业采购的目标市场分为若干区域，每一个或几个采购人员负责一个区域的全部采购业务。这种结构形式有助于企业与供应商建立良好的关系。

3）过程结构式。它是指按照采购业务过程将采购计划的制订、询价、比价、签订合同、催货、提货、结算等工作交予不同的人员办理。

4）顾客结构式。它是指将企业采购的目标市场按顾客属性分类，每个采购人员只负责其中一类或几类顾客。

5）综合式。它是综合考虑了上述因素的重要程度和关联状况的采购组织结构。

2. 为采购组织设定岗位，配置适当的人员

在根据企业特点选定了采购部门的组织结构形式之后，根据采购部门的职能设定各个岗位，并配置合适的人员。一般来说，采购部门的人员主要包括采购经理、采购主管、采购员、采购助理等。

3. 确定采购部门人员的数量

采购部门的岗位确定好以后，就需要考虑采购部门人员的数量。一般而言，采购部门的成员数量以能满足正常工作的需要为准。

4. 明确采购部门的职责

采购部门的职责主要包括物料来源的开发与价格调查；请购单内容的审查；交货协调；物料的退货与索赔；采购计划和预算的编制；制度、流程与相关表单的编制；供应商选择、评价与管理；国外采购的处理。

三、采购组织人员管理

（一）采购人员的职责

在企业中，不同的采购人员，其主要工作职责是有区别的。从管理层面来说，采购部门内部的基本职责主要包括以下几个方面：

1. 采购经理的职责

1）拟定采购部门的工作方针与目标。
2）负责主要原料与物料的采购。
3）编制年度采购计划与预算。
4）签订审核订购单与合约。
5）建立与完善采购制度。
6）主持采购人员的教育培训。
7）建立与供应商良好的伙伴关系。
8）主持或参与与采购相关的业务会议，并做好部门间的协调工作。

2. 采购主管的职责

1）分派采购员与助理的日常工作。
2）负责次要原料与物料的采购。
3）跟踪采购进度。
4）审核一般物料采购案。
5）督导保险、公证、索赔等工作。
6）考核供应商。

3. 采购员的职责

1）负责一般性物料的采购。
2）与供应商就价格、付款方式、交货日期等进行谈判。
3）处理一般索赔案件。
4）处理退货。
5）收集价格情报及替代品资料。

4. 采购助理的职责

1）请购单、验收单的登记。
2）交货记录及跟催。
3）访客安排与接待。
4）采购费用申请与报支。
5）计算机作业与档案管理。

（二）采购人员应具备的知识

工作职责不同，相应地对人员的技能、素质要求也是有所不同的。一般专业采购人员有公司采购者、采购工程师、项目采购员、MRO 采购、物料计划员。

作为采购人员，有一些基本的知识和能力是必须具备的。采购人员必须具备的知识包括以下几个方面：

1）政策、法律知识。它包括国家出台的各种相关法律、政策等。

2）业务基础知识。它包括与采购业务相关的知识，如商品的相关知识、合同的基本知识、谈判技巧等。

3）市场知识。采购人员应掌握产品、价格、渠道、促销方面的知识，了解消费者需要以保证采购的商品适销对路。

4）社会心理知识。采购人员应把握市场消费者心理，提高采购工作的针对性。

（三）采购人员应具备的能力

采购人员必须具备的能力包括分析能力、团结协作能力、语言表达能力和执行能力等。

1）分析能力。分析能力在采购中占据重要地位。采购人员要能分析市场状况及发展趋势、供应商心理，并能进行成本分析等。

2）团结协作能力。采购活动本身就是一个协作的过程，不论是与内部职能部门协作还是与外部相关组织合作，都需要将采购部门的协作能力发挥到最大。

3）语言表达能力。与供应商沟通时，良好的表达能力可以清晰地表达诸如价格、数量、付款方式等重要条件，避免因沟通问题而产生的经济损失。

4）执行能力。采购人员必须具备良好的执行能力，才能圆满完成部门的任务。

第五节　现代采购管理

一、传统采购管理与现代采购管理的区别

采购管理经历了从传统采购向现代采购的发展。传统采购主要有比价采购、询价采购、招标采购等。现代采购主要有战略采购、可持续采购等。

> **思考：**
> 1. 现代采购管理与传统采购管理有什么区别？
> 2. 采购管理未来有哪些发展趋势？

传统采购的重点放在如何和供应商进行商业交易的活动上，特点是比较重视交易过程中供应商的价格比较，通过供应商的多头竞争，从中选择价格最低的作为合作者。虽然质量、交货期也是采购过程中的重要考虑因素，但在传统的采购方式下，质量、交货期等都是通过事后把关的办法进行控制，如到货验收等，交易过程的重点放在价格的谈判上。因此，在供应商与采购部门之间经常要进行报价、询价、还价等来回谈判，并且多头进行，最后从多个供应商中选择一个价格最低的供应商签订合同，订单才决定下来。传统的采购模式的主要特点表现在以下几个方面：

1. 传统采购过程是典型的不对称信息博弈过程

选择供应商在传统的采购活动中是一个首要的任务。在采购过程中，采购方为了能够从多个竞争性的供应商中选择一个最佳的供应商，往往会保留私有信息，因为给供应商提供的信息越多，供应商的竞争筹码就越大，这样对采购方不利。与此同时，供应商也在和其他供应商的竞争中隐瞒自己的信息。这样，采购与供应双方都不进行有效的信息沟通，这就是不对称信息博弈过程。

2. 验收检查是采购部门一个重要的事后把关工作，质量控制难度大

质量与交货期是采购方要考虑的另外两个重要因素，但是在传统的采购模式下，要有效控制质量和交货期只能通过事后把关的办法。因为采购方很难参与供应商的生产组织过程和有关质量控制活动，相互的工作是不透明的。因此，需要通过有关标准（如国际标准、国家标准等）进行检查验收。缺乏合作的质量控制会导致采购部门对采购物品质量控制的难度增加。

3. 供需关系是临时的或短时期的合作关系，而且竞争多于合作

在传统的采购模式中，供应与需求之间的关系是临时的或者短时期的合作关系，而且竞争多于合作。由于缺乏合作与协调，采购过程中各种抱怨和扯皮的事情比较多，很多时间消耗在解决日常问题上，没有更多的时间来做长期性预测与计划工作。同时，供应与需求之间这种缺乏合作的气氛增加了许多运作中的不确定性。

4. 响应用户需求迟钝

由于供应与采购双方在信息的沟通方面缺乏及时的信息反馈，在市场需求发生变化的情况下，采购方也不能改变供应商已有的订货合同，因此采购方在需求减少时库存增加，而在需求增加时出现供不应求的现象。重新订货需要增加谈判过程，对用户需求的响应慢，缺乏应对需求变化的能力。

传统采购管理与现代采购管理的主要区别见表1-1。

表1-1 传统采购管理与现代采购管理的主要区别

	传统采购管理	现代采购管理
供应商/买方关系	相互对立	合作伙伴
合作关系	可变的	长期
合同期限	短	长
采购数量	大批量	小批量
运输策略	单一品种整车发送	多品种整车发送
质量问题	检验/再检验	无须入库检验
与供应商的信息沟通	采购订单	网络
信息沟通频率	离散的	连续的
对库存的认识	资产	负担
供应商数量	多，越多越好	少，甚至一个
设计流程	先设计产品后询价	供应商参与产品设计
产量	大量	少量
交货安排	每月	每周或每天
供应商地理分布	很广的区域	尽可能靠近
仓库	大，自动化	小，灵活

二、采购管理的发展趋势

基于市场已经由卖方市场向买方市场转换的事实，买方比数年前更具支配地位。另外，在产品售价和毛利方面逐渐增长的压力已经导致在直接材料成本方面越来越大的压

力。因为在工业部门，采购价格在很大程度上决定了销售价格，企业必须持续寻求保持采购价格尽可能低的机会。

近年来，采购和供应战略业务管理经历了较大改变，具体改变如下：

1. 采购需求协同

拥有数家制造厂的企业可以通过合并共同采购需求来形成采购优势。国际上很多这种类型的企业都显现出协同采购的趋势。以前，这种情况在原料的采购业务上很普遍；然而现在，相似的方法用在计算机硬件和软件、产成品和部件采购上。

2. 物流供应链中采购业务的整合

采购管理一体化方法要求生产计划、库存控制、质量检查和采购之间紧密合作，而不能只遵循自身的路线。为了确保不同的相关材料领域的有效整合，以统一的物流、信息流和资金流为纽带，采购业务与企业内部、外部环节的整合正被逐渐纳入供应链管理中。

3. 采购与生产计划的结合

采购与生产计划的结合是为了让采购规范既能与生产部门的需求相结合，又能更好地选择供应商。在实践中，供应商的选择在很大程度上是由技术规范决定的。通常，规范一旦确定就很难改变（若改变则要花费很大的代价）。从商业的观点看，围绕特定的供应商来制定采购规范会导致供应的垄断，进而严重阻碍交易谈判。为了防止这种情况的发生，在前期应该将采购与生产计划结合起来，按照生产的需要制定采购规范。

4. 采购管理中心化

采购管理中心化可以集中全企业的采购力，对整个供应市场产生影响，使企业采购处于有利地位；同时也由于一个窗口对外，便于企业对供应商的管理，便于企业主体资源管理的明晰和优化。在商品经济的竞争环境下，价格是由市场决定的，绝不是企业可以左右的。同类产品在市场上的价格相差无几，企业的利润完全取决于成本的控制。如果企业对成本控制不力，成本居高不下，企业利润就很难保证，甚至亏损。一旦亏损，企业也就失去了竞争力，无力开发新品种、开拓新市场，无法应付竞争对手的进攻（如降价），处于不利的竞争地位。而采购管理的中心化可以增强企业的核心竞争力，从而推动企业的发展。

5. 采购管理专业化

传统采购组织中，采购人员发挥不了很大作用，一方面是由于领导对采购管理的认识有局限性、采购环境恶劣以及对采购舞弊的恐惧；另一方面也由于采购人员和采购组织的软弱无力和技能缺乏，造成采购工作的低技术性。

实际上，采购人员需要了解购买的产品，了解产品的原理、性能要求，了解市场行情、价格走势，了解供应商的实力、供应商报价的合理性，实地考察供应保证能力；需要极强的谈判能力和计划能力，才能在保证供应的同时保证价格和质量标准。总的来说，作为专业采购人员（Commodity Buyer，Purchasing Engineer，Commodity Manager），需要掌握至少一门符合企业实际需要的采购专业知识；采购人员需要有能力与企业其他国家或地区的相同采购物品组（Commodity Council）进行沟通，了解世界市场变化和供应商的表现，因此英语表达和沟通能力、计算机网络知识也很重要。至于资深采购专家，则需要项目管理、财务管理、供应链管理等方面的专业技能。

6. 制造/外购决策

实践表明，一些生产活动可以由专业供应商更快、更省地完成，而且企业能够在质量方面对供应商提出比对其内部生产部门更高的要求。这就是一些生产企业中采购额占销售额的比例一直在持续上升的原因。各大企业都在对自己的制造或外购决策进行详细的研究，采购部门应该参与这项研究，因为它们是市场信息的重要来源。

从宏观来看，采购管理的战略目标也在不断发展，相关的趋势概况如下：

1. 全面质量管理和即时制生产

精益采购是运用精益思想，以采购成本治理为切入点，通过规范企业的采购行动，实施科学决策和有效控制，以质量、价格、技术和服务为依据，在需要的时候按需要的数量提供需要的物品，杜绝采购中的高价格和一切浪费。一些企业通过实行精益采购，在大幅减少原材料库存、节约采购过程中资源占用的同时，保证了采购物品和生产产品的质量，在激烈的市场竞争中赢得一席之地。

在一些企业（尤其是那些制造过程以组装为特征的企业），越来越关注质量的提高和生产率的增长，在企业内部实施全面质量管理和即时制（JIT）生产。为保证 JIT 生产的顺利运行，必须实行即时制采购，同时对采购物品的质量也有更严格的要求。关于即时制采购，在本书第二章有详细介绍。

2. 网络采购

B2B[○]在线拍卖是实现网络采购的一种技术。拍卖由企业或代表企业的网络采购公司控制，通过网络采购公司的专用软件接受多个潜在供应商的竞价，从而实现企业网络采购物料或服务。这种物料或服务的 B2B 在线拍卖模型最早由 FreeMarkets 等公司在 1995 年提出。

这些网络采购公司制定了一整套完善的从事在线拍卖的规则。另外，它们也提供诸如市场分析、咨询和投标分析等相关的增值服务。网络采购公司的核心技能是信息技术、商品管理和对买卖双方的了解。这些公司专长于在线拍卖间接物料（如商店消费品）、直接物料（如客户定制的零部件）或其他商品（如煤、原材料、计算机、办公用品）。在线拍卖特别适用于拥有众多有能力的供应商的企业，而企业又有杠杆来支配与供应商关系的场合。

3. 绿色采购与可持续采购

在许多国家和地区，环境问题越来越普遍。各国（地区）政府制定的环境法规越来越严格。环境问题给采购提出了全新的挑战，在此种情况下，绿色采购和可持续采购的理念应运而生。

绿色采购强调政府和企业经济主体在采购政策的制定、实施过程中考虑到原料获取过程对环境的影响，以对人和环境的负面影响最小化为前提，尽可能减少资源的消耗，减轻对环境的影响，以适当的价格从外部获取适销对路的商品，从经济性和环境保护两个角度进行采购活动，使资源得到充分利用。随着全球经济的快速发展，越来越多的国家和地区重视绿色采购。德国早在 1979 年就规定了政府机构绿色采购相关原则；日本在 2000 年通

[○] B2B 是指电子商务中企业对企业的交易方式。

过了《绿色采购法》；欧盟于 2004 年发布《政府绿色采购手册》，以指导成员国如何在采购决策中考虑环境问题。总体而言，目前绿色采购在政府采购中的占比相对比较大，执行效果相对较好。

可持续采购是一种社会和环境导向的采购模式，它比绿色采购的范围更加宽泛。可持续采购在执行中寻求环境、经济和社会三个要素发展的某种平衡，其最终目标是服务与人类可持续发展。随着新型冠状病毒肺炎在全球的肆虐，在全球范围内考虑产品生产与采购的地域平衡，摆脱一味地以成本效益优先的全球采购已经成为一种新的趋势。

4. 智能化采购

智能化采购将人工智能、大数据、云计算等新一代信息技术应用于采购管理活动中，通过全域覆盖、稳定高效、安全可靠的信息交互平台，把采购管理部门、采购代理机构与采购管理活动连接成一个巨大的网络，实现时空一致、连续精确的态势感知、信息共享和智能运作，推进采购管理向最大限度的"自主适应、自主行动"方向发展。目前京东已经进入采购 4.0 时代，使人在中间过程的干预成分降到更低。例如，智能选品基于算法将商品推荐给用户或企业采购决策者，当用户或企业采购决策者需要这个商品时，只需单击一下按钮就可以下单，商品信息便会自动传递到上游最匹配的供应商那里，这就是智能化采购。

案例 1-1　西门子的全球采购策略

未来公司之间的竞争是供应链之间的竞争，采购链则是供应链中非常关键的一环。怎样在供应商不断增多的同时有条不紊地管理供应商？怎样在压低供应商价格的同时和供应商保持良好关系？怎样在降低物料采购成本的同时保持产成品的优异质量？怎样在统一供应商标准的同时不失采购的灵活性？当世界经济面临网络化和全球化大潮时，采购链管理也面临无法逃避的变革。西门子是一家有着 170 多年历史、横跨数个产业的航空母舰式的公司，仅西门子信息与移动通信公司（以下简称西门子移动公司）一家，2001 年的采购额就达到了 20 亿欧元。西门子移动公司的供应商浩如烟海，分布在全球的各个角落，如何与它们协同作战？如何做到"精益采购"？如何从采购环节中节省成本？这些都是西门子移动公司需要解决的问题。

"我们产品的价格每年都有 20%～25% 的下降，这笔钱从哪里来？只有从供应体系中挤出来。"时任西门子移动公司全球采购中国部门德籍副总裁柯逸华（Michael Kalweit）这样认为。全球集约化采购是西门子进行采购管理、节约采购成本的关键，西门子移动公司的采购系统是西门子整个全球采购网的一部分。

一、全球统一采购

过去很长一段时间里，西门子通信、能源、交通、医疗、照明、自动化与控制等各个产业部门根据各自的需求独立采购。随着西门子的逐渐扩大和发展，采购部发现不少的元部件需求是重叠的，例如，通信产业需要订购液晶显示元件，而自动化和控制分部也需要购买相同的元件。由于购买数额有多有少，选择的供应商、产品质量、产品价格与服务差异非常大。

精明的西门子人很快就看到了沉淀在这里的采购成本。于是,西门子设立了一个采购委员会(Procurement Council),来协调全球的采购需求,把六大产业部门所有公司的采购需求汇总起来,这样,西门子可以用一个声音同供应商进行沟通。大订单在手,就可以吸引全球供应商进行角逐,西门子在谈判桌上的话语权就更大。

对于供应商来说,这也是一个好事情。以前一个供应商,可能要与西门子的六个不同产业部门打交道,而现在只需要与一个"全球大老板"谈判,只要产品、价格和服务过硬,就可以拿到全球的订单,当然也省下不少时间和精力。

西门子的全球采购委员会直接管理全球材料经理,每位材料经理负责特定材料领域的全球性采购,寻找合适的供应商,实现节约成本的目标,确保材料的充足供应。"手机市场的增长很快,材料经理的一项重要职责就是找到合适的、能够与西门子一起快速成长的供应商。"西门子认为,供应商的成长潜力在其他成熟产业可能并不重要,但是在手机产业,100%的可得性是选择供应商的重要指标。

西门子的采购系统还有一个特色,就是在采购部门和研发设计部门之间有一个"高级采购工程"(Advance Procurement Engineering, APE)部。作为一座架在采购部和研发部之间的桥梁,高级采购工程部的作用是在研发设计阶段就用采购部的眼光来看问题,充分考虑到未来采购的需求和生产成本上的限制。

二、分合有度

有了这一充分集权的中央型采购战略决策机构,还需要反应灵活的地区性采购部来进行实际操作。由于产业链分布在各个国家和地区,西门子移动公司在各地区采购部的角色区别很大。

日本西门子移动公司采购部门的角色类似于一个协调者。由于掌握着核心技术,日本的供应商如东芝公司和松下公司直接参与了西门子手机的早期开发。西门子移动公司需要知道哪些需求在技术上是可行的,哪些是不可行的;而东芝公司和松下公司等供应商也要知道西门子移动公司想要得到什么样的产品。采购部的主要工作就是与日本供应商的研发中心进行研发技术方面的协调、沟通和同步运作。

中国西门子移动公司采购部的角色重心就不同了。其主要任务是利用中国市场的廉价材料,降低生产成本,提高西门子手机的全球竞争力。2001年,西门子移动公司的全球采购额是20亿欧元,单是在中国的采购就达到了5亿欧元,占全球采购额的25%。在中国生产的每部西门子手机都达到了60%的国产化率(Local Content)。中国低廉的材料价格已经成为西门子手机征战全球性市场的一大利器。

三、供应商管理策略

在21世纪的采购管理中,供应商是企业的战略联盟者(Strategic Alliance)。对于这些不再俯首帖耳有时甚至还会高高在上的"伙伴"们,如何才能让它们为西门子移动公司的业务做出更大的贡献呢?

西门子移动公司的高级采购工程部能够起到从设计源头上压缩采购成本的作用。如果设计原型中一个元部件的价格为11欧元,但目标价格只有6欧元,那么设计就要做相应的修改,采用更少的元部件或用更加集成的元部件。有时,高级采购工程部的任务就是用目标价格倒推成本(Target Price Based Costing)的。"我们对供应商的要求是每年都能比上一年节省更多的成本",西门子移动公司的采购管理人士如是说。

除了传递给供应商持续的成本压缩压力以外,西门子移动公司还充分利用订单份额来做诱饵,让现有的2~3个供应商充分竞争。只有价格最低的供应商,才会得到西门子移动公司更多的订单。西门子移动公司有时也会故意放一两个新的供应商进场,打破原有的供应商竞争格局。新供应商更好的服务和更低的价格会迫使老供应商降低价格、提高服务,西门子移动公司就可以坐收"渔翁"之利。

每年年底,西门子移动公司内部所有与供应商有过接触的部门还会对供应商进行价格、物流服务和产品质量三方面的总拥有成本(TCO)评分,成本最高的供应商可能会失去大笔订单。在竞争面前,供应商自然会对自己的产品质量、产品价格、物流服务等各方面严格审视,以期达到西门子移动公司的高标准、

严要求。

为了使选择供应商的过程尽可能公平透明,西门子移动公司还使用了一套网上竞价(E-Biding)系统。西门子移动公司对现有的长期供应商相当有人情味,为了保持良好的供应商关系,现有的供应商在这套系统中有一定的优先权。而潜在供应商必须靠过硬的质量、价格和服务来与现有的供应商竞争。这套体系的好处是所有的供应商都知道其他供应商能做什么,这样就能把价格和服务的底线推到循环竞争的极限。柯逸华说,在未来的规划中,西门子移动公司50%的采购量都会通过这套系统来进行。

通过保持这样一种"充分竞争"的环境,西门子移动公司能够非常高效率地管理自己的供应商,节约采购成本。

案例 1-2　利丰集团从采购代理到供应链管理的发展演变

　　利丰集团是一家以香港为基地的全球性商贸企业,为香港上市公司及恒生指数和摩根士丹利香港指数成分股。利丰集团运用供应链管理的概念经营出口贸易、经销及零售三项核心业务,迄今已有100多年的历史。

　　利丰集团于1906年在广州成立,是中国当年首批从事对外贸易的华资公司,打破了当时外国洋行对中国对外贸易的垄断。从1906年至今,利丰集团的业务角色经历了从简单的采购代理到全球性的供应链管理者的演变。在业务角色演变的同时,利丰集团为客户提供的增值服务日益增加,创造的附加值也不断增长。

　　利丰集团的业务转变经历了以下5个阶段:

1. 采购代理

　　利丰集团初成立时,它只是充当买卖的中介角色。由于利丰集团的创办人通晓英文,利丰集团成了厂家与境外买家间交易的桥梁。随后,利丰集团逐渐把简单的采购代理扩展到其他更广泛的业务。

2. 采购公司

　　此阶段,利丰集团扮演的是一家采购公司,即地区性货源代理商的角色,通过在亚洲的不同地区开设办事处来拓展业务。除了不时提供市场最新信息给买家之外,利丰集团所提供的服务还包括对不同的厂家做出产品、生产力及质量方面的评估,然后向买家提供适合的厂家及供货商。利丰集团还代表买家向厂家商讨价格并且负责品质管理工作,使它们可以以合理的价格采购到所需的产品。另外,利丰集团也协助工厂做生产管理,帮助买家监控工厂在劳工法例、生产环境及环保方面所做出的处理,以保证它们符合国际标准。总体而言,作为一家采购公司,利丰集团主要的目标是建立起厂家及买家长期伙伴的关系而达到双赢的局面。利丰集团在发展过程之中不断引进一些先进的业务及管理概念,从而进入了一个新的发展阶段。

3. 无疆界生产

　　除了作为一家采购公司,利丰集团于20世纪80年代也向前迈进了一步,成为无疆界生产计划管理者与实施者。客户会给利丰集团一个初步的产品概念,如产品的设计、外形、颜色和质量方面的要求等,再由利丰集团为客户制订一个完整的生产计划。根据客户市场及设计部门所提出的草案,利丰集团会进行市场调查,在各地采购合适的配件,如布料、花边等,以及提供一个最适合的成品制造商。在生产过程中,利丰集团也会对生产工序作出规划及监控以确保产品质量和及时交货。在这种无疆界生产模式之下,利丰集团在香港从事如设计和质量控制规划等高附加值的业务,而将附加值较低的业务(如生产工序)分配给其他最适合的地方,使整个生产程序及流程实现真正的全球化。

4. 虚拟生产

　　在推行无疆界生产计划及管理的基础上,利丰集团又发展了另外一种业务模式,称为虚拟生产。在这种模式之中,利丰集团不再是一个中介人或代理采购者,而是客户的供货商。利丰集团会直接和境外买家签订合同，它依旧不会拥有工厂，但是会把生产任务外包给有实力的工厂，而它会负责统筹并密切参与整个生产流程，从事一切产品设计、采购、生产管理与控制，以及物流与航运等其他支持性的工作。

5. 整体供应链管理

虚拟生产企业实际上已经是某个产品全面的供应链管理者。在虚拟生产模式的基础上，为了使整条供应链的运作更加合理与顺畅，利丰集团继续开发更全面的供应链服务。除了负责一系列以产品为中心的工作包括市场调查、产品设计与开发、原材料采购、选择供货商和生产监控外，利丰集团还监管一系列的进出口清关手续和当地物流安排，包括办理进出口文件、办理清关手续、安排出口运输和当地运输等。另外，利丰集团也会有针对性地对有潜质的原材料供货商、工厂、批发商和零售商等进行挑选，对这些在供应链中占据关键位置的企业进行融资，使供应链上供求双方的各个节点的企业能够以最佳状态运作。事实上，在整体供应链的规划上，利丰集团会对整条供应链进一步分解，对每个环节进行分析与计划，如制定策略性的库存安排和库存补充等方案，力求不断优化供应链的运作。简单归纳，利丰集团供应链管理主要是为境外买家以合理的价格采购合适的产品并缩短交付周期。可以说，利丰集团供应链的原动力来自客户的订单，根据客户的需求，利丰集团为每一份订单都创造一条最有效益的供应链，为客户提供具有成本竞争力的产品。

在不断演变中，利丰集团至今已经发展成为一个全球商贸供应链的管理者，其网络已遍布全球38个国家和地区，设有68个分公司和办事处。现在利丰集团的客户包括欧美著名的品牌如 Gymboree、Abercrombie & Fitch、玩具反斗城、迪士尼、Kohls、Avon、Reebok、可口可乐、Esprit、Debenhams、Adams 等。部分客户如可口可乐和迪士尼都把其部分采购业务外包给利丰集团，这种做法体现了企业把非核心业务外包给专业产品公司的供应链管理概念，使本企业可以专注发展其核心业务，提升本身的竞争力。简单归纳，利丰集团作为客户提供的服务主要包括以下几个方面：

（1）从事各项市场调查来了解客户的需求，为客户提供主要市场的潮流信息。

（2）研究与开发原材料，如布料、花边和电子配件等，以及为客户搜集最新的原材料信息。

（3）根据市场潮流趋势，设计和开发符合市场需求的产品。

（4）根据客户对于原材料的需求和不同地区的供应能力进行配对，与客户共同选择最佳的采购国家与地区及制造商，执行无疆界的生产，实现产品全球化的增值。

（5）监控采购、航运和配置原材料与配件到全球各地工厂。

（6）在工厂生产过程中提供技术援助，确保产品的质量和各个生产环节都能遵循客户的生产要求。

（7）为了做到快速反应地生产，不仅要监控主要生产原料的供应，而且要策略性地管理库存和适时适量地补充库存。

（8）安排组装运输和航运送货服务。

（9）最后，也是其中最重要的一环，就是将信息技术应用到产品开发及寻找新的供货商的环节中，并为境外重要买家量身设计网页以满足其个别要求。

复习思考题

1. 你对采购工作是如何理解的？
2. 你认为学习采购管理应该学习哪些知识？
3. 为什么说采购在企业中具有重要的地位和作用？
4. 你认为企业的采购工作应把握好哪几个关键环节？
5. 采购组织有哪几种类型？如何组建高效的采购组织？
6. 你认为目前国内企业的采购工作中存在的主要问题在哪里？问题的根源是什么？
7. 你认为传统的采购管理与现代的采购管理有哪些区别？

第二章

采购分类

■ 作　用

本章及第三、四章都是对企业采购模式的介绍。本章对几种常见的采购模式进行系统性介绍，第三、四章则对两种特殊的采购模式，即招标采购和电子采购，进行专题介绍。本章的目的是使读者对企业采购模式有全面的了解。本章重点介绍了目前企业实际运用较多的集中采购、分散采购、联合采购、即时采购和可持续采购。

■ 关　键

本章所涉及的基本概念包括集中采购、分散采购、联合采购、即时采购和可持续采购；基本理论包括各种采购模式的优缺点和适用条件；主要方法包括各种采购模式的实施程序。

第一节　采购的分类概述

一、按采购主体分类

1. 个人采购

个人采购是指消费者为满足自身需要而发生的采购行为。个人采购实质上是一种购买（习惯上）活动，购买对象主要为生活资料，购买过程相对简单。近些年的团购，其实质也是个人采购，只不过购买过程相对复杂。

2. 企业采购

企业采购是指企业供应部门通过各种渠道，从外部购买生产经营所需商品或服务的有组织的活动。也有一些企业进行联合采购的情况，其实质也是企业采购。

3. 公共采购

公共采购是指政府部门、事业单位、公共组织以及非营利组织，按照法律规定的方法和流程购买货物、工程和服务的行为。公共采购有别于政府采购，二者系包含与被包含的关系，公共采购的范围更广。

二、按采购客体分类

1. 有形商品采购

有形商品采购的内容包括原料、辅助材料、半成品、零部件、成品、投资品或固定设备，以及维护和修理运营用品（MRO 物品）。

2. 无形商品采购

无形商品采购的主要形式有技术、服务和工程发包。无形商品采购一般不单独进行，而是随着有形商品的采购而发生。

三、按采购定价方式分类

按此种方法分类，采购模式可以分为招标采购、询价采购、比价采购、议价采购、定价采购。

1. 招标采购

招标采购是指事先通过招标的方式，邀请所有的或一定范围的潜在的供应商参加投标，采购实体通过某种事先确定并公布的标准，从所有投标者中评选出中标供应商，并与之签订合同的一种采购方式。目前招标采购有线下和线上两种方式，其中线上招标采购分为传统的线上招标采购和反向拍卖，在反向拍卖中买方少、卖方多，买方会提供商品以供出价。

2. 询价采购

询价采购是指采购人员选取信用可靠的供应商将采购条件讲明，并询问价格或寄以询价单并促请对方一次性报价，比较后则确定最优供应商进行采购。

3. 比价采购

比价采购是指采购人员请数家供应商提交价格，从中加以比价之后，选定供应商进行采购。

4. 议价采购

议价采购是指采购人员与供应商双方经讨价还价而议定价格后方进行采购。

5. 定价采购

定价采购是指采购人员凭借市场经验对采购商品定好价格，然后根据事先定好的采购价格进行采购。

四、按时间维度分类

1. 即期采购

即期采购是指货物的交割时间发生在当下，包括现货采购、即时制采购、紧急采购。

（1）现货采购。现货采购是指商品流通企业直接通过市场充分自主地向供货方协商定价，即时进行现货交易的一种采购方式。

（2）即时制采购。即时制采购又称 JIT 采购，其基本思想是：在恰当的时间、恰当的地点、以恰当的数量、恰当的质量提供恰当的物品。它是从 JIT 生产发展而来的，是为了消除库存和不必要的浪费而在供应环节进行的持续性改进，是 JIT 生产的前提。

（3）紧急采购。紧急采购是指在紧急状态下进行的特殊采购活动，如抗灾抢险、疫情防控紧迫、战时动员等情况，一般由政府进行。与上述两种方式相比，紧急采购的时间要求更具紧急性。

2. 远期采购

远期采购是指货物的交割时间并不发生在当下，而是在未来某个时间。它包括预购、期权采购、远期合同采购。

（1）预购。预购即预付货款采购，是指企业为得到所需产品而向供应商提前支付部分或全部货款的采购行为。预付货款后，企业并不能得到物资的所有权。

（2）期权采购。期权采购利用了金融领域中期权的概念，在期权采购中，销售方通过与供应方签订期权契约来采购物资，通过向供应方支付权利金购买期权，从而获取在未来的一段时间内以一定的价格（期权执行价格）购买不超过约定数量的任意数量产品的权利。并且，当期权没有被执行时，由于物资的所有权并未发生转移，依然由供应方（或第三方）所有并应负责物资的储备保管。

（3）远期合同采购。远期合同采购是指商品流通企业与供应商协商成交后，签订购销合同，按合同规定的交货价格和时间进行交割的采购方式。它主要适用于需要量较大、需用规律比较明显的商品，如国内常见的煤炭合同采购。

五、按空间维度分类

1. 国内采购
国内采购是指向国内的供应商采购商品，通常无须动用外汇。

2. 国外采购
国外采购是指向国外供应商采购商品，通常采取直接与国外供应商联系或通过本地的代理商来采购商品。

3. 边境采购
边境采购是指在邻国的边境地带的供应商处进行采购。

4. 全球采购
全球采购不仅仅是采购活动的国际化，更强调采购活动在全球视角下的战略性。它包括对采购项目的过程、设计、技术等在全球范围内进行的供应商、工程和运作地点等的前瞻性整合和协调。

5. 电子采购
电子采购是指利用计算机系统，通过网络支持完成采购工作的一种业务处理方式。买方与卖方通过电子网络而连接。电子采购不受空间范围的限制，可以实现所有地区、国家之间的采购，是比全球采购范围更为广泛的一种采购方式。

六、按采购的组织边界分类

1. 集中采购
集中采购是指企业在核心管理层建立专门的采购机构，统一组织企业所需物品的采购业务。

2. 分散采购
与集中采购相对应，分散采购是指由企业下属各单位（如子公司、分厂、车间或分店）实施的满足自身生产经营需要的采购。这是集团将采购权力下放的采购活动。

3. 联合采购
联合采购是指多个企业之间的联盟采购行为，可以认为联合采购是集中采购在突破组织边界外延上进行的进一步拓展。

七、按采购策略导向分类

1. 成本导向的一般采购
这种采购方式把采购成本放在第一位，采购成本越低越好。

2. 全生命周期采购
全生命周期采购需要重点考虑物资的总拥有成本（TCO），如采购成本、维护成本、运行成本、故障成本等，从而使企业能够真正降低物资全生命周期由采购引起的一切相关成本，促进企业健康高效发展。

3. 战略采购
战略采购是一种战略导向的采购方式，战略采购区别于采购"单一最低采购价格"，而是关注于采购决策与企业战略的一致性，追求整个企业的"最低总成本最低"。在这种管理模式下，在进行采购的过程中，企业不仅要关注产品的价格，更要重视一种互利互惠的合作战略关系的建立。

4. 可持续采购
可持续采购是一种社会和环境导向的采购模式。可持续采购的内涵包括环境、经济和社会三个要素，它比绿色采购的范围更加宽泛。绿色采购最多关注的是环境因素，而可持续采购是在进行采购时把社会和环境等有利于人类可持续发展的更为宽泛的社会政策目标作为重要的考量因素。

第二节　集中采购、分散采购与联合采购

一、集中采购

（一）集中采购的含义

集中采购是相对于分散采购而言的，它是指企业在核心管理层建立专门的采购机构，统一组织企业所需物品的采购业务。跨国公司的全球采购部门的建设是集中采购的典型应用。它以组建内部采购部门的方式来统一管理其分布于世界各地分支机构的采购业务，减少采购渠道，通过批量采购获得价格优惠。

> **思　考：**
> 1. 集中采购有哪些好处？
> 2. 什么情况适合分散采购？

随着连锁经营、特许经营和外包制造（Original Equipment Manufacturing，OEM）模式的增加，集中采购更是体现了经营主体的权力、利益、意志、品质和制度，是经营主体赢得市场，保护产权、技术和商业秘密，提高效率，取得最大利益的战略和制度安排。因此，集中采购将成为未来企业采购的主要方式，具有很好的发展前景。如 IBM、恒基伟业、麦当劳等企业都在这一层面上通过集中采购实现了自身的利益。

（二）集中采购的优点

集中采购有以下优点：
（1）有利于获得采购规模效益，降低进货成本和物流成本，争取主动权。
（2）易于稳定本企业与供应商之间的关系，得到供应商在技术开发、货款结算、售后服务支持等诸多方面的支持与合作。

（3）集中采购责任重大，采取公开招标、集体决策的方式，可以有效地遏制腐败。

（4）有利于采购决策中专业化分工和专业技能的发展，同时也有利于提高工作效率。

（5）如果采购决策都集中控制，则所购物料就比较容易达到标准化。

（6）减少了管理上的重复劳动。这样就不必让每一个部门的负责人都去填采购订单，只需采购部门针对企业的全部需求填一张订单就可以了。

（7）可以节省运费和获得供应商折扣。由于合并了多个部门的需求，采购部门找到供应商时，其手上的订单数量就足以引起供应商的兴趣，采购部门可以说服供应商尽快发送或给予数量折扣。除此之外，由于集中了所有的需求后货物可以整车地进行装运，因此可以节省运费。

（8）在物资短缺时，不同部门之间不会为了得到物资而相互竞争从而引起采购价格上涨。

（9）对于供应商而言，这也可以推动其有效管理。他们不必同时与企业内的许多人打交道，而只需和采购经理联系。

（三）集中采购所适用的采购主体和采购客体

1. 所适用的采购主体

（1）集团范围实施的采购活动。

（2）跨国公司的采购。

（3）连锁经营、OEM厂商、特许经营企业的采购。

2. 所适用的采购客体

（1）大宗或批量物品，价值高或总价多的物品。

（2）关键零部件、原材料或其他战略资源，保密程度高、产权约束多的物品。

（3）容易出问题的物品。

（4）最好是定期采购的物品，以免影响决策者的正常工作。

（四）集中采购的实施步骤

（1）根据企业所处的国内外政治、经济、社会、文化等环境及竞争状况，制定本企业采购战略。

（2）根据本企业产品销售状况、市场开发情况、生产能力，确定采购计划。

（3）定期或根据大宗物品采购要求做出集中采购决策，决策时要考虑市场反馈意见，同时需要结合生产过程的工艺情况和质量情况。

（4）当决策做出后，由采购管理部门实施信息分析、市场调查及询价，并根据库存情况进行战术安排。

（5）由采购部门根据资源供给状况、自身采购规模和采购进度安排，结合最有利的采购方式实施采购，并办理检验送货手续，及时保障生产需要。

（6）对于符合适时、适量、适质、适价、适地的物品，经检验合格后要及时办理资金转账手续，保证信誉，争取下次合作。

二、分散采购

（一）分散采购的含义

与集中采购相对应，分散采购是指由企业下属各单位（如子公司、分厂、车间或分店）实施的满足自身生产经营需要的采购。这是集团将权力分散的采购活动。

分散采购是集中采购的完善和补充，有利于采购环节与存货、供料等环节的协调配合，有利于增强基层工作责任心，使基层工作富有弹性和成效。

分散采购方式具有以下基本特点：

（1）批量小或单件物品，且价值低、开支小。
（2）过程短、手续简、决策层次低。
（3）问题反馈快，针对性强，方便灵活。
（4）占用资金少，库存空间小，保管简单、方便。

（二）分散采购的优劣势比较

分散采购的优势与劣势见表2-1。

表2-1 分散采购的优势与劣势

优 势	劣 势
对利润中心直接负责	采购能力分散，缺乏规模经济
对于内部用户有更强的顾客导向	缺乏对供应商统一的态度
较少的官僚采购程序	分散的市场调查
较少需要内部协调	在采购和物料方面形成专业技能的可能性有限
与供应商直接沟通	对不同的经营单位可能存在不同的采购条件

（三）分散采购适用的采购主体和客体

1. 分散采购适用的采购主体和采购情况

（1）二级法人单位、子公司、分厂、车间等采购主体。
（2）离主厂区或集团供应基地较远，其供应成本低于集中采购成本的情况。
（3）异国、异地供应的情况。

2. 分散采购适用的采购客体

（1）小批量、单件、价值低、总支出在产品经营费用中所占比重小的物品。
（2）分散采购优于集中采购的物品，在费用、时间、效率、质量等方面均有利，不影响正常生产与经营的情况。
（3）市场资源有保证，易于送达，物流费用较少的物品。
（4）分散后，各基层有这方面的采购与检测能力的物品。
（5）产品开发研制、试验所需的物品。

（四）分散采购的程序和方法

分散采购的程序与集中采购大致相同，只是取消了集中决策环节，直接实施其他步骤。企业下属单位的生产研发人员根据生产、科研、维护、办公的需要，填写请购单，由基层主管审核、签字，到指定财务部门领取支票、汇票或现金，然后到市场购买，检验后核销、结算即可。分散采购时一般采用现货交易方式。

三、选择集中采购或分散采购时应该考虑的标准

集中采购的优势就是分散采购的劣势，分散采购的优点也正是集中采购的不足。在实际采购中要趋利避害、扬长避短，根据企业自身的条件、资源状况、市场需要，灵活地做出制度安排，并积极创新采购方式和内容，使企业在市场竞争中处于有利的地位。

在决定采购是集中或分散进行时，应该考虑下面的因素或标准：

（1）采购需求的通用性。经营单位对购买产品所要求的通用性越高，从集中的或协作的方法中得到的好处就越多。这就是大型企业购买原材料和包装材料时通常集中采购的原因。

（2）地理位置。当经营单位位于不同的国家或地区时，可能会极大地阻碍协作。例如，欧洲企业和美国企业之间的贸易和管理实践就存在较大的差异，甚至在欧洲范围内也存在文化差异。一些大型企业已经将全球的协作战略转为地区的协作战略。

（3）供应市场结构。有时，企业会在它的一些供应市场上选择一个或有限几个大型供应商组织。在这种情况下，力量的分散通常对供应商有利，而企业采用集中采购则可以获得更好的谈判地位。

（4）潜在的节约。某些原材料的价格对采购数量非常敏感，购买数量越多，单位成本越低。标准商品和高技术含量部件都是如此。

（5）所需的专业技术。有时，有效的采购需要非常高的专业技术，如对高技术半导体和微芯片的采购。因此，大多数电子产品制造商已经将这些产品的购买集中化。在购买软件和硬件时也是如此。

（6）价格波动。如果物资（如果汁、小麦、咖啡）价格对政治和经济气候的敏感度很高，集中采购方法就会受到偏爱。

（7）客户需求。有时，客户会向制造商指定他所需产品应具备的条件。这种现象在飞机制造工业中非常普遍。这些条件是与负责产品制造的经营单位商定的，这种情况不适于采取集中采购模式。

除了以上需要考虑的因素外，选择集中采购时，还应该以有利于资源的合理配置、减少交易环节、加速周转、简化手续、满足要求、节约物品、提高综合利用率、保证和促进生产的发展、调动各方的积极性、促进企业整体目标的实现等为原则。

当然，集中采购和分散采购并不是完全对立的，仅靠一种采购方式不能满足生产需要。大多数企业在两个极端之间进行平衡：在某个时候它们会采用集中的采购组织，而在几年以后也许会选择更加分散的采购形式。

四、联合采购

思考：
1. 联合采购对企业来说有什么好处？
2. 联合采购目前有哪些具体形式？

集中采购是指企业或集团内部的集中化采购管理，而联合采购是指多个企业之间的采购联盟行为。因此，可以认为，联合采购是集中采购在外延上的进一步拓展。随着市场竞争的日益激烈，企业在采购过程中实施联合已经成为企业降低成本、提高效益的重要途径之一。

（一）实施联合采购的必要性

如果从企业外部去分析我国企业的现行采购机制，其外部特征是各企业（无论是国内还是国外）的采购基本上仍是各自为政，相互之间缺乏在采购及相关环节的联合和沟通，采购政策不统一，采购效率低下，很难实现经济有效的采购目标。由此导致的主要问题有以下几个方面：

（1）各企业都设有采购及相关业务的执行和管理部门。例如，从企业群体、行业直至国家的角度看，采购机构重叠，配套设施重复建设，造成采购环节的管理成本和固定资产投入大幅增加。

(2) 多头对外，分散采购。通用和相似材料无法统一归口和合并采购，无法获得大批量采购带来的价格优惠，使各企业的采购成本居高不下。采购管理政策完全由企业自行制定，其依据为企业自身的采购需求和采购环境条件，与其他企业基本没有横向的联系，不了解其他企业的采购状况和需求。

(3) 各企业自备库存，又缺乏企业间库存资源的信息交流和统一协调，使通用材料的储备重复，造成各企业的库存量增大，沉淀和积压的物资日益增多。

(4) 采购环节的质量控制和技术管理工作重复进行，管理费用居高不下。各企业在质量保证系统的建立和控制、供应商评审和管理、技术标准和验收规范等各类相关文件的编制和管理上未实现一致化和标准化。各企业重复进行编制和管理等工作，相关的管理费用难以降低。

(5) 采购应变能力差。以外包生产为例，由产品设计的改进、制造方法的改进等造成的材料紧急需求不可避免，但是由于从国外采购周期比较长，材料的紧急需求难以满足。

因此，在采购工作中需要突破现行采购方式的束缚，从采购机制上入手，探索新形势下企业间的合作。利用采购环节的规模效益是从根本上解决上述问题的方法之一。

(二) 联合采购的优点

这里引入企业群体规模采购成本的概念，即两个以上的企业采用某种方式进行联合采购时的总成本。企业在采购环节上实施联合可极大地减少采购及相关环节的成本，为企业创造可观的效益。联合采购的优点主要体现在以下方面：

1. 采购环节

如同批发和零售的价格差距一样，材料采购的单价与采购的数量成反比，即采购的数量越大，采购的价格越低。例如，对于飞机制造用器材，此种价差有时可达90%。企业间联合采购，可合并同类材料的采购数量，通过统一采购使采购单价大幅降低，使各企业的采购费用相应降低。

2. 管理环节

管理的提高需要企业付出巨大的代价。后继企业只有吸取先行企业的经验和教训，站在先行者的肩上，才能避免低水平重复，收到事半功倍的效果。对于一些生产同类产品的企业，如果各个企业在采购及质量保证的相关环节的要求相同、需要的物品相同，就可以在管理环节上实施联合，归口管理相关工作。联合后的费用可以由各个企业分担，从而使费用大大降低。

3. 仓储环节

通过实施各企业库存资源的共享和统一调拨，可以大幅减少备用物资的积压和资金占用，提高各企业的紧急需求满足率，减少由材料供应短缺造成的生产停顿损失。

4. 运输环节

材料单位重量运费率与单次运输总量成反比，特别是国际运输更为明显。企业在运输环节的联合，可通过合并小重量的货物运输，使单次运量加大，从而可以以较低的运费率计费，减少运输费用支出。

(三) 联合采购的形式

国际上一些跨国公司为降低采购成本发展了联合采购的具体形式。

1. 采购战略联盟

采购战略联盟是指两个或两个以上的企业出于对整个世界市场的预期目标和企业自身

总体经营目标的考虑，采取一种长期联合与合作的采购方式。这种联合是自发的、非强制性的，联合各方仍保持采购的独立性和自主权，彼此依靠相互间达成的协议以及经济利益的考虑结成松散的整体。现代信息技术和网络技术的发展，开辟了一个崭新的企业合作空间，企业间可通过网络保证采购信息的即时传递，使处于异地甚至异国的企业间实施联合采购成为可能。国际上一些跨国公司为充分利用规模效益、降低采购成本、提高企业的经济效益，正在向采购战略联盟发展。

2. 通用材料的合并采购

这种方式主要运用于有互相竞争关系的企业之间，通过合并通用材料的采购数量和统一归口采购来获得大规模采购带来的低价优惠。在这种联合方式下，每一项采购业务都交给采购成本最低的一方去完成，使联合体的整体采购成本低于各方原来进行单独采购的成本之和，这是这些企业的联合准则。这种合作的组织策略可分为虚拟运作策略和实体运作策略。虚拟运作策略的特点是组织成本低，它可以不断强化合作各方最具优势的功能和弱化非优势功能。

例如，由美国施乐公司（Xerox）、史丹利公司（Stanley Works）和联合技术公司（United Technologies）三家公司组成了钢材采购集团。虽然施乐公司的钢材用量仅是其他两家用量的1/4，但是它通过这种方式获得了这两家公司大规模采购带来的低价好处。又如，美国波音公司为降低其零部件采购成本、提高其民用飞机的竞争实力，根据其零部件生产商原材料采购状况，制定了在全球范围内（约750个生产商）统一的原材料采购和运输业务，以整合这些生产商的原材料采购渠道及价格。其目的是通过降低生产商的原材料采购成本，降低其零部件的采购成本和飞机整机成本，提高竞争能力。

这种企业间的合作正在世界范围内盛行。联合采购已超出了企业界限、行业界限，甚至国界。目前，我国一些企业为解决采购环节存在的问题，正在探讨企业间联合采购的可能性。企业在采购及其相关环节的联合将为企业降本增效、提高企业竞争力开创良好的前景。

第三节　即时制采购

> **思　考：**
> 1. 即时制采购与传统采购有哪些不同？
> 2. 即时制采购有哪些问题或不足？

即时制采购（JIT采购）是在20世纪90年代受即时制生产（JIT生产）管理思想的启发而出现的。JIT生产方式是由日本丰田汽车公司在20世纪60年代率先使用的。在1973年爆发的经济危机中，这种生产方式使丰田汽车公司渡过了难关，因此受到了日本生产企业的重视，并逐渐引起了欧洲和美国的日资企业及当地企业的重视。近年来，JIT不仅作为一种生产方式，也作为一种采购模式开始流行起来。

一、JIT采购的原理

JIT生产的基本思想是"杜绝浪费""只在需要的时间，按需要的量，生产所需要的产品"，这种生产方式的核心是追求一种无库存生产系统，或库存量最小的生产系统。其管理思想目前已经被运用到采购、运输、储存以及预测等领域。JIT生产的目标就是在恰当的时间、恰当的地点提供恰当的零部件，因此能够大大减少在制品库存。

JIT 采购是一种先进的采购模式，它的基本思想是：在恰当的时间、恰当的地点，以恰当的数量、恰当的质量提供恰当的物品。它是从 JIT 生产发展而来的，是为了消除库存和不必要的浪费而进行的持续性改进。JIT 采购和 JIT 生产一样，不但能够最好地满足用户需要，而且可以极大地消除库存，最大限度地消除浪费，从而极大地降低企业的采购成本和经营成本，提高企业的竞争力。要进行 JIT 生产必须即时供应，因此 JIT 采购是 JIT 生产管理模式的必然要求。它和传统的采购方法在质量控制、供需关系、供应商的数目、交货期的管理等方面有许多不同，其中供应商选择、质量控制是其核心内容。

JIT 采购对 JIT 生产思想的继承也在于对"零库存"的要求，这意味着与供应商签订在需要的时候提供需要数量的原材料的协议，可能需要供应商一天一次、一天两次，甚至每小时好几次提供采购物资。这个方法的主要目的是解决生产过程连续步骤中的瓶颈问题，最终为每种物资或几种物资建立单一可靠的供应渠道。其核心要素包括减小批量、频繁而可靠的交货、提前期压缩并且高度可靠、保持采购物资的一贯高质量。

二、JIT 采购与传统采购的比较

供应链环境下的 JIT 采购与传统采购模式的不同之处在于采用订单驱动的方式。这种订单驱动的方式使供应与需求双方都围绕订单运作，实现了即时制、同步化运作。在传统的采购模式下，采购的目的就是补充库存，而 JIT 采购模式追求的是零库存。JIT 采购与传统采购的不同主要表现在以下方面：

1. 对供应商数量的选择不同

传统采购通常采用多头采购，供应商的数目较多，企业与供应商的关系是通过价格竞争实现的短期合作关系；JIT 采购采用的是较少的供应商，甚至只选择一个供应商，且与供应商的关系是长期合作关系。

2. 对交货即时性的要求不同

JIT 采购的一个重要特点是要求即时交货。能否即时交货是用户评价供应商的一个重要条件，交货即时取决于供应商的生产与运输条件。对供应商来说，要使交货即时，可从以下两个方面着手：一方面，不断改进企业的生产条件，提高生产的可靠性和稳定性，减少由生产过程的不稳定导致的延迟交货或误点现象的发生。作为即时制供应链管理的一部分，供应商同样应该采用 JIT 生产管理模式，以提高生产过程的即时性。另一方面，为了提高交货即时性，运输问题不可忽视。在物流管理中，运输问题是一个很重要的问题，它决定即时交货的可能性。特别是全球的供应链系统，运输过程长，而且可能要先后经过不同的运输工具，需要中转运输等，因此有必要进行有效的运输计划与管理，使运输过程准确无误。

3. 对供应商进行选择的标准不同

在传统的采购模式中，供应商是通过价格竞争来选择的，供应商与用户的关系是短期的合作关系。当用户发现供应商不合适时，可以通过市场竞标的方式重新选择供应商。但在 JIT 采购模式中，由于供应商和用户是长期的合作关系，供应商的合作能力将影响企业的长期经济利益，因此对供应商的要求就比较高。在选择供应商时，需要对供应商进行综合评价，依据一定的标准，这些标准应包括产品质量、交货期、价格、技术能力、应变能力、批量柔性、交货期与价格的均衡、价格与批量的均衡、地理位置等，而不像传统采购

那样主要考虑价格。

4. 对信息交流的需求不同

JIT 采购要求供应与需求双方信息高度共享，保证供应与需求信息的准确性和实时性。由于供需双方的战略合作关系，企业在生产计划、库存、质量等各方面的信息都可以及时进行交流，以便出现问题时能够及时处理。只有供需双方进行可靠而快速的双向信息交流，才能保证所需的原材料和外购件的即时供应；同时，充分的信息交换可以增强供应商的应变能力。所以，实施 JIT 采购，就要求供应商和制造商之间进行有效的信息交换。信息交换的内容包括生产作业计划、产品设计、工程数据、质量、成本、交货期等。现代信息技术的发展为高效的信息交换提供了有力的支持。

5. 制定采购批量的策略不同

小批量采购是 JIT 采购的一个基本特征。JIT 采购和传统采购模式的一个重要不同之处在于：JIT 生产需要减少生产批量，因此采购的物资也应采用小批量办法。小批量采购是 JIT 采购的一个基本特征。从另外一个角度看，由于企业生产对原材料和外购件的需求是不确定的，而 JIT 采购又旨在消除原材料和外购件库存，为了保证即时、按质按量供应所需的原材料和外购件，采购必然是小批量的。

6. 对送货和包装的要求不同

由于 JIT 采购消除了原材料和外购件的缓冲库存，供应商交货的失误和送货的延迟必将导致企业生产线的停工待料。因此，可靠的送货是实施 JIT 采购的前提条件。送货的可靠性常取决于供应商的生产能力和运输条件，一些不可预料的因素，如恶劣的气候条件、交通堵塞、运输工具的故障等，都可能引起送货迟延。当然，最理想的送货是直接将货送到生产线上。

三、JIT 采购的优点

JIT 采购是关于物资采购的一种全新的思路，企业实施 JIT 采购具有重要的意义。资料显示，JIT 采购在以下几个方面已经取得了令人满意的成果：

1. 大幅减少原材料和外购件的库存

根据国外一些实施 JIT 采购策略的企业的测算，JIT 采购可以使原材料和外购件的库存降低 40%～85%。原材料和外购件库存的降低有利于减少流动资金的占用，加速流动资金周转，同时也有利于节省原材料和外购件库存占用的空间，从而降低库存成本。

2. 提高采购物资的质量

实施 JIT 采购后，企业的原材料和外购件的库存很少，甚至为零。因此，为了保障企业生产经营的顺利进行，采购物资的质量必须从根源上抓起。也就是说，购买的原材料和外购件的质量保证，应由供应商负责，而不是企业的物资采购部门。JIT 采购就是要把质量责任返回给供应商，从根源上保障采购质量。为此，供应商必须参与制造商的产品设计过程，制造商也应帮助供应商提高技术能力和管理水平。

传统采购模式中，制造商的验收部门负责购买物资的接收、确认、点数统计，并将不合格的物资退回给供应商，这些过程增加了采购成本。而 JIT 采购从根源上保证了采购质量，购买的原材料和外购件就能够实行免检，直接由供应商送货到生产线，从而大大减少了购货环节，降低了采购成本。

一般来说，实施 JIT 采购可使购买的原材料和外购件的质量明显提高。而且，原材料和外购件质量的提高又会引致质量成本的降低。据估计，实施JIT采购可使质量成本降低26%~63%。

3. 降低原材料和外购件的采购价格

由于供应商和制造商的密切合作及内部规模效益与长期订货，再加上消除了采购过程中的一些浪费（如订货手续、装卸环节、检验手续等），购买的原材料和外购件的价格得以降低。例如，生产复印机的美国施乐公司通过实施JIT采购策略使其采购物资的价格下降了40%~50%。

此外，JIT采购不仅缩短了交货时间，节约了采购过程所需资源（包括人力、资金、设备等），还提高了企业的劳动生产率，增强了企业的适应能力。

4. 压缩了生产过程中不增值的活动

在企业采购中存在大量不增加产品价值的活动，如订货、修改订货、收货、装卸、开票、质量检验、点数、入库等，把大量时间、精力、资金花在这些活动上是一种浪费。JIT采购由于大大精简了采购作业流程，因此减少或消除了这些浪费，极大地提高了工作效率。

四、JIT采购带来的问题

1. 小批量采购带来的问题

小批量采购必然增加运输次数和运输成本，对供应商来说，这是很为难的事情，特别是当供应商距离远时，实施JIT采购的难度就更大。解决这一问题的方法有四种：①使供应商在地理位置上靠近制造商，如日本汽车制造商扩展到哪里其供应商就跟到哪里；②供应商在制造商附近建立临时仓库，实质上，这只是将负担转嫁给了供应商，而未从根本上解决问题；③由一个专门的运输承包商或第三方物流企业负责送货，按照事先达成的协议，集中分布在不同地方的供应商的小批量物料，即时按量送到制造商的生产线上；④让一个供应商负责供应多种原材料和外购件。

2. 单源供应带来的风险

采用单一供货商的采购模式有很大的风险，比如供应商有可能由意外原因中断交货。另外，单源供应也会使企业不能得到竞争性的采购价格，并造成对供应商的依赖性过大等。因此，企业必须与供应商建立长期互利合作的新型伙伴关系。在日本，98%的JIT企业采取单源供应。但实际上，一些企业常采用同一原材料或外购件由两个供应商供货的方法，其中一个供应商为主，另一个供应商为辅。许多企业也不是很愿意成为单一供应商，原因很简单，一方面，供应商是具有独立性较强的商业竞争者，不愿意把自己的成本数据披露给用户；另一方面，供应商不愿意成为客户的产品库存点。

3. 库存管理压力

工业企业在实施JIT采购时，力求减少库存与缩短生产周期。要做到这两点，采购及供应商的管理至关重要。事实上，控制并减少原材料的库存、缩短原材料的交货周期、在原材料供应过程中实施JIT采购，相对于企业内部实施JIT生产来说见效更快，而且实施起来更容易，一方面能为企业实施JIT打下基础，另一方面能推动企业整体供应链的优化。

五、JIT 采购的实施

(一) 实施条件

JIT 采购的成功实施需要具备一定的前提条件，实施 JIT 采购的基本条件如下：

（1）供应商与企业的距离越近越好。距离太远，操作不方便，发挥不了 JIT 采购的优越性，很难实现零库存。

（2）制造商和供应商建立互利合作的战略伙伴关系。JIT 采购策略的推行，有利于制造商和供应商之间建立起长期互利合作的新型关系，双方相互信任、相互支持、共同获益。

（3）注重基础设施的建设。良好的交通运输和通信条件是实施 JIT 采购策略的重要保证，企业基础设施建设的标准化，对 JIT 采购的推行至关重要。所以，要想成功实施 JIT 采购策略，制造商和供应商都应注重基础设施的建设。当然，这些条件的改善不仅仅取决于制造商和供应商的努力，各级政府也须加大投入。

（4）强调供应商的参与。JIT 采购不只是企业采购部门的事，它也离不开供应商的积极参与。供应商的参与，不仅体现在准时、按质、按量供应制造商所需的原材料和外购件上，而且体现在积极参与制造商的产品开发设计过程中。与此同时，制造商有义务帮助供应商改善产品质量，提高劳动生产率，降低供货成本。

（5）建立实施 JIT 采购策略的组织。企业管理人员必须从战略高度来认识 JIT 采购的意义，并建立相应的企业组织来保证该采购策略的成功实施。这一组织的构成，不仅应有企业的采购部门，还应包括产品设计部门、生产部门、质量部门、财务部门等。其任务是：提出实施方案、具体组织实施、对实施效果进行评价和连续不断的改进。

（6）制造商向供应商提供综合的、稳定的生产计划和作业数据。综合的、稳定的生产计划和作业数据可以使供应商及早准备，精心安排生产，确保准时、按质、按量交货；否则，供应商就不得不求助于缓冲库存，从而增加其供货成本。有些供应商在制造商工厂附近建立仓库以满足制造商的 JIT 采购要求，这不是真正的 JIT 采购，只是库存负担转移。

（7）注重教育与培训。教育和培训可以使制造商和供应商充分认识到实施 JIT 采购的意义，并使其掌握 JIT 采购的技术和标准，以便对 JIT 采购进行不断的改进。

（8）加强信息技术的应用。JIT 采购建立在有效信息交换的基础上，信息技术的应用可以保证制造商和供应商之间的信息交换。因此，制造商和供应商都必须加强对信息技术的投资，以便更加有效地推行 JIT 采购策略。

(二) 实施步骤

开展 JIT 采购同其他工作一样，需遵循计划、实施、检查、总结、提高的基本思路，具体包括以下步骤：

1. 创建 JIT 采购团队

世界一流企业的专业采购人员有三个责任：寻找货源、商定价格、发展与供应商的协作关系并不断改进。专业化的高素质采购队伍对实施 JIT 采购至关重要。为此，首先要成立两个团队：一个是专门处理供应商事务的团队，该团队的责任是认定资格、评估供应商的信誉和能力、与供应商谈判签订 JIT 采购合同、向供应商发放免检签证等，同时要负责供应商的培训与教育；另外一个团队专门负责消除采购中的浪费。这些团队中的人员应该对 JIT 采购的方法有充分的了解和认识，必要时要进行培训。如果这些人员本身对 JIT 采购的认识和了解都不彻底，就不可能指望供应商合作了。

2. 分析现状，确定供应商

首先，根据采购物品的分类选择价值量大、体积大的主要原材料及零部件，结合供应商的关系，优先选择伙伴型或优先型供应商进行 JIT 采购可行性分析，确定可实施 JIT 采购模式的供应商。分析采购物品及供应商情况时要考虑的因素有原材料或零部件的采购量、年采购额、物品的重要性（对本企业产品生产、质量等的影响）、供应商的合作态度、供应商的地理位置、物品的包装及运输方式、物品的储存条件及存放周期、供应商现有供应管理水平、供应商参与改进的主动性、该物品的供应周期、供应商生产该物品的生产周期及重要原材料采购周期、供应商现有的送货频率、该物品的库存量等。其次，根据现状进一步分析问题所在以及导致问题产生的原因。

3. 设定目标

针对供应商目前的供应状态，提出改进目标。改进目标包括供货周期、供货频次、库存等。改进目标应有时间要求。

4. 制订实施计划

实施计划要明确主要的行动点、行动负责人、完成时间、进度检查方法及时间、进度考核指标等。其中，企业内的主要行动有：

（1）将原来的固定订单改为灵活订单。订单的订购量分成两部分：一部分是已确定的、供应商必须按时按量交货的部分；另一部分是可能因市场变化而增减的，供供应商准备原材料、安排生产计划时参考的预测采购量。订单内容取决于本企业的生产周期、供应商的生产交货周期、最小批产量等。

（2）调整相应的运作程序及参数设置；在企业内相关人员之间进行沟通、交流，统一认识、协调行动。

（3）确定相应人员的职责及任务分工等。在供应商方面，需要对供应商进行沟通、培训，使供应商接受 JIT 采购的理念，确认本企业提出的改进目标，包括缩短供应时间、增加供应频次、保持合适的原材料、在制品及成品的库存等。同时供应商也应确认有关的配合人员的责任、行动完成时间等。

5. 改进实施

改进实施的前提是供应原材料的质量改进和保障，同时要考虑采用标准的、能循环使用的包装、周转材料与器具，以缩短送货的装卸、出入库时间。改进实施的主要环节是将原来独立开具的固定订单改成滚动下单，并将订单与预测结合起来。首先，可定期（如每季）向供应商提供半年或全年采购预测，便于供应商提前安排物料采购及生产安排。其次，定期（如每周或每月）向供应商提供每周、每半月或每月、每季的流动订单。流动订单包括固定订单和可变订单两部分，供应商按流动订单的要求定期、定量送货。为更好地体现供应商在整体供应链中的作用，供应商最好定期（每周、每半月或每月）向制造商提供库存（含原材料、在制品、成品）报告，以便制造商在接受客户订单及订单调整时能准确、迅速、清晰地了解供应商的反应能力。实施 JIT 采购还应注意改进行政效率，充分利用电话、传真及电子邮件等手段进行信息传递以保证信息传递的及时性、准确性、可靠性。在开展 JIT 采购的过程中，最重要的是要有纪律性，要严格按确定的时间做该做的事情（如编制采购预测、开具订单、提交库存报告等），同时要有合作精神与团队意识。只有采购、计划、仓管、运输、收验货、供应商等密切配合，才能保证 JIT 采购顺利实施。

6. 绩效衡量

衡量 JIT 采购实施绩效要定期检查进度，以绩效指标（目标的具体化指标）来控制实施过程。采购部门或 JIT 采购实施改进小组要定期（如每月）对照计划检查各项行动的进展情况、各项工作指标、主要目标的完成情况，并用书面形式采用图表等方式体现出来。对于未如期完成的部分应重新提出进一步的跟进行动，调整工作方法，必要时调整工作目标。

7. 持续改进，扩大成果

JIT 采购是一个不断完善和改进的过程，需要在实施过程中不断总结经验和教训，从提高交货准确性、提升产品质量、降低库存、降低运输成本等多个角度进行改进，不断提高 JIT 采购的绩效。

（三）影响因素

通过对 JIT 采购模式实施的分析，不难发现，供应商是决定 JIT 采购实施成败与否的关键。美国加利福尼亚州立大学对汽车、电子、机械等企业 JIT 采购效果进行了问卷调查，调查结果见表 2-2、表 2-3。

表 2-2　JIT 采购成功实施的关键因素

问题	肯定回答所占比例（%）
和供应商的相互关系	51.5
管理的措施	31.8
适当的计划	30.3
部门协调	25.8
进货质量	19.7
长期的合同协议	16.6
采购的物品类型	13.6
特殊的政策与惯例	10.6

表 2-3　实施 JIT 采购的困难

问题	肯定回答所占比例（%）
缺乏供应商的支持	23.6
部门之间协调性差	20.0
缺乏对供应商的激励	18.2
采购物品的类型	16.4
进货物品质量差	12.7
特殊政策与惯例	7.1

通过以上调查发现：

（1）JIT 采购成功实施的关键是供应商，而最大的困难也是缺乏供应商的支持。供应链管理所倡导的战略伙伴关系为实施 JIT 采购提供了基础性条件，因此在供应链环境下实施 JIT 采购比传统管理模式下实施 JIT 采购更加有现实意义和可能性。

（2）对供应商的激励是 JIT 采购成功实施的另外一个影响因素。要成功地实施 JIT 采购，必须建立一套有效的供应商激励机制，使供应商和用户一起分享 JIT 采购的好处，这样的采购模式才能稳定和持续。

（3）此外，企业内部的协同也是 JIT 采购成功实施的重要内部影响因素。JIT 采购不单是采购部门的事情，企业的各部门都应为实施 JIT 采购统一认识、创造有利的条件，为创新采购模式的实现共同努力。

第四节 可持续采购

一、可持续采购的概念

可持续采购是指采购部门采购自身需要的货物、服务和工程时，在全生命周期内充分考虑采购活动对经济、社会和环境的影响，以确保整个企业及其生态的高效和可持续发展。公共部门和私营部门都可以使用可持续采购，以确保其采购反映资源效率、气候变化、社会责任和经济发展的目标。

二、可持续采购与绿色采购的区别

可持续采购所实施的采购活动同时兼顾环境、经济和社会三个要素，绿色采购则更多地关注环境保护方面的问题。因此，可持续采购比绿色采购的范围更宽泛。可持续采购是与社会责任、经济发展与环境影响密切联系的良好实践。同时，可持续采购还强调与企业战略目标的一致性，注重采购活动对于企业可持续发展目标的积极贡献。

三、可持续采购的意义及困境

（一）可持续采购的意义

可持续采购在促进经济发展、社会进步和环境保护方面发挥着越来越重要的作用。政府通过采购的方式可以直接影响经济、社会和环境的可持续发展。世界范围内很多国家和地区都越来越重视可持续采购的发展政策，如欧盟在绿色采购的基础上开始大力发展可持续采购。2012 年，联合国正式提出了"全球可持续公共采购计划"，将各国（地区）各级政府、商界及公民社会的代表聚集起来，推动主要利益相关方积极参与，以使经济增长与环境恶化和资源利用脱钩，从而增加经济活动对消除贫困和社会发展的净贡献。可持续公共采购有其自身的价值和意义，它将可持续发展理念贯穿到公共采购的发展过程中，在全生命周期内实现经济进步、社会发展和环境保护，将对国家或地区的发展产生深远影响。

实现可持续采购有利于实现"以人为本"。"以人为本"要求人类社会的一切政策、法律、制度等，都应当从人出发，都是为人而存在的，都是为人服务的。以人为中心，把经济发展建立在人的发展的基础上，寻求经济增长、社会进步、环境保护和人的全面发展的协调一致。可持续采购与以人为本的内涵具有一致性，我们现在大力发展可持续采购计划、法律法规及政策等，在一定程度上有利于"以人为本"的实现。

在经济方面，可持续采购的直接经济影响包括助力中小企业可持续发展以及支持当地企业的发展。在社会方面，可持续采购有助于社会问题的解决，诸如增加劳动就业机会、为残疾人等弱势群体创造平等的就业机会、保障人权等。可持续采购在很大范围内实现了社会方面的可持续、有助于发展和进步。例如，法国《公共采购法》鼓励企业雇佣残疾人，创造的就业岗位逐年上涨，在创造经济增长的同时，有利于社会问题的解决，保障了弱势群体的权益。在环境保护方面，可持续采购在全生命周期内对环境产生积极影响，能够减少环境污染和资源浪费。可持续采购通过对采购需求的控制来减少采购的数量，发展节能和环保产品，提倡回收和重复利用，节约水资源，禁止过度包装等。近年来，世界上许多国家和地区通过发展可持续采购使环境保护有了质的飞跃。

（二）可持续采购的困境

可持续采购在经济、社会、环境方面有重要的影响，可持续采购的提出意义重大。可持续发展理念自提出以来，管理者、决策者越来越注重采购对环境、经济和社会的影响。例如《中华人民共和国政府采购法》第九条对此有专门的规定。虽然我们在发展可持续采购方面有了很多重要的进展，例如中小企业的价格优惠和强制预留、节能产品采购的政府补贴、促进落后地区发展的专项帮扶采购等，但是从目前的实际发展来看，可持续采购的内生动力不足，程度不够，与可持续采购发展的理想目标之间还有一定距离，与可持续发展程度较高的国家和地区相比，我们在政策、机构、规划、法律、信息公开、资格审查标准、质疑和投诉环节等方面还有进一步发展和完善的空间。

经典资料

采购模式业界人士说

安俊龙，注册职业采购经理（CPM），从事供应链管理工作：

对于集中采购的问题，个人认为大宗的标准化的应该集中采购，而对于一些间接的非核心的则可以分散采购，只有两者结合起来才可以发挥最大的效用。

拿我现在的公司举例，我们用的一些树脂在整个集团内都是通用的，而且量非常大，价值也高。于是这些项目由公司出面，最高层负责战略方面的谈判，从而形成一个全球合作的框架（顺便提一句，这样也同时避免了所谓的"店大欺客"的情况，因为供应商是全球排行前三名的石油化工集团），然后到了亚太的层面大家谈每个月的行情，最后到了我们工厂层面大家只谈每个订单的具体事宜，如从哪个港口发货。而且就算是这样的项目，总部的态度也是非常开放的，这些框架协议对于我们工厂层面来讲"仅供参考"，如果我们可以找到当地更好的替代品，则完全可以自己决定另外的供应商，灵活度非常高，从而也限制了供应商"耍大牌"的情况。另外，对于一些非常琐碎的间接材料，我们更有充分的自主权，尽可能找一些当地的小的供应商或者经销商来解决。它们有时候有价格优势，有时候有服务优势，很方便。甚至我们在用到自己集团的某种产品的时候仍然会通过中间商来采购，因为会获得更低的价格和更好的服务吧，对此总部也是认可的。

综上所述，正是这种统分结合的采购模式使我们既有了规模优势，又有了一定的灵活性，算是比较折中的方式了。

何基奎，芯硕半导体（中国）有限公司采购经理：

集中采购及分散采购，我觉得两者本身之间并没有什么好坏之分。采购是服务部门，它的天职就是提高供应商交货绩效及降低采购成本，在这个标杆下，采取集中采购还是分散采购要结合时间和空间条件来决定。比如对一个国内合资的企业，在国内有不同的生产基地，我们可以采取"农村包围城市"的做法，有步骤地分步集中采购，这样成本会有不少的下浮；对于那些跨国公司，我们可以充分了解国外的一些准入标准，比如对供应商资质、环境及健康、交期等的要求，来配合国内的一些企业做生产线整改、第二方审核及参与早期的产品设计、失效模式与影响分析（FMEA）等，逐步实现集中采购。但不管怎么做，采购的标杆不要变，不能伤害其他内部客户，如生产部门、设计部门的利益，而且任何模式都是要分步骤的。

企业集团从分散采购到集中采购的转变

中电投蒙东能源集团公司（以下简称蒙东能源集团）是中国电力投资集团公司下属的一家国有大型综合能源企业，下辖白音华煤电公司、中电霍煤集团、通辽发电总厂、通辽热电厂、赤峰热电厂、元宝山电厂等十多家企业。

蒙东能源集团总部位于内蒙古自治区东部，东靠吉林省，西接内蒙古赤峰市，南依辽宁省，坐落在东北和华北地区交汇处的交通枢纽——通辽市，集团下属的各公司主要分布在沈阳、通辽、霍林河、赤峰、西乌旗白音华镇、巴林左旗大板镇等地，其中沈阳、赤峰、通辽、大板镇是重要的物资集散地。

2008年，蒙东能源集团提出了煤、电、铝、化、路、港绿色价值倍增六战略，准备通过业务整合，形成煤炭、有色金属、发电、物流、综合服务五大板块，将物流业务提高到战略高度来发展，希望通过掌握铁路资源和港口资源，发挥其重要的战略协同作用，延伸煤炭市场的深度和广度，支持其他产业协调发展。蒙东能源集团计划到2015年实现六个"一"规划目标，即煤炭产能达到10 000万t，电力装机容量超过1000万kW，有色金属冶炼产能达到100万t，铁路控参股里程达1000km（控股里程800km），总资产达到1000亿元，实现利润100亿元。

一、蒙东能源集团分散采购的实施现状

以往，蒙东能源集团一直采用分散采购的模式，以其电厂的运营为例，蒙东能源集团下辖18个电厂，各电厂2008年的物资采购总量约为35 245.01万元，年均增长8.64%，采购的品种包括备品配件类（包括汽机配件、电气配件、锅炉配件、机炉泵件、热工配件、化学配件、除灰配件、燃料配件）、材料配件类（包括材料钢材、材料仪器仪表、材料机电、材料阀门、材料电机、材料轴承）、燃料类三个大类的物资。从采购物资的价值构成情况看，燃料类占采购总额的50%，备品配件类占40%左右，材料配件类占10%左右。该区域各电厂现有机组总计27台，单台装机容量大小不等，从50MW、100MW、135MW、150MW、300MW、600MW到1000MW。

在分散采购模式下，各电厂都设有独立的采购部门负责本电厂的采购工作。在拥有各自独立采购部门的同时，各个电厂也设有相应独立的仓库，二级仓库的数量总共为18个，其总的仓库年运营费用在集团公司的费用支出中占很大的比例，并且为保证运输，各个电厂同时还配备了相应规模的运输设备。

在分散采购模式下，各电厂采购的流程简短，采购过程简洁，费时较短，采购的产品直接运送到各个电厂的仓库。以通辽热电厂的运营为例，2008年通辽热电厂具有的装机数为4台，总装机容量为800MW，根据测算其采购总额为5184.5万元，电厂具有从事采购业务的人员为6人，其库存额为6000万元。按照其组织设置的模式，采购业务是由生产部门首先提出采购申请，并报批财务部门，然后向采购部门下达采购通知；采购部门向供应商发出采购邀请，待采购完成后，采购的原材料直接进入电厂所属的二级仓库，并按照相应的程序供给生产部门。采用这种分散采购的方式手续简洁、采购时间短，能够保证所需要的原材料及时供应到各个生产部门。

二、蒙东能源集团分散采购特点分析

总体来说，蒙东能源集团的分散采购具有以下特点：

1. 采购流程较短，采购过程简单

对于各电厂来说，当某种材料发生采购需求时，由采购部门直接向目标供应商发出采购邀请，到货后材料直接运送到电厂仓库，并提供给需要的部门，整个采购流程手续相对简单，关系也比较清楚明了。

2. 采购的针对性强

采用分散采购，当某种材料的库存发生缺货时，各个电厂就可以立即针对此种材料组织采购，及时补充库存，而不用因为层层申请等延长采购时间，耽误生产的正常进行。

3. 有多个供应商

即使对于同一种原材料的需求来说，在分散采购的情况下，各个电厂由于采购能力的差异，其所对应的供应商也是不同的。考虑所有电厂的各种原料、备件产品的需求以后，对于整个集团来说，其供应商群体的数量相当庞大。

4. 下级单位具有采购自主权

采购材料的类型、供应商的选择、采购策略的选择完全由各个电厂决定，各电厂独立与供应商交涉，独立进行财务核算、票据处理，而不用集团总部批示。

三、蒙东能源集团分散采购问题分析

由于行业的特性，蒙东能源集团采用分散采购的模式将不可避免地遇到一些问题，例如采购产品质量参差不齐、采购价格偏高、材料共用性低、占用库存费用等，具体如下：

1. 各个电厂沟通少，材料的共享性低

在分散采购的模式下，18 个电厂根据原材料的市场供应能力以及部门的需要各自制订相应的采购计划，独立采购，各个电厂之间对于材料的拥有情况互不清楚。此时，对于同一种物资极有可能会出现这个电厂紧缺而另一个电厂多余并且占用库存的情况，资源很难实现共享。

2. 采购的产品质量参差不齐

由于采购的数额有限、采购人员水平不同、采购流程的规范性存在差异，各电厂在原材料的采购中选择的供应商、产品质量、产品价格与服务差异非常大，所采购的材料质量参差不齐，价格与价值差别大的情况时有出现。

3. 采购过程的规范程度低

在分散采购的情况下，各电厂对于材料的采购有决定权，在很多情况下容易出现由个人关系或者责任心造成的信息不对称、招标信息公布不及时、发标书时间短、开标时间不符合要求、对供应商资质的歧视性要求、评分办法设置不合理等不规范的采购活动。

4. 元部件重叠采购

蒙东能源集团下设 18 个电厂，在不少备品配件类以及材料配件类产品的需求上都是重叠的，比如某电厂需要订购除灰配件，而与其相近的其他电厂也需要相同的除灰配件，多个部门对同一种元件的需求造成了多次的重复采购。

蒙东能源集团从 2009 年起将原"路港事业部"改为"物流事业部"，并组建物流公司，行使煤炭的集中采购、物资统一库存和配送、煤炭的集中运输调度等职能。

复习思考题

1. 什么是集中采购？集中采购与分散采购各有哪些优点和缺点？各适用于什么条件？
2. 什么是即时制采购？即时制采购的实施步骤有哪些？
3. 什么是联合采购？联合采购方式有哪些优点？你认为可采取哪些措施推动企业间的联合采购？

第三章 招标采购

作　用

招标采购是一种国内外广泛运用的采购方式。本章详细讲述招标采购的基本操作程序、招标准备和评标的具体方法，目的是使读者全面掌握招标采购的基本知识、操作流程、实战技巧，为从事招标采购实际工作奠定理论基础。

关　键

本章所涉及的基本概念包括招标采购、公开招标、邀请招标、议标、招标文件、围标、标底等；基本理论包括招标采购的方式、程序等；主要方法包括以最低评标价为基础的评标方法、综合评标法、以生命周期成本为基础的评标方法。

第一节　招标采购概述

招标采购是在众多的供应商中选择最佳供应商的有效方法。它体现了公平、公开和公正的原则。企业采购通过招标程序，可以最大限度地吸引和扩大投标人之间的竞争，从而使招标人有可能以更低的价格采购到所需要的物资或服务，更充分地获得市场利益。招标采购方式通常用于比较重大的建设工程项目、新企业寻找长期物资供应商、政府采购或采购批量比较大等场合。

> 思　考：
> 1. 招标采购有哪几种方式？
> 2. 招标采购的一般程序是什么？

招标采购是通过在一定范围内公开购买信息，说明拟采购物品或项目的交易条件，邀请供应商或承包商在规定的期限内提出报价，经过比较分析后，按既定标准确定最优惠条件的投标人并与其签订采购合同的一种高度组织化采购方式。招标采购是政府采购的主要方式。

一、招标采购的方式

总体来看，目前世界各国（地区）和国际组织有关采购的法律、规则规定了公开招标、邀请招标和议标三种招标投标方式。

（一）公开招标

公开招标又称为竞争性招标，即由招标人在报刊、网络或其他媒体上发布招标公告，吸引众多企业单位参加投标竞争，招标人从中择优选择中标单位的招标方式。按照竞争程度，公开招标方式又可分为国际竞争性招标和国内竞争性招标。

1. 国际竞争性招标

这种在世界范围内进行的招标，国内外合格的投标商均可以投标。它要求制作完整的英文标书，在国际上通过各种宣传媒介刊登招标公告。例如，世界银行对贷款项目货物及工程的采购规定了三个原则：①必须注意节约资金并提高效率，即经济有效；②要为世界银行的全部成员提供平等的竞争机会，不歧视投标人；③有利于促进借款国本国的建筑业和制造业的发展。世界银行在确定项目的采购方式时都从这三个原则出发，其中国际竞争性招标是采用最多、占用采购金额最大的一种方式。它的特点是高效、经济、公平，采购合同金额较大、国外投标商感兴趣的货物工程要求必须采用国际竞争性招标。世界银行根据不同国家和地区的情况，规定了凡采购金额在一定限额以上的货物和工程合同，都必须采用国际竞争性招标。对一般借款国来说，25万美元以上的货物采购合同、大中型工程采购合同，都应采用国际竞争性招标。我国的贷款项目金额一般都比较大，世界银行对中国的国际竞争性招标采购限额也放宽了一些，工业项目采购凡在100万美元以上，均应采用国际竞争性招标来进行。表3-1总结了这种方式的优缺点。

表3-1 国际竞争性招标的优缺点

优 点	缺 点
• 能以对买主有利的价格采购到需要的设备和工程 • 能引进先进的设备、技术及管理经验 • 为合格的投标人提供公平的投标机会 • 减少作弊的可能性。这是因为采购程序和采购标准的公开性	• 需要较多的时间。这种招标方式下，从招标公告、投标人做出反应、评标到签订合同，一般需要半年甚至一年以上的时间 • 所需文件比较多。招标文件要明确规范各种技术规格、评标标准以及买卖双方的义务等内容，要将大量的文件翻译成国际通用文字，因而增加了工作量 • 中标的供应商和承包商中的发展中国家所占的份额比较少

2. 国内竞争性招标

这类招标方式可用本国语言编写标书，只在国内的媒体上登出广告，公开出售标书，公开开标。它通常用于合同金额较小（世界银行规定一般50万美元以下）、采购品种比较分散、分批交货时间较长、劳动密集型、商品成本较低而运费较高、当地价格明显低于国际市场价格等情况下的采购。从国内采购货物或者工程建筑可以大大节省时间，而且这种便利将对项目的实施具有重要的意义。在国内竞争性招标的情况下，如果外国公司愿意参加，则应允许它们按照国内竞争性招标参加投标，不应人为设置障碍，妨碍其公平参加竞争。国内竞争性招标的程序大致与国际竞争性招标相同。由于国内竞争性招标限制了竞争范围，通常国外供应商不能得到有关投标的信息，这与招标的原则不符，所以有关国际组织对国内竞争性招标都加以限制。

（二）邀请招标

邀请招标又称为有限竞争性招标或选择性招标，即由招标单位选择一定数目的企业，向其发出招标邀请书，邀请它们参加招标竞争。一般以选择3~10个企业参加较为适宜，当然要视具体招标项目的规模大小而定。被邀请参加的投标竞争者有限，不仅可以节约招标费用，还提高了每个投标人的中标机会。然而，由于邀请招标限制了充分的竞争，因此招标投标法规一般都规定招标人应尽量采用公开招标。

按照国内外的通常做法，采用邀请招标方式的前提条件是对市场供给情况比较了解，对供应商或承包商的情况比较了解。在此基础上,还要考虑招标项目的具体情况:①招标项目的技术新而且复杂或专业性很强,只能从有限范围的供应商或承包商中选择;②招标项目本身的价值低,招标人只能通过限制投标人数来达到节约和提高效率的目的。

邀请招标是允许采用的,而且在实际中有其较大的适用性。但是,在邀请招标中,招标人有可能故意邀请一些不符合条件的法人或其他组织作为其内定中标人的陪衬,搞假招标。为了防止这种现象的发生,应当对邀请招标的对象所具备的条件做出限定,即向其发出招标邀请书的法人或其他组织应不少于3家,而且该法人或其他组织资信良好,具备承担招标项目的能力。前者是对邀请投标范围最低限度的要求,以保证适当程度的竞争性;后者是对投标人资格和能力的要求,招标人对此还可以进行资格审查,以确定投标人是否达到这方面的要求。为了保证邀请招标适当程度的竞争性,招标人应邀请尽量多的法人或其他组织,向其发出招标邀请书,以确保有效的竞争。

邀请招标具有以下几个主要特点:邀请招标不使用公开公告的形式;接受邀请的单位才是合格投标人;投标人的数量有限。

邀请招标与公开招标相比,由于不用刊登招标公告,并且招标文件只送几家,因此投标有效期大大缩短,这对采购那些价格波动较大的商品是非常必要的,可以降低投标风险和投标价格。例如欧盟的公共采购规则中规定,采购金额超过法定界限必须使用招标形式的,项目法人有权自由选择公开招标或邀请招标。

(三) 议标

议标又称为谈判招标或限制性招标,即通过谈判来确定中标人。它的主要方式有以下几种:

1. 直接邀请议标方式

选择中标人不是通过公开招标或邀请招标,而由招标人或其代理人直接邀请某一企业进行单独协商,达成协议后签订采购合同。如果与一家协商不成,则可以邀请另一家,直到协议达成为止。

2. 比价议标方式

"比价"是兼有邀请招标和协商特点的一种招标方式,一般用于规模不大、内容简单的工程和货物采购。通常的做法是由招标人将采购的有关要求送交选定的几家企业,要求它们在约定的时间内提出报价,招标人经过分析比较,选择报价合理的企业,就工期、造价、质量、付款条件等细节进行进一步协商,从而达成协议,签订合同。

3. 方案竞赛议标方式

这是工程规划设计项目招标的常用方式。通常组织公开选择或邀请选择规划设计机构参加竞赛。一般的做法是由招标人提出规划设计的基本要求和投资控制数额,并提供可行性研究报告或设计任务书、场地平面图、有关场地条件和环境情况的说明,以及规划、设计管理部门的有关规定等基础资料,参加竞争的单位据此提出自己的规划或设计的初步方案,阐述方案的优点和长处,并提出该项规划或设计任务的主要人员配置、完成任务的时间和进度安排、总投资估算和设计等,一并报送招标人。然后由招标人邀请有关专家组成的评选委员会选出优胜单位,招标人与优胜者签订合同,而对未中选的参审单位给予一定的补偿。

另外,在科技招标中,通常使用公开招标但不公开开标的议标。招标人在接到各投标人的标书后,先就技术、设计、加工、资信能力等方面进行调查,并在初步认可的基础上,选择一名最理想的预中标人并与之商谈,对标书进行调整协商,如能取得一致意见,则可定其

为中标人，若不行则再找第二个预中标人。这样逐次协商，直到双方达成一致意见为止。这种议标方式使招标人有更多的灵活性，可以选择到比较理想的供应商和承包商。

由于议标的中标人是通过谈判产生的，不便于公众监督，容易导致非法交易，因此，有些场合禁止采用这种方式。即使允许采用议标方式，也大都对议标方式做了严格限制。

《联合国国际贸易法委员会货物、工程和服务采购示范法》规定，经颁布国批准，招标人在下述情况下可采用议标的方法进行采购：

（1）急需获得该货物、工程或服务，采用招标程序不切实际，但条件是造成此种紧迫性的情况并非采购实体所能预见，也非采购实体自身所致。

（2）由于某一灾难性事件，急需得到该货物、工程或服务，而采用其他方式因耗时太多而不可行。

为了使议标尽可能地体现招标的公平、公正原则，《联合国国际贸易法委员会货物、工程和服务采购示范法》还规定，在议标过程中，招标人应与足够数目的供应商或承包商举行谈判，以确保有效竞争，如果是采用邀请报价，至少应有三家；招标人向某供应商和承包商发送的与谈判有关的任何规定、准则、文件、澄清或其他资料，应在平等基础上发送给正与该招标人举行谈判的所有其他供应商或承包商；招标人与某一供应商或承包商之间的谈判应是保密的，谈判的任何一方在未征得另一方同意的情况下，不得向另外任何人透露与谈判有关的任何技术资料、价格或其他市场信息。

二、招标采购的一般程序

招标采购是一个复杂的系统工程，它涉及多个方面、多个环节。一个完整的招标采购过程基本上可以分为以下六个阶段：

（一）策划

招标活动是一次涉及范围很大的大型活动。因此，开展一次招标活动需要周密策划。招标策划主要应当做以下工作：

（1）明确招标的内容和目标，对招标采购的必要性和可行性进行充分的研究和探讨。

（2）对招标书的标底进行仔细研究和确定。

（3）对招标的方案、操作步骤、时间进度等进行研究和确定，例如采用公开招标还是邀请招标，是自己亲自主持招标还是请人代理招标，分成哪些步骤，每一步怎么进行等。

（4）对评标方法和评标小组进行讨论研究。

（5）把以上讨论形成的方案计划形成文件，交由企业领导层讨论决定，取得企业领导决策层的同意和支持，有些甚至可能还要经过公司董事会的同意和支持。

以上策划活动有很多诀窍。为了慎重起见，可邀请咨询公司代理进行策划。

（二）招标

在招标方案得到公司的同意和支持以后，就要进入实际操作阶段。招标阶段的工作主要有以下几部分：

（1）形成招标书。招标书是招标活动的核心文件，要认真起草好招标书。

（2）对招标书的标底再次进行仔细研究确定。有些要召开专家会议，甚至邀请一些咨询公司代理。

（3）招标书发送。要采用适当的方式，将招标书传送到所希望的投标人手中。例如，对于公开招标，可以在媒体上发布；对于选择性招标，可以直接送交所选择的投标人。有些招标书是需要购买的,有些招标书是需要交纳一定保证金的,在这种情况下投标人需要交钱才能得到招标书。

(三) 投标

投标人在收到招标书以后,如果愿意投标,就要进入投标程序。

其中,投标文件需要经过认真研究、详细论证才能完成。这些内容是要和许多供应商竞争评比的,既要先进又要合理,还要有利可图。

投标文件要在规定的时间准备好,一份正本、若干份副本,并且分别封装签章,信封上分别注明"正本""副本"字样,寄给招标人。

(四) 开标

公开招标中,开标应按招标通告中规定的时间、地点公开进行,并邀请投标人或其委派的代表参加。开标前,应以公开的方式检查投标文件的密封情况,当众宣读供应商名称、有无撤标情况、提交投标保证金的方式是否符合要求,投标项目的主要内容,投标价格及其他有价值的内容。开标时,对于投标文件中含义不明确的地方,允许投标人做简要解释,但所做的解释不能超过投标文件记载的范围,不能实质性地改变投标文件的内容。以电传、电报方式投标的,不予开标。

开标要做开标记录,其内容包括项目名称、招标号、刊登招标通告的日期、发售招标文件的日期、购买招标文件单位的名称、投标人的名称及报价、截标后收到标书的处理情况等。

在有些情况下,可以暂缓或推迟开标时间,如:招标文件发售后对原招标文件做了变更或补充;开标前,发现有足以影响采购公正性的违法或不正当行为;采购单位接到质疑或诉讼;出现突发事故;变更或取消采购计划等。

(五) 评标

投标书不得事先开封。只有当招标会开始,投标人到达会场,将投标书邮件交投标人检查签封完好后,才能当面开封。

开封后,投标人可以拿着自己的投标书向全体评标小组陈述,并且接受全体评委的质询,甚至参加投标辩论。陈述辩论完毕,投标人退出会场,全体评标人员进行分析评比,最后投票或打分选出中标人。

评标由招标人依法组建的评标委员会负责。评标委员会由招标人的代表和有关技术、经济等方面的专家组成,成员人数为五人以上单数,其中技术、经济等方面的专家不得少于成员总数的2/3。一般招标项目可以采取随机抽取方式选择评标委员会成员,特殊招标项目可以由招标人直接确定。与投标人有利害关系的人不得进入相关项目的评标委员会,已经进入的应当更换。评标委员会成员的名单在中标结果确定前应当保密。招标人应当采取必要的措施,保证评标是在严格保密的情况下进行的。任何单位和个人不得非法干预、影响评标的过程和结果。评标委员会可以要求投标人对投标文件中含义不明确的内容做必要的澄清或者说明,但是澄清或者说明不得超出投标文件的范围或者改变投标文件的实质性内容。

评标委员会应当按照招标文件确定的评标标准和方法,对投标文件进行评审和比较。设有标底的,应当参考标底。评标委员会完成评标后,应当向招标人提出书面评标报告,并推荐合格的中标候选人。招标人根据评标委员会提出的书面评标报告和推荐的中标候选人确定中标人,招标人也可以授权评标委员会直接确定中标人。

投标人就投标价格、投标方案等实质性内容进行谈判。评标委员会成员不得私下接触投标人，不得收受投标人的财物或者其他好处。评标委员会成员和参与评标的有关工作人员不得透露对投标文件的评审和比较、中标候选人的推荐情况以及与评标有关的其他情况。

（六）定标

在全体评标人员投票或打分选出中标人以后，交给招标人，通知中标人。同时，对于没有中标者也要明确通知，并表示感谢。

以上是一般情况下招标采购的全过程。在特殊的场合，比如电子招标，招标的步骤和方式也可能有一些变化。

第二节 招标、投标与评标

> **思考：**
> 1. 招标前应该做哪些准备工作？
> 2. 招标文件有哪些组成部分？
> 3. 投标文件有哪些组成部分？
> 4. 招标采购中常用的评标方法有哪几种？

公开招标采购有一套完整的、统一的程序，这套程序不会因国家、地区和组织的不同而存在太大的差别。一个完整的公开招标过程由招标、投标、开标、评标、合同授予等阶段组成。国际选择性招标采购和国内选择性招标采购除了在招标阶段与公开招标采购有所不同外，其他步骤、要求和方法基本上与竞争性招标采购相同。

一、招标

招标程序包括资格预审通告的发布、招标文件的准备、招标邀请书的发布和招标文件的发售等。招标是竞争性招标采购的第一阶段，它是竞争性招标采购工作的准备阶段。在这一阶段需要做大量的基础性工作，其具体工作可由采购单位自行办理，如果采购单位因为人力或技术无法自行办理，则可以委托给社会中介机构。

（一）资格预审通告的发布

对于大型或复杂的土建工程或成套设备，在正式组织招标以前，需要对供应商的资格和能力进行预先审查，即资格预审。资格预审可以缩小供应商的范围，避免不合格的供应商做无效劳动，减少它们不必要的支出，也减轻了采购单位的工作量，节省了时间，提高了办事效率。

1. 资格预审的内容

资格预审包括两大部分，即基本资格预审和专业资格预审。

基本资格是指供应商的合法地位和信誉，包括是否注册、是否破产、是否存在违法违纪行为等。

专业资格是指已具备基本资格的供应商履行拟定采购项目的能力，具体包括：

（1）经验和以往承担类似合同的业绩和信誉。
（2）为履行合同所配备的人员情况。
（3）为履行合同任务而配备的机械、设备以及施工方案等情况。
（4）财务状况。
（5）售后维修服务的网点分布、人员结构等。

2. 资格预审的程序

进行资格预审，首先要编制资格预审文件，邀请潜在的供应商参加资格预审，发售资格预审文件，然后进行资格评定。

（1）编制资格预审文件。一个国家、地区或组织通常会对资格预审文件的格式和内容进行统一，制定标准的资格预审文件范本。资格预审文件可以由采购方编写，也可以由采购方委托的研究、设计或咨询机构协助编写。

（2）邀请潜在的供应商参加资格预审。一般是在官方媒体上发布资格预审通告。实行政府采购制度的国家、地区或国际组织，都有专门发布采购信息的媒体，如官方刊物或官方网站等。资格预审通告的内容一般包括采购实体名称，采购项目名称，采购（工程）规模，主要工程量，计划采购开始（开工）、交货（完工）日期，发售资格预审文件的时间、地点和售价，以及提交资格预审文件的最迟日期。

（3）发售资格预审文件。资格预审通告发布后，采购单位应立即开始发售资格预审文件，资格预审申请的提交必须按资格预审通告中规定的时间，截止期后提交的申请书一律拒收。

（4）资格评定，确定参加投标的供应商名单。采购单位在规定的时间内，按照资格预审文件中规定的标准和方法，对提交资格预审申请书的供应商的资格进行审查。只有经审查合格的供应商才有权继续参加投标。

（二）招标文件的准备

招标文件是整个招标投标活动的核心文件，是招标人全部活动的依据，也是招标人的智慧与知识的载体。因此，准备招标文件是非常关键的环节，它直接影响到采购的质量和进度。典型的招标文件的格式请见本章"经典资料"。

招标文件的内容大致可分为三部分：第一部分是关于编写和提交投标文件的规定；第二部分是关于投标文件的评审标准和方法，这是为了提高招标过程的透明度和公平性，因而是非常重要的；第三部分是关于合同的主要条款，其中主要是商务性条款，有利于投标人了解中标后签订的合同的主要内容，明确双方各自的权利和义务。其中，技术要求、投标报价要求和主要合同条款等内容是招标文件的内容，统称实质性要求。所谓投标文件实质性响应招标文件的要求，就是投标文件应该与招标文件的所有实质性要求相符，无显著差异。如果投标文件与招标文件规定的实质性要求不相符，即可认定投标文件不符合招标文件的要求，招标人可以拒绝该投标。

招标文件一般至少应包括以下内容：

1. 招标通告

招标通告的核心内容就是向投标人说明招标的项目名称和简要内容，发出投标邀请，并且说明招标书编号、投标截止时间、投标地点、联系电话、传真、电子邮箱等。它应当简短、明确，让读者一目了然，并得到基本信息。

2. 投标须知

投标须知通过建立一些在整个招标投标过程中共同的概念和规则，并把它们明确地写出来，作为招标文件的一部分，来达成共识，形成今后双方行为的依据，并且声明未尽事项的解释权归谁所有，以免以后引起争议。

投标须知的主要内容基本上是招标投标的一些基本规则、做法标准等。这些内容基本上都可以从招标投标法规中找到依据（不可以与招标投标法规相抵触），但可以根据自己的情况具体化、实用化，一条条列出来提供给投标人，作为与投标人的一种约定。

投标须知的主要内容包括：

（1）资金来源。

（2）如果没有进行资格预审的，要提出投标商的资格要求。

（3）货物原产地要求。

（4）招标文件和投标文件的澄清程序。

（5）投标文件的内容要求。

（6）投标语言。尤其是国际性招标，由于参与竞标的供应商来自世界各地，必须对投标语言做出规定。

（7）投标价格和货币规定。对投标报价的范围做出规定，即报价应包括哪些方面，统一报价口径便于评标时计算和比较最低评标价。

（8）修改和撤销投标的规定。

（9）标书格式和投标保证金的要求。

（10）评标的标准和程序。

（11）国内优惠的规定。

（12）投标程序。

（13）投标有效期。

（14）投标截止日期。

（15）开标的时间、地点等。

3. 合同条款

合同条款的基本内容就是对购销合同、任务明细组成、描述方式、货币价格条款、支付方式、运输方式、运费、税费处理等商务内容的约定和说明。

它包括一般合同条款和特殊合同条款，具体内容见表 3-2。

表 3-2　招标采购合同条款内容

一般合同条款	特殊合同条款
• 买卖双方的权利和义务 • 价格调整程序 • 不可抗力因素 • 运输、保险、验收程序 • 付款条件、程序以及支付货币规定 • 延误赔偿和处罚程序 • 合同中止程序 • 合同适用的法律规定 • 解决争端的程序和方法 • 履约保证金的数量、货币及支付方式 • 有关税收的规定	• 交货条件 • 验收和测试的具体程序 • 履约保证金的具体金额和提交方式 • 保险的具体要求 • 解决争端的具体规定 • 付款方式和货币要求 • 零配件和售后服务的具体要求 • 对一般合同条款的增减等

4. 技术规格

技术规格是招标文件和合同文件的重要组成部分，它规定所购货物、设备的性能和标准。技术规格也是评标的关键依据之一。如果技术规格制定得不明确或不全面就会增加风险，不仅会影响采购质量，还会增加评标难度，甚至导致废标。

货物采购技术规格一般采用国际或国内公认的标准，除不能准确或清楚地说明拟招标项目的特点外,各项技术规格均不得要求或标明某一特定的商标、名称、专利、设计、原产地或生产厂家,不得有针对某一潜在供应商或排斥某一潜在供应商的内容。

5. 投标书的编制要求

投标书是投标供应商对其投标内容的书面声明,包括投标文件构成、投标保证金、总投标价和投标书的有效期等内容。投标书中的总投标价应分别以数字和文字表示。投标书的有效期是指投标有效期,投标人确认在此期限内受其投标书的约束,该期限应与投标须知中规定的期限相一致。

投标保证金是为了防止投标人在投标有效期内任意撤回其投标,或中标后不签订合同或不交纳履约保证金,使采购实体蒙受损失而设定的。

投标保证金可采用现金、支票、不可撤销的信用证、银行保函、保险公司或证券公司出具的担保书等方式交纳。投标保证金的金额不宜过高,可以确定为投标价的一定比例,一般为投标价的 1%~5%,也可以定一个固定数额。由于按比例确定投标保证金的做法很容易导致报价泄露,即通过一个投标人交纳的投标保证金数额可以推算其投标报价,因而确定固定投标保证金的做法较为理想,有利于保护各投标人的利益。国际性招标采购的投标保证金的有效期一般为投标有效期加上 30 天。

如果投标人有下列行为之一的,应没收其投标保证金:投标人在投标有效期内撤回投标;投标人在收到中标通知书后,不按规定签订合同或不交纳履约保证金;投标人在投标有效期内有违规违纪行为等。

在下列情况中,投标保证金应及时退还给投标人:中标人按规定签订合同并交纳履约保证金;没有违规违纪的未中标投标人。

6. 供货一览表、报价表

供货一览表应包括采购商品品名、数量、交货时间和地点等。

在境内提供的货物和在境外提供的货物在报价时要分开填写。在报价表中,境内提供的货物要填写商品品名、商品简介、原产地、数量、出厂单价、出厂价中境内增值部分所占的比例、总价、中标后应交纳的税费等。境外提供的货物要填写商品品名、商品简介、原产地、数量、离岸价单价及离岸港、到岸价单价及到岸港、到岸价总价等。

(三) 招标邀请书的发布和招标文件的发售

招标邀请书的内容因项目而异,一般应包括:

(1) 采购实体的名称和地址。
(2) 资金来源。
(3) 采购内容简介,包括采购货物名称、数量及交货地点,需进行工程的性质和地点,或所需采购服务的性质和提供地点等。
(4) 希望或要求供应货物的时间,或工程竣工的时间,或提供服务的时间表。
(5) 获取招标文件的办法和地点。
(6) 采购实体对招标文件收取的费用及支付方式。
(7) 提交投标书的地点和截止日期。
(8) 投标保证金的金额要求和支付方式。
(9) 开标日期、时间和地点。

如果经过资格预审程序,招标文件可以直接发售给通过资格预审的供应商。如果没有资格预审程序,招标文件可发售给任何对招标通告做出反应的供应商。招标文件的发售,可采取邮寄的方式，也可以让供应商或其代理前来购买。如果采取邮寄方式，要求供应商在收到招标文件后要告知招标机构。

二、投标

招标阶段的工作完成以后，就进入投标阶段。

（一）投标准备

在正式投标前，采购单位还需要做一些必要的服务工作。①对大型工程或复杂设备组织召开标前的会议和现场考察；②按投标人的要求澄清招标文件，澄清答复要发给所有购买投标文件的供应商。

标书发售后至投标前，要根据实际情况合理确定投标准备时间。投标准备时间确定得是否合理，会直接影响招标的结果。尤其是土建工程，投标涉及的问题很多，投标人要准备工程概算，编制施工计划，考察项目现场，寻找合作伙伴和分包单位，如果投标准备时间太短，投标人就无法完成或不能很好地完成各项准备工作，投标文件的质量就不会十分理想，直接影响到后面的评标工作。

采购单位或招标单位只接受在规定的投标截止日期前由供应商提交的投标文件，截止期后送到的投标文件应予以拒收，并取消这类供应商的资格。在收到投标文件后，要签收或通知供应商投标文件已经收到。在开标以前，所有的投标文件都必须密封，妥善保管。投标文件的内容应与招标文件的要求相一致。

（二）投标人

投标人可以是法人，或者其他组织或个人，也可以是两个以上法人或者其他组织组成的联合体。投标人应当具备承担招标项目的能力和规定的资格条件。投标人应当按照招标文件的要求编制投标文件。

（三）投标文件

投标文件是投标人投标的全部依据，也是招标人招标所希望获得的成果，是投标人智慧与技术的载体。投标人应当集中集体的智慧，认真准备一份高水平的投标文件参加投标。投标文件应当对招标文件提出的实质性要求和条件做出响应。招标项目属于建设施工的，投标文件的内容应当包括拟派出的项目负责人与主要技术人员的简历、业绩和拟用于完成招标项目的机械设备等。投标文件应当在招标文件规定的截止日期前送达投标地点。投标人在截止日期前，可以补充、修改或者撤回已提交的投标文件，并书面通知招标人。补充、修改的内容为投标文件的组成部分。

投标文件主要是根据招标文件要求提供的内容和格式进行准备。一般应当包括以下基本组成部分：

1. 投标书

投标书是投标人对于招标书的回应。投标书的基本内容是以投标人授权代表的名义明确表明对招标人招标项目进行投标的意愿，简要说明项目投标的底价和主要条件。除此以外，要对投标文件的组成及附件清单、正本本数、副本本数做出说明，还要声明愿意遵守哪些招标文件提出的约定、规定和义务。最后要写明授权代表的职位并签字。

2. 目标任务的详细技术方案

这是投标文件的主体文件。在这份文件中，要针对招标项目提出自己的技术和经济的指标参数，并且详细说明达到这些技术经济指标的技术方案和技术路线、保障措施等。在这份文件中，还要对完成自己的方案所需要的成本费用以及需要购置的设备材料等列出详细的清单。如果项目由多个单位、多个人完成，则还要对项目组织的人员、项目分工等进行说明。

3. 投标资格证明文件

这一部分要列出投标人的资格证明文件，包括投标企业的全称、历史简介和现状说明，企业的组织结构，企业的营业执照副本复印件，企业组织机构代码证，技术交易许可证等；还要有开户银行名称以及开户银行出具的资格证明书；此外还要对授权代理人的情况、资格等做说明，并附授权委托证明书。

4. 制造商代理协议和授权书

如果投标人是某些制造商的产品代理，则还要出具与制造商签订的代理协议的复印件以及制造商的委托书。这样做的目的是防止招标人和投标人将来在合作时可能出现的来源于制造商的纠纷。

5. 有关技术资料及客户反馈意见

这一部分主要是投标人对自己的业务水平、技术能力、市场业绩等提出一些让招标人可信的说明以及证明材料，增加招标人对自己的信任，也是对自己技术资格另一种方式的证明。

在这里，一般可以用实例表现自己令人信服的技术能力、质量保证能力等，列出技术资格证书、获奖证书、兼职聘任证书等资料。特别是可以简述几个投标人完成的具体实例，说明它们创造的效益，提供用户的使用证明、主管部门的评价或社会的反映等，并且留下有关证明人的联系电话、地址、邮编等，为招标人证实实际情况提供方便。

三、评标

评标的目的是根据招标文件中确定的标准和方法，对每个投标人的标书进行评价和比较，以评出最优的投标人。评标必须以招标文件为依据，不得采用招标文件规定以外的标准和方法进行，凡是评标中需要考虑的因素都必须写入招标文件之中。

（一）评标程序

评标程序分为初步评标和详细评标两个阶段，这两个阶段结束后，还有编写并上报评标报告、资格后审、授标与合同签订等事项。

1. 初步评标

初步评标工作比较简单，但却是非常重要的一步。初步评标的内容包括供应商资格是否符合要求，投标文件是否完整，是否按规定方式提交投标保证金，投标文件是否基本上符合招标文件的要求，有无计算上的错误等。如果供应商资格不符合规定，或投标文件未做出实质性的反应，都应作为无效投标处理，不得允许投标供应商通过修改投标文件或撤销不符合要求的部分而使其投标具有响应性。

经初步评标，凡是确定为基本上符合要求的投标，下一步要核定投标中有没有计算和累计方面的错误。在修改计算错误时，要遵循两条原则：①如果数字表示的金额与文字表示的金额有出入，要以文字表示的金额为准；②如果单价和数量的乘积与总价不一致，要以单价为准。但是如果采购单位认为有明显的小数点错误，此时要以标书的总价为准，并修改单价。如果投标人不接受根据上述修改方法而调整的投标价，可拒绝其投标并没收其投标保证金。

2. 详细评标

在完成初步评标以后，就进入详细评定和比较阶段。只有在初步评标中确定为基本合格的投标，才有资格进入详细评定和比较阶段。具体的评标方法取决于招标文件中的规定。

在评标时，当出现最低评标价远远高于标底或缺乏竞争性等情况时，应废除全部投标。

3. 编写并上报评标报告

评标工作结束后，采购单位要将评标报告上报采购主管部门。评标报告包括以下内容：

（1）招标通告刊登的时间、购买招标文件的单位名称。
（2）开标日期。
（3）投标人名单。
（4）投标报价以及调整后的价格（包括重大计算错误的修改）。
（5）价格评比基础。
（6）评标的原则、标准和方法。
（7）授标建议。

4. 资格后审

如果在投标前没有进行资格预审，在评标后则需要对最低评标价的投标人进行资格后审。如果审定结果认为该投标人有资格、有能力承担合同任务，则应把合同授予该投标人；如果认为该投标人不符合要求，则应对下一个评标价最低的投标人进行类似的审查。

5. 授标与合同签订

合同授予中标人，并要求在投标有效期内进行。决标后，在向中标人发出中标通知书时，也要通知其他没有中标的投标人，并及时退还投标保证金。

合同签订方法具体有两种：①在发中标通知书的同时，将合同文本寄给中标人，让其在规定的时间内签字退回；②中标人收到中标通知书后，在规定的时间内，派人前来签订合同。如果采用的是第二种方法，则在合同签订前，允许相互澄清一些非实质性的技术性或商务性问题，但不得要求投标人承担招标文件中没有规定的义务，也不得有标后压价的行为。

合同签字并在中标人按要求提交了履约保证金后，合同就正式生效，采购工作进入合同实施阶段。

（二）评标的方法

评标方法有很多，具体评标方法取决于采购单位对采购对象的要求，货物采购和工程采购的评标方法有所不同。

货物采购常用的评标方法有三种，即以最低评标价为基础的评标方法、综合评标法、以生命周期成本为基础的评标方法。

1. 以最低评标价为基础的评标方法

在采购简单的商品、半成品、原材料以及其他性能、质量相同或容易进行比较的货物时，价格可以作为评标考虑的唯一因素。以价格为尺度时，追求的不是最低报价，而是最低评标价。最低评标价有其计算标准，即在报价的基础上加上合理利润。报价也有其特定的计算口径：

（1）如果采购的货物是从国外进口的，报价应以包括成本、保险、运费的到岸价

（CIF）为基础。

（2）如果采购的货物是国内生产的，报价应以出厂价为基础。

2. 综合评标法

综合评标法是指以价格另加其他因素为基础的评标方法。其主要参考因素包括价格、技术、财务状况、信誉、业绩、服务及对招标文件的响应程度等。

（1）确定评分因素。在全面确定评分因素前，企业要对采购项目和供应商的各方面情况进行广泛的市场调研，包括实地考察、走访其他用户、咨询专家等。在此基础上，只要能反映采购项目或供应商某一优势或特点的都应列入。评分因素不能顾此失彼，更不能遗漏重要的评分因素，否则就是不合理的评分标准。

实践中，由于采购项目的类型复杂多样，因此具体要求千差万别。例如，服务类项目会将企业的服务水平、人员状况作为重要评分因素，而货物类项目考虑因素可能就会有所不同。即使同样是货物类项目，有的可能需要查看样品或进行现场测试，有的则不需要。故企业应斟酌决定，将需要的项目列入评分因素。

在确定评分因素时不能将产品的产地、品牌作为评分因素，否则就是无效的评分标准。要将一级评分因素尽可能细化为若干个二级甚至三级评分因素，这样既公平合理，又便于专家评审，将评审专家的自由裁量权限定在合理范围内。

（2）分配因素权重。分配因素权重就是将评标总权重分配到各个评分因素上。权重分配最能反映出采购人员的采购意向和采购偏好，分配因素权重时有两个要点：

1）区分重要与非重要因素。应将所有评分因素按重要性进行排序，把主要技术性能、质量安全保证因素以及对采购项目生产和使用成本有较大影响的因素作为重要评分因素，其分配的权重应该高些，把其他因素作为非重要评分因素，其分配的权重应该低些。

2）区分主客观评分因素。凡是便于用客观依据进行量化、细化的评分因素都属于客观评分因素，其分配的权重应较高；否则属于主观评分因素，其分配的权重应较低。

3. 以生命周期成本为基础的评标方法

在采购整套厂房、生产线或设备、车辆等运行期内各项后续费用（零配件、油料、燃料、维修等）很高的设备时，企业可采用以生命周期成本为基础的评标方法。

评标时可以根据实际情况，在标书报价的基础上加上一定运行期年限的各项费用，再减去一定年限后设备的残值，即扣除这几年折旧费后的设备剩余值，形成生命周期内成本。在计算各项费用或残值时，都应按标书中规定的贴现率折算成净现值。

例如，汽车按生命周期成本评标时应计算的因素如下：

（1）汽车价格。

（2）根据标书偏离招标文件的各种情况，包括零配件短缺、交货延迟、付款条件等进行调整。

（3）估算车辆行驶生命周期所需燃料费用。

（4）估算车辆行驶生命周期所需零件及维修费用。

（5）估算的残值。

后三项应按一定的贴现率折算成现值。

（三）评标结果保障

为了达到招标的目的，企业应选择与之匹配的供应商，选择性价比最优的产品。企业可以建立招标终身负责机制，即所有参与者对自己参与的部分（不论是开发供应商还是评标打分的结果）都终身负责。采购人员对价格负责，招标流程建立追溯机制，若价格出现重大偏差，则由采购人员负责。评标专家对质量负责，保留讨论记录，分析评标过程中专家评标情况，建立评标专家质量终身负责制。

第三节　招标采购中常见的问题

一、招标采购的两派

国内企业在招标操作中大体分为两派——"过程合规派"和"结果导向派"。一般国有企业注重"过程合规"，民营企业多以"结果"为导向。

（1）"过程合规派"的出发点是过程监管。《中华人民共和国招投标法》《中华人民共和国政府采购法实施条例》等均对企业招标设立了很多规范要求，国家相关部门也会根据这些要求核查企业的招标管理水平。实践中，参标企业往往是依据招标企业的各种文件和要求进行方案提交，一般在开标现场就可以形成一个初步决议。企业应充分发挥组织决策效果，保证整个过程是公平、公正、透明、合规的。极端的"过程合规派"会过分强调"过程"的重要性，出现不关心性价比、不关心招标是否按时完成、不愿意承担招标责任等问题。

（2）"结果导向派"重视成本、质量、交期等实际能力的比较，流程往往不是很规范，招标结束后一般还有领导谈判或商务谈判，谈判中还要澄清一些不明确的细节。在招标过程中，招标人员主要着眼于供应商能力的比较，注重分析供应商成本差异、技术能力差异、服务能力差异等。招标的目标是在采购的各个维度都得到较好的服务。"结果导向派"容易演变成只关注结果，招标人会充分利用采购人员的主导地位，通过各种技巧来再次压低供应商的报价，为企业争取更大的权益。对于招标投标相关流程和制度，"结果导向派"认为那些都是为结果服务的，久而久之，企业招标就演变成价格谈判的一个步骤。

两者相比，"过程合规"和"结果导向"是一个矛盾的平衡，流程设置过于严谨可能会使企业丧失一些成本优化的机会，而过分偏重"结果"则会让供应商难以准确把握报价。

二、招标代理的选择

《中华人民共和国招标投标法》第十三条第二款规定，招标代理机构应当具备下列条件：

（1）有从事招标代理业务的营业场所和相应资金。这是开展业务所必需的物质条件，也是招标代理机构成立的外部条件。营业场所是提供代理服务的固定地点。相应资金是开展代理业务所必要的资金。

> **思考：**
> 1. 招标代理应该满足什么条件？
> 2. 什么是标底？
> 3. 什么是围标？如何防止围标？

（2）有能够编制招标文件和组织评标的相应专业力量。是否能够编制招标文件和组织评标，既是衡量招标人能否自行办理招标事宜的标准，也是招标代理机构必须具备的实质要件。从整个招标投标程序看，编制招标文件和组织评标是其中最重要的两个环节。招标文件是整个招标过程所遵循的基础性文件，是投标和评标的依据，也是合同的重要组成部分。一般情况下，招标人与投标人之间不进行或只进行有限的面对面交流，投标人只能根据招标文件的要求编写投标文件。因此，招标文件是联系、沟通招标人与投标人的桥梁。能否编制出完整、严谨的招标文件，直接影响招标的质量，也是招标成败的关键。组织评标时要严格按照招标文件所确定的标准和方法，对所有投标文件进行评审和比较，从中确定中标人。能否顺利地组织评标，直接影响招标的效果，也是体现招标公正性的重要保证。

三、标底

标底是指招标人或其代理编制的一种预期价格，是招标人对标的的期望值。标底并不是决定投标能否中标的标准价，只是对投标进行评审和比较时的一个参考价。标底不是必需的，但如果设有标底，则招标人应对标底严格保密。

（一）标底的作用

1. 积极作用

标底能够防范投标人为获取中标而恶意压低投标价的情况。在无标底投标时，有些投标人信奉"中标靠低价，盈利靠索赔"的信条，为获取中标权，将投标价压到低于其可承受的价格，即投标价低于其成本价。有了标底，评标时就可对投标价远低于标底的投标进行防范，从而提供一个公平、公正的参照坐标，使合同各方的合理、合法利益得到应有的保障。

2. 消极作用

标底存在一定的局限性。它使投标人在报价方面刻意向业主所设立的标底靠拢，从而使投标人的投标报价反映不出真实的质量水平，在竞争性方面大打折扣，不能较好地节省采购费用。标底实际上是迁就一部分技术水平较低的投标人，无形中给投标人规定了成本价。事实上，由于技术水平之间的差距，投标人能够承受的报价底线（即成本价）是不同的。

（二）标底编制程序

规范的标底编制程序是保证标底质量的重要条件。编制标底一般按下列程序进行：

（1）确定编制标底的人员。编制标底一般由 2～3 名工作人员进行，参与标底编制的人员应当熟悉采购业务，客观公正，有较强的责任心。

（2）进行市场调查。无论采购项目的情况如何，编制标底必须进行必要的市场调查，这是编制标底的必经程序。

（3）编制和确定标底。标底必须确定采购项目总的价格。但对持续一定时间的制造、修理、加工、买卖、供给、使用等合同，可以以单价作为标底。

（4）密封标底并送受托的招标机构保存。

（三）标底的编制依据

标底的编制要以招标项目批准的预算为基本依据，如果编制的标底高于预算，则采购人必须按照法定程序变更预算后方可委托招标。实践中，标底一般根据以下原则确定：

（1）正常交易时以市场价格作为编制标底的基本依据。市场价格一般以权威机构所统计的价格为准，同类产品如果有几个品牌且价格不同时，可选择居中的一种品牌价格作为市场价格。

（2）依法管制价格时以管制价格为标底。

（3）无法确定市场价格时，参考交易实例价格编制标底。

（4）因新开发品、特殊规格品等特殊物品以及劳务的特殊性，无市场价格和适当的交易实例价格时，可以以成本加利润的方法确定标底。

编制标底时，应当考虑合同数量、履行前景、履行期限、供给状况、合同条件与其他有关情况。

四、围标、串标与低价抢标

（一）围标、串标与低价抢标的含义

1. 围标

围标是指几个投标人之间相互约定，一致抬高或压低投标报价进行投标，通过限制竞争，排挤其他投标人，使某个利益相关者中标，从而谋取利益的手段和行为。围标行为的发起者称为围标人，参与围标行为的投标人称为陪标人。围标成员达成攻守同谋，通常在整个围标过程中陪标人严格遵守双方合作协议要求以保证围标人能顺利中标，并对整个围标活动全过程保密。围标成功后，围标人按照事先约定支付陪标人好处或进行利益互换。

2. 串标

串标即串通投标，是指投标人为获取中标而互相串通、损害项目业主利益，或投标人与发标人、代理机构互相串通，损害其他投标人或项目业主利益，是招标投标领域常见的一种企图非法获取中标的手段和行为。广义上讲，串标的外延和内涵比围标更加广泛，围标是广义串标中比较特殊的一种，两者是包含关系。狭义上讲，串标一般是指除围标外的串通投标，即排除围标现象的一般串通投标行为，包括投标人与招标人或招标代理机构之间串通和两个以上投标人非正当合谋投标。

3. 低价抢标

低价抢标在各类采购尤其是工程项目采购中经常发生。低价抢标是指投标人以明显低于成本的价格投标报价，进行抢标的手段和行为。一旦中标展开工程施工，中标人便会想方设法或改变投标报价文件或以不合理的理由进行各种索赔，偷工减料，以次充好，高估冒算或拉拢业主、监理人员、设计人员修改设计图样，调换材料，更改施工内容等，进行高价结算。

（二）围标、串标与低价抢标的表现形式

1. 围标、串标的表现形式

（1）不同投标人的投标文件内容及格式存在非正常一致。比如不同投标人的投标文件裁剪、装订、页码非正常一致，投标文件中商务标与技术标表格、式样、文本、图表非正常一致。

（2）不同投标人的投标文件错漏之处一致。比如不同投标人的投标文件中工程量数据、投标单价、自主报价的材料价格、措施费用等错漏一致。

（3）不同投标人的投标报价或报价组成异常一致或呈规律性变化。

（4）投标人数量较少时，其大部分或全部投标人的投标报价经评审均高于社会平均价格，且其报价组成中人工、材料费用明显偏高或不合常理。

2. 低价抢标的表现形式

（1）投标人的投标报价明显低于其他投标人报价或标底，其采用的人工、材料、机械消耗量明显低于社会平均消耗水平。

（2）投标人以周转性材料已摊销完毕为由大幅降低周转性材料的消耗量，或以机械闲置、机械已折旧完毕为由大幅降低施工机械折旧成本，或以库存材料、构件、成品、设备、器材为由大幅降低相应价格。

（3）主要的分部分项工程综合单价明显低于相应时期的综合单价或其他投标人相应的综合单价，且差额较大。

（4）与招标方案的设计明显不对应。

（5）企业管理费用无法满足投标人最低管理成本支出，明显低于行业管理费标准。

(三) 围标、串标与低价抢标的防范措施

一方面，针对市场上存在弄虚作假、串标等现象，国家应从制度建设入手，建立完善的市场监督制度体系，规范招投标各方主体和相关人员的行为，从源头上预防和遏制围标、串标以及低价抢标现象的发生。另一方面，企业要积极提高招标投标管理水平，从招标投标活动的全过程及项目实施管理全过程加以防范和抑制。

电子设备招标文件示例

一、投标须知

（一）定义

1. 项目法人：招标设备工程项目法人名称。
2. 招标人：在招标过程中，项目法人称为招标人，即招标设备工程项目法人名称。
3. 招标代理机构：具有相应的招标资质，受项目法人委托，在招标过程中负有相应责任的单位，即招标代理机构名称。
4. 潜在投标人：有意参加投标的企事业单位和其他社会经济组织。
5. 投标人：经过审查符合本次招标所规定的相应资质要求、参加投标竞争的潜在投标人。
6. 预中标人：经过评标而选定的进行合同谈判的投标人。
7. 中标人：最终被授予合同的投标人。
8. 项目招标领导小组：由招标人、招标代理机构及有关单位按一定的程序和要求而组建的机构，负责领导招标工作。
9. 评标委员会：在项目招标领导小组的领导下，由聘请的专家和有关单位人员组成，负责具体评标工作。
10. 需方：招标设备工程项目法人名称，即项目法人，在招标阶段称为招标人，在签订经济合同阶段称为需方。为便于招标文件及附件直接转化为经济合同，在招标文件第二、三卷中称中标人为需方。
11. 供方：在招标投标阶段称为投标人，在中标以后签订和执行合同阶段称为供方。为便于招标文件及附件直接转化为经济合同，在招标文件第二、三卷中称投标人为供方。
12. 工程设计单位：负责本招标设备工程项目设计的单位，即工程设计单位名称。

（二）工程概况及招标范围

1. 工程概况（略）。
2. 招标文件由第一卷《投标须知》、第二卷《合同条款》、第三卷《技术规范》组成，招标设备的技术要求详见第三卷《技术规范》。

（三）交货期

合同生效后×个月。

（四）投标与开标

1. 投标时间：××××年×月×日
2. 投标地点：
3. 开标时间：××××年×月×日
4. 开标地点：

投标文件保管无失密后拆封，验证投标法人委托书、投标保证金等是否齐全。投标文件正本保存备查，评标使用副本。采用分段开标：第一段，开技术标，经过澄清后，投标人在规定的时间内可进行必要的修改和补充；第二段，开商务报价标。

（五）投标人资质

合格的投标人应具有圆满履行合同的能力，具体应符合下列条件：

1. 具有独立订立合同的权利。
2. 在专业技术、设备设施、人员组织、业绩经验等方面具有设计、制造、质量控制、经营管理等相应的资格和能力。
3. 具有完善的质量保证体系。
4. 业绩：具有设计、制造与招标设备相同/相近设备1~2台/套及两年以上运行良好的经验，在安装调试运行中未发现重大的设备质量问题或已有有效的改进措施；或主机设备有相应业绩厂商的技术合作或技术支持。
5. 具有良好的银行资信和商业信誉，没有处于被责令停业或财产被接管、冻结或破产的状态。

（六）投标文件

1. 投标资格文件。
2. 投标人承诺函。
3. 投标人法定代表人授权书。
4. 投标人资格、资信证明文件。
5. 关于投标人资格的声明函。
6. 企业法人营业执照。
7. 生产许可证、有关鉴定材料。
8. 工厂简介（包括组织结构、生产能力、设备、厂房、人员等）。
9. 质量保证体系及其质量认证证明。
10. 近三年资产负债表、损益表及经营状况（包括销售额）。
11. 银行资信证明。
12. 业绩及目前正在执行的合同的情况（包括完成情况和出现的重要质量问题及改进措施）。
13. 近三年经济行为受到起诉的情况。
14. 其他文件和资料。

二、合同条款

1. 定义。
2. 合同标的。
3. 供货范围。
4. 合同价格。
5. 付款。
6. 交货与付款。
7. 包装与标记。
8. 技术服务与联络。
9. 质量监造与检验。
10. 安装、调试、试运行和验收。
11. 保证与索赔。
12. 税费。
13. 配套与外购。
14. 合同的变更、修改、中止和终止。

15. 不可抗力。
16. 合同争议的解决。
17. 合同的生效。
18. 其他。
19. 附件。
（1）附件一　供货范围。
（2）附件二　价格表。
（3）附件三　差异表。
（4）附件四　履约保函。
（5）附件五　分包与外购。

三、技术规范

（一）投标人所做的一切有效补充、修改文件
（二）投标文件的编制（略）
（三）投标保证金（略）
（四）投标文件的份数和签署（略）
（五）投标（商务）报价

1. 投标人应该严格按照报价表的格式认真填写价格表和各种分项价格表。
2. 投标人的报价为闭口价，即中标后在合同有效期内价格固定不变。
3. 若单价和总价有差异，则以单价为准，并对总价进行修正；若数字和文字表示的金额有差异，以文字为准，并对数字做相应的修正。
4. 投标报价应注明有效期，有效期应与投标有效期相一致。

（六）投标文件的递交

1. 投标文件的密封与标记。（略）
2. 投标截止日期。
3. 投标文件的补充、修改和撤回。
（1）投标截止日期前，投标人可以书面形式向招标代理机构对业已递交的投标文件提出补充或修改，相应部分以最后的补充和修改为准。该书面材料应密封，由投标人代表签字并加盖公章。
（2）投标人不得在投标截止日期至投标有效期满前撤回投标文件，否则其投标保证金将予以没收。
4. 无效投标（略）

（七）开标

1. 从投标截止日期到授予合同时为止，有关投标文件的审查、澄清、评议以及有关授予合同的意向等一切情况都不得透露给投标人或与上述工作无关的单位与个人。
2. 参与评标的人员应严格遵守国家有关保密的法律、法规和规定，严格自律，并接受上级主管部门和有关部门的审计和监督。
3. 投标人申报的关于资质、业绩等的文件和材料必须真实准确，不得弄虚作假。
4. 投标人不得串通作弊、哄抬标价，致使定标困难或无法定标。
5. 投标人不得采用不正当手段妨碍、排挤其他投标人，破坏公平竞争。
6. 投标人不得以任何形式打听和搜集评标机密，不得以任何形式干扰评标或授标工作。
7. 投标人若违反上述要求，其投标将被废除。

四、附件（略）

案例 3-1　标准决定公平！招标文件呼唤统一范本

"这个招标文件编制得绝对有问题。如果这样进行采购，根本谈不上公平、公正。"山东省某地一隧道灯具采购开评标现场中一家灯具企业的投标代表抱怨说。

这家供应商的抱怨不是没有道理。翻开这个采购项目的招标文件，第一页的补充文件就明确要求："灯具采用××品牌电器及光源"。评分细则中，只有报价、设备质量、设备性能及技术水平，工程项目业绩、售后服务、公司实力和信誉、优惠条件和其他承诺、样品评价这些评分项都没有具体的评价标准，只是简单地分为优、良、差三个评分区间。而且，招标文件提供的样品图样，更被一些供应商指出是参照某个品牌的灯具绘制的。

这样一份招标文件导致的后果是评标难以进行，几名评标专家对供应商提供的资质文件进行了争论，讨论哪些可以作为评标资格。随后，一名专家提出招标文件提供的图样和采购人的要求超出了实际使用规格，隧道灯不一定非要满足这么高的要求。之后又是争论怎样评定产品的优、良、差。最终，这个项目不得不废标。

"法律法规的规定不可能事无巨细，因此，对于一个具体的招标项目来说，招标文件应该是'准则'，不只是规范供应商，同时也是规范采购人和代理机构的'准则'。一份招标文件出现这么多的问题，不得不让我们反思。"谈到这个案例，一名采购专家的语气显得有些沉重，前后矛盾的内容、限制性和歧视性条款、不规范用语等，在现实标书编制中时有出现。

一、前后内容不一致

招标文件的编制前后内容不一致，在现实中极其常见。例如，招标文件前面规定投标供应商应具备相关二级资质，而后面又变成了三级资质；一个招标文件在前面明明规定采用综合评分法，到后面却改成了其他评标方法。这样的错误通常会导致评标根本就无法进行，不得不重新编制招标文件，重新组织招标。

还有一个常见的前后不一致的现象是：招标文件在资质要求中明确列出投标供应商必须具备某种资质，但这种资质却又成了打分项。一名政府采购专家认为，既然规定了供应商必须具备某种资质，那么就应该把资质当成一道门槛，符合的进来，不符合的出去。既然都合格了，再对该项进行打分是不能让人信服的。

二、限制性、歧视性条款时有出现

确保投标供应商能够充分竞争、尽可能地满足招标人的需要，是编制招标文件的一个重要目的。但招标文件中却经常出现一些限制性、歧视性条款，严重影响了采购招标的公平、公正。

业内人士介绍，限制性条款在招标文件中非常多。比如，某个项目供应商只要具备国家规定的三级资质就可满足要求，但招标文件中却规定要达到二级资质；采购普通计算机非要采用专业计算机的参数标准等。这样一来就排斥了一大批潜在的供应商，在一定程度上限制了公平竞争。

"打擦边球""明招暗定"的现象也时常可见。在某地一个1000多万元的计算机服务器采购项目中，采购中心发现由采购人提交的技术需求有倾向性，于是召开了标书编制论证会。多家供应商指出，采购人的参数是按照××公司的技术标准设定的。采购中心要求采购人重新提供技术需求，结果在新一轮的标书编制论证会上，又被一些供应商指出还有些参数是按照另一家公司的技术标准设定的，于是采购中心再次否决了采购人的要求。该采购中心的工作人员介绍，指定品牌的要求往往来自采购人，集中采购机构稍有不慎就会把这样不合理的需求带入招标文件，形成歧视性条款。

三、用语不规范导致专家裁量权过大

分包不细、废标条款不明确、评分条款模糊等都是用语不规范的突出表现。

针对用语不规范的现象，某政府采购管理办公室副主任举了一个生动的例子："有的评分条款要求'能满足采购人使用需要'，分值设置是 5~10 分，但满足需要本身就是一个很虚的概念，到底是得 5 分还是得 10 分，则完全取决于专家的自由裁量。专家自由裁量权的增大，往往会妨碍评标结果的公正。"

一名采购专家认为，招标文件中出现诸如"达到国际先进水平""知名品牌"等词语，都属于用语不规范。"到底什么样才叫国际先进水平？必须有明确的评价标准，不能到了评标阶段再让专家讨论什么是'国际先进水平'。这样会影响采购效率，扩大专家的自由裁量权，有碍评标公正。"

招标文件中评标标准规定不细，也被不少业内人士提及。这个问题主要存在于综合评标法中，《政府采购货物和服务招标投标管理办法》（财政部部令第 87 号）规定，货物项目的价格分值占总分值的比重不得低于 30%；服务项目的价格分值占总分值的比重不得低于 10%。在一些价格占主要因素、价格分值占较大比例的项目中，如果采用 30% 或者 10% 的下限，则可能造成"高价中标"现象，不少质疑和投诉也因此而生。

案例 3-2　围标小案例

某市密集架招标，采购数量为 460m³，采购预算为 55 万元，共有四家公司投标，报价分别为 A 公司 29.86 万元、B 公司 59.17 万元、C 公司 42.98 万元、D 公司 57.93 万元。评标方法采用综合评分法，其具体计算方法为：以所有合格投标人有效报价的算术平均值作为评标基准值，投标人投标报价等于评标基准值的，得基本分 40 分；投标人的投标报价每低于评标基准值 1%，在基本分上加 1 分，最多加 10 分；投标报价每高于评标基准值 1%，在基本分上扣 1 分，扣完为止。

基于这种评分方法，B、C、D 三家公司暗中勾结实施围标。具体的做法是 B、D 公司高抬报价，这样评标基准值得以抬高，C 公司的评分就可以提高。报价分的评标基准值为 47.49 万元，与之相比，A 公司报价低 37.12%，报价得分为 50 分；B 公司报价高 24.59%，报价得分为 15.41 分；C 公司报价低 9.50%，报价得分为 49.5 分；D 公司报价高 21.98%，报价得分为 18.02 分。

此案例中，A 公司虽然报价最低（比中标的 C 公司报价低 30.53%），但由于 B、D 两家公司高抬报价，几乎完全抵消了 A 公司应有的报价优势，使 A 公司报价得分仅比 C 公司高 0.5 分，加上其他不利因素，A 公司最终与中标失之交臂。

复习思考题

1. 什么是招标、投标？
2. 简述招标采购的主要程序。
3. 开标工作是如何进行的？
4. 国际竞争性招标采购方式的优点主要有哪些？其缺点是什么？
5. 试总结国内的招标采购中存在的主要问题。要解决这些问题，你认为关键应该从哪儿做起？
6. 如何防止围标？你有哪些好的建议？

实践与思考

本章所涉及的实践性学习内容主要包括招标文件、投标文件的编制，模拟开标、评标等。

第四章

电子采购

作　用

本章是对电子采购这一典型采购方式进行的专题介绍，目的是使读者系统地掌握电子采购实施方案、电子采购的几种不同模式，了解国内外企业运用电子采购的基本情况和发展趋势，掌握平台采购和共享采购的最新趋势。

关　键

本章所涉及的基本概念包括电子采购、卖方一对多模型、买方一对多模型、第三方门户、反向拍卖、平台采购、共享采购；基本理论包括电子采购实施的背景和意义、电子采购系统的不同类型、电子采购的未来发展、平台采购商业模式和共享经济下的采购等；主要方法包括电子采购的实施步骤和企业的具体解决方案。

第一节　电子采购概述

一、电子采购的含义

所谓电子采购，是指用计算机系统代替传统的文书系统，依靠网络支持完成采购工作的一种业务处理方式，也称为网上采购。英国皇家采购与供应学会（CIPS）定义电子采购为"通过互联网，从特定服务或产品的询价、授权、下订单、接受订单到支付的操作过程"。它的基本特点是在网上寻找供应商、商品，网上洽谈贸易，网上订货甚至在网上支付货款。电子采购具有费用低、效率高、速度快、业务操作简单、对外联系范围宽广等特点，是当前最具发展潜力的企业管理工具之一。

> **思　考：**
> 1. 传统的采购方式有哪些不足？
> 2. 电子采购相比于传统采购方式的优势在哪里？

电子采购最先兴起于美国，它的最初形式是一对一的电子数据交换（EDI）系统。这种由比较大的买家驱动、连接自己供应商的电子商务系统大幅提高了采购的效率。但早期的 EDI 解决方案价格昂贵，耗费庞大，且由于其封闭性仅能为一家买家服务，令中小供应商和买家却步。近年来，全方位综合电子采购平台出现，平台服务商可以通过充分整合买卖双方信息，使中小企业也可以便捷地使用电子采购。

不同于传统的采购模式主要面对本地市场的特点，电子采购面对的是全球市场。通过电子商务建立全球采购系统，连接国内、国外两个资源市场，已经成为标准化的商业行为。

二、传统采购方式的问题和电子采购的优势

（一）传统采购方式的问题

为了能够在竞争越来越激烈的商业环境里生存，企业必须在生产管理中降低成本，提高生产率，并以一种更具有战略性的方式进行经营。虽然许多企业已经实现了办公自动化，但是大部分企业在采购领域仍然实行手工操作，如以电话、直接见面等方式进行信息交流。传统采购常常为以下问题所困扰：

（1）低效率的商品选择过程。采购中，商品以及供应商的选择是一项费时费力的事情，采购人员需要到众多供应商的产品目录里查询产品及其定价信息。由于信息来源的多样性，如报纸、电视、熟人介绍等，搜集、过滤信息一般要花费较长时间，而且可能还要消耗不少的人力、物力。

（2）费时的手工订货操作。商品和供应商确定后，企业还要安排订货。以手工方式和纸面文件为基础的订货过程有时需要与供应商多次见面，以及多次传真、电话联系，才能正式下订单，而且下订单后可能还需要监督订单的执行过程。

（3）不规范的采购，易产生腐败现象。一些企业由于购买性资金使用不透明、不公开，随意性强，在采购过程中，往往是个人因素起决定性作用，因此容易发生相互利用、权钱交易的情况。有些企业不按照正常的采购程序采购，如没有合同的非授权采购，使采购企业无法获得其采购合同谈判所带来的好处等。这些都给企业带来了经济上的损失。

（4）昂贵的存货成本和采购成本。由于采购过程的低效和费时，企业尤其是大企业常常大量采购，以应付未来之需，所以很多企业需要一定的费用支持存货，而实际上，这些存货很可能在几个月后才能派上用场。此外，由于采购人员对供应商的比选不充分，采购商品和服务的价格可能较高，使得采购商品和服务成本超出预计。

（5）冗长的采购周期。采购过程中复杂的手工审批和评标过程导致了过长的采购和订货周期，使得响应用户需求的能力不足，无法面对快速变化的市场，削弱了企业在这个"时间就是金钱"的商业社会中的竞争优势。

（6）复杂的采购管理。在传统的采购模式下，一般企业都会建立一套分级采购审批程序，以防止采购费用的过度支出及滥用职权，这种审批程序为本来就低效和费时的采购又加上了新的枷锁。

（7）难以实现采购的战略性管理。采购作为企业整体运行的一部分，需要纳入企业的整体战略管理。但是由于采购的数据搜集和处理费时，采购战略难以实现。

从整体看，传统的采购方式还将面对中间商过多的问题。这增加了商品的流通费用，进而使贸易成本上升，损害了最终消费者和采购人的利益。

（二）电子采购的优势

电子采购将从根本上改变商务活动的模式。它不但将间接商品和服务采购过程自动化，极大地提高了效率、降低了采购成本，而且使企业在一定程度上避免了因信息不对称引起的资源浪费，有利于社会资源的有效配置，便于企业以更具有战略性的眼光进行采购。电子采购给企业带来的好处（对购买方而言）包括以下几个方面：

1. 节省采购时间，提高采购效率

电子采购是提高效率最直接、最易于实现的手段。计算机代替手工，减少了简单劳动的工作量，提高了速度。自动化系统替代了订单登记员、财务部门人员的阅读、输入数据、计算、统计等人工劳动，消除了邮寄或其他形式文件传递的时间，提高了效率。电子采购实现了采购信息的数字化、电子化、数据传送自动化，减少了人工重复录入的工作量，使人工失误的可能性降到了最低。电子采购实施过程中的流程再造简化了业务流程。以东风汽车集团有限公司为例，以前需要五个计划员做半个月的工作，应用电子采购供应系统后只需要两天，并且降低了错误率，减少了损失。

2. 采购成本显著降低

电子采购由于建立了用户和商家直接进行沟通和比选的平台，减少了中间环节，节省了时间，从而使采购成本明显降低。大量数据表明，电子采购迅速为企业带来了巨大的成本节约：东风汽车集团有限公司应用了电子采购供应系统后，减少了库存，减少了资金占用。

3. 优化了采购及供应链管理

电子采购管理提供了有效的监控手段。很多大型企业和企业集团都会面临这样的矛盾：由于企业规模大、部门多，采购物资种类庞杂，需求不定，严格监控必然导致效率低下，反之则管理混乱。电子采购在提高效率的同时，使各部门甚至个人的任何采购活动都在实时监控之下，有效堵住了管理漏洞，减少了采购的随意性，变事后控制为过程控制，同时提高了企业供应链管理水平。由于电子采购的计划性加强，周期缩短，货物能够根据计划时间更准确地到达现场，实现零库存生产。

4. 加强了对供应商的评价管理

电子采购扩大了供应商资源。采购信息的公开化，吸引了更多的供应商。供应商数据库的建立为企业采购提供了方便的查询手段，帮助企业及时、准确地掌握供应商的变化，同时也为供应商选择提供了决策支持。

5. 增强了服务意识，提高了服务质量

质量可靠的原材料、零部件是企业产品质量的基本保证。电子采购杜绝人情、关系、回扣等因素的影响，促进了供应商的公平竞争。对供应商管理的完善也促使供应商重视质量和服务管理，以免在客户的供应商档案管理中留下不良记录。

6. 提高交易的透明度，减少"暗箱操作"

电子采购为采购管理提供了有效的控制手段，实现了公开、公平、公正的规范化采购。通过公平竞争，可以形成市场良性循环，带来的影响往往是连带性的和多方面的。

三、电子采购的风险

电子采购对采购信息的公开、采购市场的扩大、采购流程的简化、采购成本的降低和采购效率的提高等诸多方面有重要的作用，但同时，电子采购也存在一定的风险。

1. 安全问题

电子采购的安全问题主要是数据安全问题。大量的网络采购活动通过Internet服务提供商（ISP）和Internet内容提供商（ICP）的站点接入，但实际上ISP和ICP站点的安全性问题是存在的，一旦"黑客"攻入服务器，篡改各种数据，如银行账户、信用证数据等，就会给企业带来巨大的损失。

2. 财税风险

电子采购面向全球市场，而全球各国或地区的财税政策是不同的，电子采购难以对税收政策进行统一。出于促进贸易的需要，目前发达国家比较容易在免征关税和特别税方面达成一致，但商业税的征免及征收方法需要进一步协调。此外，电子采购涉及大量电子货币，电子货币的使用超出了传统的中央银行的货币控制范围，这也可能带来严重的金融问题。

3. 法律风险

与财税风险类似，在网络空间，传统的营销边界不再适用，而在规范网络贸易方面缺乏统一的全球性法律框架，很容易引发纠纷，产生风险。

第二节　电子采购的模式

基于网络的采购主要有以下几种模式，不同的企业可根据自己所处的市场环境选择不同的模式：

一、卖方一对多模式

卖方一对多模式是指供应商在互联网上发布其产品的在线目录，采购方则通过浏览来取得所需的商品信息，以做出采购决策，并下订单。卖方一对多模式如图 4-1 所示。

在卖方一对多模式中，作为卖方的某个供应商为增加市场份额，开发了自己的网站，允许大量的买方企业浏览和采购自己的在线产品。买方登录卖方系统通常是免费的。这种模式的例子有商店或购物中心。

思　考：
1. 你知道哪些电子采购模式？
2. 这些电子采购模式各有什么特点？

对买方企业而言，这种模式的优点在于容易访问，并且不需要任何投资，缺点是难以跟踪和控制采购开支。它们仍然不得不寻找供应商的网站，登录之后，通过目录网

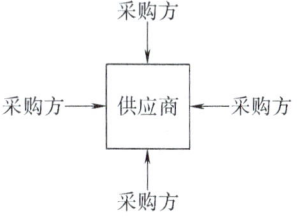

图 4-1　卖方一对多模式

络手工输入订单。每个购买者每次都必须输入所有相关的信息：企业名称、通信地址、电话号码、账户等。很明显，对于拥有几百个供应商的企业，就要访问几百个网站，不停地重复输入信息，然后更新自己内部的企业资源计划（ERP）系统。

随着电子市场的普及，这种模式采用了新的以可扩展标记语言（XML）为基础的标准，使购买者的 ERP 系统接受简单的文件形式（如采购订单、收据）成为可能。同时，因为采购程序包括其他许多相互作用的形式（如折扣、合同术语、买者、运输和接货安排），所以双方能够获得更高水平的相互操作能力，达成更加一致的信息交流议定书标准。

这种模式可能产生的问题是：卖方在线销售模式的普及，使得材料采购变得简单易行，但这种采购方式容易导致滥用权力，如员工可能绕过企业采购政策随意从在线供应商那里采购。

二、买方一对多模式

买方一对多模式是指采购方在互联网上发布所需采购产品的信息，供应商在采购方的网站上登录自己的产品信息，供采购方评估，并通过采购方网站双方进行进一步

的信息沟通，完成采购业务的全过程。买方一对多模式如图 4-2 所示。

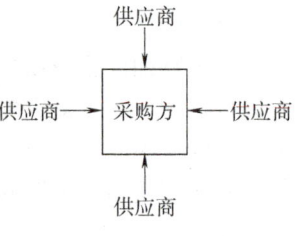

图 4-2 买方一对多模式

与卖方一对多模式不同，买方一对多模式中采购方承担了建立、维护和更新产品目录的工作。虽然这样花费较多，但采购方可以更好地控制整个采购流程。它可以限定目录中所需产品的种类和规格，甚至可以给不同的员工在采购不同产品时设定采购权限和数量限制。另外，员工只需通过一个界面就能了解到所有可能的供应商的产品信息，并能方便进行对比和分析。同时，由于供求双方是通过采购方的网站进行文档传递，因此采购网站与采购方信息系统之间的无缝连接将使这些文档流畅地被后台系统识别并处理。

但是在买方一对多模式中，买方需要大量的资金投入和系统维护成本，并且需要大量买卖之间的谈判和合作，这是因为买方实际上已经负责维护当前产品的可获得性、递送周期和价格说明。

买方一对多模式适用于大企业的直接物料采购。其原因如下：首先，大企业内一般已运行着成熟可靠的企业信息管理系统，因此与之相适应的电子采购系统应该与现有的信息系统有着很好的集成性，保持信息流的通畅。其次，大企业往往处于所在供应链的核心地位，只有几家固定的供应商，且大企业的采购量占了供应商生产量的大部分，因此双方的关系十分密切，有助于保持紧密的合作关系。最后，大企业也有足够的能力负担建立、维护和更新产品目录的工作。

三、第三方系统门户

门户（Portals）是描述在 Internet 上形成的各种市场的术语。第三方系统门户网站是通过一个单一的整合点，多个买方和卖方能够相遇，并进行各种商业交易的网站站点。其结构如图 4-3 所示。门户网站模式是 Internet 上全世界范围内任何人都可进入的单个网站站点，它允许任何人参与或登录并进行商业交易，但是要交一定的费用，按交易税金或交易费的百分比来计算。门户网站上的主要内容有查看目录、下订单（在线拍卖的情况下称为竞标）、循序交货、支付等。

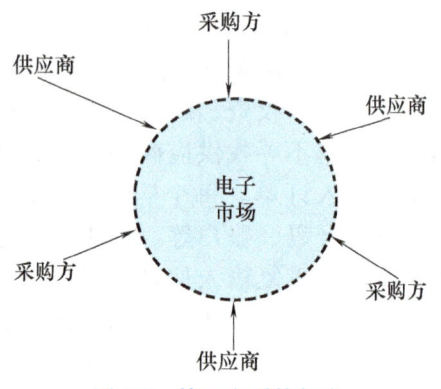

图 4-3 第三方系统门户

为了改进市场中买卖交易的效率，有以下两类基本门户：

1. 垂直门户

垂直门户（Vertical Portals）是经营专门产品的市场，如钢材、化工、能源等，它通常由一个或多个本领域内的领导型企业发起或支持。

化工行业是在线市场发展的早期领导者。它与其他行业相比有一个明显的优势：它的化工产品绝大部分都符合国际标准，如商标名称、质量、内容和数量，因而可以更容易地采用在线交易。另外一些急需发展电子市场的行业包括汽车、能源、高科技制造和电子行业、信息技术、出版、冶金、航天、金融服务、卫生保健服务等。

垂直门户交易市场有一个明显的优势：买方或卖方（生产商）自己作为发起资助人，

都倾向于从供应商向其行业的高效供应中获得巨额收益。

2. 水平门户

水平门户（Horizontal Portals）集中了种类繁多的产品，其主要经营领域包括维修和生产用的零配件、办公用品、家具、旅行服务、物业帮助等，如 Ariba、Commerce One 和 FreeMarkets 等 B2B 网络采购市场都是水平门户。

水平门户一般由电子采购软件集团或这些间接材料和服务供应领域内的领导者发起资助。

www. Graninger. com（一个强大的 MRO 供应商集团）是水平门户的典型例子。其交易公司——OrderZone. Com 网络公司于 1999 年 5 月正式开业，提供了单一的门户网站，使顾客可以接触到 6 个行业主导型的 MRO 供应商。该交易公司提供在线订购和电子发票等服务，并为顾客提供了一个联结点，使顾客在此可以接触到各种间接产品。只有在该交易公司网站上注册之后，顾客才有权限进入 Grainger 查看 MRO 目录。

这种类型的交易中心通常是通过向每份交易收取 1%～15% 的交易费来获得收入的，具体比例的大小依赖于交易量和交易商品的种类。即使这样，电子交易的成本还是比通过传统销售渠道交易的成本低。

四、企业私用交易平台

企业私用交易平台类似 EDI 系统，EDI 系统是大型企业长期以来使用的主机式应用程序，以电子方式交换订单、库存报表与其他资料。企业私用交易平台能减少沟通的时间与成本，使合作厂商以标准格式实时分享文件、图表、电子表格与产品设计。同时，企业私用交易平台还能实现国际网络平台功能与 EDI 系统安全性的结合。

和开放式 B2B（由第三方策划）以及企业联盟（由买方、供应商或两者共同拥有）不同，企业私用交易平台能让积极参与者掌控大权——这样的安排能使企业将工作重点放在流程而非价格上。由于私用交易平台架构中的供应商仅包括受邀访客和网站站主，这就意味着买方可以选择交易对象，甚至可能已于网络外完成商谈。

五、拍卖与反向拍卖

一般的，网上拍卖网站通常会提供两种拍卖方式——一般拍卖和集体议价，有的拍卖网站还提供另一种拍卖方式——反向拍卖。一般拍卖指的是供应商提供商品参加拍卖，购买方进行竞价购得商品，此时一般采用加价式竞价来决定最终购买方和购买价格。反向拍卖指的是购买方到网站登记需求进行拍卖，而供应商进行竞价来争取订单。这时，一般会采用减价式竞价来决定最终供应商和价格。网上反向拍卖流程如图 4-4 所示。

网上反向拍卖有以下两个主要的优点：

（1）速度快。对于经历招投标这一烦琐过程的人来说，在线方法的价值就很明显：不再需要花费几个月来接受和核定供应商的答复，整个流程一个多小时就可以完成。

（2）成本低。对于购买者来说，在线反向拍卖的方法避免了与成千上万小公司打交道的管理成本。同时，拍卖的方式也促使商品价格大幅下降。

当然，反向拍卖也有其缺点：

（1）过分关注价格，忽视与供应商的关系。拍卖透明、公开的特性以及只关注于价格的短期行为，很难保证所采购的商品具有竞争优势，供应商也很难与买方维持任何亲密关系。

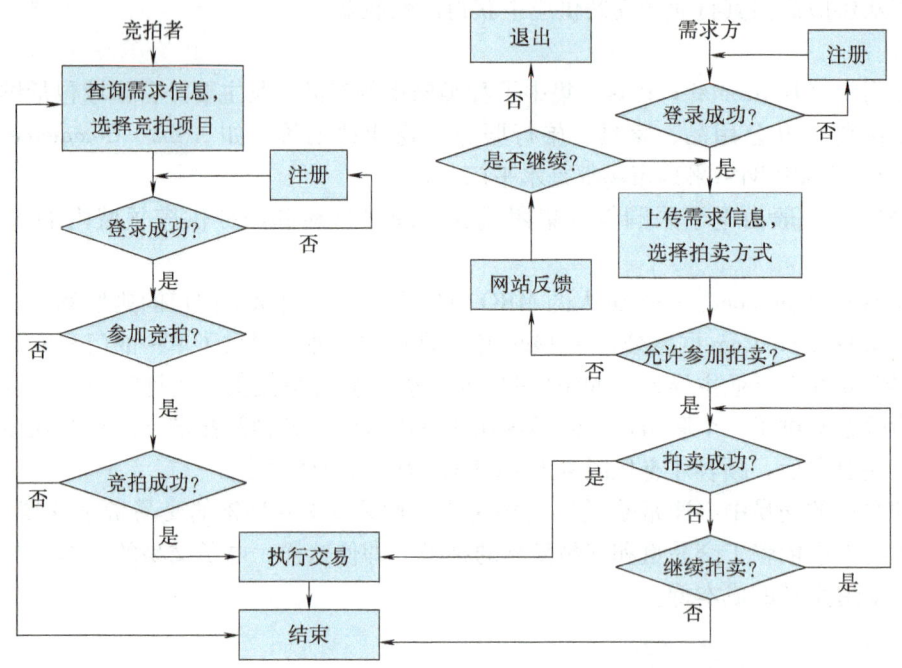

图 4-4　网上反向拍卖流程

（2）预测的困难。采用在线反向拍卖这种形式，需求方很难预测最终价格，每天都可能产生一个完全不同的竞标价格。

网上拍卖通常适用的是间接商品，有时也会用于直接原材料。这种实时竞标的形式适用于批量大的普通商品，由于批量大，因此在价格上的一点点差别也会积累成一个可观的数目。

第三节　电子采购方案的实施

一、实施电子采购的技术支持

> **思　考：**
> 1. 电子采购的实现需要哪些技术上的支持？
> 2. 企业电子采购网站应包括哪些内容？

电子采购是集计算机技术、多媒体技术、数据库技术、网络技术、安全技术、密码技术、管理技术等多种技术于一体在电子商务中的应用，因此要实现电子采购必须依靠下列技术支持：

1. 数据库技术

数据库的作用在于存储和管理各种数据，支持决策，在电子商务和信息系统中占有重要的地位，是实现电子采购必不可少的技术条件。数据库技术随着业务流程的变化而不断改进，从最初的手工管理发展到现在的数据仓库。数据仓库技术是因企业的需求和技术的成熟而产生的，它包括数据仓库技术、联机分析处理技术和数据挖掘技术。这些先进的数据仓库技术对提高整个信息系统的效率有很大的影响。大量的信息一般以数据的方式存储，各种数据的特点不同，使用的情况也不同。在电子采购中，存在供应商数据、采购物资数据、内部物资需求的数据等,有效地组织这些数据才能更好地支持采购决策的制定和实施。随着企业上网进行商务活动,全球广域网(Web)数据库产生了,它结合了 Web 数据量大、类型多的特点和成熟的数据库管理系统,前端是界面友好的 Web 浏览器,后台是成熟的数据库技术。

2. EDI 技术

企业与企业之间的交易谈判、交易合同的传送、商品订货单的传送等都需要 EDI 技术。

EDI 是指具有一定结构特征的数据信息在计算机应用系统之间进行的自动交换和处理,这些数据信息称为电子单证。EDI 的目的就是以电子单证代替纸质文件进行电子贸易,从而在很大程度上提高商务交易的效率并降低费用。在 EDI 中,计算机系统是生成和处理电子单证的实体;通信网络是传输电子单证的载体;标准化则将生成的电子单证按规定格式进行转换以适应计算机应用系统之间的传输、识别和处理。

3. 金融电子化技术

电子采购过程包括交易双方在网上进行货款支付和交易结算,金融电子化为企业之间进行网上交易提供保证。在全球供应链网络中,交易双方可能相隔很远,双方货款只有通过银行系统来结算,银行在企业间的交易中起着重要的作用,它们处理业务的效率将直接影响到企业的资金周转,构成影响供应链资金流动的因素之一。由此可见,银行是电子采购、电子商务必不可少的组成部分。

4. 网络安全技术

企业上网采购,在进行合同签订、合同传递、订购款项支付等行为过程中,网上信息是否可靠、真实,是企业十分关心的问题。安全问题极为重要,信息失真会给交易双方带来风险,甚至造成重大经济损失。

网络安全技术是实现电子商务系统的关键技术,其中包括防火墙技术、信息加密与解密技术、数字签名技术等。目前,一个安全的电子商务系统首先必须具有一个安全可靠的通信网络,以保证交易信息安全迅速地传递;其次必须保证数据库服务器的绝对安全,防止网络黑客闯入窃取信息。在基于网络的电子交易中,由于交易各方不进行面对面的接触且有时不使用现金交付,这就对电子交易的可靠性和安全性提出了很高的要求。客户要求保证信息不被非法修改;保证只有其目标接收方才可能收到他发送的信息,而不被非法窃取;商户能够验证信息确实来自合法的客户,从而使对方对此信息的发送不能否认,双方均需对彼此合法身份进行验证。这就是网络安全四大要素:传输保密性、数据完整性、信息不可否认性、证明交易原始性。

5. 计算机及网络技术

网上实现采购和企业内部与采购相关的信息传递、处理都离不开计算机。计算机硬件性能增强,提高了信息处理速度和准确性;软件功能的完善不但大大方便了操作,也使其操作界面更加友善。

电子采购的网络基础包括局域网技术、广域网互联、接入技术和网络通信协议。

(1)在局域网方面,一般参考和引用开放系统互联参考模型(ISO/OSI),结合本身特点制定自己的具体模式和标准。

(2)广域网互联是把跨地区、跨国的计算机和局域网连接起来,所涉及的技术有综合业务数字网(ISDN)、宽带、异步传输模式(ATM)等。ISDN 是一种公用电信网络,与使用调制解调器（Modem）设备接入相比，其传输速率具有不可比的优势。随着宽带网络技术的成熟，提供的网络带宽不断增加，数据传输的瓶颈问题将逐步得到解决。

（3）接入技术是负责将用户的局域网或计算机与公用网络连接在一起，对于企业来说就是企业的内部局域网同 Internet 连接。它要求有高的传输效率，随时可以接通或迅速接通，且价格便宜。

（4）网络通信协议为连接不同操作系统和不同硬件体系结构的互联网络提供支持，是一种网络通用语言。

二、实施电子采购的步骤

有的企业可能认为目前自己的信息化程度低，怀疑可不可以做电子采购。这个问题有三个不同层次的答案。因为电子采购可以是一个独立的系统，企业可以没有 ERP 的基础，没有供应链管理（SCM），甚至连最起码的办公自动化（OA）都没有，但企业只要可以上网就行。另外，一些大型企业可以建立一个完整的采购平台，将整个采购业务流程纳入其中。当然，国内几家大的行业巨头也可以联合起来建一个更大的联合采购平台，为所有制造商和供应商提供门户功能、目录管理功能、交易功能、协作功能以及诸多的增值服务，以实现更大的范围利益共享。

企业实施电子采购的步骤一般可以从以下几方面考虑：

1. 提供培训

很多企业只在系统开发完成之后才对使用者进行应用技术培训。但是国外企业和国内一些成功企业的做法表明，事先对所有使用者提供充分的培训是电子采购成功的一个关键因素。培训内容不仅包括技能方面的知识，更重要的是让员工了解将在什么地方进行制度革新，以便将一种积极的、支持性的态度灌输给员工。这将有助于减少未来项目进展中的阻力。

2. 建立数据源

建立数据源的目的是在互联网上实现采购和供应管理功能而积累数据。其内容主要包括供应商目录、供应商的原料和产品信息、各种文档样本、与采购相关的其他网站、可检索的数据库、搜索工具。

3. 成立正式的项目小组

项目小组需要由高层管理者直接领导，其成员应当包括项目实施的整个进程所涉及的各个部门的人员，包括信息技术、采购、仓储、生产、计划等部门，甚至包括互联网服务提供商（ISP）、应用服务提供商（ASP）、供应商等外部组织的成员。每个成员对方案选择、风险、成本、程序安装和监督程序运行的职责分配等进行充分交流和讨论，以达成共识。实践证明，事先做好组织上的准备是保证电子采购顺利进行的前提。

4. 广泛调研，收集意见

为做好电子采购系统，应广泛听取各方面的意见，包括有技术特长的人员、管理人员、软件供应商等。同时要借鉴其他企业行之有效的做法，在统一意见的基础上，制订和完善有关的技术方案。

5. 建立企业电子采购网站

在企业电子采购网站中，设置电子采购功能板块，使整个采购过程中管理层、相关部门、供应商及其他相关内外部人员始终保持动态的实时联系。企业电子采购网站的内容见表 4-1。

表 4-1 企业电子采购网站的内容

提供给供应商的内容	只有内部人员可以访问的内容
• 网站任务阐述 • 公司或者组织的地址与目录 • 供应商信息及注册过程 • 供应商政策 • 标准形式的"壳"文件 • 如何实现购买的帮助信息 • 采购信息链接	• 内部政策和程序 • 与内部目录和供应商目录的链接 • 完整的合同 • 采购申请信息和工具 • 与其他采购工具和网站的链接 • 内外部以纸为媒介的文档（以便于快速更新）

6. 应用之前测试所有功能模块

在电子采购系统正式应用之前，必须对所有的功能模块进行测试，因为任何一个功能模块如果存在问题，都会对整个系统的运行产生很大的影响。

7. 培训使用者

对电子采购系统的实际操作人员进行培训是十分必要的，这样才能确保电子采购系统得以很好地实施。

8. 网站发布

利用电子商务网站和企业内部网收集企业内部各个单位的采购申请。对这些申请进行统计整理，形成采购招标计划，并在网上进行发布。

第四节 平台采购

一、平台采购的含义

平台采购是指企业或组织利用电子平台进行采购。电子平台一般可实现招标公告发布、标书发售、应标、投标人的资质查询、投标邀请函发送、投标文件的发送、开标、评标、澄清、发中标或落标通知书、招投标文件归档管理等以及招标投标全过程网络化、电子化，提供线上和线下两种评标模式，支持招标方、代理机构、供应商在线完成招标采购流程。电子平台可与企业内部系统实现无缝对接，也可与中国政府采购网和国家相关平台做标准数据接口。为企业提供采购业务流程管理、监控与决策管理、辅助管理服务，实现物资采购计划、询价、招标、供应商履约评价全过程的标准化、精细化、智能化管理。通过采用高效、公开、公平、公正的采购方式，帮助企业实现物资管理一体化、集约化、精益化、标准化、信息化，不断优化企业供应链，提高采购效率，增强采购透明度，降低采购成本，提升企业的核心竞争力。[一]

二、平台采购的类型[二]

1. 企业专有平台采购

企业专有平台采购是指企业或组织通过其专有的电子平台实施采购计划。企业专有平

[一] 韩东. 浅析电子采购平台在企业物资管理中的应用 [J]. 信息记录材料, 2019, 20 (12): 93-94.

[二] KAUFFMAN R J, MOHTADI H. Proprietary and open systems adoption in e-procurement: a risk-augmented transaction cost perspective [J]. Journal of management information systems, 2004, 21 (1): 137-166.

台采购系统一般包括：传统的 EDI，协同规划、预测和补充系统，供应商管理库存（VMI）和库存管理系统（IMS）。

2. 开放式平台采购

开放式平台采购是指企业或组织通过第三方建立的开放式平台实施采购行为。开放式平台采购系统在买方和供应商的基础设施能力方面往往表现出更大的中立性。此类系统涉及众多供应商、行业协会和第三方电子中介机构。在市场环境中，开发一种市场机制来服务参与的公司是电子中介或 B2B 公司，而不是买方或供应商。然而，开放平台采购系统不太可能被更大的公司、拥有更多权力的公司和拥有首选供应商的公司使用。

3. 混合式平台采购

混合式平台采购是指企业或组织同时通过企业专有平台与开放式平台实施采购行为。基本的平台采购流程如图 4-5 所示。

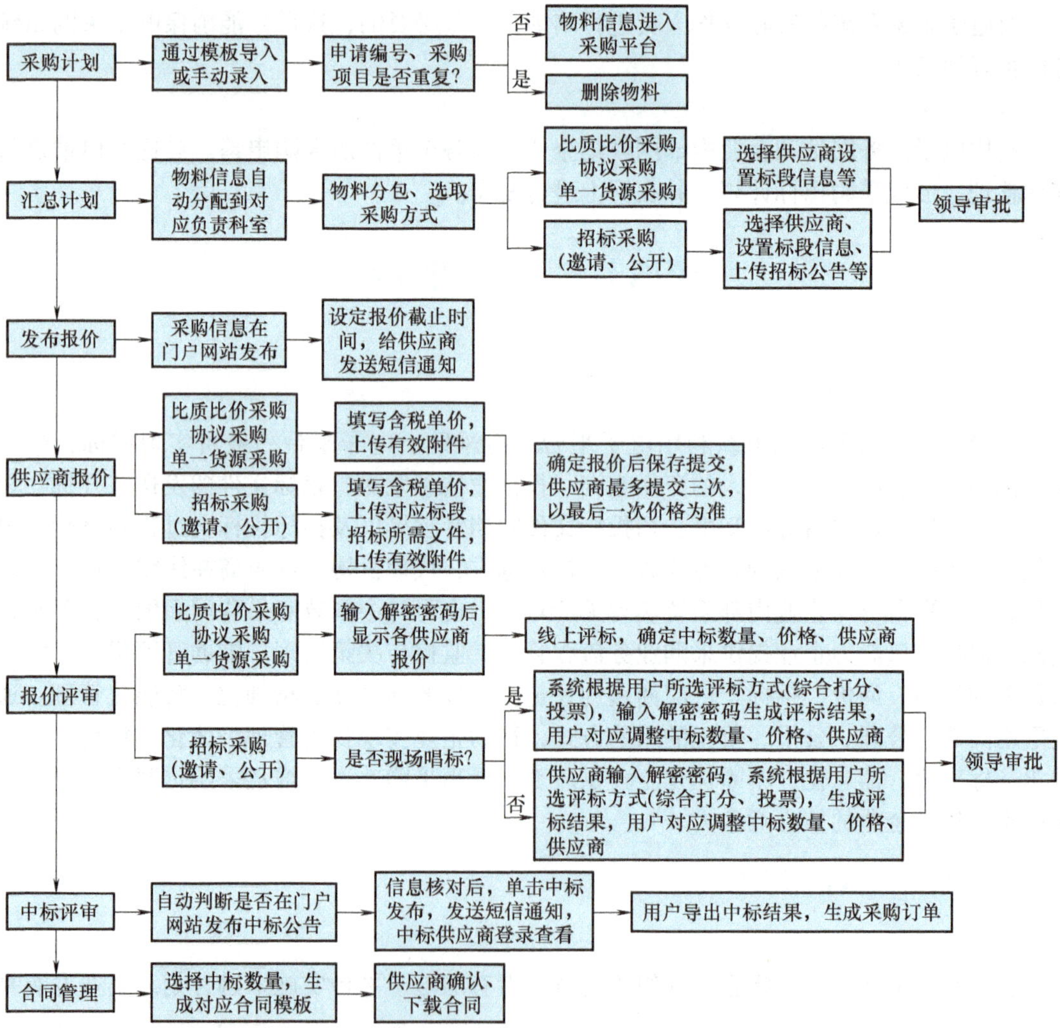

图 4-5 基本的平台采购流程

资料来源：牛振国. 基于电子商务采购平台提升企业物资采购管理水平［J］. 中小企业管理与科技，2018，000（13）：17-18.

第五节 共享采购

一、共享采购的含义

共享采购是指企业或组织通过某些将分散的信息资源和经营职能进行分析、整理和集中的专业管理部门或平台来实施采购行为,以提升工作效率,降低成本费用。

共享采购是较为新型的管理方法,和普通的传统采购管理方法不同。共享采购平台的基础和前提是标准化,本质是集中和共享,载体和工具是现代网络技术。

> **思 考:**
> 1. 共享采购的含义及类型是什么?
> 2. 如何用共享经济理论分析共享采购?

二、共享采购的类型

1. 组织内部共享采购[1]

一般认为,组织内部共享采购是指将公司(集团)范围内分散在各采购业务单元相同的、重复的职能(功能)集中起来,成立专门的采购部门,高质量、高效率、低成本地向各个采购业务单元(部门)提供统一、专业、标准化服务的运作模式。

2. 组织外部共享采购[2]

组织外部共享采购就是实现电子采购管理系统的互联共享,整合建立统一的电子采购服务平台,企业的采购活动通过市场化、专业化、电子化的交易平台、开放共享的电子采购服务平台和透明规范的监督平台协同运行完成。

三、共享采购的优势[3]

1. 采购方通过共享采购获得的优势

(1) 平台拥有庞大的供应商库,采购方的采购需求能得到及时、有效的响应,且供应商之间竞争激烈,在保证采购质量的前提下,可大幅降低采购成本。

(2) 平台具备完善的供应商管理体系,采购方在选择供应商时,可通过查看供应商的资质及历史评价,有效地规避不良供应商,降低采购风险。

2. 供应商通过共享采购获得的优势

(1) 供应商可通过平台获取大量采购需求信息,在实现规模化经营的同时,避免盲目扩大生产。

(2) 供应商可根据订购量灵活分配生产资源,大幅降低库存和资金积压,防止资金链断裂。

(3) 平台拥有对采购方的评价体系,供应商在响应采购方需求时,可查看采购方的信誉,降低资金风险。

---

[1] 张献郎. 基于共享服务的集团企业采购组织模式研究 [J]. 石油石化物资采购,2012 (5):36-40.
[2] 武文卿. 数据开放共享 助推"互联网+"招标采购 [J]. 中国招标,2015,1242 (48):6-8.
[3] 叶河云,郑守忠,潘玉平. 基于供应链采购共享平台的建设研究和实践 [C]//中国企业改革与发展研究会. 中国企业改革发展优秀成果2019(第三届):下卷. 北京:中国企业改革与发展研究会,2019:216-222.

采购管理

四、共享采购的实现

1. 建立标准化管理体系

标准化体系是共享采购服务的基础,主要标准包括以下三方面:

(1) 数据标准。通过定义数据的标准和规范,保证物资数据的一致性和规范性。

(2) 服务标准。通过定义服务的标准和规范、细化服务职能,保证服务的规范性。

(3) 运行标准。建立规范化的管理制度,以制度为基石,保障共享平台有序、规范、高效运行。

2. 完善专家库制度

建立采购专家库,完善专家采购运行机制,优选各单位技术专家组成共享中心采购专家库,为共享服务平台更好地运行提供技术支持。

3. 推行框架协议采购

充分整合各单位通用物资的需求,由共享中心组织,分析市场供求形势,统一签订框架协议,进一步改善和优化采购模式。

4. 建立信息动态管理机制

信息化建设是构建共享服务平台的关键,基于现有的 ERP 系统、物资采购系统、电子招标系统等,建设共享中心系统,实现协同工作。

5. 加强协同管理

抛开各自为政的思想,树立共享资源、协同联合管理的意识,坚持从全局出发,充分发扬团队精神,形成有效合力,实现协同运作效应。

6. 采购共享服务中心流程再造

采购共享服务中心各项业务流程再造不仅需要相关采购人员的智慧,还需要企业财务、法律、内控等相关管理部门的大力支持和配合,以确保流程在依法合规的前提下,大幅减少流程节点,提高各项业务的效率。

7. 采购共享服务平台

许多共享服务中心都建设了功能强大、可视化程度高的共享服务平台,支撑共享服务中心各项业务,其业务操作均可在平台上快速实现,从而大幅提高了工作效率,提升了服务质量。采购共享服务平台需要具备以下主要功能:全面支撑业务,与企业各个 ERP 系统、财务系统、合同系统等有机融合和集成,处理业务可视化,具备强大的统计分析功能,具备与供应商数据的交互协同功能。[1]

京东智慧采购平台为企业客户实现管理升级

京东自开展为企业客户提供采购服务以来,已在众多行业和领域推出场景落地,促进企业实现商业模

---

[1] 刘洋,李瑾. 建设物资共享服务,提升采购供应效率 [J]. 化工管理,2018 (32):18-19.

式创新和整体转型升级。

1. 京东企业业务满足银行的个性化需求

截至 2019 年 6 月 30 日，京东企业业务与 95% 的主要银行建立了合作关系，与中国银行的合作便是代表性案例之一。双方基于中国银行各分行的个性化采购需求首创了中国银行总行与分行独立管理的采购模式，最大化满足了地方和区域的差异化需求，也为中国银行分行积极创新注入了更多活力，为银行乃至整个集团型采购模式的创新树立了标杆。

京东企业业务在与中国银行总行建立合作后，在中国银行总行的牵头下与中国银行下属分行分别建立了平台级的合作。在中国银行总行制定的流程、标准等采购规则下，京东企业业务结合区域的具体情况为每家分行在其系统内搭建采购商城，通过自定义商品池和采购场景，满足分行的个性化采购需求。

借助京东慧采 APP 等移动采购管理工具，2019 年中国银行的采购节支率较以往分散操作有较大的提升，采购的审核周期、妥投时间缩短，对账结算效率得到了飞跃式提升。并且，京东智能采购还对规范采购行为、有效管控风险起到了积极的作用。京东智能采购由中国银行总行统一签订框架协议，为多批次、小金额采购项目增加了合规采购渠道，有效规避"化整为零"的采购嫌疑；采购价格公开透明，避免利益输送，有效防范采购人员道德风险。

2. 京东翼采平台与沃尔沃供应商关系管理系统对接

2018 年 3 月 14 日，京东企业购与沃尔沃汽车亚太区于上海签署合作协议。京东翼采平台通过与沃尔沃供应商关系管理（SRM）系统对接，实现沃尔沃汽车亚太区采购供应链的全面智慧升级。接入京东翼采平台后，沃尔沃汽车亚太区的采购管理数据可实现信息流的实时流转。全流程电子化采购的构建，使所有采购管理流程，包括采购需求的下达、审批、执行以及后续的交付、履约、配送等，都可以在 SRM 系统中实时查看和监控。

基于京东企业购的平台化和数字化采购管理，沃尔沃汽车亚太区的采购从传统商品级采购模式升级为平台级采购模式，效率得到了大幅提升。采购周期从原有的三周时间缩减至短短的三天内。借助京东的数字化平台和海量商品信息，沃尔沃汽车亚太区采购可以获得全面的供应支持，简化工作流程，提高信息透明度，极大地提升了采购体验及满意度。同时，在人工成本上，全流程电子化实现集中开票、一键对账功能，大大减少了财务、采购工作量，并降低了重复性人为操作带来的误差。

3. 京东与中石化合作推出无人超市

2018 年 4 月 26 日，由京东和中石化共同推出的京东 X 无人超市易捷店落户江苏宿迁。当地车主能在该店享受刷脸进店、智能推荐、优惠更新、自动结算等一系列无感知购物体验。此次合作标志着"智慧采购"赋能能源业，引领传统行业实现数字化转型变革。

根据双方的战略合作协议，未来中石化易捷便利店与京东 X 无人超市将互为窗口，依托中石化在全国范围内拥有的易捷便利店门店，构成了国内覆盖范围较广的零售商品网络。京东 X 无人超市宿迁易捷店将共享京东集团智慧采购、供应链、大数据、无人科技等全新技术，实现零售网络的线上线下一体化升级。双方目标是实现中石化旗下全部易捷便利店的无人化运营，为机动车用户提供创新的购物体验。

复习思考题

1. 电子采购有哪些优势？存在哪些风险？
2. 电子采购有哪几种具体的模式？
3. 实施电子采购需要哪些技术方面的支持？
4. 简述电子采购的实施步骤。
5. 应用平台商业模式理论，分析平台采购与传统采购的区别。
6. 应用共享经济理论，分析共享采购的核心要素。

采 购 管 理

实践与思考

　　本章的学习，可以配合一定的模拟训练，即将同学进行分组，借助网络采购平台进行网上采购模拟；也可分别模拟采购方和供应商，在网上进行订单和各种票据的网上传输、网上签约等操作；也可尝试自行开发电子采购系统、电子采购平台等。

第五章

战略采购

作　用

　　随着企业经营环境的变化、管理理论的发展，采购管理正在成为企业管理中的战略性工作。本章在引入国外理论界所提出的"战略采购"概念的基础上，系统地介绍了战略采购所涉及的重点内容，包括供应网的整合、利用供应商进行创新、发展全球供应基地等，以使读者对采购管理的前沿问题及未来发展有更为深入的认识。

关　键

　　本章所涉及的基本概念包括战略采购（双赢采购）、供应网、供应商创新；基本理论有战略采购的基本原理、内涵、组织能力；主要方法包括如何整合供应网、如何利用供应商进行创新以及如何建立全球的供应基地等。

第一节　战略采购的兴起

一、采购的战略地位

　　当今许多成功的企业把采购看作一种具有重大战略意义的活动，将采购纳入企业的战略考虑。单纯地改善服务水平或降低成本已经不能满足需求，采购部门必须关注自身的关系网及最终市场绩效。

思　考：

1. 什么是战略采购？
2. 采购在企业中的发展历程是怎样的？
3. 战略采购与其他采购模式的区别是什么？

　　人们对于采购的关注程度不断增加，使得采购的战略地位越来越被强调。大体上，采购在企业中的地位经过了四个阶段的发展变化。

　　第一阶段，此时的采购是被动采购，采购职能没有战略方向，主要是对其他职能部门的要求做出反应。采购者的大部分时间都用于组织日常工作和应急工作，与其他职能部门沟通很少。第二阶段，随着新的采购技能与方法的出现，采购职能开始应用这些技能与方法，高层管理者开始意识到采购有机会促进盈利，因此采购部门与技术部门之间建立了协作联系，但是采购依然独立于公司的竞争战略。第三阶段，采购技能与方法被用于加强公司的竞争地位，从而支持公司竞争战略。这一阶段，采购人员加入销售计划组，市场、产品和供应商不断得到监控与分析，采购被纳入战略性决策的制定。第四阶段，近年来，采购开始完全融入公司的竞争战略中，成为公司集成战略的一部分。此时采购与其他职能部门建立了长期的沟通渠道，采购绩效的考核也以采购对公司的成功所做贡献的多少为衡量标准。采购在一些先进的企业中以积极主动的战略方式提高供应链的效率，战略采购逐渐兴起。

战略采购强调与供应商保持密切的合作关系，并能使供应商更好地满足企业对成本、质量、周期和服务的综合要求。战略采购寻找那些与本企业"未来目标"一致的供应商。很多企业在采购政策、人员管理方面都强调战略采购，战略采购的业绩直接影响企业采购系统的绩效。

二、战略采购与其他采购方式的比较

战略采购又称为双赢采购，是一种新兴的在合作关系与竞争性关系之间寻求平衡的采购模式。这种模式既不那么针锋相对，又不同于当今十分流行的基于信任的模式。战略采购与其他采购模式的比较如图5-1所示。

图5-1中，"达尔文式的竞争"方法和运用已久的谈判技术是专业采购人员习惯使用的典型方法。

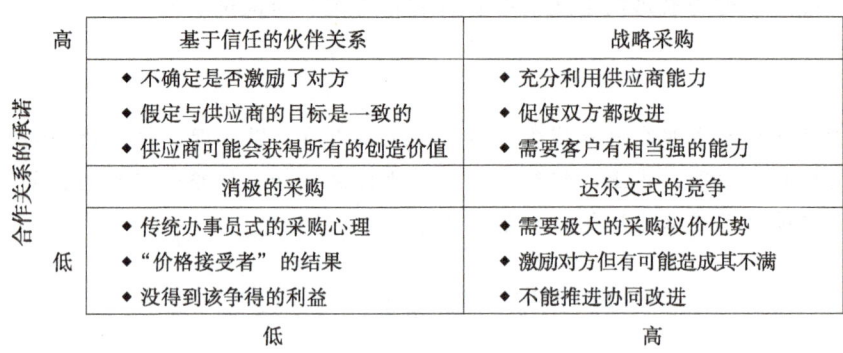

图5-1 战略采购与其他采购模式的比较

通过"基于信任的伙伴关系"这种方法来与供应商进行合作也是较为容易的。现代的采购组织懂得维持与供应商的信任关系是十分重要的，事实上，对许多购买者而言，与供应商合作是很自然的，因为除了价格之外，大多数购买者更为担心的是运输或质量问题，这就需要与供应商建立很好的合作关系。

很少有大企业采用"消极的采购"这一方法。这种情况下的采购职能主要局限于订单处理，而没有很好地利用竞争或合作关系去进行采购。

战略采购比图5-1中的另外三种方法更难实现。

三、战略采购的组织能力

战略采购需要以一种开放的、整体的观点来对待采购。战略采购实施的关键不是一套采购的技能，而是范围更广泛的一套组织能力。如图5-2所示，这些能力中有些普遍适用于任何一个行业，而其他一些只对某些企业或行业比较适用。实际上，很少有企业充分发挥了这些能力。

共有的能力	特殊的能力
◆ 总成本建模 ◆ 创建采购战略 ◆ 建立并维持与供应商的关系	◆ 整合供应网 ◆ 利用供应商进行创新 ◆ 发展全球供应基地

图 5-2 战略采购的组织能力

共有的能力适用于进行战略采购的基础工作，普遍适用于任何一个企业。其中，总成本建模为整个采购流程提供了基础，创建采购战略推动了企业采购从战术观点向战略观点的重要转换，建立并维持与供应商的关系注重的是战略采购模式中的合作部分。

特殊的能力强调了在上述基础上获得竞争优势的不同方式。多数企业通常最多只注重其中的某一种能力，只有尖端的企业才在这三个方面都具备较强的能力。整合供应网能保证以最低的费用实现商品和服务的快捷交付，受到了全球性企业的极大关注。那些生产高科技产品的企业，正将注意力集中在利用供应商进行创新上。企业在全球市场中参与激烈竞争的同时，正在逐步形成一个全球化的供应基地，以支持它们全球范围的需求。

1. 总成本建模

总成本建模是通过成本模型去揭示被采购物品及服务的成本构成，它是最基本的一个能力。

例如，麦当劳多年来与供应商合作开发出一种优化成本的复杂模型。该模型抓住鸡的预期死亡率和体重增加期，决定在各种条件下（例如湿度和空间分配等）的最佳饲料配比。而且，通过总成本建模，可模拟饲料配比如何影响体重增加和死亡率，供应商就能够根据饲料价格的变化调整饲养方案，优化小鸡的体重增加量。

总成本建模无须太复杂，过分复杂的模型很少在企业中成功应用。

2. 创建采购战略

采购战略类似于一个企业战略，好的战略可以为企业带来丰厚的利润。不同的组织在创建采购战略时应用了不同的方法，并且关注的是不同的问题。一些好的企业在通过采购建立竞争优势的过程中，制定了清晰明确的采购战略，而不是从文献中摘录出来的华而不实的解决方案。

3. 建立并维持与供应商的关系

各个企业建立关系的具体方法各不相同，但有一些是共同的：首先，信任是合作的基础，缺乏信任必将阻碍充分合作。其次，有效的合作关系建立在目标一致、相互依赖以及对供应商能力充分了解的基础上，并通过双方对期望目标的双向交流得以维持。

4. 整合供应网

多数情况下，一个供应商同时扮演着客户、竞争对手以及跨国合作伙伴等多重角色。当企业与供应商的关系变得更为错综复杂时，这些关系看起来更像是一张网，而不是一条链。处在这样一个复杂网络中的企业，它们的物流管理成为关键中的关键，因为低效率供应网的成本可能是巨大的。

5. 利用供应商进行创新

利用供应商进行创新是指企业与供应商一起对技术进行研发和管理。例如，企业与供应商之间共同合作进行新产品研发，并设置积极、共同的成本目标，推动成本的降低，而不破坏彼此之间的合作关系。

6. 发展全球供应基地

供应基地从国内市场向外扩展主要基于以下两点考虑：①寻找低成本的供应商；②支持全球化运作。全球扩展给某些企业带来了更多的挑战。麦当劳通常与其关键的供应商一起支持向新地区的扩展。这样做的同时，麦当劳和供应商一起努力，分别以各个项目为基础，界定风险收益情况。

四、组织变革

采用新的采购模式需要企业内部的变革，包括流程变革、组织变革以及其他支持性技术的变革。首先，采购流程的重点必须从交易性业务转向战略性事务。其次，用以提高和改善采购职能的组织要向战略性管理转变。最后，信息技术为战略采购提供必要的支持工具。

1. 对业务流程的影响

一个企业包含三项主要流程：创新、交付和控制。①创新流程确定新思想并将它们转化为具有竞争优势的产品和服务。②交付流程的重点是提供用户满意的产品或服务。③控制流程包括一切能使企业盈利的管理活动。这三项流程都涉及供应商及采购活动。许多组织中，采购活动还处在以交易为主的管理水平上，而战略采购要求高瞻远瞩，因此采购流程必须要从交易层面提高到战略管理的高度。

例如，传统的报价流程常被称作"价比三家"，现在已经发生了巨变。企业的一个电子报价请求（RFQ）系统不再只简单地询问零件的价格，而是一种"信息请求"，用来了解新的供应商的竞争力，或者了解供应商对特定零部件生产水平的估计（如在一次模锻中需要打击的次数），该系统已用于具有世界级成本管理水平的企业。

2. 改变组织需求

由于战略采购要求对整个组织进行变革，因此采购职能不是唯一受影响的领域。例如，战略采购组织能力中的"利用供应商进行创新"，就要重新定义如何进行产品开发，因此也要相应地重新定义设计人员的作用。设计人员并不需要了解某种特定零部件的详细知识，而是应该具有系统工程师的思维方式，致力于系统间的整合。细节方面的内容由供应商负责提供，如零部件加工公差等。

在高层管理的支持下，大多数企业向战略采购转变的动力来自采购部门。本田是其中一例。本田在企业内部建立起"采购校友录"，以广泛地建立采购关系。本田还追踪并经常与已进入其他公司和行业的采购"校友"（即本田原来的员工）进行交流，以便了解其他企业的进展。

3. 信息技术的作用

ERP 系统能促进传统采购向战略采购的转变。ERP 系统可以使事务性处理流程化，让采购人员能有更多的时间进行战略性思考；同时，它还改进了用于计划的数据的准确性。然而，ERP 系统还是以事务性处理为主，而不是以战略性管理为主。

据研究，以下三种信息技术的应用可以支持战略采购的逐步实现：①电子商务（EC）；②采购信息系统（PIS）；③决策支持系统（DSS）。

（1）电子商务是支持战略采购的一种信息技术。电子商务使企业在下订单、物料跟踪和资金转移等事务上的管理更为流畅。

（2）采购信息系统包含了采购信息数据库和数据采集维护程序。其主要信息是一些内生数据（如从 ERP 系统中总结得出的采购历史趋势）和供应商在原料质量和交付可靠性方面的历史统计数据。现在，采购信息越来越多地来自外部数据，如由政府机构提供的经济指标或由供应商行业提供的生产能力数据等。

（3）决策支持系统是一种分析工具，它将数据转化成有用的信息，并且在有经验的分析员的控制下，再将信息转化为决策依据。

第二节　创建双赢采购战略的原则

创建双赢采购战略的基本原则包括：

1. 把供应商数目优化视为一种必然结果

制造企业通常有太多供应商，而双赢采购模式要缩减供应商数量。供应商数量削减应该是某一产品供应优化的必然结果，而不是主观目的。供应商数目优化，应从所有可供选择的供应商总体考察开始，然后逐步筛选。

测试一个战略中供应商数目是否最佳，可以检查每个供应商的作用。如果减少某一类产品的供应商不能降低供应总成本，表明供应商数目很可能基本达到了优化。

2. 发挥多功能团队作用

双赢采购战略的创建应当被看作组织能力的体现。有效的采购战略源自企业内跨职能的合作。多功能团队具有两个重要优势：①多功能团队能集思广益，提出更多有创意的解决方案；②更重要的是，多功能团队能进行系统化的采购。

然而，大多数企业的团队没有包括足够的职能部门。一般公司采用多功能团队来开发采购战略，但许多重要的部门没有被包括进去；没有生产、设计等职能部门的支持，就会错过很多以协作为基础的机会。

3. 跨地区和跨业务单位的采购集中管理

高级管理人员经常会考虑：在开发采购战略时，什么样的管理集中程度是合适的。有些采购主管通常会主张较大范围的集中管理，以确保取得最大谈判效应。但是，目前只有极少数供应行业是真正全球性的，而谈判也仅仅是双赢采购的几个手段之一。而大部分的管理活动，如改善供应链管理或利用供应商创新，都要求各个业务单位的参与。因此，选择集中控制或分散控制应根据商品的特性而定。企业为了解决该问题，一般会建立一个商品分析计划系统，确定哪些商品适宜什么样的管理模式。

4. 实施严密的全球调研

很多采购战略的制定都是从现有供应基地出发的，但要进一步开发有效的采购战略需要树立全球观。进行全球调研的最大益处是能发现过去不知道的优势供应商。全球调研还可获得某一个供应行业的世界级企业的业绩情况，为企业提供标杆。

5. 考察采购总成本

有效的采购战略并不是仅仅关注降低价格，而是要降低与供应过程有关的各种成本。大多数战略决策需要综合权衡，即权衡材料价格和其他与材料相关的费用之间的关系。例如，从低成本的发展中国家采购，供应价格很低，但加上附加成本，如海运费、税费、存货运杂费等，可能没有任何节约，反而会增加总成本。

考察采购总成本也为跨区域合作提供了机会。事实上，合作关系产生的利润常常来自某一方面成本的降低，例如，与产品品质优良的供应商合作能减少检验费用，这虽然对采购价格没有直接影响，但实质上降低了企业的内部质量成本。

6. 细分费用支出

细分费用支出的作用在于明确重要的成本影响因素。例如，通过费用细分可能发现某些零配件比较容易预测需求，另外一些存在积压的风险、可预测需求的商品应从低成本的全球供应商处采购以节省支出，高风险商品则应在本地采购。

7. 量化收益

采购战略追求材料采购过程中的价值最大化。

供应商通常会认为它们的响应能力会给客户创造出很大的价值，尽管快速响应能力是有价值的，但还必须考虑到它的成本。因此企业要尽可能地量化价值，例如，为客户降低的库存维护成本有多少，减少退货损失所带来的收益有多少等。这些分析虽然对供应商的价值不能进行充分估计，但在充分理解成本含义的基础上，通过精确对比就能进行权衡。

第三节 整合供应网

供应链日益增加的错综复杂性使其有一个新的更贴切的称呼，即供应网。就如这个世界有着无数的联系而产生了互联网，许多行业已经发展了纵横交错的复杂关系，看上去更像是一张网，而不是一条链。

一、供应网管理的趋势

> **思 考：**
> 1. 供应网的演变趋势是怎样的？
> 2. 供应网整合应该遵循什么原则？

供应网管理的概念已经存在有十余年了。以下三种趋势正在驱动着供应网的进一步演变：①即时制管理的要求；②供应网的层次化和专业化；③信息交换的增强。

这些趋势对整个供应网中的企业提出了新的挑战并提供了机会，许多企业发现了自己新的角色定位，面对新的竞争对手，企业不得不对业绩提出更高的要求。

产品的日益复杂导致了大多数行业的不断细化。细化的速度在过去20年里已明显加快，比如，有超过6亿美元销售额的公司却只有不到1000个雇员，因为它只保留了最终的装配和内部测试职能部门，而其他所有的工作都外包给各种电子制造专业企业。

制造只是专业化供应网中的一个角色。第三方物流服务提供商在供应网中的作用越来越大。像TNT和GE Capital这些公司利用它们在运输、仓储和库存管理方面的技能与规模，为各种各样的顾客承担整个分销过程。

二、供应网有效整合的原则

供应网有效整合应该遵循以下原则：

1. 用战略观点构建供应网

尽管许多企业把物流的内部和外部管理的责任分开，但供应网的有效整合需要内部管理和外部管理的融合。例如，克莱斯勒公司没有独立的采购、物流管理和分销职能部门，它在一个职能部门中设置"端对端"的责任，即该部门既管理采购和供应过程，也管理从工厂制造到出售给零售商这一整个过程的物流。

这种"端对端"过程式管理的观点与供应商层次化和专业化的结合，凸现了用战略观点构建供应网的重要性。

用战略观点构建供应网遏制了只关注成本这一趋势。一个低成本的供应网与交货提前期反应灵敏的供应网是大不相同的，后者也许更能提升企业的竞争优势。

2. 采用有差别的供应政策

采用有差别的供应政策是改进供应网性能的有效手段。例如，在一个供应网中，企业想要对供应商设置一些公共标准，如交货提前期，但公共的交货提前期标准要足够长，以满足所有产品的不同需求，然而，这样做又容易使得一些供应商不积极努力去缩短交货提前期，因此需要区别对待。

有效的供应网整合需要客户与供应商在供应政策上达成一致。图5-3显示了一种有差别的供应政策。该供应商为A产品保持一种高的安全库存水平，一天就可以运输到客户亚特兰大配送中心，不过到纽约或芝加哥需要的时间要多一些。供应商为B产品保持稍低的安全库存水平，相应的补足率也比较低。与B产品相比，C产品的提前期要多一天，并且补足率较低。D产品（特殊的或者定做的产品）不是保存在供应商的配送中心，而是必须订购生产，需要花几个星期生产而不像其他产品一样只要几天时间。

客户分销中心的位置

	亚特兰大	纽约	芝加哥
A	98%的补足率，提前期为一天	98%的补足率，提前期为两天	98%的补足率，提前期为两天
B	95%的补足率，提前期为一天	95%的补足率，提前期为两天	95%的补足率，提前期为三天
C	90%的补足率，提前期为两天	90%的补足率，提前期为三天	90%的补足率，提前期为四天
D	90%的补足率，提前期为两个星期	90%的补足率，提前期为三个星期	90%的补足率，提前期为四个星期

图5-3 有差别的供应政策实例

3. 在协商一致的基础上进行跨职能的规划

供应网中所涉及的不同职能部门拥有不同的优先权，有时它们的目标会发生冲突。例如，销售部门通常关注的是增加收入，因而更担心的是因缺货造成的损失，而不是库存的增加；制造部门主要关心的是生产的效率，包括保持较低的库存水平。这种冲突会导致部门间的博弈：销售部门夸大预测，期望制造部门制订一个更为稳妥的生产计划。如果这些矛盾得不到很好的解决，供应网就会在这两个极端之间被来回"拉锯"，造成成本上升并使客户服务变差。为了避免这种博弈现象，大多数公司每个月都要召开跨职能的会议，在销售预测、适当的库存目标和生产计划、采购计划等方面达成一致。

4. 根据预测制订计划，让订单驱动行动

通过共同的预测可使供应网中的每个节点能更好地规划资源，减弱了需求放大效应。但是下面所列的三条预测"规律"使预测过程面临一定的困难：①长期预测没有近期预测准确；②综合预测比单项预测要准确；③所有的预测都是不确定的。

供应过程越来越短的提前期允许采用更短期的预测来驱动计划，因此减弱了第一条规律的影响。产品标准化与制造延迟技术相结合使综合预测能满足更多产品的需要，也就减弱了第二条规律的影响。

企业必须接受第三条反映的事实，即预测仅仅是计划，它发生错误是不可避免的。

高效的供应网不是没完没了地修改计划来纠正这些错误,而是对订单的实际情况做出反应。

预测给出了规定时期所需的资源(包括生产能力、劳动力和原材料资源)。不良的预测会产生不合适的资源配置,要么太多要么太少,这样会限制供应网最经济地对订单做出反应。但是,盲目遵循一个与订单的实际情况不协调的计划会产生更坏的结果。因此,只有保持预测与订单的适当分离,才能保证以可靠的信息来安排采购活动。

5. 采用一定的统计分析工具和技术

一般来说,有效的统计分析工具建立在可靠的统计基础上,企业对供应网的整合过程要依赖一定的统计分析工具和技术。

三、供应网整合过程

由于供应网整合原则既适用于上游也适用于下游,因此整合过程可以由想要整合供应商的客户发起,或者由试图更好地整合其客户的供应商发起。整合供应网的基本步骤如下:

(1)选择试验中心区域。它通常可以是一个单一的部门,如一个制造厂或一个地区配送中心。

(2)为改进工作提供基准。没有一个基准,就很难判断整合成功与否。该基准应该包括许多性能指标,如订货提前期、库存周转期和覆盖程度以及交付可靠性等。选择一流的公司或竞争对手作为榜样是很有用的。

(3)设置合适的目标。该目标要反映供应网的战略优势,应该主要集中在反应灵敏性或效率方面。诊断可以揭示按这个目标改进成功的概率,但是要瞄准重点。例如,一个计算机企业的供应网试验应该重点关注提高反应灵敏性,此外还可能要关注提前期缩短和交付可靠性增加;而传统制造商,如一家食品企业,可以将选择重点放在效率上,设定诸如降低配送成本及提高库存周转期之类的目标。

(4)对试验的经验教训进行记录并共享这些经验和教训。

第四节 利用供应商进行创新

思 考:

1. 利用供应商进行创新要注意什么问题?
2. 利用供应商进行创新的步骤是什么?

利用供应商进行创新是指企业与供应商一起对技术进行研发和管理。由于70%~80%的产品成本取决于设计的早期阶段,因此利用供应商进行创新受到越来越多企业的关注。

一、关键的创新概念

在创新中要真正实现企业与供应商的一体化,就要关注三个关键的概念:范围边界、技术规划、目标成本。这三个方面做好了能带来非常好的结果。

(一)定义范围边界

为了尽可能提高经营业绩,企业必须把终端产品分解为部件或功能模块,然后决定如何给供应商下达某些部件（或功能模块）的供应任务。有的供应商分配到的任务可能是单一部件或很小的部件，有的分配到的任务可能是一大堆零件。这种分配给指定供应商的责任大小称为范围边界。一个较小的范围边界意味着供应商可以将注意力集中在它自己生产的部件上，而较大的范围边界使得供应商可以通过产品创新来创造价值。图5-4是一个简单的例子，表明范围边界是怎样影响企业和供应商的价值创造过程的。这个例子是关于一家螺钉供应商的。

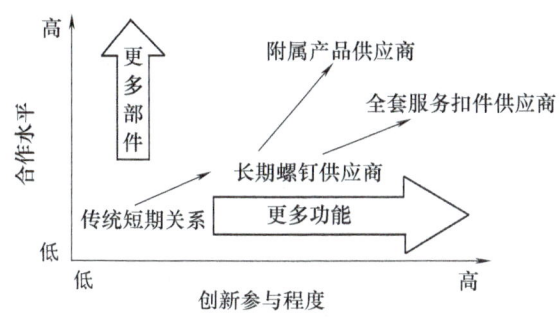

图5-4　范围边界的选择

在传统的短期合作关系中，企业能选择的供应商范围相当狭窄，而且供应商并不了解客户对设计规格之外的需求。这被称为"照搬"式的安排，供应商创造价值的唯一途径是减少内部生产成本。结果，供应商和客户没有机会通过更紧密的一体化进行合作。

若与供应商有长期的联系，企业就会出现新的价值创造机会。供应商可以与客户进行过程集成，比如准时交货和共同质量保证。经过此类的联合，企业会在共享价值链中创造出新的降低成本的机会，而不仅仅是由供需中的某一方来想办法。此外，在密切的关系中，供应商可以对产品规格提出疑问，如"为什么是这样的公差"或者"为什么螺钉要镀铬"。此类问题最终会使得螺钉由供应商和客户共同设计，这是由供应商创新提升价值的关键初始步骤。

企业同供应商联系的范围会越来越广。例如，采购商可能要求供应商提供具有同螺钉一样基本功能的更多类型的扣件（比如尼龙搭扣或塑料钳）。有了这种广泛的联系，供应商就可以建议使用替代产品（或技术）来更好地满足客户需求。供应商能在对客户需求有更深刻了解的基础上，提供改良的方案来创造价值。

最后，采购商会要求供应商生产装配组件，而不仅仅是零部件。这样，供应商就能通过在装配组件中平衡不同的零部件来创造价值。提供这种更大的模块给客户，供应商就可以尽可能地降低库存和管理成本。配件供应商更着重于产品的创新，装配组件供应商着重于供应网整合，两者创造的机会是不同的，对供应商能力的要求也不一样。

一般企业在界定范围边界时往往会犯三种错误：
（1）用以前的界定而没有定义新的能创造更多价值的边界。
（2）让供应商承担了更多的责任，却又处处干涉它们。
（3）在供应商之间、供应商与企业之间定义了重叠的边界。

范围边界的界定是相当复杂的，由于终端产品经常要加入新功能或新技术，因此范围边界总是在变化。

(二) 共享技术规划

共享技术规划对利用供应商创新提出了另一种挑战。一般而言,供需双方都会很注意产品的技术信息,客户害怕供应商将信息透露给竞争对手,供应商害怕客户将自己最好的构思和设计转售给那些不投资进行创新的低成本制造商。目前有两种共享技术的方法很流行,即技术研讨会和技术路径图。

（1）技术研讨会使得供应商可以分享新技术,以激励客户采用。

（2）技术路径图作为与供应商共享技术规划的一种方法正引起人们的注意。技术路径图把产品发展规划明确地绘成平面图,以带动供应商的技术规划。相应地,这些产品发展规划是高度机密,只能和关键的长期供应商分享。图5-5是技术路径图的一个简单例子,这个例子是关于一家汽车公司的。

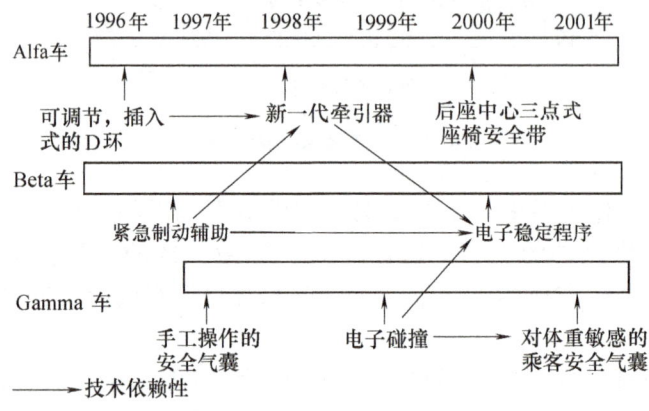

图5-5 拥有者限制的技术路径图

(三) 设置目标成本

目标成本不是一个新概念,它有三种设置方法,这些方法在运用过程中往往没有严格的区别。

第一种方法是基于价格,即仅仅根据竞争对手的报价来制定目标成本。这是同供应商合作的一项标准谈判策略,许多企业也将它积极用于自身产品上。这些企业通过调查市场承受价的多少,再减去期望利润,以此作为一件产品的目标成本。达不到目标的产品就不再生产或返回设计开发部门重新设计。

第二种方法是基于成本来制定目标成本。这种方法在过去的几十年内运用相当广泛,它使得供应商只能得到合理利润,而无法获得暴利。但是,这样做会限制供应商降低成本的积极性。有些大企业能设计出非常先进的成本计算法,这些企业要求供应商公布明细账以揭示其报价的真伪。

第三种方法是基于价值来制定目标成本。这种方法是最不容易理解也最难运用的,只有少数公司在这方面做得好一些。基于价值制定的目标成本将消费者的"需要"与他们的支付意愿相比较。完成这项工作后,把这些期望的功能反馈给相应的子系统,由供应商去实施。这种方法不仅保证了改良新功能,更重要的是创造了消费者期望的价值,而且消费者愿意为之进行购买活动。

这三种目标成本设置方法分别适用于不同的环境，具体如下：

（1）基于价格来制定目标成本对于商品和服务比较适用，商品的价格往往反映了供需曲线而不是成本。例如微机存储芯片一类的商品，由消费者价值趋向的改变而引起的价格波动不大，但由竞争力的改变引起的价格波动较大。

（2）基于成本来制定目标成本要以对成本的分析为基础，它能有效改善供应商的运营状况。分析成本因素并做相应的管理能使企业向好的方向发展，比如降低成本，提高设备的使用效率等。这种方法对于"照搬"式的供应商或模块供应商很有效。

（3）基于价值来制定目标成本适用于"方案提供"的供应商。方案提供者有着承担全部责任的技术，包括整个系统的规格设计到执行过程。相应地，此类供应商需要有较大的自主权。

二、利用供应商创新的步骤

1. 选择项目，组建团队

选择的创新项目应是需要做进一步功能调整以满足市场需求的项目。调整的程度必须足够大，并且新设计需要从根本上进行重新思考。选择的创新产品也应是一个大产品系列中的基本设计。对这种基本设计进行创新，会使得组织对标准化和调整进行长期的思考，也会鼓励潜在供应商的加入。另外，重新设计产品开发过程需要一个有高度积极性的团队，团队成员也必须心胸开阔、能够接受各个方面的建议。

2. 设置规格，确定目标

一旦组建好了团队，就应确定终端产品的规格。不论直接用户反馈信息的程度如何，团队必须把消费者需求转换为产品规格。在此过程中，可以运用质量功能分析和竞争力分析等技术；此外，为终端产品设计一个成本目标是这个步骤中很重要的一环。

3. 重新检查子系统边界

子系统的定义会由于行业不同而有所不同，例如汽车制造中的制动装置、炼油厂的蒸馏过程、银行的查账过程。在界定子系统的边界时，应尽量避免思维定式。其关键是如何设置这些边界，以利用供应商的能力创造价值，允许供应商在固定的范围内进行创新活动，这需要公司对各种子系统在最后集成时的相互作用方式有深刻的了解。

4. 选择供应商

各子系统间对创新能力的需求各不相同。在一个子系统中，也许需要对市场需求有清楚的认识；而在另一个子系统中，也许在产品开发期间对布局和设计的完善更为关键。在界定了子系统边界并确定了能力需求之后，企业会把注意力转向为此建立相应的供应基地和选择供应商。企业要选择那些既能在子系统间又能在各自子系统内推动创新的供应商。

5. 开始产品设计

一旦选好了供应商，企业和供应商对角色和责任的界定就相当关键了。这方面的要求比较高。例如，谁为产品的开发和测试负责？没有这种清晰的界定，就难免产生误解和重复劳动。对共同目标的理解和承诺会驱使企业和供应商共同努力。对任何一方而言，管理者的责任就是要建立并保持能实现短期或长期目标的机制。

第五节　发展全球供应基地

面对渐趋成熟的国内市场，许多企业注意到国外市场有着更大的增长潜力。发展中国家的经济增长率通常为每年5%~10%，而大多发达国家经济增长率为2%~4%。通信和科技的进步使得全球经济联系一天比一天紧密。政府政策的改变和观念的调整进一步开拓了国际市场。其结果是，全球化涵盖了越来越多的国家和地区、越来越多的行业。供应基地的全球化，需要有满足战略需要和管理全球性资源的能力。

全球性寻源通常是指企业在本国市场外的资源获取过程。一家企业要进行全球范围内的寻源可能源于两种截然不同的战略需要：①本土市场外的供应商可能提供更好的技术以及更低的成本；②进入新市场通常迫使企业在当地建立一个供应基地。

《战略与商业》杂志的调查显示，绝大多数企业的全球性寻源都出于前一种战略需要，如图5-6所示。

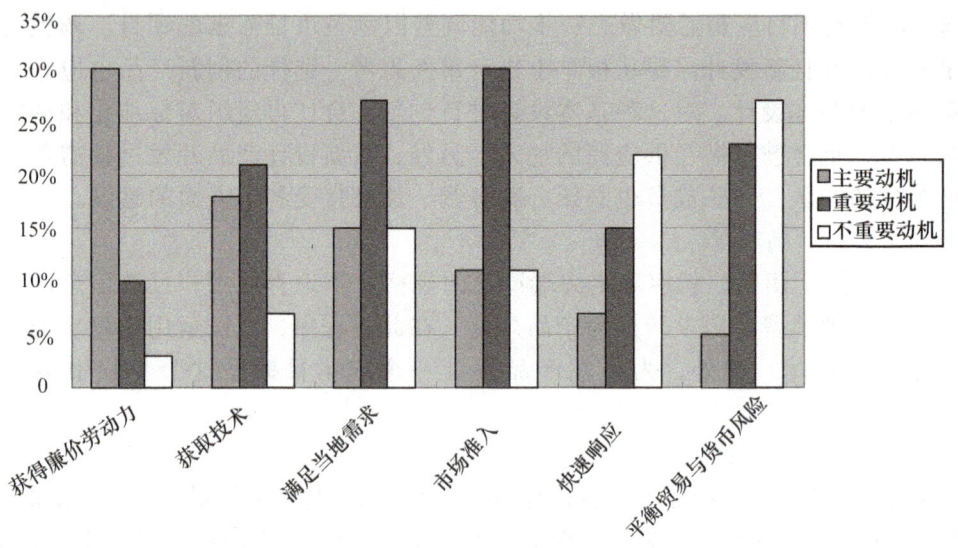

图5-6　企业全球性寻源的动机

以上两种不同的战略需要影响了企业的全球性寻源方法。例如，关注于全球扩展的企业更趋向于在国外建立当地供应点，来增强自己的全球性寻源能力。这类企业通常雇用当地采购员，以消除和供应商之间的沟通障碍。这些企业通常有发展供应商的长远观点。而正在进行全球扩展的企业，与确保总供应成本最低的第一类企业相比，有着更复杂的战略目标。它们必须和政府保持良好关系，并维持贸易平衡和实现出口目标。

这两种战略需要最重要的不同点在于它们所选择的商品不同。有第二种战略需要的企业关注全球扩张，因此从当地供应商那里获取的商品通常是笨重庞大、无法经济地从该地区直接进口的。对于正在进入某一成长性市场的企业，为利用劳动成本优势、减少运输成本，会选取劳动密集型产品；而当它进入成熟市场时，通常选择技术密集型产品。

相反，有第一种战略需要的企业为进口到本土而进行全球性采购，会选取体积小、价值高、易经济运输的产品。这种进口商从发展中国家寻求具有劳动成本优势、工艺流程简单的产品；从发达国家选取世界一流技术的高科技商品。

一般来说，进行全球化扩展的企业必须为优化产品开发成本而努力。许多企业试图通过统一全球顾客需要，以全球需要量为生产批量，从而降低产品采购和生产成本，获得规模经济效益。

例如，耐克在供应基地建设上，既抓住廉价劳动成本，同时又构建了先进的技术能力。它在全球为最终产品而不是某一部件寻找供应商。在过去的几十年中，公司已发展了数十家供应基地。结果，耐克的 Pegasus 跑鞋在美国的成本仅为零售价的 25% 左右。

耐克的全球性采购来自低成本和高成本国家和地区的有效组合。最初，它大量的生产集中在韩国和中国台湾（那时的低成本地区）进行；但随着这些地区工资的提高，耐克又发展了新的更低成本的供应商——印度尼西亚和中国大陆。同时，耐克继续增加产品的技术含量，增添一些新特性，如气垫嵌入物和多彩的鞋底板。相应地，韩国和中国台湾的供应商现在生产一些技术含量高的产品，而低工资地区的新供应商则生产简单的劳动密集型产品。

关于全球采购过程的操作细节，参见本书第十三章（国际采购）。

美国本田的战略采购管理

粗略地看，美国本田在产品开发、维持供应基地和管理采购职能方面所做的努力，似乎与其他大多数汽车制造商没什么不同。但结果是，本田取得的成绩往往更为卓越。据统计，美国本田在顾客忠诚度方面多年排名第一。

是什么让本田如此与众不同呢？前任美国本田高级副总裁戴夫·纳尔逊这样解释："一切都始于公司的哲学理念。"的确如此，本田宗一郎先生创立公司时就将"挑战性精神"作为基础的"公司哲学理念"，至今还在继续使用并被发扬光大，它引导着公司各个层次的每个决策和行动。

本田哲学形成于 1954 年，始自本田宗一郎先生提出的"挑战性精神"，即保持国际化观点，努力在合理的价格水平上提供高效率的产品，以满足世界各地顾客的要求。在这个原则的基础上，本田在每个不同市场上都发展了自己的独立地位，将销售、产品开发和运作进行本土化，使之与每一个地区的顾客、期望和能力相一致，以此寻求较高的顾客满意度。

本田的战略采购工作也做得很好，本章所述六种战略采购能力都已经融入公司的日常采购实践中，而其中的三种则发展得尤为突出，它们分别是总成本建模、建立并维持与供应商的关系、利用供应商进行创新。

一、总成本建模

本田对成本建模的关注始于其对成本管理的高度重视。美国本田前任高级副总裁戴夫·纳尔逊举过一个例子："假设有人在三年前说：'我们必须从 1998 Accord 车型中减少 30% 的成本。'这看起来是不可能的，但是我们确实做到了。"

美国本田俄亥俄州工厂东部自由区的高级采购经理约翰·米勒解释说："我们首先定下最终销售价格，然后扣除利润，得到的结果就应该是成本。接着拆分这些成本到各个部件，如汽车底盘、发动机等，然后为每个地区及每个部件设定目标。因此，我们实际上是先把蛋糕切开，然后再对每一块进行剖析。"

除了对成本的高度重视，俄亥俄州马瑞斯维尔工厂的高级采购经理约翰·库普还强调了本田"顾客满意至上"的哲学理念："我们制造高质量的汽车，因而我们能维持高水平的顾客忠诚度。当我们谈到降低成本时,还考虑为顾客增加附加价值。"

美国本田研究发展部的总工程师查尔斯·贝克说:"我们需要知道供应商的成本结构是怎样的,通过分析它们的制造过程来测算它们的成本,从而估计自己的成本应该是多少。有时候,我们比卖者更清楚它们的成本结构,那么我们就能计算出一个世界级供应商的成本是多少,同时这也是我们的目标。"

美国本田还与供应商彼此共享成本模拟数据。"我们让供应商知道我们得出这些成本的方法,它们也会告诉我们它们的方法",米勒说。据马瑞斯维尔工厂的采购经理里克·梅佑介绍:"成本模型让我们可以考虑各种成本构成因素,再与供应商协商降低成本,因为供应商也许会掌握我们所不知道的新技术或独特技术。"

如果与供应商的成本协商不能顺利进行,美国本田会派工程师去帮助供应商找出达到成本目标的、同时又能维持满意利润水平的方法。其成本建模过程并不只是简单地确定某一部分的成本,它还综合考虑了所有会影响总成本的因素。

有着广阔前景的美国本田,其成本模拟过程直接来源于公司"三元主义"的哲学理念——实际的地点、实际的部件和实际的情形。"它是使我们的采购功能与众不同的重要原因。我们身处工厂,每天和生产打交道。我们看得出问题所在,也明白问题是什么,我们知道成本意味着什么。"

"如果要对车进行某种改进,那就必须到工厂,并看车是如何完成的",约翰·米勒补充说,"如果不这样的话,也许会以为在部件成本上节省了100万美元,而接着在生产过程中却要多花费200万美元来完成。"

美国本田之所以能在大型部件上建立起自己的一套精确的成本模型,很大程度上是因为美国本田善于充分利用各种资源。美国本田很早就有一个由20多位具有专业产品知识的专家所组成的核心"成本研究"小组,他们与供应商合作,以开发精确的成本模型。现在,成本模拟不仅成为一种个人的专业技能,还发展成为贯穿公司上下的一种组织能力。

二、建立并维持与供应商的关系

美国本田在北美已经发展了一个有400多家供应商的网络,仅在俄亥俄州就有180家。正如其"你在哪里生产就在哪里购买"的理念,这些供应商给美国本田供应了超过80%的零部件及材料。

美国本田的许多供应商发展计划,如供应商奖励计划或激励计划,与其他大多数汽车制造商非常相似。但戴夫·纳尔逊认为,其间的差别在于美国本田将多少时间、金钱和努力投资在建立和维护与供应商的关系上。"在选择供应商时,我们希望能和它们长期合作。"他说,"其他公司并没有把充分的精力放在和供应商关系的发展上,所以它们的计划没有成功。而只有赢得供应商的心才能与它们一起获得成功。"

以下是一个建立供应商关系的例子:美国本田与 Tower Automotive(一个重要的压制部件和焊接组件的供应商)的关系中,运用了商业伙伴(BP)的程序。美国本田帮助 Tower Automotive 重新设计了制作 A 零件的工艺过程,这是一种前后门之间连接车顶和底盘的金属部件。美国本田建议使用固定位置的熔焊台,只需用简单的拣起放下式机器人在工作台之间移动部件即可,而无须让精密复杂的熔焊机器人围着部件转。这个新的工艺设计使产量翻番,从每小时生产63个部件增加到每小时125个。同时,由于焊枪固定,降低了损耗,减少了焊接点的撕裂,因此它们的使用寿命也从 50 000 个焊接点上升到 250 000 个。

美国本田在每一次的供应关系改善后,都进行一次综合性的项目评估。纳尔逊说:"我们一直喜欢收集数据,用它们来设定新目标和测量未来的绩效。在早期与供应商的关系中,我们能将生产率提高100%,即使是很艰难的计划,我们也能至少提高50%。"

这些都反映出美国本田以有组织的、制度化的方法不断地改善其供应商关系。一个通俗的比喻可以说明本田如何致力于供应商发展:"一旦有发生严重问题的可能,我们就会竭尽所能调配资源来帮助供应商。就好像在农场区中,只要一个谷仓着火,整个区的人都会赶来。没有人会问,'你会付钱给我或有什么回报吗?'这就是我们的工作方式。我们从不计较将如何从中得到回报,这根本无须讨论。"

例如,一个资信很好的供应商意外地出现了质量和交付问题,美国本田就会派遣公司内部的专家去了解情况。有一次美国本田曾经安排了自己的四个员工到供应商公司工作了十个月,帮助其重组并构建供应能力,使之达到美国本田的要求。

美国本田不会向供应商收取任何费用，因为这也是一种自我服务，以确保长期保持与这个供应商的关系，这对双方都有很多好处。供应商理解也赞赏美国本田的这种长期行为，而且这也增加了供应商投资美国本田的意愿。

美国本田建立并维护与供应商关系的方法，远远不止于提高生产率计划和解决实际问题这样简单。合作关系需要双方清晰表达相互了解的期望、绩效测量、对细节的关注，并时时进行沟通。与供应商进行沟通，不能一年只写一次备忘录，必须带着生产、交付和质量方面明确的目标经常与之沟通。

三、利用供应商进行创新

为利用供应商在研发方面的能力和技术，美国本田开发了一个名为"参与设计"的机制，直接把重点集中在供应商的早期参与上。在一个新项目的最初期，美国本田从外部供应商中"邀请"嘉宾设计师——每次100个之多，让他们身处生产车间，同在职工程师、设计师和技术人员们一起并肩工作。

这个机制对保证将最好的思想和最新的技术融入产品中去发挥了极大的作用。美国本田对建立合作关系非常重视，在项目一开始就引入外部设计师。通过这些供应商的早期参与，美国本田可以得到它们的最新技术，并且保证将技术整合运用到本田的汽车上。

在一些重点的战略系统上，隐含成本很大，美国本田因此建立起技术路线图，并和供应商一起使用。贝克说："我们用技术路线图向我们的主要供应商展示前进的方向，希望它们协助我们，希望供应商能使用它们的最新技术，并跟上我们的步伐，共同把最终产品推向市场。"贝克还重申了本田的重点在于消费者："我们是一个生产组织，我们致力于为消费者提供更好的产品。我们会与那些把产品发展作为战略考虑的供应商以及那些以科技开发为目标并能与我们同步运用这些科技的供应商合作得很好。"

美国本田在新产品开发阶段利用供应商降低成本方面同样是相当成功的。1998 Accord车的成本降低目标，是美国本田在创新中利用供应商合作的一个很好的例子。戴夫·纳尔逊回忆道："当时我们做的第一件事情就是列出一个能降低1998 Accord成本的各种方法的清单。事实上，其中大多数方法是来自供应商与我们的采购和工程部门的合作。我们对每一种方法进行研究，并按它们成功的可能性概率来排序，然后开始研发。"

绝大部分削减成本的努力都放在了新模型的设计上。供应商在这方面发挥了主要作用。"我们把竞争对手的汽车分拆开"，约翰·米勒说，"让供应商告诉我们它们所生产的每个部件的情况：哪些比我们好，哪些不如我们；哪些成本高，哪些成本低。近几年来，我们经常在美国和日本做这样的工作。"

美国本田所使用的一系列战略采购方法，包括总成本建模、建立并维持与供应商的关系和利用供应商进行创新等工作，使公司的采购功能赢得了全球的尊重和认同。

复习思考题

1. 什么是战略采购？战略采购与其他采购模式的主要区别有哪些？
2. 创建双赢采购战略的基本原则有哪些？
3. 你认为企业应如何整合供应网？
4. 什么是利用供应商进行创新？企业应如何利用供应商进行创新？
5. 你认为企业在什么条件下应发展全球供应基地？为什么？

实践与思考

结合本章所学的战略采购观点，你认为采购工作在企业中是日常的业务性工作还是战略性工作？为什么？结合不同的企业去分析认识这一问题。

第二篇 实务篇

第六章

市场调查和采购预测

作　用

本书的第六章到第十二章主要讲述采购实务方面的知识。本章主要涉及采购工作的两项基础性工作，即市场调查、采购预测，目的是使读者熟悉采购前期的基础性工作，掌握市场调查和采购预测的基础知识，为编制采购计划、分析成本、签订合同等工作奠定基础。

关　键

本章所涉及的基本概念包括供应市场、市场结构等；基本理论包括采购市场调查和采购预测相关理论；主要方法包括市场调查方法、采购量预测方法。

第一节　市　场　调　查

一、组织采购市场调查

思　考：
1. 在实际采购工作中，什么情况下需要进行市场调查？
2. 市场调查的目的是什么？

采购市场调查是指企业运用科学的方法，有系统、有目的地搜集供应市场信息，记录、整理、分析市场情况，了解市场的现状及其发展趋势，为采购预测提供客观的、正确的资料，是进行需求确定和编制采购计划的基础环节。采购作为企业经营的一个核心环节，在企业的产品开发、质量保证、整体供应链及经营管理中都起着极其重要的作用。因此在编制采购计划前，除了参考企业以往经营生产中的数据，还应对采购市场的变化有一个明确的认识，这就需要进行市场调查。

（一）采购市场调查的目的

不同企业、不同状态下的采购市场调查目的不尽相同。对于制造企业来说，采购市场调查的核心是市场供应情况的调查与分析；而对于零售业，特别是连锁经营企业而言，由于采购与销售的一体化运营模式，使这项工作成了事实上的整体市场调查过程。通常，以采购为核心的市场调查的目的主要有以下四个方面：

1. 为编制和修订采购计划进行需求确定

采购要解决的首要问题，即"买什么""买多少""何时买"。企业在生产经营过程中，受市场和供求关系变化的影响，未来销售数量有很大的不确定性，从而给需求的确定也带来变数，为此需要进行市场调查才能确定合理的采购数量，为编制和修订采购计划提供资料和依据。因此，以需求确定为核心的市场调查往往与企业的整体市场调查同步进行。

2. 确定现有供应商之间的关系，明确市场竞争情况

随着市场的发展，企业的供应商结构也会发生变化。通过市场调查明确现有供应商的供应能力、价格变化、市场垄断地位等，有助于企业调整优化现有供应商结构。同时通过这一调查，还可明确企业在现有供应格局中所处的地位，为制定最适宜的采购策略打下基础。

3. 挖掘潜在市场及供应商

通过调查发现未来的主要买家和卖家，并分析它们的市场地位及变化趋势，以做出相应改变。

4. 规划企业采购与供应战略

由于市场环境的变化，企业为了生存和发展就必须在分析环境变化所带来的机会与威胁以及挖掘自身优势与劣势的基础上，制定一套合乎企业未来发展需要的采购与供应规划。

（二）采购市场调查的步骤

采购市场调查的步骤与一般市场调查步骤相似，分为以下四个阶段：调查前的准备、正式调查、综合分析整理资料和提出调查报告。

1. 调查前的准备阶段

对企业提供的资料进行初步分析，明确调查课题的关键和范围，以选择最主要也是最需要的调查目标，制订市场调查方案。采购市场调查方案应主要包括：市场调查的内容、方法和步骤，调查计划的可行性、经费预算、调查时间及调查进度等。

2. 正式调查阶段

依据准备阶段确定的市场调查方案进行调查。市场调查的内容及方法因企业调查目的的不同而不同。

依照上文提到的采购市场调查的目的，其内容可大致分为以下三个方面：

（1）采购需求调查。由于此调查往往与企业的整体市场调查同步进行，采购需求的确定基于销售需求的确定，因此这一调查与市场需求调查基本一致。调查的主要内容应包括现在市场的需求量及其影响因素，特别要重点进行购买力调查、购买动机调查和潜在需求调查，其核心是确定未来市场需求，再相应分解为各原材料的采购需求。

（2）供应商关系调查。这方面的调查内容包括供应商的供应能力、竞争能力、合作倾向、经营战略，新产品、新技术开发情况，价格变化及定价策略等，还要注意调查潜在的供应商。

（3）政策法规情况调查。政府政策的变化以及法律、法规的实施，都对企业的采购行为有重大影响，如税收政策、银行信用情况、能源交通情况、行业的限制等，这些也是采购市场调查不可缺少的一部分。

市场调查的方法可分为两大类：统计分析研究法和现场直接调查法。统计分析研究法就是在室内对各种资料进行研究的方法，其前提是对已有的统计资料和调查资料进行系统研究和分析。一般来说，与采购有关的生产资料市场研究较多地采用这种方法，消费资料

市场则以现场直接调查为主。现场直接调查又可分为三种：①询问法，包括当面询问、座谈集体询问、电话询问、信函询问等。②观察法，包括销售现场观察、生产现场观察、使用现场和家庭现场观察等。③试验法，向市场投放部分产品进行试销，以观察消费者的反应，检验产品的品种、规格、花色、款式是否对路，价格是否适中等。

3. 综合分析整理资料阶段

当统计分析研究和现场直接调查完成后，市场调查人员拥有大量一手资料。首先，对这些资料进行编辑，选取一切有关的、重要的，剔除没有参考价值的。其次，对这些资料进行编组或分类，使之成为某种可供备用的形式。最后，把有关资料用适当的表格形式展示出来，以便说明问题或从中发现某种规律。

4. 提出调查报告阶段

经过对调查材料的综合分析整理，便可根据调查目的写出一份调查报告，得出调查结论。值得注意的是，调查人员不应当把调查报告看作市场调查的结束，而应继续注意市场变化，以检验调查结果的准确程度，并发现市场新的趋势，为改进以后的调查打好基础。

采购市场调查的一个核心目的即对供应市场有一个明确的了解，以便对供应市场进行分析。

二、供应市场分析

供应市场分析是指为满足企业未来发展的需要，针对所采购的物品或服务进行供应商、供应价格、供应量等相关情报数据的调研、收集、整理和归纳，从中分析出所有相关要素以获取最大回报的过程。它包括供应商所在国家或地区的宏观经济分析、供应行业及其市场的中观经济分析，以及供应商的微观经济分析。

供应市场分析是采购的前期工作，也是供应商审核、选择与确定的基础。掌握供应市场的调研方法与过程、了解不同层次的供应市场结构特点，是采购人员开展供应市场研究所必须具备的条件。

（一）市场和供应市场的结构

1. 市场

市场是供给和需求的综合。有时它指的是实际市场，但有时它是抽象的概念。

供应商和采购商之间关系的模式是由交付的货物和劳务的外部结构决定的。外部结构包含几个通过市场相联系的环节，外部结构又可以分为产业部门和产业链。产业部门是指组织之间是水平关系、相互之间是竞争关系的一系列单位（如皮革和制鞋行业、电子行业）。产业链是指一系列的企业，它们形成了一种产品生产的连续过程（包括从初级生产者到消费者）。

2. 供应市场的结构

供应市场的结构通常可以分为卖方完全垄断市场、垄断性竞争市场、寡头垄断下的竞争市场、完全竞争市场、买方寡头垄断市场和买方垄断市场。

（1）卖方完全垄断市场。卖方完全垄断是指市场上有一个供应商、多个购买者。在美国，为了保持价格的合理性，多数的垄断者（比如公共事业）都受到管制。因为如果没有管制，作为卖方的垄断者就会随心所欲地定价。按照产生垄断的原因，完全垄断可分为自然垄断、政府垄断和控制垄断。自然垄断往往来源于显著的规模经济，如飞机发动机、供电等；政府垄断是基于政府给予的特许经营权，如铁路其他公用设施等；控制垄断包括因拥有专利权、拥有专门的资源等而产生的垄断。

（2）垄断性竞争市场。垄断性竞争市场是指有少量卖方和许多买方的市场，新的卖方通过产品的差异性来区别其他的卖方。一般只有少数几家公司控制市场，这几家公司提供了大量的不同产品来和其他企业竞争，并取得市场份额。这种市场结构是最具有现实意义的市场结构，其中存在若干的供应商，各供应商所提供的商品不同质，企业进入和退出市场完全自由。多数日用消费品、耐用消费品和工业产品的市场都属于此类。

（3）寡头垄断下的竞争市场。同样是少量卖方和许多买方，但这类行业存在明显的规模经济，市场准入障碍明显，价格由行业的领导者控制。一个企业给出一个价格后，行业内的其他企业通常就会快速地采纳这个价格。钢铁市场和石油市场是典型的寡头垄断下的竞争市场。

（4）完全竞争市场。完全竞争市场中有许多的卖方和买方，所有的卖方和买方具有同等的重要性。大多数市场都不是完全竞争市场，但是可以像完全竞争市场那样高效地运作，价格是由分享该市场的所有采购商和供应商共同影响确定的。该市场具有高度的透明性，不同供应商的产品结构、质量与性能几乎没有差异，市场信息完备，产品的进入障碍小。这类市场主要存在于专业产品市场、期货市场等。

（5）买方寡头垄断市场。买方寡头垄断市场是指有许多卖方和少量买方的市场。在这种市场中，买方对定价有很大的影响，因为所有卖方都在为生意激烈竞争。汽车工业中半成品和部件的市场就是这样的例子。一些部门采用集团采购后也容易形成这种市场。

（6）买方垄断市场。买方垄断市场是指有几个卖方和一个买方的市场。这是和卖方完全垄断市场相反的情况，在这种市场中，买方控制价格。这种类型的市场有美国的军事战斗机市场、铁路用的机车和车辆的采购市场等。

不同的市场结构决定了采购企业在买卖中的不同地位，因而必须采取不同的采购策略和方法。从产品设计的角度出发，应尽量避免选择卖方完全垄断市场中的产品，如不得已，就应该与供应商结成合作伙伴的关系。对于垄断性竞争市场，应尽可能地优化已有的供应商并发展其成为伙伴型的供应商；对于寡头垄断下的竞争市场，应尽最大可能与供应商结成伙伴型的互利合作关系；在完全竞争市场下，应把供应商看作商业型的供应业务合作关系。

上面所描述的市场结构可以置于一个矩阵中，见表 6-1。

表 6-1 市场结构

供　方	需　方		
	一　个	很　少	很　多
一个	双边垄断"垄断市场"（备件）	有限的供方垄断（燃油泵）	供方垄断（水、电、煤气）
很少	有限的需求方垄断（电话交换机、火车）	双边寡头垄断（化学半成品）	供方寡头垄断市场（复印机、计算机）
很多	需方垄断（武器系统、军火）	需方寡头垄断（汽车部件）	完全竞争（办公用品）

(二) 分析供应市场的必要性

许多大企业，像 IBM、朗讯科技和飞利浦等都已经引入了采购团队的概念，负责在全球范围内采购战略部件和材料。它们不断为所需的材料和服务寻找一流的供应商。

采购方主动进行供应市场研究的主要因素有以下几个方面：

1. 技术的不断创新

无论生产性企业还是非生产性企业，为保持竞争力必须致力于产品的创新和质量的改善。当出现新技术时，企业在制定自制/外购决策中就需要对最终供应商的选择进行大量的研究。

2. 供应市场的不断变化

国际供应市场处在不断变化之中，例如，国家间的协定会突然限制一些出口贸易；供应商会因为突然破产而消失，或被其竞争对手收购，价格水平和供应的持续性都会受到影响。需求也会出现同样的变化，如对某一产品的需求会急剧上升，从而导致紧缺状况的发生。采购者因此必须预期某一产品供需状况可能发生的变化，并由此获得对自己的商品价格动态的更好理解。

3. 汇率的变动

主要币种汇率的不断变化对国际采购者带来了新的挑战。许多国家和地区的高通货膨胀、巨额政府预算赤字、汇率的迅速变化都要求采购者对其原料需求的重新分配做出快速反应。

4. 产品的生命周期及其产业转移

产业转移、技术进步不仅改变了供应市场的分布格局，在整体上降低了制造成本，也给采购的战略制定、策略实施以及采购管理提出了新的要求，带来了新的变化。这主要体现在：①在自制/外购的决策中，外购的份额在增加；②采购呈现出向购买组件、成品的方向发展；③采购的全球化趋势日益增强，同时采购的本地化趋势也伴随着生产本地化的要求得以加强；④供应市场及供应商的信息更加透明化；⑤技术发展使得许多企业必须完全依赖于供应商的伙伴关系。

供应市场分析中，产业的生命周期及其产业转移是很重要的内容。总体上，传统的制造业及相关产品已由原来的发达国家转移到发展中国家，新兴产业如信息技术产业等则为发达国家所控制。这种社会变迁反映了制造业的区域化调整，说明了不同产业的发展阶段即产业的生命周期也会影响供应市场结构的改变。

(三) 供应市场分析的步骤

供应市场分析可能是周期性的，也可能是以项目为基础进行的；可以是关于特定行业采购市场发展的趋势与动态的定性分析，也可以是从综合统计和其他公共资源获得大量数据的定量分析；可以是短期分析，也可以是长期分析。

每个项目都有自己的具体情况，其供应市场分析的目的也不同，所以很难提供一种标准的方法。但是一般情况下，供应市场分析主要有以下步骤：

1. 确定目标

确定要解决什么问题、问题解决到什么程度、解决问题的时限多长、需要多少信息、信息准确到什么程度、如何获取信息、谁负责获取信息、如何处理信息等，并做简要说明。

2. 成本效益分析

确定供应市场分析的成本所包含的内容、进行分析所需要的时间，并分析获得的效益是否大于所付出的成本。

3. 可行性分析

可行性分析的内容包括确定企业中哪些信息是可用的、从公开出版物和统计资料中可以得到什么信息、是否需要从国际数据库及其专业代理商处获得信息、是否需要从一些部门购买研究和分析服务甚至进行外出调研等。

4. 制订分析计划

通过制订分析计划来确定获取信息需要采取的具体行动,其内容包括目标、工作内容、时间进度、负责人、所需资源等。除了平面分析之外,还要与供应商面谈,进行实地考察。平面分析是收集、分析以及解释数据,这些数据一般是他人已经收集好的,在采购中这类分析用得最多;实地考察的目的是收集、分析和解释平面分析无法得出的细节。

5. 方案的实施

在实施阶段,遵循计划是非常重要的。

6. 撰写总结报告及评估

供应市场分析以及信息收集结束后,要对所获信息和情报进行归纳、总结、分析,在此基础上形成总结报告,并就不同的供应商选择方案进行比较。对分析结果的评估应该包括对预期问题的解决程度、对方法和结果是否满意等。

(四) 供应市场分析的层次

供应市场分析可以分为宏观经济分析、中观经济分析和微观经济分析三个层次。

1. 宏观经济分析

宏观经济分析是指分析一般经济环境以及影响未来供需平衡的因素,例如产业范围、经济增长率、产业政策及发展方向、行业设施利用率、货币汇率及利率、税收政策与税率、政府体制结构与政治环境、关税政策与进出口限制、人工成本、通货膨胀、消费价格指数等。

2. 中观经济分析

中观经济分析集中研究特定的行业、部门。在这个层次,很多信息都可以从国家的中央统计部门和行业信息机构中获得。这个层次需要处理的信息主要有供求状况、行业效率、行业增长状态、行业生产与库存量、市场供应结构、供应商的数量与分布等。

3. 微观经济分析

微观经济分析集中于评估个别产业供应和产品的优势与劣势,如供应商财务审计、组织架构、质量体系与水平、产品开发能力、工艺水平、生产能力与产量、交货周期及准时率、服务质量、成本结构与价格水平、作为供应商认证程序一部分的质量审计等。它的目标是透彻地了解供应商的特定能力和其长期市场地位。微观经济分析的具体内容详见本书第十一章。

第二节 采 购 预 测

一、采购预测的作用和程序

(一) 采购预测的作用

采购预测是指在采购市场调查所取得的各种信息的基础上,经过分析研究,运用科学的方法和手段,对未来一定时期内采购市场的变化趋势和影响因素所

思 考:
1. 什么情况下需要进行采购预测?
2. 采购预测包括哪些内容?
3. 预测的常用方法有哪些?

做的估计和推断。

采购预测是生产社会化和商品经济的产物。在商品经济迅速发展的情况下，贸易已打破了地区界限、国家界限，竞争日趋激烈。企业迫切需要了解市场变化趋势和竞争对手的情况，以便进行采购决策。采购预测的作用主要表现在以下几个方面：

（1）采购预测是企业采购决策的前提。决策是企业采购活动的核心，没有对未来发展趋势的预测，决策只能是盲目的，只有在科学预测的基础上做出的决策，才能靠得住、行得通。

（2）采购预测是企业编制采购计划的依据。采购预测是对企业采购市场未来发展趋势的估计。有了预测，才能更好地进行计划，部署行动，使计划适应采购市场环境的变化。

（3）采购预测是企业增强竞争能力和提高经营管理水平的重要手段。

（二）采购预测的程序

采购预测是一个比较复杂的系统分析过程，为了保证预测结果的正确性、可靠性，就必须采取科学的态度，遵循正确的程序。采购预测的程序如图6-1所示。

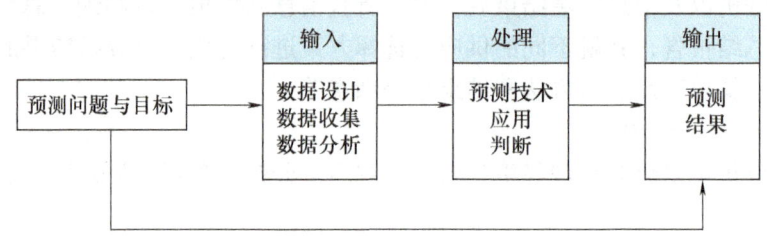

图6-1 采购预测的程序

（1）确定预测目标。由于预测的目标、对象、期限不同，预测所采用的分析方法、资料数据收集也就不同。因此，采购预测首先要明确规定预测的目标，即预测要达到什么要求，解决什么问题，预测的对象是什么，预测的范围、时间等。

（2）拟订预测计划。预测计划是预测目标的具体化，即具体规定预测的精度要求、工作日程、参加人员及其分工等。

（3）收集分析数据资料。要广泛收集影响预测对象未来发展的企业可控与不可控的一切资料，即内部与外部环境的历史与现状的资料。对资料要加以整理、分析，剔除由偶然因素造成的异常资料。

（4）选择预测方法，建立预测模型。预测方法不同，适应范围和预测精度也各有不同。因此，应根据预测的目的和范围、预测期的长短、精度要求，以及数据资料的占有情况，选择不同的预测方法。选择的原则是误差小、时间快、方法简、费用省。

（5）估计预测误差。预测误差在所难免。误差大小可用平均绝对误差（MAD）来表示，其计算公式如下：

$$MAD = \frac{\sum |\text{实际值}(D_t) - \text{预测值}(F_t)|}{\text{期数}(n)}$$

式中，$t = 1, 2, 3, \cdots, n$。

为了避免预测误差过大，要对预测值的可信度进行估计，即分析各种因素的变化可能产生的影响，并对预测值进行必要的修正。

(6)提出预测报告和策略性建议,追踪检查预测结果。通过数学模型计算而得到的预测值,不可能把影响采购市场预测的全部因素考虑进去;即使有些因素已经考虑,但各种因素影响程度的估算也会有偏差,加之预测人员的素质对预测结果也会有影响,因此预测结果仅仅是企业确定市场采购量变化的起点。若发现预测与实际不符,应立即进行修改调整,并分析产生误差的原因,修正预测模型,提高预测精度。

二、采购量预测

1. 定性预测方法

(1)类推法。类推法是指应用类推性原理,把预测目标同其他类似事物加以对比分析,推断预测目标未来发展变化趋势的一种预测方法。类推法可分为相关类推法和对比类推法两种。前者是从已知相关的各种市场因素之间的变化来推断预测目标的变动趋势;后者是把预测目标同其他类似事物加以对比分析来推断其未来发展趋势。

(2)德尔斐法。德尔斐法又称专家意见法。它是由美国兰德公司在20世纪40年代末期提出来的。这种方法主要是利用有关方面专家的专业知识和对市场变化的洞察力,在对过去发生的事件和历史信息资料进行综合分析的基础上得出预测结论。按照这种方法,须请有关专家以匿名方式对预测项目做出答复,然后把这些答案综合整理,再反馈给这些专家,将所得的意见再次反馈。如此多次反复,直到得出趋于一致的结论,以代表多数专家的意见。

(3)用户调查法。用户调查法是指调查者向采购企业进行直接调查,分析它们采购量的变化趋势,预测某种物资在未来一定时期的采购量。

(4)经验判断法。经验判断法是指依靠熟悉业务、有经验和综合分析能力的人来进行预测的方法。为了提高经验判断的准确性,往往不是依靠个人的经验判断,而是依靠一些人的集体经验对预测目标做出判断,这样可以克服个人认识的片面性。在采购预测中,常用的经验判断法有以下几种:①经理人员评判法。这种方法是指把一些经理人员集中起来座谈,研究市场的前景。由于他们都主管某项业务,对市场情况和发展方向比较清楚,通过座谈,互相启发,互相补充,有利于做出比较切合实际的判断。②采购人员意见综合法。企业召集直接从事市场采购工作的有关人员,对市场进行预测。由于他们熟悉自己负责的区域及领域,尽管只看到一个局部,但他们对于短期的预测还是比较准确的。当然这种方法用于中长期预测是有一定困难的。③意见汇总法。这种方法是汇总企业采购所属各个部门的预测意见,然后加以分析判断,确定本企业预测结果的一种方法。

经验判断法的优点是比较简单迅速,费用较省;缺点是容易受当时的乐观或悲观气氛的影响,使预测结果出现过高或过低的偏向。

2. 定量预测方法

(1)算术平均法。这是一种按时间序列进行预测的方法,主要用于企业采购量的预测。把过去各个时期的实际采购量进行算术平均,以其平均数值作为下一时期的预测采购量。

设 X 表示平均采购量;N 表示时期数;$X_1, X_2, X_3, \cdots, X_N$ 表示以前各时期的采购量,则

$$\overline{X} = \frac{X_1 + X_2 + X_3 + \cdots + X_N}{N}$$

（2）移动平均法。移动平均法分为一次移动平均法和二次移动平均法。一次移动平均法是在算术平均法的基础上发展起来的一种预测方法。它将预测期相邻若干期采购量的平均数作为预测期预测值，用公式表示为

$$\begin{cases} M_t^{(1)} = \dfrac{1}{m} \sum_{i=1}^{m} D_{t-i+1} \\ M_{t+1} = M_t^{(1)} \end{cases}$$

式中　M_{t+1}——第 $t+1$ 期的采购量预测值；

　　　D_{t-i+1}——第 $t-i+1$ 期的实际采购量；

　　　$M_t^{(1)}$——第 t 期的一次移动平均值；

　　　m——所取的期数。

二次移动平均法只适用于线性趋势的预测。二次移动平均值不直接用于预测，只是在一次移动平均值的基础上建立预测的数学模型 $Y_{t+T} = a_t + b_t T$，然后进行预测。

一次移动平均值的计算公式为

$$M_t^{(1)} = \frac{D_t + D_{t-1} + \cdots + D_{t-N+1}}{N}$$

式中　$M_t^{(1)}$——第 t 期的一次移动平均数；

　　　N——分段数据点个数。

二次移动平均值的计算公式为

$$M_t^{(2)} = \frac{M_t^{(1)} + M_{t-1}^{(1)} + \cdots + M_{t-N+1}^{(1)}}{N}$$

式中　$M_t^{(2)}$——第 t 期的二次移动平均数。

平滑系数 a_t 和 b_t 的计算公式分别为

$$a_t = 2M_t^{(1)} - M_t^{(2)}$$

$$b_t = \frac{2}{N-1}(M_t^{(1)} - M_t^{(2)})$$

所以

$$Y_{t+T} = a_t + b_t T = 2M_t^{(1)} - M_t^{(2)} + \frac{2(M_t^{(1)} - M_t^{(2)})}{N-1} T$$

（3）加权移动平均法。它是将预测期相邻若干期的实际值，以距离预测期的远近按照近大远小的原则，设定实际值在平均值中的权数，以加权平均值作为预测期预测值的预测方法。

（4）指数平滑法。所谓"平滑"，是指通过平滑稀疏的加权平均作用，对反映变量历次变化情况的时间序列进行大致修订，消除随机波动的影响，以便预测变量的未来趋势。按其平均的次数划分，指数平滑法可分为一次指数平滑法、二次指数平滑法、三次指数平滑法和高次指数平滑法。本章只要求掌握一次指数平滑法和二次指数平滑法。

一次指数平滑法是指以前期的实际数和预测数为基础，以平滑系数为权数，并利用第一次修订的平均结果，来预测未来时期趋势平均值的方法。一次指数平滑值的计算公式为

$$S_t^{(1)} = \alpha D_t + (1-\alpha) S_{t-1}^{(1)}$$

式中　$S_t^{(1)}$——第 t 期的一次指数平滑值；

D_t——第 t 期的实际采购量；

α——加权系数。

二次指数平滑法同二次移动平均法一样，只适用于线形趋势的预测。二次指数平滑法同二次移动平均法一样，都不直接用于预测，只是在一次指数平滑的基础上，对有线性趋势的数据再做第二次指数平滑，目的是求出平滑系数，据此建立预测的数学模型 $Y_{t+T} = a_t + b_t T$，然后进行预测。二次指数平滑值的计算公式为

$$S_t^{(2)} = \alpha S_t^{(1)} - (1-\alpha) S_{t-1}^{(2)}$$

式中 $S_t^{(2)}$——第 t 期的二次指数平滑值；

$S_{t-1}^{(2)}$——第 $t-1$ 期的二次指数平滑值。

平滑系数 a_t 和 b_t 的计算公式分别为

$$a_t = 2S_t^{(1)} - S_t^{(2)}$$

$$b_t = \frac{\alpha}{1-\alpha}(S_t^{(1)} - S_t^{(2)})$$

所以

$$Y_{t+T} = a_t + b_t T = 2S_t^{(1)} - S_t^{(2)} + \frac{\alpha}{1-\alpha}(S_t^{(1)} - S_t^{(2)})T$$

【例】 某企业前20期的采购量统计资料见表6-2。用二次指数平滑法求第26期的采购量预测值。

表6-2 统计表

期数（t）	1	2	3	4	5	6	7	8	9	10	11	12	13	14	15	16	17	18	19	20
采购量（D_t）	50	52	47	51	49	48	51	40	48	52	51	59	57	64	68	67	69	76	75	80

解：列表计算一次指数平滑值和二次指数平滑值，见表6-3。设 $\alpha = 0.3$，则有：

$$S_1^{(1)} = 0.3 \times 50 + (1-0.3) \times 50.00 = 50.00$$

$$S_2^{(1)} = 0.3 \times 52 + (1-0.3) \times 50.00 = 50.60$$

$$S_3^{(1)} = 0.3 \times 47 + (1-0.3) \times 50.60 = 49.52$$

$$\vdots$$

其余计算方法同上。

表6-3 计算法

期数（t）	采购量（D_t）	一次指数平滑值（$\alpha=0.3$）	二次指数平滑值（$\alpha=0.3$）
0	—	50.00	50.00
1	50	50.00	50.00
2	52	50.60	50.18
3	47	49.52	49.98
4	51	49.96	49.98
5	49	49.67	49.89
6	48	49.17	49.67

(续)

期数（t）	采购量（D_t）	一次指数平滑值（$\alpha=0.3$）	二次指数平滑值（$\alpha=0.3$）
7	51	49.72	49.69
8	40	46.80	48.82
9	48	47.16	48.32
10	52	48.61	48.41
11	51	49.33	48.69
12	59	52.23	49.75
13	57	53.66	50.92
14	64	56.76	52.68
15	68	60.13	54.91
16	67	62.19	57.10
17	69	64.24	59.24
18	76	67.77	61.80
19	75	69.94	64.24
20	80	72.95	66.85

根据平滑系数计算公式，求平滑系数 a_t 和 b_t。假定目前处于第 20 期，即 $t=20$，加权系数 $\alpha=0.3$，则有：

$$a_t = 2S_t^{(1)} - S_t^{(2)} = 2S_{20}^{(1)} - S_{20}^{(2)} = 2 \times 72.95 - 66.85 = 79.05$$

$$b_t = \frac{\alpha}{1-\alpha}(S_t^{(1)} - S_t^{(2)}) = \frac{\alpha}{1-\alpha}(S_{20}^{(1)} - S_{20}^{(2)}) = \frac{0.3}{1-0.3}(72.95 - 66.85) = 2.61$$

预测的数学模型为 $Y_{t+T} = a_t + b_t T$，求得的线性预测模型为 $Y_{t+T} = 79.05 + 2.61T$。

使用已求得的预测模型，求第 26 期采购量预测值。目前处于第 20 期，即 $t=20$，求第 26 期的采购量预测值时，则有 $T = 26 - 20 = 6$。

故有

$$Y_{20+6} = 79.05 + 2.61 \times 6 = 94.71$$

（5）回归分析法。回归分析法是通过找出事物变化的原因以及原因与结果之间的联系及其形式来预测未来的一种方法。采购量的回归预测是利用采购量同某种（某几种）因素（即变量）间相互关系的规律，建立适当的回归方程，然后从该因素的变动情况来预算采购量的变化情况。选用一个影响因素称为一元回归预测，选用两个影响因素称为二元回归预测，选用多个影响因素称为多元回归预测。下面着重介绍一元回归预测。

一元回归预测模型（公式）为

$$\hat{y} = a + bx$$

式中 $\hat{y}$——预测值（因变量）；

x——影响因素（自变量）；

a，b——回归系数。

利用该公式解题求需求量，实际上，x 和 y 已为已知数，首要任务是通过 x、y 求系数 a、b。根据最小二乘法原理，a、b 通过以下两个公式求得：

$$b = \frac{\sum(x-\bar{x})(y-\bar{y})}{\sum(x-\bar{x})^2}$$

$$a = \bar{y} - b\bar{x}$$

式中　$\bar{x}$——自变量 x 的平均值；

　　　$\bar{y}$——因变量 y 的平均值。

三、价格预测

价格预测是指依据市场经济规律，在价格监测的基础上，运用科学的方法，对未来价格的变动趋势所进行的分析研究和判断。商品价格与采购息息相关。

（一）价格总水平预测

所谓价格总水平，是指一定时期内各种商品价格的平均水平。它反映着社会全部商品的价格状况与动态。其基本要素有三：①范围是社会全部商品；②价格是社会全部商品价格的平均值；③水平通过物价总指数体现。价格总水平状况不但是国民经济运行的总体反映，而且也关系到社会经济秩序的稳定，对采购需求确定、采购计划、采购洽商与采购决策等都有着重要的意义。

价格总水平预测就是运用各种信息、资料，通过分析、研究，对价格总水平的运动及变化趋势做出预料、判断和推测。其目的是对影响价格总水平变动的因素进行研究并找出其变化规律。

1. 国内价格总水平变动规律

价格水平是宏观经济运行状况的综合反映。国民经济周期发展规律必然带来社会总供给与总需求矛盾的不断交替变化，并通过价格总水平的波动表现出来。所以，观察价格总水平变动趋势，首先要观察经济周期变化。所谓经济周期，就是指经济运行过程中由一个谷底经过复苏、膨胀到峰顶，然后收缩、萧条到另一个谷底的过程。

要从经济周期循环中判断物价趋势，需要观察宏观经济的先行指标。所谓先行指标，是指在相同时间上的波动与经济波动不一致，在时间轴上向前平移的指标。先行指标主要用于判断短期经济总体的景气状况，因为其在宏观经济波动到达高峰或低谷前，先行出现高峰或低谷，所以可以利用它判断经济运行中是否存在不安定因素，程度如何，然后进行预警、监测。先行指标主要包括货币供应量、股价指数、房屋建造许可证的批准数量、机器设备的订单数量等。

通常，一国价格总水平的预测是由中央政府下的权威机构进行的。在我国，中国人民银行研究局、国家统计局、国家信息中心经济预测部、国家发改委价格监测中心等机构，定期提供关于价格的经济数据（其中主要是消费者价格指数，即 CPI），并分析其变化的原因。这些权威数据可以作为采购市场分析中的基础资料和主要依据。

2. 国际市场价格总水平变化趋势

开放经济条件下，国内价格水平必然受国际市场价格变化的影响。从总体上说，联合国、国际货币基金组织、世界银行等权威机构定期发布的关于世界经济增长的预测报告，是观察国际市场价格变化的权威资料。

由于机构众多、信息来源复杂，因此企业在观察国际市场价格变化时，需要全面和谨慎。我国商务部国际贸易经济合作研究院依据国外刊物、网站及专业的外电信息，进行综合分析、翻译，出版的《国际市场商品价格》月刊，可作为企业掌握国际市场商品价格变化的参考。

（二）单项商品价格预测

单项商品价格预测的重点应是主要原材料、燃料、主要工农业产品、主要消费品和主要服务项目的价格。制约商品价格形成和变化的因素很多，主要是宏观经济环境、商品自身要素、价格与供求关系三个方面。其中，又以供求关系、商品生产成本、商品生命周期和价格弹性对商品价格的影响更为直接。

1. 供求关系预测

市场供求是影响商品市场价格的主要外部因素。供求关系预测的主要内容是：

（1）商品供求总量及构成的变化。供给大于需求，价格会下降；需求大于供给，价格会上涨。供求趋于平衡，则价格也趋于稳定。

（2）商品供求在地区间的分布及其变化趋势。当总体商品供求关系固定时，在不同地区甚至在同一地区的不同商店，其供求构成与总供求关系也有可能不一致。它受多种因素影响，与总供求状态保持分布上的差异。

（3）具体商品的供、产、销状况及其变化趋势。

2. 商品生产成本预测

生产成本是商品价格的最低经济界限。考察商品成本变化对预测价格变化趋势和制订价格规划有着重要意义。观察的内容为：

（1）企业外部因素，包括生产力布局、专业化协作、综合利用、科技进步等。

（2）企业内部因素，包括原材料使用、固定资产合理利用、劳动纪律强化、职业热情提高、管理水平提高等。

（3）分配性因素，包括原材料、燃料提价，职工工资上涨，贷款利率调整等。

3. 商品生命周期预测

商品生命周期是商品自投放市场销售之日起到被市场淘汰出局的整个时期，不同商品的生命周期各不相同。商品一般要经过"导入—成长—成熟—衰退"四个阶段，但并非所有商品都必须经过这四个阶段。而且不同商品生命周期四阶段在时间上又不可能都一样，有的商品成熟期长，有的商品进入市场时间不长就退出市场。预测商品生命周期，就应考虑商品满足需要的适应程度、消费者的收入水平、消费者的购买心理，以及政治、经济形势等影响生命周期的各种因素。

4. 价格弹性预测

价格弹性是供给或需求对商品价格变动的反应程度。对价格变化反应敏感，则供给或需求富于价格弹性；反之，则缺乏价格弹性。价格弹性有需求价格弹性和供给价格弹性两种。

需求价格弹性用来衡量一种商品需求量对其价格变动的反应程度，其弹性系数等于需求量变动百分比除以价格变动百分比。弹性系数小于1，表示需求缺乏弹性；弹性系数大于1，表示需求富有弹性；弹性系数等于1，表示需求为单位弹性；弹性系数等于0，表示需求完全无弹性。

供给价格弹性用来衡量一种商品供给量对其价格变动的反应程度，其弹性系数等于供给量变动百分比除以价格变动百分比。弹性系数小于1，表示供给缺乏弹性；弹性系数大于1，表示供给富有弹性；弹性系数等于1，表示供给为单位弹性；弹性系数等于0，表示供给完全无弹性。

分析价格弹性对于预测商品价格有重要价值。例如，甲商品富有需求价格弹性，乙商品缺乏需求价格弹性，商品的经营者欲采取薄利多销策略扩大销售量时，就只能让甲降价，因为只有富有需求价格弹性的商品稍微降低价格才能带来需求量的较大增加。缺乏需求价格弹性的乙商品做不到这一点。

（三）价格体系变化趋势和国家价格政策变化

1. 价格体系变化趋势预测

价格体系指的是比价关系与差价关系所形成的有机统一体。因此，对价格体系变动的预测就是针对比价关系与差价关系的推测。比价关系说明了商品价格的关联性，如同性质商品的价格关联、同材质商品的价格关联、同功能商品的价格关联等。差价关系说明了商品价格的差异性，如质量差、地域差、流通环节差等。当某一种商品价格变动时，会引起一系列价格变动的连锁反应，特别是关键产品、通用器材、专用器材、铁路运价等，都有"牵一发而动全身"的效应。

预测价格体系变动趋势的目标主要是：

（1）预测每个行业（如工业、农业、建筑、交通、商业及服务业）内部主要产品比价关系的变化。以交通运输为例，要调查航空、铁路、公路、水路及管道等主要运输方式的货运（每单位货物每千米）及客运（每人每千米）价格历年的变化。

（2）预测国民经济各主要部门产品价格结构关系。

（3）预测宏观经济状况及变动对价格结构的形成和变动的影响。宏观经济状况主要包括经济结构、产业结构、产品结构、就业结构、流动结构、消费结构及财务状况和货币流通等。

2. 国家价格政策的变化

国家通过价格法律、法规和政策，对价格的形成和调整进行监督、指导和纠正，这是国家干预经济和维护经济秩序的重要手段。在市场经济体制不断健全的条件下，大部分商品价格是经由市场渠道形成和调整的，而对于关系国计民生的重要商品，国家则进行适度的干预。

进行价格预测必须建立在对国家价格政策及其变化的总体把握的基础上。

视野拓展

1. 消费者价格指数（CPI）

消费者价格指数是对一个固定的消费品价格的衡量，主要反映消费者支付商品和劳务的价格变化情况，也是一种度量通货膨胀水平的工具，以变化百分比为表达形式。一般来说，当价格涨幅大于3%时，称为通货膨胀；而当大于5%时，称为严重的通货膨胀。

2. 生产者物价指数（PPI）

生产者物价指数用于衡量各种商品在不同生产阶段的价格变化情形。它是衡量工业企业产品出厂价格变动趋势和变动程度的指数，是反映某一时期生产领域价格变动情况的重要经济指标，也是制定有关经济政策和国民经济核算的重要依据。

3. 制造业采购经理指数（PMI）

制造业采购经理指数是一个综合指数。按照国际上通用的做法，它由五个扩散指数即新订单指数、生产指数、从业人员指数、供应商配送时间指数、主要原材料库存指数加权而成。制造业PMI指数在50%以上，反映制造业总体扩张；低于50%，通常反映制造业衰退。

PMI = 新订单指数×30% + 生产指数×25% + 从业人员指数×20% + 供应商配送时间指数×15% + 主要原材料库存指数×10%

采购管理

案 例

国家电网有限公司电能计量器具需求预测

电力工业是一个国家的公共事业，对国民经济稳定健康的发展有着重要的作用。近年来，随着国家对电网公司的高度重视和电力体制的不断深化与改革，国家电网有限公司的运营体制、规模效益等越来越受到重视。电能计量器具（以电表为主）的需求管理是国家电网有限公司生产经营管理及电网安全运行的重要环节，其管理水平不仅事关电力工业的发展和电力企业形象，甚至会影响广大电力客户的利益。

一直以来，国家电网有限公司下属子公司T电力公司负责T市电能计量器具的采购、检定、仓储、库存和配送等物流活动。但电能计量器具的供应商所在地距离T市路途遥远，T电力公司每次采购电能计量器具不仅要花费很长的时间，而且还会产生一笔相当大的固定采购费用，频繁地采购会增大T电力公司的成本压力。为了降低固定采购费用，T电力公司决定采用定期采购的方式采购电能计量器具。因此，面对客户的需求，T电力公司只能采用备货型生产（Make to Stock，MTS）的方式满足，但这种方式就需要采购人员对电能计量器具的需求做出精准预测。

在国家电网有限公司信息化普及之前，T电力公司的采购人员只能根据经验对需求进行预测，并为T电力公司制订采购计划。但随着电能计量器具的需求量和需求波动越来越大，采购人员依据自己的采购经验做出的预测往往会有很大的误差，这不仅增大了T电力公司的成本压力，还严重影响了后续的检定、仓储、库存和配送等物流活动的正常运作。为了避免对电能计量器具需求预测的失误给公司带来损失，采购人员决定采用科学的预测方法进行需求预测。为了提高需求预测的准确性，采购人员对T电力公司2008年—2017年的历史数据进行了详细的分析梳理。通过一段时间的投入，采购人员发现T电力公司的电能计量器具虽然种类繁多，但每种电能计量器具的需求只与T电力公司的业务类型相关。通过对业务类型特点的分析，采购人员将电能计量器具的需求分为三类：①由T电力公司自主决定更换电能计量器具的主动型需求；②电能计量器具发生故障产生的被动型需求；③T电力公司新建工程项目产生的互动型需求。在划分需求类型之后，采购人员通过对历史数据观察发现，被动型需求电能计量器具随着时间的推移具有明显的上升趋势。采购人员结合自身对预测方法的学习，决定采用指数平滑的方法对被动型需求进行年度预测（见表6-4）。

表6-4 被动型历史数据

年 份	2008年	2009年	2010年	2011年	2012年	2013年	2014年	2015年	2016年	2017年
需求量（个）	13 879	20 236	28 783	35 322	73 829	84 748	93 658	104 460	106 840	135 957

采购人员为了能够更好地对电能计量器具的需求进行预测，在平滑系数 α 为0.3的条件下分别采用二次指数平滑法和三次指数平滑法对需求曲线进行了拟合（见图6-2）。

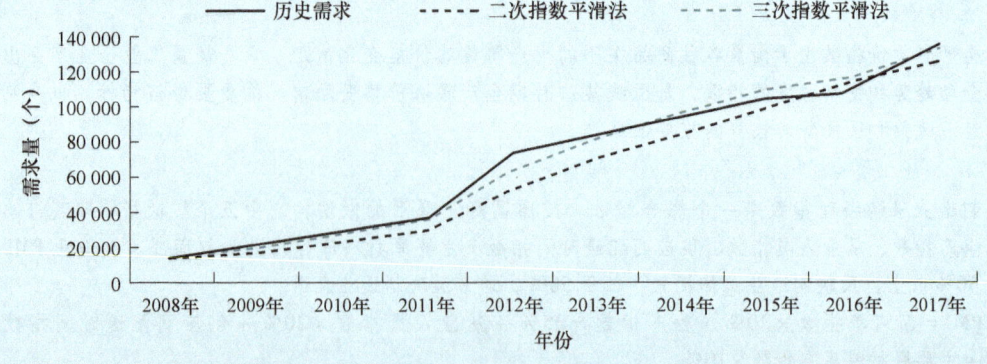

图6-2 电能计量器具需求预测拟合曲线

采购人员从需求预测拟合曲线图中发现，随着时间的推移，与使用二次指数平滑法进行拟合相比，三次指数平滑法的拟合结果与历史需求更加吻合。采购人员将其对电能计量器具需求类型的分类和使用三次指数平滑法对被动型需求拟合的结果反馈给部门领导后，采购部门决定采用此方法，针对该采购人员划分的被动型需求开始采用三次指数平滑法进行需求预测。

采购人员发现，虽然自己划分的被动型需求采用三次指数平滑法进行了很好的预测，但主动型需求和互动型需求该如何预测还是个问题，三次指数平滑法是否还能取得很好的结果？为了能够更好地预测，采购人员又对主动型需求和互动型需求进行了分析，发现主动型需求是T电力公司主动对电能计量器具进行更换，可以不用进行需求预测，采购时直接将电能计量器具大批量进行有计划更换的数量提前提报即可。与主动型需求和被动型需求不同，互动型需求是外部产生的，而且没有很明显的变化趋势。采购人员用三次指数平滑法进行拟合后发现与历史数据有很大的误差。"该如何对互动型需求进行预测呢？"这成了该采购人员一直思考的问题。

此外，针对该采购人员划分的被动型需求，虽然采购部门决定采用三次指数平滑法进行预测，但是新的问题让采购人员再次陷入沉思——平滑系数 α 取 0.3 所得的预测结果是不是最优？采购人员通过 Excel 中规划求解的功能对 α 进行调整，但调整 α 后会不会取得更好的预测结果？随着时间的推移，数据会发生波动性改变，此时 α 该如何调整？在指数平滑预测法中，α 值越大，预测中平滑量越小，因为它对近期影响大，对远期影响小；α 值越小，平滑效果越显著，因为它对近期影响小，对远期影响大。通常如果需要强调近期数据的权数，则 α 可取的值大一些；反之则小一些。

复习思考题

1. 市场调查的主要步骤有哪些？
2. 供应市场的结构可分为哪几大类？
3. 定性预测方法和定量预测方法各有哪几种？
4. 单项商品价格变化的影响因素主要有哪些？
5. 简述各种预测方法的基本原理。

实践与思考

本章的实践性教学部分可以给定某种商品在过去一段时间的价格变化情况，让学生采用各种方法对未来的价格进行预测。

第七章

采购计划和预算

作　用

计划和预算的编制是采购实务中的重要内容，本章介绍了采购计划、战略采购计划、采购需求计划和采购预算的编制方法，使读者全面了解采购计划和预算编制所需的资料和基础，以及编制的具体过程和方法。

关　键

本章所涉及的基本概念包括采购计划、战略采购计划、定量采购、定期采购、物料需求计划、采购预算、物料清单等；基本理论有采购计划和预算的编制依据和原理、采购计划与企业其他相关计划的关系、物料需求计划基本原理等；主要方法有采购计划编制方法、战略采购计划制订方法、采购需求确定方法和采购预算编制方法。

第一节　采购计划概述

一、采购计划的概念

思　考：
1. 企业为什么要编制采购计划？
2. 企业在什么情况下需要编制采购计划？
3. 企业编制采购计划的依据是什么？
4. 经营计划、销售计划、生产计划与采购计划的逻辑关系是什么？

计划是管理的首要职能，任何组织都不能没有计划。所谓计划，就是指根据组织内外部的实际情况权衡客观需要和主观可能，通过科学预测提出在未来一定时期内组织所要实现的目标以及实现目标的方法。

采购计划是指企业为了维持正常的产销活动，对某一特定期间应在何时购入何种材料、购入多少的一种预先安排。一般情况下，在生产企业中，采购计划是根据生产计划进行编制的；在流通企业中，采购计划可根据销售计划进行编制。

二、采购计划管理的作用

俗话说"好的计划是成功的一半"。制订一个合理的采购计划对整个采购运作的成败有非常重要的作用，具体表现在：

（1）降低采购成本。
（2）提高采购效率，缩短采购周期。
（3）控制库存，提高资金使用效率。
（4）合理安排采购工作。
（5）与其他环节的管理协调配合。
采购计划管理的作用及其实现方式见表 7-1。

表 7-1 采购计划管理的作用及其实现方式

采购计划管理的作用	实现方式	对应的采购计划或方式
降低采购成本	集中采购，降低价格	年度物资需求计划 年度采购计划 年度价格计划
提高采购效率，缩短采购周期	供应商协同 集中采购 设置合理的库存 监控和考核	定期和不定期的采购计划 年度物资需求计划 年度采购计划 库存计划 采购完成情况及时反馈与分析
控制库存，提高资金使用效率	降低闲置物资水平 设定合理的库存水平 监控与考核	年度/月度闲置物资调拨需求 库存滚动/补货计划 物资周转/新购物资利用情况
合理安排采购工作	确定采购主体和采购权限 安排年度集中采购工作 安排日常采购工作 监控与考核	采购目录、年度集中采购计划 采购工作计划 集中采购完成情况反馈与分析 采购完成及时率
与其他管理工作协调	资金管理 预算管理 物流管理	年度资金计划、月度资金计划 年度物资需求计划/采购计划 库存计划/闲置物资调拨计划

三、决定采购计划的基础资料

1. 生产计划

根据企业的销售预测，再加上人为判断，就可以拟定销售目标和销售计划。销售计划表明各种产品在不同时间的预期销售数量；而生产计划（Production Schedule）是依据销售数量加上预期的期末存货后再减去期初存货制订的。

2. 物料清单

一般生产计划只列出产成品的数量，而不能表示某一产品需用哪些物料以及数量多少，因此必须借助于物料清单（Bill of Material，BOM）。BOM 是由研究发展或产品设计部门制成的，据此可以精确地计算出制造每一种产品的物料需求（Material Requirement）。BOM 上所列的耗用量，即通称的标准用量与实际用量相互比较，可作为物料管理的依据。

3. 存量卡

如果产成品有存货，那么生产数量不一定要等于销售数量。同理，若材料有库存，则材料采购数量也不一定要等于材料需用量。因此，必须建立物料的存量卡（Rin Card），以表明某一物料目前的库存状况；再依据需求数量，并考虑购料的时间和安全库存量，算出正确的采购数量；然后才开具请购单，进行采购活动。

四、采购计划的编制程序

采购计划的编制主要有以下几个环节：

1. 准备订单计划

准备订单计划主要包括以下四个方面的内容：

（1）了解市场需求。市场需求是启动生产供应程序的基础，要想制订比较准确的订单计划，首先必须掌握市场需求计划或者市场销售计划，进一步分解市场需求，得到生产需求计划。企业的年度销售计划一般在上年的年末制订，并报送至各个相关部门，同时下发到销售部门、计划部门、采购部门，以便指导全年的企业运转；根据年度计划，再制订季度、月度的市场销售需求计划。

（2）了解生产需求。生产需求在采购中也可以称为生产物料需求。生产物料需求的时间是根据生产计划确定的，通常生产物料需求计划是订单计划的主要来源。为了便于理解生产物料需求，采购计划人员需要深入分析生产计划以及工艺常识。在物料需求计划（MRP）系统中，物料需求计划是主生产计划的细化，它主要来源于主生产计划、独立需求的预测、BOM、库存信息。编制物料需求计划的主要步骤是：①决定毛需求；②决定净需求；③对订单下达日期及订单数量进行计划。

（3）准备订单背景资料。准备订单背景资料是非常重要的一项内容。订单背景是在订单物料的认证完毕之后形成的，订单背景资料主要包括：①订单物料的供应商消息；②订单比例信息（对有多家供应商的物料来说，每一个供应商分摊的下单比例称为订单比例，该比例由供应商管理人员规划并给予维护）；③最小包装信息；④订单周期，订单周期是指从下单到交货的时间间隔，一般以天为单位。

订单背景资料一般使用信息系统管理。订单人员根据生产需求的物料项目，从信息系统中查询了解该物料的采购参数。

（4）制定订单计划说明书。制定订单计划说明书也就是准备好订单计划所需要的资料，其主要内容包括：①订单计划说明书（物料名称、需求数量、到货日期等）；②附件，如市场需求计划、生产需求计划、订单背景资料等。

2. 评估订单需求

评估订单需求是采购计划中非常重要的一个环节。只有准确地评估订单需求，才能为计算订单容量提供依据，以便制订出好的订单计划。它主要包括以下三个方面的内容：

（1）分析市场需求。市场需求和生产需求是评估订单需求的两个重要方面。订单计划不仅仅来源于生产计划。首先，制订订单计划要考虑企业的生产需求，生产需求的大小直接决定了订单需求的大小；其次，制订订单计划要兼顾企业的市场战略以及潜在的市场需求等；最后，制订订单计划要分析市场资料的可信度。

因此，必须仔细分析签订合同的数量及未签订合同的数量（包括没有及时交货的合同）等一系列数据，同时研究其变化趋势，全面考虑订单计划的规范性和严谨性。只有这样，才能对市场需求有一个全面的了解，从而制订出一个满足企业远期发展与近期实际需求相结合的订单计划。

（2）分析生产需求。分析生产需求是评估订单需求前要做的工作。要分析生产需求，首先就需要研究生产需求的产生过程，其次要分析生产需求量和要货时间。例如，企业根据生产计划，对零部件的清单进行检查。

每周都有不同的毛需求量和入库量，于是就产生了不同的生产需求，企业要对不同时期产生的不同生产需求进行分析。

（3）确定订单需求。根据市场需求和生产需求的分析结果，企业就可以确定订单需求。通常来讲，订单需求的内容是：通过订单管理，在未来指定的时间内，将指定数量的合格物料采购入库。

3. 计算订单容量

计算订单容量是采购计划中的重要组成部分。只有准确地计算好订单容量，才能对比需求和容量，经过综合平衡，最后制订出正确的订单计划。计算订单容量主要有以下四个方面的内容：

（1）分析供应资料。对于采购工作来说，所要采购物料的供应商的信息是非常重要的一项信息资料。如果没有供应商供应物料，那么无论生产需求还是紧急的市场需求都无从谈起。从一个简单的例子来看，某企业想设计一家练歌房的隔音系统，隔音玻璃棉是完成该系统的关键材料，经过考察，该种材料被垄断在少数供应商的手中。在这种情况下，企业的计划人员应充分利用这些信息资料，在下达订单计划时就能有的放矢了。

（2）计算总体订单容量。总体订单容量是多方面内容的组合，其中主要包括两个方面：①可供给物料的数量；②可供给物料的交货时间。举一个例子来说明这两方面的结合情况：A供应商在12月31日之前可供应5万个特种按钮（Ⅰ型3万个，Ⅱ型2万个），B供应商在12月31日之前可供应8万个特种按钮（Ⅰ型4万个，Ⅱ型4万个），那么12月31日之前Ⅰ型和Ⅱ型两种按钮的总体订单容量为13万个，其中Ⅱ型按钮的总体订单容量为6万个。

（3）计算承接订单容量。承接订单是指某供应商在指定的时间内已经签下的订单。仍以前一个例子来说明：A供应商在12月31日之前可以供给5万个特种按钮（Ⅰ型3万个，Ⅱ型2万个），若已经承接Ⅰ型按钮2万个、Ⅱ型按钮2万个，那么对Ⅰ型和Ⅱ型物料已承接的订单量就比较清楚了（Ⅰ型2万个+Ⅱ型2万个=4万个）。

（4）确定剩余订单容量。剩余订单容量是指某物料所有供应商的剩余的可供物料的总量，可以用下面的公式表示：

$$物料剩余订单容量 = 物料供应商总体订单容量 - 已承接订单量$$

4. 制订订单计划

制订订单计划是采购计划的最后一个环节，也是最重要的环节。它主要包括以下四个方面的内容：

（1）对比需求与容量。对比需求与容量是制订订单计划的首要环节，只有了解需求与容量的关系，才能科学地制订订单计划。如果经过对比发现需求小于容量，即无论需求多大，容量总能满足需求，则企业要根据物料需求来制订订单计划。如果供应商的容量小于企业的物料需求，则要求企业根据容量制订合适的物料需求计划。这样就产生了剩余物料需求，需要对剩余物料需求重新制订计划。

（2）综合平衡。综合平衡是指综合考虑市场、生产、订单容量等要素，分析物料订单需求的可行性，必要时调整订单计划，计算容量不能满足的剩余订单需求。

（3）确定余量计划。在对比需求与容量时，如果容量小于需求，就会产生剩余需求，对于剩余需求，要提交计划制订者处理，并确定能否按照物料需求规定的时间及数量交货。

(4) 给出订单计划。制订订单计划是采购计划的最后一个环节，订单计划做好之后就可以按照计划进行采购工作了。一份订单包含的内容有下单数量和下单时间两个方面。下单数量和下单时间的计算公式为

下单数量 = 生产需求量 – 计划入库量 – 现有库存量 + 安全库存量

下单时间 = 要求到货时间 – 认证周期 – 订单周期 – 缓冲时间

表7-2、表7-3给出了两个典型的企业采购计划表。

表7-2　某电子公司采购计划表　　　　　　　　　　　　　　（单位：t）

材料编号	材料名称	材料规格	3月底库存		4月				5月				6月		
			仓库	验收前	已购未入量	总存量	计划用量	本月底结存	已购未入量	总存量	计划用量	本月底结存	已购未入量	总存量	计划用量	本月底结存
			700		500	1200	800	400	1400	1800	1200	600	1800	2400	1600	800

表7-3　某人造纤维公司采购数量计划表

供应商	本日存货日期	本日存货存量/t	本日存货耗用期限	订购日期	L/C① 申请日期	L/C 开出日期	装船			船到入库后总存量
							装船量/t	开船日期	抵达日期	

① L/C 是指信用证。

第二节　战略采购计划

战略采购计划是企业的长期采购计划，不同于上一节所讲的采购计划的概念。

一、战略计划的层次

战略计划是一种方法，用这一方法确定长远发展方向，并且建立实现这一目标的手段。企业制订战略计划的过程既是一种艺术，又是一种科学。对未来做出计划并且建立一个共同的发展方向是战略计划的核心。下一层次的计划（即业务计划）核心是考虑这一远景目标的实现，并综合一些具体的计划来确定资源的获得和分配。

战略计划的开发分为三个层次：企业层次、业务层次、职能层次（见图7-1）。

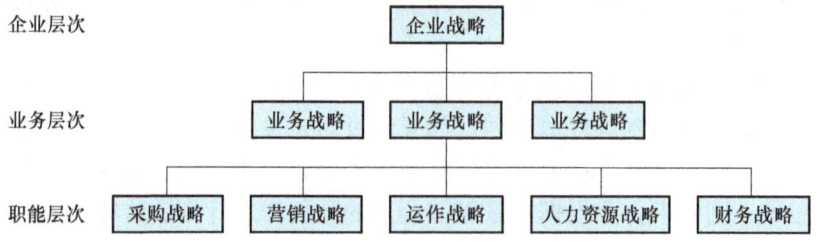

图7-1　战略计划的层次

1. 企业战略计划

各种类型、各种规模的企业，都要制订自己的战略计划。一般来说，战略计划是由高层管理者组成的团队制订的，它要回答以下问题：①组织开展什么样的业务？②在这些业

务中如何分配资源？③这些业务在哪些地方开展？④目标是什么？

这些决策直接关系到组织内各个层次间的资源分配，也关系到外部资源的管理，如供应商管理。

过去企业的采购管理者并不会参与组织战略计划的开发中。然而，自20世纪80年代以来，采购职能的高层管理在战略计划中发挥着越来越重要的作用，将组织战略与采购和供应战略联系起来考虑是公认的。

2. 业务战略计划

一旦确定了组织开展什么样的业务，就必须制订一个计划，以保证此项业务的成功运作。业务战略计划回答的是在这一行业中如何竞争等问题。企业战略决定了业务层次战略计划的制订，而业务层次的战略目标支持和帮助企业目标的实现。

3. 职能战略计划

业务战略计划驱动了职能层次战略计划的制订，如采购、营销、运作、人力资源及财务职能。职能层次的战略回答的问题是：这一职能战略如何帮助业务战略以及企业战略的实现。采购管理的核心工作是围绕企业的战略计划和生产计划制订采购计划。这就要根据企业层次的决策来确定采购规模、区域，然后分配优先权、进度表、目标以及个人责任。

企业各层次的战略保持一致对组织的整体成功来说非常重要。除了各项战略计划要保持一致外，企业的绩效评测和薪酬体系等都必须适应组织的长期战略。

二、采购职能的战略目标

（一）目标制定的原则

采购目标的制定并不是与外界隔离的。这些目标必须与组织的整体目标相一致，并且根据每个目标对组织成功的影响来确定其优先权。

1. 目标的优先权

并不是所有的目标都具有相同的优先权。应该首先追求对组织运作影响最大的并能对组织的总体目标产生贡献最大的目标。企业可以通过"企业、业务、职能"三个层次的计划活动设立这些优先权，并使它们保持一致，然后在组织内传达这些信息，以确保目标和其优先权的有效性。

2. 目标的整合

采购目标必须与组织的其他目标保持一致，才能确保总体目标的成功。采购部门的员工必须理解他们与其他部门之间的关系。

3. 目标的可测性

要将目标分成几组（例如成本节约、产品或工序的改进等），以便进行量化和度量。应通过测量或量化现状建立一个标准，这样，将来测量的结果就可以与内部标准、外部标准或其他历史数据进行比较。

（二）确定采购职能的战略目标

采购职能的战略目标就是很好地管理为企业提供产品与服务的供应关系，以支持企业总体目标的实现。供应商与企业的合作程度决定了采购工作对企业成功的贡献，好的战略计划要让供应商和内部客户了解采购职能能够做出的贡献。问题在于如何将计划分解成为用最少的资源为企业提供产品与服务的影响因素。图7-2列出了开发战略采购计划时需要考虑的典型问题。

1. 计划是什么？ 制造或购买 标准化产品还是差异化产品 2. 重点是什么？ 质量还是成本 供应商的参与程度 3. 计划采购多少？ 大量还是少量（库存） 4. 采购主体情况如何？ 集中还是分散 员工素质 高层管理的介入 5. 什么时候采购？ 现在还是以后 提前购买	6. 价格是多少？ 额外费用 标准价格 较低的价格 基于成本的价格 基本市场的价格 租赁/制造/购买价格 7. 在哪里采购？ 城市，区域 国内，国外 大还是小 多来源还是单一来源 供应商周转率高还是低 与供应商的关系 供应商的资质 供应商所有权	8. 采取怎样的采购方式？ 体系和程序 计算机化 谈判 竞标 定标 空白订单/延期交货订单 群体购买 物料需求计划 长期合同 采购调查 价值分析 9. 制订战略计划的原因有哪些？ 目标一致 市场原因 内部原因

图 7-2 开发战略采购计划时需要考虑的典型问题

三、战略采购计划的原则与制订

（一）战略采购计划的原则

战略采购计划的基本原则是必须支持企业战略和业务战略。采购管理者必须首先理解业务计划的目标，最好能参与业务计划的制订中，然后运用这些信息开发一个最有效的支持企业战略的采购战略。为使采购战略与企业战略保持一致，需要在各个层次的计划制订过程中进行信息交流。采购部门必须接受来自企业层次和业务部门的信息，从而更好地规划采购战略。

（二）制订战略采购计划需要考虑的因素

采购者制订战略采购计划时要考虑的因素包括：

（1）产品与服务是已有的还是新开发的。
（2）某项产品与服务的市场动态。
（3）某项产品或服务的供应商之间的竞争。
（4）产品与服务的可得性。
（5）在途库存成本（如果是产品）。
（6）可能的供应商生产所需产品或提供所需服务的意愿。

（三）战略采购计划的过程

采购战略能够对客户满意度、成本结构以及返修率等产生深远的影响，这种影响可以是积极的也可以是消极的。战略采购计划活动包含以下步骤：

（1）仔细研究公司与业务层次的战略中，采购管理职能对其有影响的部分。
（2）确定采购管理职能怎样才能对更高一层的战略做出贡献，或者使收益最大化，或者降低失败的风险等。
（3）寻找机会改进现存的供应和采购过程。

(4) 为寻找到的改进机会建立明确的目标和措施。

(5) 研究改进方法实施的要素。

(6) 获得授权然后实施改进。

(7) 评估改进的过程和结果。

图7-3 描绘了战略采购计划的过程。

四、战略采购计划的内容

（一）资源战略

企业在制定资源战略时，采购者应该明确以下问题：

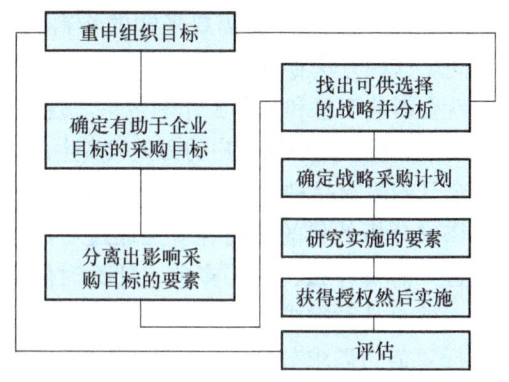

图7-3 战略采购计划的过程

(1) 以往资源的使用方式，以及资源的预期需求量。

(2) 资源的来源（现有的和潜在的）。

(3) 资源的市场类型（例如，买者与卖者如何、从制造商处购买还是从分销商处购买）。

(4) 采购资源的形态（例如，原材料、半成品或产成品）。

(5) 可以得到的供应总量。

(6) 资源在某一区域受到的政策约束。

(7) 资源运达的成本。

开发资源战略时，采购职能还需要考虑一些与资源选择、物流因素（例如运距和运输方式、客户、关税、自由贸易区以及代理人和经纪人的使用）、通信方式（例如 EDI 的使用）以及金融（例如汇率和支付方式）有关的问题。

（二）供应商战略

要区分资源战略和供应商战略是非常困难的，因为二者紧密相连。资源战略的制定是为了确定组织如何满足某一具体的产品和服务（商品）的需求，而制定供应商战略的目的在于确定此商品的供应链上各种供应商的地址和发展状况。

供应商战略应该回答下面的问题：

(1) 哪个供应商能够提供总成本最低、质量最高、提前期最短以及最好的服务？

(2) 哪个（些）供应商能提供提高产品技术的途径？

(3) 每个潜在供应商的相对优势是什么？

(4) 每个可选供应商的相对风险是什么？

（三）应急计划

如果企业得不到满足数量、质量或价格需求的商品或服务，则其替代品是什么？如何才能满足客户的需求？这是应急计划需要解决的问题。根据市场的稳定性、与采购相关的风险以及对于实现组织战略目标的重要程度不同，应急计划在各企业中对各种产品的作用不同。

第三节　采购需求确定

一、采购需求分析

（一）需求分析概述

在企业中，传统的做法是企业各个部门层层上报"物料采购需求计划表"和"请购单",采购部门再把所有需要采购的物料分类整理统计出来,确定采购什么、采购多少、采购时间。这种方法存在的问题是:兴师动众,耗费大;如果某部门物料采购需求计划表迟报,就会影响汇总和采购工作的效果。现在很多企业已不用这种方法,改用需求分析法。

需求分析是指根据客户的历史或者生产计划等找出需求规律,然后根据需求规律预测客户下一个月的需求品种和需求量。掌握各个客户的需求量,就可以主动订货,安排采购计划。

需求分析的目的和内容就是通过对需求情况进行分析,找出物料需求规律,从根本上解决客户需要什么、需要多少、什么时候需要的问题。一般情况下,需求分析很简单。在单次、单一品种需求的情况下,需要什么、需要多少、什么时候需要,都比较明确,不需要进行复杂的需求分析。例如,在企业采购中,采购员经常接到一个已经做好的采购单,上面明确写明需要采购什么、采购多少、什么时候采购,采购员不需要进行需求分析。

在较复杂的多品种、多批次采购情况下,就必须进行需求分析。例如,汽车制造企业生产的汽车由上万个零部件组成,有多个车间、多个工序配合生产,企业每个车间、工序组织生产,都需要很多原材料、工具、设备、用品以及其他物资等,在各个不同时间需要不同的物料,不可能一个一个地去单独采购,必须综合起来进行联合采购。所以需要研究哪些品种先采购、哪些品种后采购、采购多少等问题,找出需求的规律,然后根据需求规律主动地进行采购,确定什么时候采购什么、采购多少。

需求分析是一项重要而且复杂的工作。它涉及企业各个部门、各道工序,各种材料、设备和工具以及办公用品等物资。其中最重要的是生产所需的原材料,因为它的需求量最大,而且持续性、时间性很强,最直接地影响生产的正常进行。做好需求分析,需要依靠企业各个部门互相配合,并提供相关资料。

进行需求分析的采购管理人员,要具备比较全面的知识。首先要有生产技术方面的知识,包括生产产品和加工工艺的知识,会看图样,会根据生产计划以及生产加工图样推算出物料需求量。然后还要有数理、统计方面的知识,会进行物料性质、质量的分析,会进行大量的统计分析。另外,还要有管理方面的知识。

(二) 需求分析方法

需求分析方法有统计分析法、推导分析法、ABC 分析法等。下面主要介绍前两种分析法。

1. 统计分析法

统计分析法是指运用统计的方法对采购的原始资料进行分析,找出各种物料需求的规律。在采购需求分析中,统计分析法应用广泛。在采购需求的统计分析中,最基本的原始资料主要有各个单位的采购申请表、销售日报表、领料单和生产计划任务单等。

目前很多企业采购都采取这样的模式:要求下属各个单位每月提交一份物料请购单,提出每个单位自己下个月的采购品种和数量,然后采购部门对这些表进行统计汇总,统计出下个月总的采购任务表,再根据此表制订下个月的采购计划。

这种模式使得采购申请表汇总变得十分简单。由于它们的需求时间都相同而且需求时间都有一个月之长,所以表项汇总就很简单,只要把各个表中的不同品种复制过来,将相同品种的需求数量相加,就可以得到下个月汇总的采购任务表。

这种模式不但使汇总统计和制订采购计划容易,而且完成采购任务也很容易。因为时间单位是一个月,完成采购任务,时间上绰绰有余。

但是这种模式也有一些问题:①市场响应不灵敏;②库存负担重,风险大。因为一个月采购一次,必然导致采购批量大、供应时间长,不能适应市场需求变化。

物料需求规律有两种表示方法：一种是时间函数法；另一种是有序数列法。

时间函数法是指把物料消耗量描述成时间的函数。这是一个连续的时间函数。例如，把第 i 种物料的需求规律描述为 $R_i(t)=f_i(t)$，这就是需求函数。第 i 种物料在一定时期内的总需求量为 $R_i = \int f_i(t)\,\mathrm{d}t$。

有序数列法是指把各个单位的销售日报表按单位时间（如日、周、月、季、年等，这里假设以日或周为单位）进行汇总，得到一个按先后顺序排列的销售量的序列。这个时间序列反映了物料的消耗规律，也就是物料的需求规律。例如，根据上个月的销售日报表的汇总，得到某种物料需求的时间序列表，见表7-4。

表7-4　需求时间序列表

周　次	1	2	3	4	5	6	7	8
需求/t	7	9	10	12	11	14	13	15

这是一个有序的周需求量数列。值得注意的是，为了掌握需求规律，统计的单位时间越小，则需求规律越精密、越灵敏；单位时间越大，则需求规律越粗糙、越不灵敏。

2. 推导分析法

推导分析法是指根据企业生产计划进行需求分析，求出各种物料的需求计划的过程。它必须要进行严格的推导计算，不能凭空估计。推导分析所依据的主要资料和步骤如下：

（1）制订主产品生产计划。

1) 主产品的生产计划。在订货制生产企业，这个计划主要是根据社会对主产品的订货计划生成的；在库存制生产企业，这个计划靠预测和经营计划生成。

2) 零部件的生产计划。在制造企业中，零部件的生产有两个用途：①用于装配主产品；②用于提供给社会维修企业，对社会上处于使用状态的主产品进行维修保养。这里的零部件生产计划，主要是指为社会维修企业所提出的零部件的订货计划。

3) 制定主产品的结构文件。这个步骤根据装配主产品需要的零件、部件、原材料等，逐层求出主产品的结构层次。每一个层次的每一个零部件都要标出需要数量、是自制还是外购，以及生产提前期或采购提前期。所有自制件都要分解到最后的原材料层次，这些原材料一般都是需要采购的。

由这个主产品结构文件可以统计得出：为了在某个时间生产出一个主产品需要分别提前多长时间采购一些什么样的原材料、零件、部件，需要采购多少等。把这些资料汇总成一个表，就是主产品零部件生产采购一览表。

（2）制定库存文件。采购人员从仓库保管员处了解主产品零部件生产采购一览表中所有部件、零件、原材料的现有库存量以及消耗速率，经过整理得到一个主产品零部件库存一览表。

【例】　某企业的主产品甲由 2 个 B 和 1 个 C 组成。而 1 个 B 由 1 个 D、2 个 E 组成。1 个 D 又由 2.5 个 F 加工得到，而 C、E、F 都需通过外购取得。主产品的结构文件如图7-4所示。图中，甲、B、C、

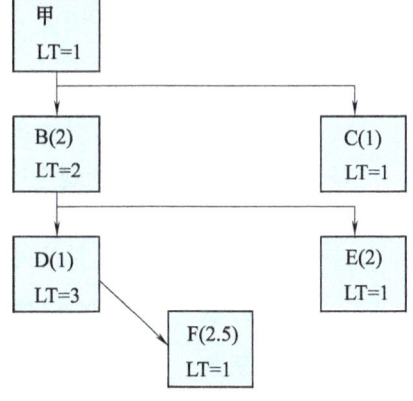

图7-4　主产品的结构文件

D、E、F 为产品名，括弧内的数字表示 1 个上级产品中所包含的本产品的件数，而 L 表示提前期，单位为天。由主产品结构文件可以得到主产品零部件生产采购一览表，见表 7-5。

表 7-5　主产品零部件生产采购一览表

零部件名	数量	自制	外购	提前期
B	2	√		2
C	1		√	1
D	1×2=2	√		3
E	2×2=4		√	1
F	2.5×2=5		√	1

主产品生产计划表见表 7-6。

表 7-6　主产品生产计划表

时期	第1周	第2周	第3周	第4周	月合计
外订甲（件）	25	15	20	15	75
外订 C（件）	15		15		30
外订 E（件）		20		20	40

表 7-6 中既包括主产品的生产计划，也包括社会对零部件 C、E 的订货计划。月采购计划一览表见表 7-7。

表 7-7　月采购计划一览表

零部件名	下月需要数量
C	75×1+30=105
E	75×4+40=340
F	75×5=375

根据主产品生产计划表和主产品零部件生产采购一览表确定需要采购的零部件和原材料，然后确定下月的需求量。第 i 个零部件下月需求量如下确定：

$$P_i = Pn_i + P_{oi}$$

式中　P_i——第 i 个零部件下月需求量；

P——主产品下月的计划生产量；

n_i——一个主产品中包含第 i 个零部件的个数；

P_{oi}——第 i 个零部件下月的外购订货数量。

二、不同订货方式下的需求确定

（一）定量采购

1. 定量采购的定义及其作业程序

（1）定量采购的定义。所谓定量采购，是指当库存量下降到预定的最低库存数量

（采购点）时，按规定数量［一般以经济订货批量（EOQ）为标准］进行采购补充的一种方式。当库存量下降到订货点（R，也称再订货点）时马上按预先确定的订货量（Q）发出货物订单，经过订货提前期（L），收到订货，库存水平上升。采用定量采购必须预先确定订货点和订货量。通常订货点的确定主要取决于需求率和订货提前期这两个要素。在需求固定均匀和提前期不变的情况下，不需要设定安全库存，订货点由以下公式确定：

$$R = \frac{LD}{365}$$

式中　D——每年的需要量。

当需求发生波动或订货提前期发生变化时，订货点的确定方法较为复杂，且往往需要安全库存。订货量通常依据经济批量方法来确定，即以总库存成本最低时的 EOQ 为每次订货时的订货数量。定量采购的优点是：①由于每次订货之前都要详细检查和盘点库存（看是否降低到订货点），因此能及时了解和掌握商品库存的动态；②因为每次订货数量固定，且是预先确定好了的经济批量，所以方法简便。这种订货方式的缺点是：①经常对商品进行详细检查和盘点，工作量大且需花费大量时间，从而增加了库存保管维持成本；②该方式要求对每个品种单独进行订货作业，这样会增加订货成本和运输成本。定量采购适用于品种数目少但占用资金大的商品。

（2）定量采购的作业程序。定量采购的作业程序如图 7-5 所示。

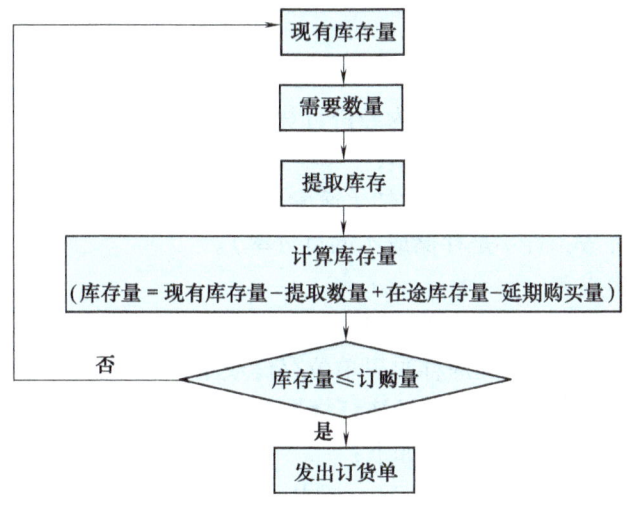

图 7-5　定量采购的作业程序

作业的具体步骤如下：
- 确定应采购商品的现有库存量；
- 根据用户的需求和现有库存量确定商品的需要数量；
- 如果现有库存量能满足用户的需求，则为用户提取货物；
- 按以下公式计算库存量：
　　　　库存量 = 现有库存量 − 提取数量 + 在途库存量 − 延期购买量
- 当库存量小于或等于用户的订购量时，向供应商发出订货单，请求订货。

2. 定量采购模型

（1）定量采购模型假设。定量采购要求规定一个特定的点，当库存水平到达这一点时就应当进行订购并且订购一定的量。订货点往往是一个既定的数，当可供货量（包括目前库存量和已订购量）到达订货点时，进行一定批量的订购。以下这些假设与现实可能有些不符，但它们为我们提供了一个研究的起点，并使问题简单化：

- 产品需求是固定的，且在整个时期内保持一致；
- 提前期（从订购到收到货物的时间）是固定的；
- 单位产品的价格是固定的；
- 存储成本以平均库存为计算依据；
- 订购或生产准备成本固定；
- 所有对产品的需求都能满足（不允许延期交货）。

（2）建模。建立库存模型时，首先应在各类成本指标之间建立函数关系。这里，我们关心的是年总成本，具体公式如下：

$$年总成本 = 年采购成本 + 年订购成本 + 年存储成本$$

即

$$TC = DC + \frac{D}{Q}S + \frac{Q}{2}H$$

式中　TC——年总成本；

　　　D——需要量（每年）；

　　　C——单位产品成本；

　　　Q——订货批量（最佳批量称为经济订货批量 Q^*）；

　　　S——生产准备成本或订购成本；

　　　H——单位产品的年均存储成本（通常，存储成本以单价的百分率表示。例如，$H = iC$，式中，i 是存储成本的百分率）。

　　　DC——年采购成本；

$(D/Q)S$——年订购成本（订购次数乘以每次订购成本）；

$(Q/2)H$——年存储成本（平均库存乘以单位存储成本）。

在模型建立过程中，其次是确定经济订货批量 Q^* 以使总成本最小。将总成本对 Q 求导数，并设其等于零。具体计算过程如下：

$$TC = DC + \frac{D}{Q}S + \frac{Q}{2}H$$

$$\frac{dTC}{dQ} = \frac{DS}{-Q^2} + \frac{H}{2} = 0$$

最优订货批量为

$$Q^* = \sqrt{2DS/H}$$

因为该模型假定需求和提前期固定，且没有安全库存，则再订货点 R 为

$$R = \bar{d}L$$

式中　$\bar{d}$——日平均需求量（常数）；

　　　L——用天表示的提前期（常数）。

定量订货系统是对库存水平进行连续监控,且当库存量降至再订货点时就进行订购。该模型中,缺货的风险只发生在订货提前期,即在订货与收到货物之间。考虑缺货风险时,再订货点的公式如下:

$$R = \bar{d}L + z\sigma_L$$

式中 R——再订货点;
$\bar{d}$——日平均需求量;
L——提前期;
z——安全系数;
σ_L——提前使用量的标准差。

$\bar{d}$的计算如下:

$$\bar{d} = \frac{\sum_{i=1}^{n} d_i}{n}$$

式中 n——天数。
即

短缺概率×年需要量 = 每次订货短缺量×年订货次数
$$(1-P)D = E(z)\sigma_L D/Q$$

简化为

$$E(z) = \frac{(1-P)Q}{\sigma_L}$$

式中 P——需求数量满足率。
由 $E(z)$ 可以确定 z。

(二)定期采购

1. 定期采购的定义及其作业程序

定期采购是指按预先确定的订货间隔期间进行采购补充库存的一种方式。企业根据过去的经验预先确定一个订货间隔期间。每经过一个订货间隔期间就进行订货,每次订货数量都可能不同。定期采购中,在特定的时间进行库存盘点,例如每周一次或每月一次。当供应商走访客户并与其签订合同或某些客户为了节约运输费用而将他们的订单合在一起时,必须定期进行库存盘点和订购。另外,一些企业采用定期采购是为了促进库存盘点。

在定期采购时,不同时期的订货量不尽相同,订货量的大小主要取决于各个时期的使用率。它一般比定量采购要求更高的安全库存。定量采购是对库存连续盘点,一旦库存水平到达再订货点,立即进行订购。相反,标准的定期采购模型是仅在盘点期进行库存盘点。这就有可能在刚订完货时由于大批量的需求而使库存降至零,这种情况只有在下一个盘点期才被发现,而新的订货需要一段时间才能到达。这样,有可能在整个盘点期和提前期发生缺货。所以,安全库存应当保证在盘点期和提前期内不发生缺货。图7-6为定期采购的作业程序。

2. 定期采购的特点及订货量的确定

定期采购是从时间上控制采购周期,从而达到控制库存量的目的。如果订货周期控制得当,则既可以不造成缺货,又可以控制最高库存量,从而达到成本控制的目的。

定期采购的优点是:①由于订货间隔期间确定,因此多种货物可同时进行采购,这样不仅可以降低订单处理成本,还可以降低运输成本;②这种方式不需要经常检查和盘点库

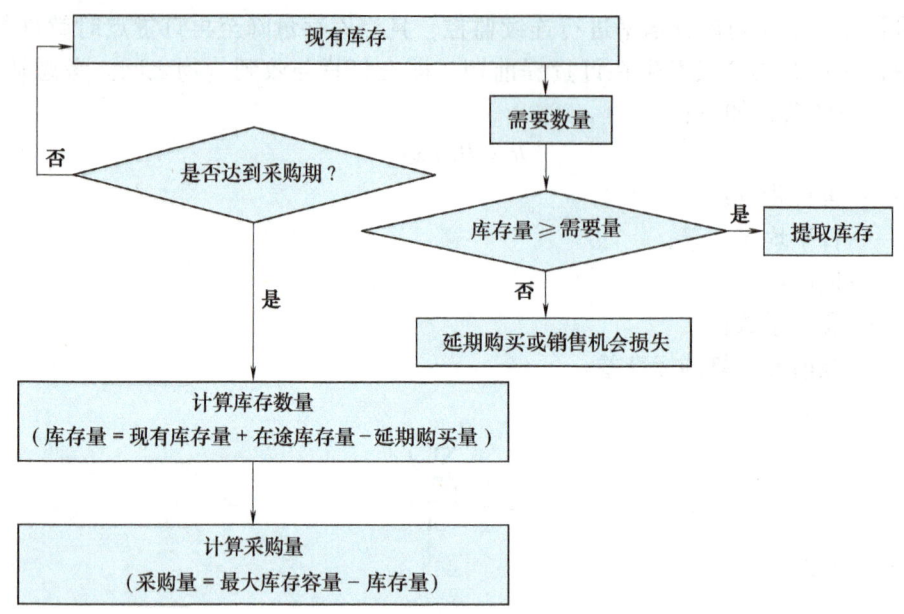

图 7-6　定期采购的作业程序

存，可节省这方面的费用。其缺点是：由于不经常检查和盘点库存，对商品的库存动态不能及时掌握，遇到突发性的大量需要，容易造成缺货并带来损失。定期采购控制法适用于品种数量大、占用资金较少的商品，例如超市商品。材料定期采购计划见表 7-8。

表 7-8　材料定期采购计划

×年×月×日　　　　　　　　　　　　　　　　　　　　　　　　　　　　　　页次

材料名称	规格	估计用量	订购交货日期	每日用量	每日最高用量	基本存量	最高存量	基本存量比率	每次订购数量

实际上，采购周期也可以根据具体情况进行调整。例如：根据自然日历习惯，以月、季、年等确定周期；根据供应商的生产周期或供应周期进行调整等。

定期采购方式中订货量的确定方法如下：

订货量 = 最高库存量 − 现有库存量 − 订货未到量 + 缺货量

3. 定期采购模型

在定期采购系统中，在盘点期（T）进行再订购，同时安全库存必须为 $z\sigma_{T+L}$。

订货量 = 盘点期和提前期内的平均水平需求 + 安全库存 − 现有库存（包括已订购尚未到达的）

即

$$q = \bar{d}(T+L) + z\sigma_{T+L} - I$$

式中　q——订货量；

　　　T——两次盘点的间隔期；

　　　L——提前期（订购点与收货点之间的时段）；

　　　$\bar{d}$——预测的日平均需要量；

z——既定服务水平确定的安全系数；
σ_{T+L}——盘点期与提前期间需求的标准差；
I——现有库存（包括已订购尚未到达的）。

需要注意的是：需要量、提前期、盘点期等可以使用任意时间单位，只要整个公式中的单位保持一致即可。在该模型中，$\bar{d}$ 可以预测出来，并且可以随盘点期而不同，或者可以使用年度平均值，假定需求是服从正态分布的。z 值可以通过以下计算 $E(z)$ 的公式，然后借助表 7-9 找出相应的值：

$$E(z) = \frac{\bar{d}T(1-P)}{\sigma_{T+L}}$$

式中　$E(z)$——σ 为 1 时期望缺货值；
　　　P——用小数表示的服务水平（如 95% 表示为 0.95）；
　　　$\bar{d}T$——盘点期内的需要量，其中 $\bar{d}$ 为预测的日平均需要量，T 为天数；
　　　σ_{T+L}——盘点期与提前期间需求的标准差；
　　　z——安全库存的标准差系数。

表 7-9 表示相对于标准差的期望缺货值（该表建立的基础是标准差为 1）。

表 7-9　相对于标准差的期望缺货值

$E(z)$	z	$E(z)$	z	$E(z)$	z	$E(z)$	z
4.500	-4.50	2.205	-2.20	0.351	0.10	0.003	2.40
4.400	-4.40	2.106	-2.10	0.307	0.20	0.002	2.50
4.300	-4.30	2.008	-2.00	0.267	0.30	0.001	2.60
4.200	-4.20	1.911	-1.90	0.230	0.40	0.001	2.70
4.100	-4.10	1.814	-1.80	0.198	0.50	0.001	2.80
4.000	-4.00	1.718	-1.70	0.169	0.60	0.001	2.90
3.900	-3.90	1.623	-1.60	0.143	0.70	0.000	3.00
3.800	-3.80	1.529	-1.50	0.120	0.80	0.000	3.10
3.700	-3.70	1.437	-1.40	0.100	0.90	0.000	3.20
3.600	-3.60	1.346	-1.30	0.083	1.00	0.000	3.30
3.500	-3.50	1.256	-1.20	0.069	1.10	0.000	3.40
3.400	-3.40	1.169	-1.10	0.056	1.20	0.000	3.50
3.300	-3.30	1.083	-1.00	0.046	1.30	0.000	3.60
3.200	-3.20	1.000	-0.90	0.037	1.40	0.000	3.70
3.100	-3.10	0.920	-0.80	0.029	1.50	0.000	3.80
3.000	-3.00	0.843	-0.70	0.023	1.60	0.000	3.90
2.901	-2.90	0.769	-0.60	0.018	1.70	0.000	4.00
2.801	-2.80	0.698	-0.50	0.014	1.80	0.000	4.10
2.701	-2.70	0.630	-0.40	0.011	1.90	0.000	4.20
2.601	-2.60	0.567	-0.30	0.008	2.00	0.000	4.30
2.502	-2.50	0.507	-0.20	0.006	2.10	0.000	4.40
2.403	-2.40	0.451	-0.10	0.005	2.20	0.000	4.50
2.303	-2.30	0.399	0.00	0.004	2.30		

（三）定量采购模型与定期采购模型的比较

定量采购模型与定期采购模型的比较见表 7-10。

表 7-10 定量采购模型与定期采购模型的比较

比较项目	定量采购模型	定期采购模型
采购量	固定的（每次采购量相同）	变化的（每次采购量不同）
何时订购	在库存量降低到再订购点时	在盘点期到来时
库存记录	每次出库都做记录	只在盘点期做记录
库存大小	较小	较大
作业所需时间	持续记录，所需时间较长	简单记录，所需时间较短
物资类型	昂贵、关键或重要资源	品种多、数量大的一般物资

三、物料需求计划与制造资源计划

（一）物料需求计划

物料需求计划（Material Requirements Planning，MRP）是 20 世纪 60 年代发展起来的一种计算物料需求量和需求时间的系统，是一种生产计划与控制技术，它代表了一种新的生产管理思想，是一种新的组织生产的方式。所谓"物料"，泛指原材料、在制品、外购件以及产品。

1. MRP 的原理

MRP 的基本思想是：围绕物料转化组织制造资源，实现按需要准时生产。

物质资料的生产是将原材料转化为产品的过程。对于加工装配式生产来说，如果确定了产品出产数量和出产时间，就可按产品的结构确定产品的所有零件和部件的数量，并可按各种零件和部件的生产周期反推出它们的出产时间和投入时间。物料在转化的过程中需要不同的制造资源（如机器设备、场地、工具、工艺装备、人力和资金等），有了各种物料的投入出产时间和数量，就可以确定对这些制造资源的需要数量和需要时间，这样就可以围绕物料的转化过程来组织制造资源，实现按需要准时生产。

按照 MRP 的基本思想，从产品销售到原材料采购，从自制零件的加工到外协零件的供应，从工具和工艺装备的准备到设备维修，从人员的安排到资金的筹措与运用，都要围绕 MRP 的基本思想进行，从而形成一整套新的方法体系，它涉及企业的每个部门、每一项活动。

MRP 的基本原理就是由产品的交货期展开成零部件的生产进度日程与原材料、外购件的需求数量和需求日期，即将主生产计划转换成物料需求表，并为编制能力需求计划提供信息。MRP 处理的问题及所需信息见表 7-11。

表 7-11 MRP 处理的问题及所需信息

处理的问题	所需信息
1）生产什么、生产多少	1）切实可行的主生产计划（MPS）
2）要用到什么	2）准确的物料清单（BOM）
3）已具备什么	3）准确的物料库存数据
4）还缺什么、何时需要	4）MRP 的计算结果（生产计划和采购计划）

MRP 的基本逻辑如图 7-7 所示。

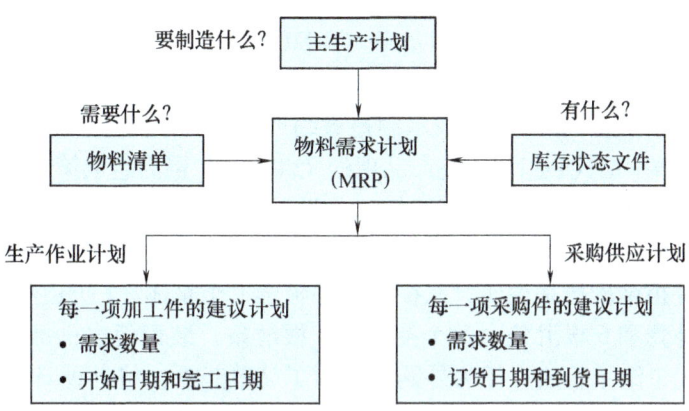

图 7-7　MRP 的基本逻辑

2. MRP 的主要输入信息

由图 7-7 可以看出，MRP 的主要输入有三个部分：主生产计划（MPS）、物料清单（BOM）和库存状态文件。

（1）MPS。MPS 是 MRP 的主要输入，它是 MRP 运行的驱动力量。产品出产计划中所列的是最终产品项。它可以是一个完整的产品，也可以是一个完整的部件，甚至是零件。总之，它是企业向外界提供的东西。

MPS 中规定的出产数量可以是总需要量，也可以是净需要量。如果是总需要量，则需扣除现有库存量，才能得到需要生产的数量；如果是净需要量，则说明已扣除现有库存量，可按此计算对下层元件的总需要量。一般来说，在产品出产计划中列出的为净需要量，即需生产的数量。于是，由客户订货或预测得出的总需要量不能直接列入产品出产计划，而要扣除现有库存量，算出净需要量。

表 7-12 为主生产计划的一部分。它表示产品 A 的计划出产量为：第 5 周 10 台，第 8 周 15 台；产品 B 的计划出产量为：第 4 周 13 台，第 7 周 12 台；配件 C，计划 1～9 周每周出产 10 件。

表 7-12　产品出产计划

周次	1	2	3	4	5	6	7	8	9
产品 A（台）					10			15	
产品 B（台）				13			12		
配件 C（件）	10	10	10	10	10	10	10	10	10

主生产计划的计划期，即计划覆盖的时间范围，一定要比最长的产品生产周期长，否则得到的零部件投入出产计划不可行。主生产计划的滚动期应该同 MRP 的运行周期一致。若 MRP 每周运行一次，则主生产计划每周更新一次。

另外，可以把产品出产计划从时间上分成两部分，近期为确定性计划，远期为尝试性计划。这是由于近期需要的产品项目都有确定的客户订货，而远期需要的产品，只有部分是客户订货，而另一部分是预测的。确定性计划以周为计划的时间单位，尝试性计划可以以月为计划的时间单位。没有尝试性计划往往会失去客户,因为很多客户订货较迟而交货又要求比较急。随着时间的推移,预测的订货将逐步落实到具体客户身上。

(2) BOM。产品结构文件又称物料清单(BOM)文件,它不只是所有元件的清单,还反映了产品项目的结构层次以及制成最终产品的各个阶段的先后顺序。在产品结构文件中,各个元件处于不同的层次。每一层次表示制造最终产品的一个阶段。通常,最高层为零层,代表最终产品项;第一层代表组成最终产品项的元件;第二层为组成第一层元件的元件……最底层为零件和原材料。各种产品由于结构复杂程度不同,产品结构层次数也不同。

为了形象地说明产品结构文件,以图7-8所示的三抽屉文件柜组成为例,并以图7-9所示的三抽屉文件柜结构树来说明。三抽屉文件柜由1个箱体、1个锁和3个抽屉组成;1个箱体由1个箱外壳和6根滑条(每个抽屉需2根滑条)装配而成;每个抽屉由1个抽屉体和1个拉手和2个滚子组成;锁为外购件。为了简单起见,将各种具体产品及其构成部分统称为产品和元件,分别用英文字母代表它们,并将产品及其元件之间的关系用一种树形图表示出来,如图7-9所示。这种树形图通常被称为"产品结构树"。图7-9中,1个单位A产品(三抽屉文件柜)由1个B部件(箱体)、3个C组件(抽屉)和1个D零件(锁)构成;1个B部件又由1个E零件(箱外壳)和6个F零件(滑条)构成;1个C组件由1个G零件(抽屉体)、1个H零件(拉手)和2个M零件(滚子)构成;每个E零件要消耗20kg材料J,每个G零件要消耗5kg材料K。图中括弧内的数字表示1单位上层元件包含的该元件的数量,如B(1)表示1个A中包含1个B,J(20kg)表示1个E零件要消耗20kg材料J。

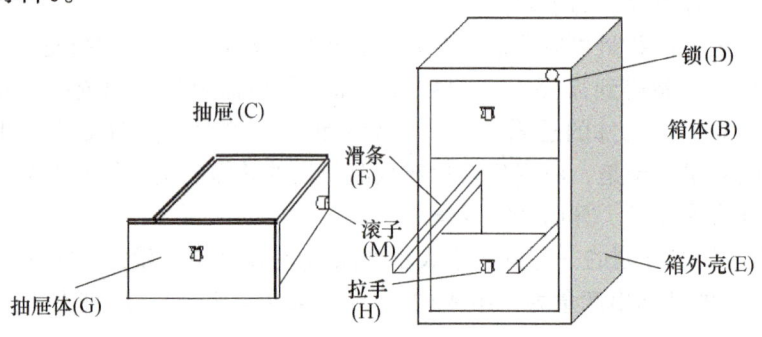

图7-8 三抽屉文件柜组成

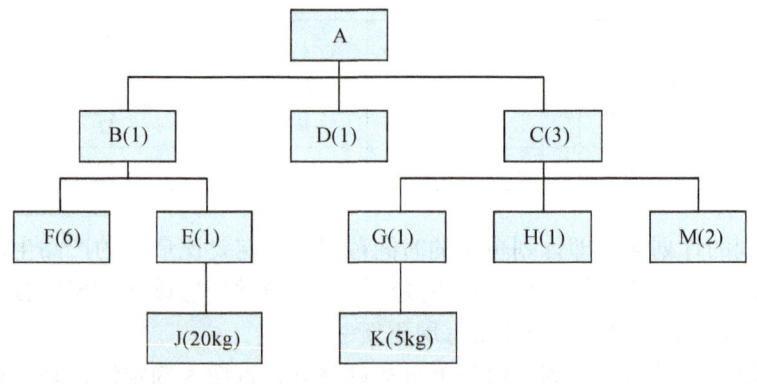

图7-9 三抽屉文件柜结构树

为使树形图具有一般性,另绘一种产品结构树,如图7-10所示。

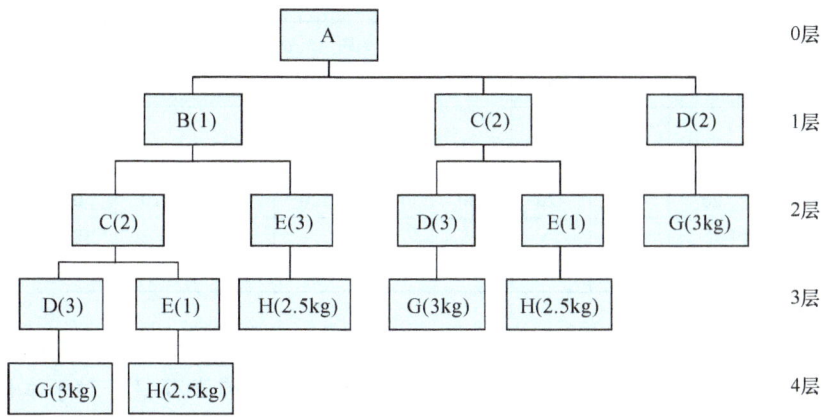

图 7-10 产品结构树

在图 7-10 中可以发现，相同的元件会出现在不同的层次上。如元件 E，既出现在第 2 层，又出现在第 3 层，这固然可以清楚地表示各个不同的生产阶段，但给计算机处理带来了麻烦。为了便于计算机处理，凡是遇到同一元件出现在不同层次上的情况，取其最低层次号，作为该元件的低层码。图 7-10 所示的产品结构树可以变成如图 7-11 所示的产品结构树。按照改进的产品结构树，可以从上到下逐层分解，每一元件只需检索一次，节省了计算机的运行时间。

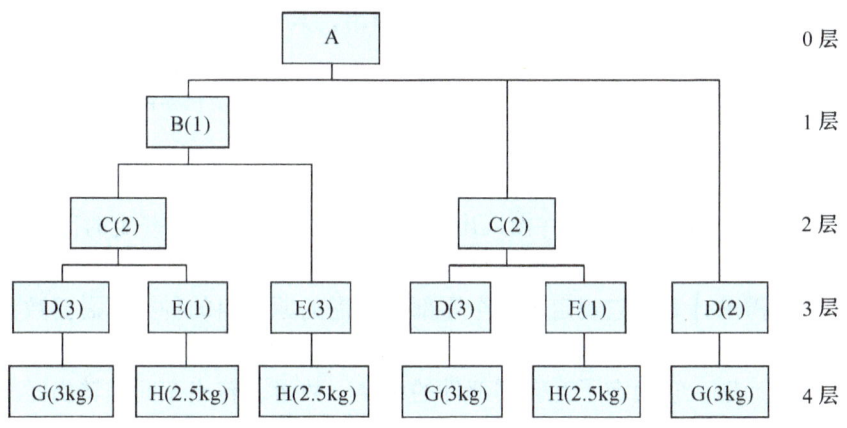

图 7-11 调整后的产品结构树

（3）库存状态文件。产品结构文件是相对稳定的，库存状态文件却处于不断变动之中。MRP 每运行一次，它就发生一次大的变化。MRP 系统关于订什么、订多少、何时发出订货等重要信息，都存储在库存状态文件中。

库存状态文件包含每一个元件的记录。表 7-13 为 C 组件的库存状态文件的记录。其中，时间是这样规定的：现有数为每周周末的数量，其余四项均为每周开始的数量。数据项可以做更细的划分，如预计到货量可以细分成不同的来源，现有数可以按不同的库房列出。

总需要量是由上层元件的计划发出订货量决定的。在本例中，A 产品在第 6 周、第 9 周和第 11 周的开始装配数量各为 150 台，一台 A 包含 2 个 C 组件，则对 C 组件的总需要量各为 300 件。

表 7-13 库存状态文件 （单位：件）

C 组件 LT = 2 周	周次										
	1	2	3	4	5	6	7	8	9	10	11
总需要量						300			300		300
预计到货量		400									
现有数 20	20	420	420	420	420	120	120	120	0	0	0
净需要量									180		300
计划发出订货量							180		300		

预计到货量为已发出的订货或开始生产的元件的预计到货或预计完成的数量。本例中，C 组件将在第 2 周得到 400 件。现有数为相应时间的当前库存量。对于本例，在制订计划时，C 组件的当前库存量为 20 件，到第 2 周，由于预计到货 400 件，所以现有数为 420 件。到第 6 周用去 300 件，现有数为 120 件。到第 9 周，需用 300 件，现有数已不足以支付，将欠 180 件。因此，现有数将为负值，那时需要发出订货单。

净需要量 = 总需要量 - 预计到货量 - 现有数

经计算，第 9 周对 C 组件的净需要量为 180 件，第 11 周净需要量为 300 件。计划发出订货要考虑提前期。第 9 周需 180 件，提前期为 2 周，则第 7 周必须开始制造 180 件 C 组件。如果考虑安全库存量和经济批量，相应的计算会复杂一些。

3. MRP 的输出

MRP 系统可以提供多种不同内容与形式的输出，其中主要是各种生产和库存控制用的计划和报告。现将主要输出列举如下：

（1）零部件投入出产计划。零部件投入出产计划规定了每个零部件的投入数量、投入时间、出产数量和出产时间。

如果一个零部件要经过几个车间加工，则要将零部件投入出产计划分解成"分车间零部件投入出产计划"。分车间零部件投入出产计划规定了每个车间一定时间内投入零部件的种类、数量及时间，以及出产零部件的种类、数量及时间。

（2）原材料需求计划。它规定了每个零部件所需的原材料的种类、需要数量及需要时间，并按原材料品种、型号、规格汇总，以便供应部门组织供料。

（3）互转件计划。它规定了互转零部件的种类、数量、转出车间和转出时间、转入车间和转入时间。

（4）库存状态记录。它提供各种零部件、外购件及原材料的库存状态数据，随时供查询。

（5）工艺装备机器设备需求计划。它提供每种零部件不同工序所需的工艺装备和机器设备的编号、种类、数量及需要时间。

（6）计划将要发出的订货。

（7）已发出订货的调整，包括改变交货期、取消或暂停某些订货等。

（8）零部件完工情况统计、外购件及原材料到货情况统计。

（9）对生产及库存费用进行预算的报告。

（10）交货期模拟报告。

（11）优先权计划。

4. MRP 的处理过程

前文在介绍库存状态文件时曾提出五种库存状态数据：总需要量、预计到货量、现有数、净需要量和计划发出订货量。这五种库存状态数据可以分成两类：一类为库存数据；另一类为需求数据。预计到货量和现有数为库存数据，这些数据要经过检查才能进入系统；总需要量、净需要量和计划发出订货量为需求数据，是由系统计算得出的，只有通过计算才能验证。

如果考虑安全库存量，则有以下关系：

净需要量 = 总需要量 − 预计到货量 − 现有数 + 安全库存量

如果计算得到的净需要量为负数，则取零。

一般情况下，可以使计划发出订货量等于净需要量，但发出订货的时间要提前一段时间，当考虑有一定订货批量或生产批量的限制时，计划发出订货量大于或等于净需要量。进行 MRP 处理的关键是找出上层元件（父项）和下层元件（子项）之间的联系。这种联系就是：按父项的计划发出订货量来计算子项的总需要量，并保持时间上一致。

要提高 MRP 的处理效率，可采用自顶向下、逐层处理的方法。按照这种方法，先处理所有产品的第 0 层，然后处理第 1 层……一直到最低层，而不是逐台产品自顶向下处理。这样做的好处是每一项目只需检索处理一次，效率较高。为此，需要对每个元素编一个低层码。

为了具体说明 MRP 的处理过程，以图 7-11 所示的产品为例，逐层计算 C 组件的低层码为 2，处理过程见表 7-14。

表 7-14 MRP 的处理过程

产品项目	提前期	项目	周次										
			1	2	3	4	5	6	7	8	9	10	11
A（0层）	2周	总需要量（台）								10			15
		预计到货量（台）											
		现有数（台）	0	0	0	0	0	0	0	0	0	0	0
		净需要量（台）								10			15
		计划发出订货量（台）						10			15		
B（1层）	1周	总需要量（件）						10			15		
		预计到货量（件）	10										
		现有数（件）	2	12	12	12	12	12	2	2	2	0	0
		净需要量（件）									13		
		计划发出订货量（件）								13			
C（2层）	2周	总需要量（件）						20		26	30		
		预计到货量（件）				10							
		现有数（件）	5	5	15	15	15	15	0	0	0	0	0
		净需要量（件）						5		26	30		
		计划发出订货量（件）				5		26	30				

计算过程是自顶向下、逐层处理的。从第 0 层开始，A 产品在第 6 周的计划发出订货量为 10 台，第 9 周为 15 台。0 层处理完毕，再处理第 1 层。第 1 层只有 B 部件。由产品结构树可知，1 台 A 产品包含 1 个 B 部件。于是，对 B 部件的总需要量为第 6 周 10 件，第 9 周 15 件。只有按对 B 部件的总需要量供货，才能保证 A 产品按时装配。经过 B 部件

内部平衡计算,得出第 8 周需要发出 13 件 B 部件的订货。第 1 层处理完毕,再处理第 2 层。第 2 层只有 C 组件。由产品结构树可知,1 台 A 产品包含 2 个 C 组件,1 个 B 部件也包含 2 个 C 组件。按 A 产品第 6 周计划发出 10 台订货和第 9 周发出 15 台订货的需求,可计算出 C 组件第 6 周的总需要量为 20 件,第 9 周的总需要量为 30 件;按 B 部件第 8 周计划发出 13 件订货的需求,可计算出 C 组件第 8 周的总需要量为 26 件。按这样的方法继续进行,读者可以处理第 3 层的 D 零件和 E 零件。

(二) 制造资源计划

制造资源计划(MRPⅡ),并不是一种与 MRP 完全不同的新技术,而是在 MRP 和闭环 MRP 的基础上发展起来的一种新的生产方式。它通过物流与资金流的信息集成,将生产系统与财务系统联系在一起,形成一个集成营销、生产、采购和财务等职能的完整的生产经营管理信息系统。图 7-12 表示了 MRPⅡ 的组成结构和处理逻辑。

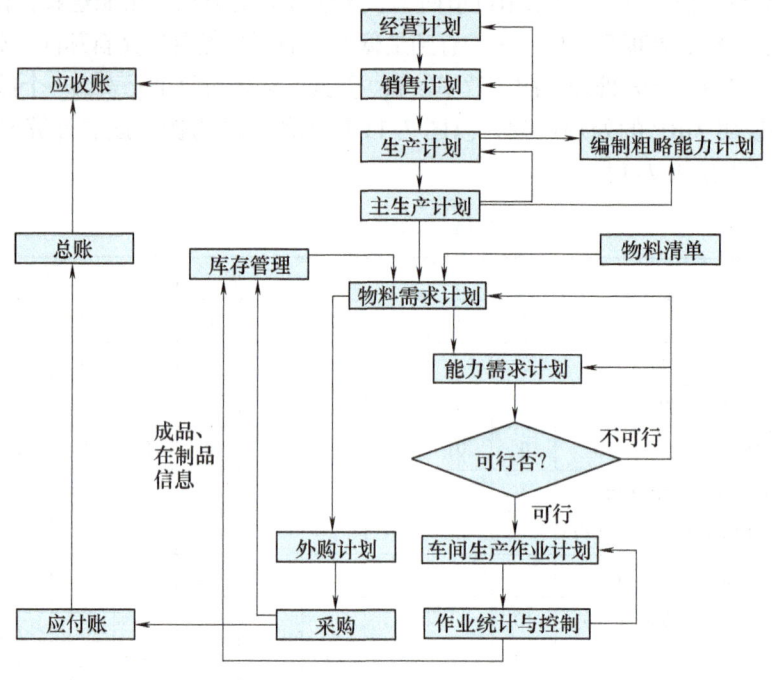

图 7-12　MRPⅡ 的组成结构和处理逻辑

从图 7-12 可以看出,MRPⅡ 编制的计划由上到下、由粗到细。经营计划是 MRPⅡ 的起始点。按经营计划确定产值和利润指标,并根据市场预测和客户订单情况确定销售计划,将销售计划和应收账信息联系在一起;再结合企业当前的生产条件,确定生产计划(生产计划大纲)。在制订生产计划时要进行粗略能力平衡;接着按生产计划确定主生产计划。主生产计划以具体产品为对象,它规定每种具体产品的出产时间与数量。主生产计划是 MRP 的一项关键输入,必须切实可行,否则必然导致 MRP 运行失败。当生产能力不够,以至于通过有限的调整生产能力的方法仍不能消除这种不足时,根据产品的物料清单和物料库存信息,在主生产计划的驱动下,MRP 将产品分解,生成自制件的生产计划和外购件的采购计划,作为车间生产和物料采购的依据。MRP 输出的零部件投入出产计划实际上可以作为车间的"生产计划",作为对车间生产实行控制的标准和车间编制生产作业计划的依据。车间生产作业计划要规定每个工作场地每天的工作任务，使 MRP 输出的零部件投入出产计划落实到每一道工序。

采购管理提供应付账所需的信息，车间作业统计则为库存管理和成本控制提供信息。

由此可见，MRP Ⅱ 的主线是计划与控制，包括对物料、成本和资金的计划与控制。计划的实施从下往上执行，发现问题时，逐级向上进行必要的修订。实践表明，上述处理逻辑是科学合理的。

第四节 采购预算

一、预算概述

预算就是一种用金额来表示的计划，是将企业未来一定期间经营决策的目标通过数据系统地反映出来，是对经营决策的具体化和数量化。预算的时间范围要与企业的计划期保持一致，不能过长或过短。长于计划期的预算没有实际意义，会浪费人力、财力和物力，而过短的预算又不能保证计划的顺利执行。企业所能获得的可分配的资金在一定程度上是有限的，企业管理者必须通过科学分配有限资源来提高效率，以获得最大的收益。一个良好的企业不仅要赚取合理的利润，还要保证企业有良好的资金流。因此，良好的预算既要注重工作实践，又要强调财务业绩。

（一）预算的作用

一般来说，预算主要具有以下作用：

（1）保障战略计划和作业计划的执行，确保组织向良好的方向发展。

（2）协调组织经营资源。

（3）在部门之间合理安排有限资金，保证资金分配的效率。

（4）通过审批和拨款过程以及差异分析控制支出。

（5）将目前的收入和支出与预算的收入和支出相比较，对企业的财务状况进行监控。

（二）预算的种类

1. 根据预算时间长短分类

不同种类的预算所起的作用不同。根据时间的长短，可以将预算分为长期预算和短期预算。

（1）长期预算。长期预算是时间跨度超过一年的预算，主要涉及固定资产的投资问题，是一种规划性质的资本支出预算。长期预算对企业战略计划的执行有着重要意义，其编制质量的好坏将直接影响企业的长期目标是否能够实现，以及企业今后较长时间内的发展。

（2）短期预算。短期预算是企业一年内对经营财务等方面所进行的总体规划的说明。短期预算是一种执行预算，对业务计划的实现影响很大。

2. 根据预算涉及的范围分类

根据预算涉及的范围，可以将预算分为全面预算和分类预算。

（1）全面预算。全面预算又称总预算，是短期预算的一种，涉及企业的产品或服务的现金收支等各方面的问题。全面预算由分类预算综合而成。全面预算根据其内容的不同又可分为财务预算、专门决策预算和业务预算三类。①财务预算是指企业在计划期内有关现金收支、经营成果以及财务状况的预算,主要包括现金预算、预计损益表、预计资产负债表等。②专门决策预算是指企业为特定投资决策项目或一次性业务所编制的专门预算,其目的是帮助管理者做出决策。③业务预算则是指计划期间日常发生的各种经营性活动的预算,包括销售预算、成本预算、管理费用预算等,采购预算就是业务预算的一种,它们的编制将直接影响企业的直接材料预算、制造费用预算等。

(2) 分类预算。分类预算多种多样,有基于具体活动的过程预算,有各分部门的预算(对于分部门来说,这一预算又是全面预算,因此分类预算与全面预算的划分是相对的)。

(三) 预算编制流程

以制造业而言,通常业务部门的行销计划是年度经营计划的起点,然后生产计划才随之制订。生产预算包括采购预算、直接人工预算及制造费用预算。由此可见,采购预算乃是采购部门为配合年度的销售预测或生产数量,对需求的原料、物料、零件等的数量及成本做翔实的估计,以利于整个企业目标的实现。换句话说,采购预算如果单独编制,不但缺乏实际的应用价值,还失去了其他部门的配合,所以必须以企业整体预算制度为依据。采购预算编制流程如图 7-13 所示。

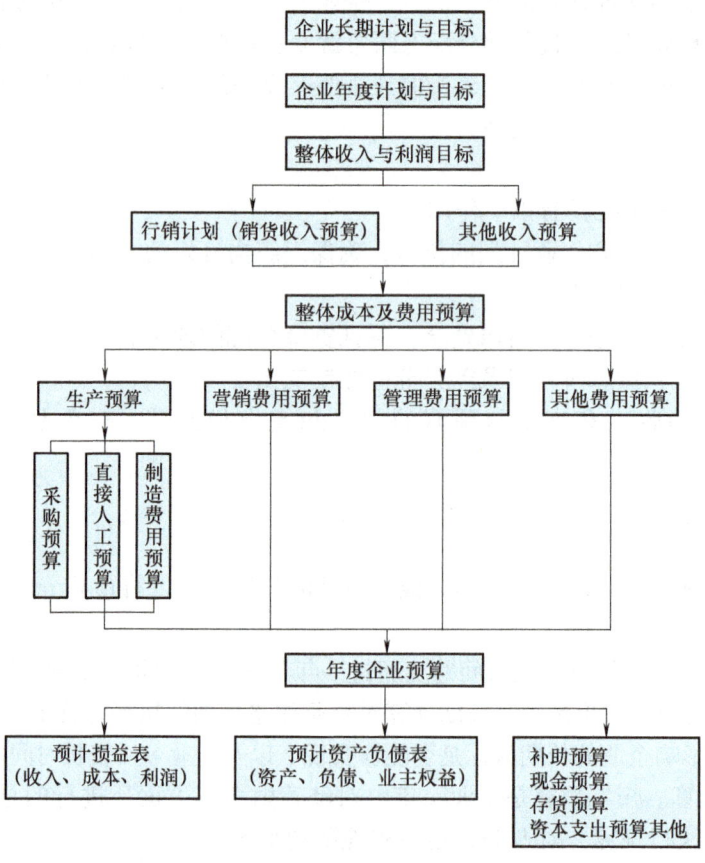

图 7-13 采购预算编制流程

(四) 采购中涉及的预算种类

采购部门中涉及的主要预算有:

（1）原材料预算。原材料预算的主要目的是：确定用于生产既定数量的产品或者提供既定水平的服务的原材料的成本。原材料预算的时间通常是一年或更短。预算的依据是生产或销售的预期水平以及未来原材料的估计价格，这就意味着实际费用有可能偏离预算。因此，很多组织采用灵活的预算（灵活的预算要反映条件的变化，比如产品的增加或减少）来调整实际的采购支出。

良好的原材料预算具有以下作用：①确保原材料需要时能够得到；②确定随时备用的原材料和零部件的最大价值和最小价值；③确定和评估采购支出的财务需求。

（2）MRO预算。MRO采购包含在经营管理过程中，但它们并没有成为生产运作中的一部分。MRO项目主要有办公用品、润滑油、机器修理用零部件等。MRO项目的可能很多，对每一项都做出预算并不可行。MRO预算通常按以往的比例来确定，然后根据库存和一般价格水平的预期变化来进行调整。

（3）资产预算。固定资产的采购通常占支出的较大部分，良好的采购活动和谈判组织能为企业节省很多资金。通过研究资源市场以及与关键供应商建立密切的关系，可以为企业节省很多资金。固定资产的预算不仅要考虑初始成本，还要考虑包括维护、能源消耗以及辅助零部件成本等的生命周期总费用。由于这些支出具有长期性，因此通常用净现值算法进行预算和做出决策。

（4）采购费用预算。采购费用预算的内容包括采购业务中发生的各项费用。通常，这项预算是根据预期的业务和行政工作量来制定的。这些花费包括工资、供热费、电费、通信费、差旅费以及购买办公用品的费用等。采购费用预算应该反映组织的总体目标。例如，如果组织的目标是减少间接费用，那么业务预算中的间接费预算就应该反映出这一点。

表7-15为某纺织公司的采购预算表。

表7-15 某纺织公司的采购预算表

物料类别	主要原料、物料及机器零件											总计
	到期					新购						
付款方式	Usance L/C（远期信用证）	D/A（承兑交单）	Local L/C（当地信用证）	P/N（部件号码）	小计	Usance L/C（远期信用证）	Local L/C（当地信用证）	现金	小计	报关费及运杂费	合计	
年月月月月月月												
半年总计												

二、采购预算的编制

（一）编制采购预算的影响因素

1. 物料标准成本的设定

在编制采购预算时，因为将来拟购物料的价格不容易预测，所以多以标准成本替代。若标准成本的设定缺乏过去的采购资料为依据，也无工程人员严密精确地计算其原料、人工及制造费用等组合生产成本，则标准成本的设定就有一定的困难。因此，标准成本与实际购入价格的差额会影响采购预算的准确性。

2. 生产效率

生产效率的高低将使预计的物料需求量与实际的耗用量产生误差。产品的生产效率降低，会导致原物料的单位耗用量提高，而使采购预算中的预计数量不能满足生产所需。过低的产出率（Yield Rate）则会导致经常进行业务更改（Rework），而使零部件的损耗超出正常水平。所以，当生产效率降低时，采购预算必须将这部分额外的耗用率计算进去，才不会发生原材料预算资金短缺的现象。

3. 预期价格

在编制采购预算时，经常需要对物料价格涨跌幅度、市场景气与否、汇率变动等加以预测，因为个人主观判断与事实的变化常有差距，就可能会造成采购预算的偏差。此外，供应的季节性、最低订购量等因素将使采购数量超过正常的需求数量，而且企业财务状况的好坏也将影响采购数量（安全库存量）的多少以及采购预算（付款时间）的准确性。

由于影响采购预算的因素很多，故采购预算拟订好之后，必须与产销部门保持经常的联系，并针对实际状况做必要的调整与修订，才能达成维持正常产销活动的目标，并协助财务部门妥善规划资金的来源。

（二）采购预算的编制步骤

采购预算的编制同其他类型预算的编制过程一样，也包含以下几个步骤：

（1）审查企业以及部门的战略目标。采购预算的最终目的是保证企业采购目标的实现，企业在编制采购预算前，首先要审视本部门和企业总体的目标，以确保它们之间的相互协调。

（2）制订明确的工作计划。采购管理者必须了解本部门的业务活动，制定出详细的计划表，从而确定部门实施这些活动所需要的资源。

（3）确定所需的资源。有了详细的工作计划表，采购管理者就可以对支出做出切合实际的估计，从而确定为了实现目标所需要的人力、物力和财力资源。

（4）提出准确的预算数字。要保证预算的准确性，可以通过以往的经验来推断，也可以借助数学工具和统计资料通过科学分析和计算来实现。

（5）汇总。汇总各分部门、各分单元的预算。最初的预算总是来自每个分单元，经过层层提交、汇总，最后形成总预算。

（6）提交预算。采购预算通常是由采购部门会同其他部门共同编制的，采购预算编制后要提交企业财务部门及相关管理部门，为企业资金筹集和管理决策提供支持。

(三) 编制采购预算的注意事项

为了确保预算能够规划出与企业战略目标相一致的可实现的结果，必须寻找一种科学的方法来达到这一目标。企业管理者应当与采购部门主管就目标积极开展沟通，调查要求和期望，考虑假设条件和参数的变动，制订劳动力和资金需求计划。

另外，为了使预算更具灵活性和适应性，以应对意外事件，减少预算的失误以及由此带来的损失，企业在预算过程中应当尽力做到以下几点：

1. 改变绩效评估方式

为了鼓励采购部门提出更具挑战性的预算报告，企业有必要对采购部门的绩效评估方式进行改善。采购预算是在战略目标框架之内提出的，在从设置目标到提交预算这一连续的动态过程中，不仅要仔细审查影响预算实现的内部不可控因素，还要详细研究外部不可控因素，并进一步识别出影响预算实现的关键成功因素。对于那些不可控因素，人力资源部门在进行业绩评估时必须有所考虑，并向管理者提出建议。企业的高层管理者必须解决部门主管对绩效评估的后顾之忧，使他们的预算编制更趋于合理。

2. 采取合理的预算形式

现金流对于企业来说是最重要的，它是企业的血液。因此，企业内部各部门所采用的预算形式应把重点放在现金流上，而不是收入或利润上。当然，最佳的预算形式最终还是取决于组织的具体目标。

3. 建立趋势模型

预算讲述的是未来，所有代表期望行为的数字都是估计值，采购预算提供的是代表采购支出情况的数字预报。为了确保这些数字有最大价值，企业应当建立一个趋势模型。模型应以已有的数据资料为基础，具有时间敏感性，能够反映出材料需求、市场行情的变化。

4. 采用滚动预算的方法

企业经营是一个连续不断的过程，只是为了使用方便才在时间上对它们进行了划分。为了能够使预算与实际过程更紧密地结合在一起，预算应尽可能采用滚动的方法，在制定当期预算时，应根据实际情况同时对未来几期的业务进行预算，能够保证企业活动在预算上的连续性。预算活动的滚动性要求采购部门的管理人员投入大量精力。工作过程可以采取"两步走"的方式：第一步是整体思考，要求管理者从总体战略出发，勾画出预算的框架，制定出必要的行动方案，如果预算结果出现偏差要及时修改；第二步进入细化阶段，采购部门管理者制定最终预算的细节。

无论是何种类型的预算，只要满足了上述要求，都可以最大限度地发挥其潜能，保障组织计划的顺利实施。

某纺织企业采购预算编定规则

一、材料的预算编制

除遵照本企业的预算制度之外，均依照本规则的规定办理。

二、材料的预算分类

(1) 用料预算,包括营业支出用料预算和资本支出用料预算。
(2) 购料预算。

三、材料预算按编制的期间分类

(1) 年度预算。
(2) 分期预算。

四、年度用料预算的编制程序

(1) 由用料部门依据营业预算及生产计划编制"年度用料预算表"(特殊用料应预估材料价格),经主管科长核定后送企划部门,材料管理部门汇编"年度用料总预算"转工厂会计部。
(2) 凡属于委托保全科修缮的工作,一律由保全科按用料部门计划代为编制预算,并通知用料部门。
(3) 材料预算经最终审定后,由总务科运输组严格执行。如经核减,应由一级主管召集科长、组长、领班研究拟定分配后核定,由企划部门分别通知各用料部门重新编制预算。
(4) 用料部门用料超出核定预算时,由企划部门通知总务部门运输组。用料总预算超出10%时,由企划部门通知运输组说明超出原因,并办理追加手续。

五、分期用料预算

由用料部门编制,凡属委托修缮的工作,保全科按用料部门计划分别代为编制"用料预算表",经一级主管核定后送企划部门转送运输组。

六、资本支出用料预算

由一级主管根据工程规划,通知企划部门按前条规定办理。

七、购料预算的编制程序

(1) 年度购料预算由企划部门汇编并送呈审核。
(2) 分期购料预算由运输组根据库存量、已购未到数量及财务状况编制,并由企划部门呈送审核并转企业财务会议审议。

八、经核定的分期购料预算

当期未动用者,不得保留;确有需要者,下期补列。

九、资本支出预算

年度有一部分未动用或全部未动用者,其未动用部分不能保留,根据情况在次年补列。

十、未列预算的紧急用料

由用料部门领用料后,补办追加预算。

十一、用料预算

用料预算除由用料部门严格执行外,由运输组及企划部门加以配合控制。

第七章 采购计划和预算

案例 7-1 BZ 公司采购经理工作日记

本案例取材于一位多年从事采购活动的人士的工作日记,展现了采购日常运作所遭遇的种种问题,如部门冲突、加急订货、缺货和库存积压等,以及相应的解决办法。

一、BZ 公司的发展阶段

BZ 公司是一家以机械制造为主要经营范围的制造型外资企业。其主要产品为精密温控仪器,广泛应用于各种温控系统中,如中央空调、保鲜等领域。该企业引进国外的先进生产技术,产品技术含量很高,在同行业中有很高的知名度。而且产品的性能价格比优于其他竞争对手的同类产品,因而市场前景看好。

BZ 公司如同大多数外资企业一样在华经历了三个发展阶段。BZ 公司在华发展的第一阶段是在中国成立办事处,进行市场推广和宣传,扩大市场知名度,通过代理的方式,将自己的产品原装进口到中国。这一阶段也称为市场试水阶段。随着产品市场接受程度的提高,BZ 公司发现如果一味地依赖原装产品进口,成本太高,货期也难保证。因为客户一般订货计划不强,要求的交货时间短,属于立等可取类型。欧洲供货方强调按订单生产,但是通常来自中国订单的交货期在两个月左右。因此,BZ 公司在华发展进入第二阶段,即投资设厂。这一阶段的主要特点是企业的生产以装配为主,大部分零部件通过母公司从海外采购。随着产品市场日益成熟和竞争对手的模仿,市场竞争更加激烈,制造商需要不断降低产品价格同竞争对手周旋。这时,BZ 公司进入了第三阶段,即外资企业进入供应商国产化阶段。

二、采购经理工作日记

日记 1:WX-280 的加急采购

BZ 公司进入发展第二阶段时,业务呈现一片欣欣向荣的景象,销售额纪录不断刷新。在公司产品中,有一款温控仪器,型号为 X-280。该产品上市初期,由于设计先进,性能卓越,加之市场上同类产品很少,市场需求不断增加。X-280 在近两年的时间里,成为 BZ 公司一个很好的利润增长点。X-280 温控仪器的精密热敏部件 WX-280 需要从欧洲原装进口。某日,销售部接到一个非常大的订单,一个华北区的大客户刚刚成功竞标一个国家级项目,该项目需要 100 台 X-280 温控仪器,但交货时间紧,要求交货期为两周。销售部在没有和其他部门沟通的情况下便向客户确认了该订单。

当订单处理人员把该订单录入系统之后,采购与供应部发现库中的 WX-280 仅有 30 套,并且这部分库存已经安排订单,只是离客户要求的交货期还有 1~2 个月。采购与供应部当即向海外供应商紧急订购 100 套 WX-280,很快接到海外供应商的订单确认,但明确说明该单货物最早于四周后发货,无法满足 BZ 公司的交货时间要求。

在欧洲,制造业中很多工厂实行"见单生产",即它们只有在接到客户的正式订单以后,才向其供应商订货,组织生产。欧洲的制造提前期一般在 4 周及四周以上,加上海运的 1 个月的运输时间(班轮的运输时间),货到中国后办理进出口、清关手续至少 1 周的时间,再加上原材料到工厂后 2~3 周的国内生产时间,因此,在国内 WX-280 没有库存的情况下,从 BZ 公司的销售部接到客户的订单到产品生产完毕,至少需要 3~4 个月的总提前期。这么长的交货期根本无法满足华北大客户的需求。

海运肯定是不能满足需求的,即使改用空运,也要 1 个月的交货期。而且 WX-280 每套净重 20kg,空运费用将会是一笔不小的开支。换一个供应商呢?不行,该产品是海外供应商为 BZ 公司特制的,也就是说,WX-280 只有一个供应商。经过公司开会研究,为了履行对客户的承诺,公司决定采取以下办法来解决这个难题:

(1) 销售部与华北大客户充分沟通,希望在 2 周后先交 30 台 X-280 温控仪器,随后的 2 周内,交齐

137

剩余货物。

(2) 采购与供应部与海外供应商协调,将交货期提前至 2 周。用空运的方式运出 100 套 WX-280。提前做好所有的进口手续及通关、内陆运输各环节的准备工作。

(3) 生产部先将库存的 30 套 WX-280 用于生产,待空运原材料到厂之后,组织加班,1 周内完成生产。

(4) 物流部安排 30 套 X-280 的运输确保货品及时到达华北大客户处。

在实际的操作中,由于国外供应商确实不能一下发出 100 套 WX-280,所以经过沟通,改为分两批发货,终于保证了货物准时到达。

公司对 WX-280 加急事件事后总结如下:

(1) 销售部在与客户签订合同时,应先向公司内部人员询问库存状况,再根据客户的具体需求签订合同,避免加急采购。

(2) 对于采购提前期较长的零部件,根据以往的销售情况,酌情加大库存量。

日记 2:采购依据变更

见订单再采购是很不容易的。若提前做好了销售预测,则采购就容易多了。

很久以来,BZ 公司由于市场需求还没有到膨胀的状态,公司一直采用"见单生产和见单采购"的原则,并且结合以往的历史销售记录制订采购计划。随着公司产品市场需求不断增加,原有的采购模式已无法满足市场的要求。采购与供应部提出,销售部直接接触市场,接触客户,直接了解市场需求,因此要求销售部每月根据市场变化,做出三个月后的销售预测,以便采购与供应部提前备货,满足市场的需求。总经理同意了采购与供应部的请求。该方案运作了三至四个月后,效果很好,库存充足,生产安排井然有序,已经很少有客户由于交货期的问题再投诉。

日记 3:X-280 库存之患

订单下降后,原有的计划做多了,库存增加。

X-280 需求经历过一段高速增长之后,订单量急剧下降。到底是什么原因导致该产品提前进入衰退期的呢?原来,市场上同时出现了许多 X-280 的替代产品。其他公司采用国内的部件,生产出许多质量虽不及 X-280,但价格却相对比较低的产品,所以导致 X-280 的订单量急剧下降。而 BZ 公司的采购与供应部并未得到相关的市场反馈,还保有大量 WX-280 在库中。等到发现实际订单与原预测有很大差异时,许多货物已经在从欧洲到中国的路上了。

新的问题出现了——库存太高。为什么会有这么高的库存呢?采购与供应部对以往的预测和实际销售量进行了分析,发现销售人员一般都比较乐观,喜欢多下计划数量,以便随时提货。如果有一些订单因为种种原因没有签下来,销售人员也不会向总部取消计划中的这部分采购。曾有一个订单涉及援外的项目,订单量为 100 多台设备。由于战争原因,该项目被搁置了,但销售人员没有把新的变化通知采购部门。而采购人员对市场并不是很了解,还是按照原来的计划采购,结果造成该部分的原材料库存积压。还有一部分原材料由于市场的变化,很少有客户订购,也造成库存积压。

采购与供应将该信息反馈到总经理处,没想到受到了总经理的严厉批评,指出销售部的乐观是正常现象,采购与供应部应该追踪订单,确保库存尽快降下来,并责成财务部来督办。

在财务部的大力推动下,许多原有虚拟订单被删除,采购与供应部连续两个月的采购额只及原来的 1/3。库存在 1~2 个月内很快降了下来,财务部经理的脸上露出了笑容。

日记 4:部门冲突——确定合理的库存水平

财务部经理脸上的笑容尚未消退,新的问题出现了。因为销售市场火爆,不仅消耗了原来的库存,还产生了大面积的缺货,很多货品出现了数百台的短缺现象。而且短缺最多的就是从欧洲采购的精密仪器部件。因为国内的采购可以很快补过来,国际采购则因采购提前期太长,无法迅速补充。这时销售部不仅不能履行对客户一周交货的承诺,还有大批已经到期的合同无法交货。公司甚至动用大规模的空运以弥补不足,最大的一单仅空运费就高达十几万元。高额的运费使成本迅速增加,但更多的时候空运是治标不治本。缺什么补什么,导致不断有小件货物需要空运,生产也无法顺畅地安排下去。于是各部门纷纷抱怨,互相指责。

生产部反映，由于产品销售量的增加，维修的部件也相应增加，有时原本在计划中用于生产的部分部件被临时用于维修了，结果导致相当一部分机器不能按计划生产。通过和销售部协调，销售部表示，为了客户的利益和公司的信誉，宁可由于部分部件短缺而造成产量下降，也不能降低对客户的服务水平。

财务部抱怨库存周转率不高，资金利用率不高，认为采购与供应部工作效率不高。大家都觉得采购与供应部的工作没有做好，不是缺件，就是库存高。采购与供应部觉得更委屈："我们天天加班，没日没夜地干活，供应不足或剩余有多种原因，怎能全都是我们的错？"

到底是哪里出现了问题？

经过大家的讨论，发现问题如下：

（1）大家对销售预测的准确性重视不够。销售预测的准确性不高直接导致采购计划的失真，而且生产部是按照实际的销售订单来排产的，采购与供应部是按照销售预测来采购的，预测与现实之间的出入直接导致了库存积压或货物短缺。

（2）客户服务水平过高。按客户服务部经理的报告，客户服务一直要求客户满意度达到99.5%。在供应链管理中，我们追求以最低的成本达到预期的服务水平。这个服务水平的高低直接影响着库存水平。如果产品的需求呈正态分布，99%的服务水平所需要的库存可能比95%的服务水平所需要的库存多出近1/3。这意味着1/3的库存只是为了提高4个百分点的服务水平所准备的，其代价和成本自然也是极其昂贵的。因此，在进行采购和生产计划之前，确定一个合理的服务水平和库存水平是非常必要的。

（3）物料清单的准确性不高。由于采购计划以物料清单为基础，所以其准确与否直接决定采购人员是否买回了所需要的物料。一件由几百种零件组成的产品，往往会由于缺少一两个部件而无法组装，无法向客户交货，而且99%的部件不得不留在库中等待最后缺件的到来。这样造成库存资源的极大浪费，不仅占用资金，而且占用仓库。用于补救的措施多是采用空运，甚至用DHL紧急订购缺件，从而造成很大的浪费。

例如，有一个从欧洲采购的精密部件PX33温控保护装置，该装置属于选配件，但由于这种保护装置可以使温控设备的主机避免由于发生故障而烧掉，有类似于漏电保护的功效，销售部在进行销售时，一般推荐客户选配该部件。但在物料清单中，该部件作为选配件并不在其中。采购与供应部根据销售部的销售预测和物料清单进行采购时，无法从系统中得到这种部件的需求数量，只是根据以往的历史记录来推算预计的采购数量。但这种历史推算很难跟得上市场的变化，导致该部件经常短缺。

（4）内部运作与外部销售的沟通不足，部门间的沟通也不足。这不仅表现在市场反馈不足上，还表现为大家对于其他部门的工作及需求不了解、不理解，也不关心。

通过对上述问题的讨论，大家意识到在企业飞速发展的情况下，各部门一定要很好地协作和沟通，才能跟得上企业发展的步伐。

公司的解决方案是这样的：

（1）提高销售预测的准确性。各部门一起参加如何做好销售预测的培训，提高对销售预测的重视程度。由人事部对销售员进行销售预测准确率的考核，将销售预测的准确程度与其奖金挂钩。

（2）寻找库存水平与客户服务水平的平衡点。分析其合理性和可行性，销售部和采购与供应部紧密配合，结合公司的采购环境，分析销售趋势并确定一个合理的库存水平，提交总经理批准。如果认为这样的库存仍然太高，那么就需要相应地调低客户服务水平。该库存水平由采购与供应部专人跟踪。

（3）对于维修的零部件，由客户服务部制订维修备件需求计划，由采购与供应部根据计划单独做备件的储备，避免维修件打断正常的生产安排，如果有特别情况的确需要调拨生产线上的部件，须有销售总监的批准。

（4）制订合理的采购计划，并时时调整再订货点和经济订货批量，要有合理的采购计划。

（5）技术部负责核对所有物料清单的准确性。要消灭由此产生的误采购。根据实际情况酌情调整物料清单，将80%的客户都选配的部件按照必选件采购，对于少数不选配的客户，由销售部每月月底通知采购与供应部调整数量，避免积压库存。

(6) 加强与国外供应商的沟通。在国外供应商实行"见单生产""零库存"的情况下,尤其要与他们保持密切、有效的沟通,通过年度采购计划和季度采购计划的形式通知供应商及早做出生产和发货的准备。这样可以紧密地跟踪货物的生产情况,及时处理突发事件,敦促供应商及时、准确地发货。

(7) 积极推进供应商国产化的速度。应尽量减少国际采购部件,减少国际运输。这样可以大大缩短采购提前期,增强企业对市场反应的灵活性。

案例7-2 太古饮料的采购预测与计划体系

随着快速消费品行业市场变化的加快,市场竞争越来越激烈,特别是食品企业,还面临一个货物保值期短的问题。因此,构建一个健全、良好的预测体系尤为重要。

在实际的运作管理中,太古饮料(生产和销售可口可乐系列饮料)建立了严密的预测体系,从周一到周五,每天如何预测,采用什么方式,系统如何操作,都进行了详细严格的规定。由于企业在实际运作中涉及大量包装变更,以及消费者促销期间的特殊包装制作等问题,因此在包装变更及特殊包装生产时,容易产生由于计划不当而导致所需求包装无法及时供应或特殊包装在要求时段截止后仍大量堆压的问题,所以独立预测该部分的产品是有必要的。

以下是部分预测体系。

周一:

(1) 下午1:30之前预测计划部(D&OP)的计划员利用Collaborate调整系统自动生成的13周销售预测数据(重点在前4周),需要细分到SKU(库存量单元)和DC(分销中心)层面。调整依据为市场销售部提供的最新滚动3个月价格促销计划、以往销售预测精确度报表、销量预算、天气预测等信息。

(2) 下午1:30预测计划部的计划员调整预测后,将预测发给销售运作部进行调整与确认,销售运作部在下午4:30之前会同NCB(非碳酸饮料)质量经理与KA经理重点客户经理或大客户经理)共同调整公司层面CSD(碳酸饮料)未来7周销售预测数据以及NCB未来13周销售预测数据。D&OP计划员在下午5点前与销售运作部进行D&OP预备会议,共同讨论并确认以上经调整的销售预测数据,需细分到SKU层面。在下班前由D&OP将最后共同确认的数据输入Collaborate系统。

(3) 销售运作部、NCB质量经理及KA经理对以上销售预测数据进行调整的依据为最新滚动3个月周价格促销计划、市场销售部本月周销售目标、营业所本月周销售预测、新产品上市销售表现跟踪报表等。

(4) 最终确认的分周滚动销售预测不仅是一个预测的数字,而且应当是销售运作部进行分周销售管理的依据。因此,销售运作部进行销售预测时,应当参考各地营业所的预测。在确认滚动销售预测数字后,销售运作部应当根据此预测制定订单销售运作部的分周、分营业所、分主要包装组的销售目标,并保证此分周销售目标可以传达至所有销售人员,使此预测变成可以达到、可以实现的计划。

周二:

(1) 上午11:00之前预测计划部计划员利用Fulfillment-CPP模块和Strategy模块确认本周四到下周五的生产需求,并将生产需求发送给SQZ模块负责人做生产排班,同时抄送给相关部门(采购、生产、仓库等部门)提前做准备。

(2) 下午1:30之前预测计划部需利用SQZ模块安排好本周四到下周五的生产计划。同时预测计划部必须在下午1:30之前将会议资料准备齐全。资料包括与销售运作部讨论确定的滚动13周销售预测、下周生产计划、采购计划、最新仓库货物报告。

(3) 下午1:30召开预测计划会议。会议按照标准会议流程讨论进行。必须出席会议的人员有供应链总监、市场销售总监、预测计划部经理、销售运作控制部经理、生产部经理、储运部经理、采购部经理。

(4) 在预测计划会议上需共同讨论、调整，并由供应链总监与市场销售总监共同确认讨论后的 CSD 滚动 4 周分 SKU 及 NCB 滚动 7 周分 SKU 的销售预测数据、下周生产计划、下周采购计划。此会议上由市场销售部与供应链部共同确认的销售预测数据、生产计划、采购计划作为对各位与会人员进行关键指标考核的依据。

(5) 下午 5:30 之前发布确认的本周四到下周五的生产计划。

(6) 下班前预测计划部根据会议内容确定预测数据。

(7) 下班前预测计划部需要在系统中确认 NCB 产品到货和在途数据。

周三：

(1) 预测计划部需将未来 4 周的滚动生产计划、物料需求计划、库位及托盘需求计划、人员需求计划等发给相应部门做参考。

(2) 调拨计划员通过 Fulfillment-DEP 模块生成本周四到下周五的 DC 调拨计划，发给各 DC 仓库负责人和所在营业所经理，并与各地沟通，确认调拨计划有无需要根据实际情况修改的内容，经确认后交给运输部安排运输。

(3) 为了保证对市场变化的及时反映，装瓶厂可以根据情况制作并更新每天调拨计划，每天应将当天的调拨计划与各地 DC 仓库负责人和所在营业所经理沟通，并根据 DC 反馈意见调整后，交给运输部执行。

(4) 预测计划部负责将周二的预测计划会议记录发给会议出席人员，并跟进相关问题。

周四：

(1) 下班前预测计划部结合公司的销售情况，根据 NCB 滚动计划（Rolling Plan）里的计划到达（Plan Arriving）数量向供应链管理部门（SCMC）下达第三周的订单量。

(2) 每周四至周五，计划员需通过 DPEE 模块清理历史异常数据，并且根据销售运作部提供的未来 4 周滚动促销计划在 DPEE 里加入促销因素等相关因素并调整数据。

(3) 如果有新产品上市，预测计划部根据市场销售部的通知向系统管理部门提交新产品代码申请表，并将新产品纳入预测计划流程。

周五：

销售运作部需要将最新滚动 3 个月的价格促销计划送到预测计划部。

有预测才有计划。要做好计划，必须有精确的预测，这也是很多企业追求的目标，我们经常说"计划没有变化快"，就是我们预测的精度不够。而本案例在预测的执行过程中有严格详细的步骤和标准，这样才能科学地体现预测。

复习思考题

1. 什么是战略采购计划？编制战略采购计划需要考虑哪些因素？
2. 采购计划管理的作用是什么？编制采购计划的基础资料有哪些？
3. 简述编制采购计划的基本程序。
4. 什么是预算？为什么要编制预算？
5. 采购预算包括哪几种？编制采购预算的影响因素有哪些？

实践与思考

本章的实践性内容包括战略采购计划和采购预算的编制。可给定某一制造企业或商业企业的销售计划，由学生自行编制采购计划；也可以进一步结合市场价格信息的调研，编制各种不同类型产品的采购预算。

第八章

采购谈判和合同签订

作　用

谈判和签约是采购工作的重要组成部分，本章在介绍商务谈判和合同签订基本知识的基础上，重点从采购方的角度阐述采购人员进行采购谈判的策略和技巧、采购合同签订的程序和注意事项等。读者通过本章的学习可以初步掌握从事采购业务谈判和合同签订的基础知识。

关　键

本章所涉及的基本概念包括采购谈判、采购合同、争议、索赔和仲裁等；基本理论有采购谈判的相关理论、合同签订的相关理论；主要方法包括采购谈判的程序和技巧、采购合同签订的准备、签订的程序和合同争议的解决方法。

第一节　采购谈判

一、采购谈判的含义及适用条件

思　考：
1. 采购谈判的适用条件是什么？
2. 采购谈判成功的关键因素有哪些？
3. 采购谈判中常用的策略和技巧有哪些？

1. 采购谈判的含义

采购谈判是谈判的一种。采购谈判是指企业为采购商品作为买方，与卖方厂商对购销业务有关事项，如商品的品种、规格、技术标准、质量保证、订购数量、包装要求、售后服务、价格、交货日期与地点、运输方式、付款条件等进行反复磋商，谋求达成协议，建立双方都满意的购销关系。

2. 采购谈判的适用条件

采购谈判主要适用于下列几种情况：

（1）结构复杂、技术要求严格的成套机器设备的采购，在设计制造、安装、试验、成本价格等方面需要通过谈判进行详细的商讨和比较。

（2）多家供货厂商互相竞争时，通过采购谈判，使愿意成交的个别供货厂商在价格方面做出较大的让步。

（3）采购的商品供货厂商不多，但企业可以自制或向国外采购，或可用其他替代商品，通过谈判，可帮助企业做出有利的选择。

（4）需要的商品经公开招标，但开标结果在规格、价格、交货日期、付款条件等方面无一供货厂商能满足要求时，可通过谈判再做决定。但在公开招标时，应预先声明开标结果达不到招标要求，须经谈判决定取舍。

（5）需要的商品，原采购合同期满、市场行情有变化并且采购金额较大时，应通过谈判提高采购质量。

二、采购谈判的程序

采购谈判可分为准备阶段、开局阶段、正式洽谈阶段和成交阶段。

（一）准备阶段

准备阶段首先要考虑以下三个主要问题：

（1）企业想要的是什么？企业只有在和其他谈判方商议以后才会清楚企业自身想要的是什么。例如更低的价格、改善的关系、更大的折扣、更快的交货速度、质量的改变等。

（2）每项条款对企业有多大的价值？例如即时交货意味着高优先权，较低的价格意味着中等优先权等。

（3）什么是企业的进入点和退出点？企业的进入点就是企业的"开价"，一旦暴露，企业就不能再提高，所以要对开价进行仔细考虑。退出点是企业的"走开"位置。为了避免中止讨价还价的可能性，因而在准备阶段明确并理解这一点是非常重要的。如果企业的退出点和谈判对手的退出点无重叠，那么就很难达成交易。

图8-1表明了两种情况：①买方和卖方的可能性范围无重叠，此时没有交易的可能；②间隔被重叠，此时可能取得互相满意的结果。注意：重叠并不意味着只有一种可能的结果，在这两种退出点之间存在着无限的可能性。

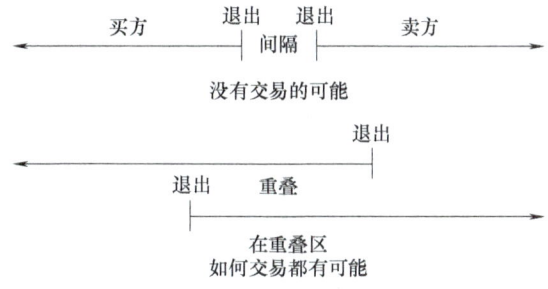

图8-1 可能性成交的范围

这一阶段的主要工作内容为：

1. 明确谈判内容

明确谈判内容，需要搜集与谈判内容有关的各项采购业务资料，如供货厂商的产销能力和供货服务水平、采购市场供求和价格动态等。

2. 确定谈判目标

（1）谈判目标。具体明确的谈判目标有助于谈判的成功，盲目、含糊不清的目标将导致谈判的失败。谈判目标是指在采购目标确定之后，准备在谈判中实现的目标。谈判目标要根据采购性质而定，如单项采购或加工配件，其数量、价格、质量、技术性能等都要有明确要求。

谈判目标分以下三个层次：①理想目标。它是指谈判者期望通过谈判所要达到的上限目标。②现实目标。它是指谈判者期待通过谈判所要达到的下限目标。③立意目标。它是介于理想目标和现实目标之间的目标。

（2）对目标的可行性研究。谈判目标的确定是主观上的认识，与现实目标有一定的距离。如何缩短这个距离促使目标实现，就要对企业内部实力与外部环境做比较分析，寻找可行的途径以达到目标要求。这就需要掌握以下几方面的信息：①市场信息。例如市场可供资源量、产品质量、市场价格、产品流通渠道、供销网点分布等。②科技信息。例如新产品、替代品、新技术的应用及产品质量、检验方法等。③环境信息。它是影响企业采购活动的外部因素，如国家有关经济政策、价格体系的改革、进出口政策方针等。④企业内部需求信息。例如企业所需原材料、零配件需用量计划，企业计划任务的变更，资金状况等。⑤谈判对手的信息。例如供货厂商生产能力、技术水平、信誉等。通过对以上各种信息的综合、分析、讨论，最后确定恰当的目标，容易取得谈判的成功。

3. 制定谈判策略

制定谈判策略，就是制订谈判的整体计划，从而在宏观上把握谈判的整体进程。制定谈判策略的基本步骤如下：

（1）明确希望通过谈判达成的目标。例如以最低的价格购进一批原料，力争采用分期付款方式等。

（2）收集相关数据，了解供应商的详细情况，特别是其在价格方面的立场，并对所购物资的成本进行分析。

（3）确定实际情况，也就是找出认为可信的数据。每一种实际情况都是所希望达成协议的一方面的信息。

（4）找出分歧点，即需要在谈判中重点讨论的问题。谈判的目的就是解决问题，从而签订一份双方都满意的合同。

（5）分析各自的优势和劣势所在。例如：供应商的供应能力、订单积压状况和盈利能力如何？与该供应商签订合同的可能性有多大？是否存在时间上的紧迫性？分析双方实力的过程可以帮助谈判者确立谈判要点，避免产生不切实际的愿望，并且为制定策略提供依据。

（6）确立自己在分歧中的地位，并且根据所得资料估计供应商在每个分歧中的地位。需要明确的问题有：用什么资料来支撑自己的地位？什么资料可能支撑供应商的地位？在进行优势分析后，应该提出两个问题：①谁在谈判中处于更有利的地位？②哪些关键点可以使双方都能得到最大的好处？

（7）制定谈判策略。首先安排谈判进程，决定先讨论什么问题，后讨论什么问题；研究在哪些方面采购者可以妥协，在哪些方面应立场坚定；然后确定谈判团队（通常由管理和质量控制人员组成，由采购部门领导）由哪些人组成；最后为每一个目标确立谈判范围和指标，从而制定谈判者认为能够实现的合理目标。策略的制定应该建立在对形势和谈判策略正确理解的基础上。如果谈判的目的是达成交易，那么谈判的方法和技巧就十分重要，因为它能够影响所表达的意图。采取的策略要使另一方感觉谈判者或者合同的结果是积极的，那么他们就会致力于协议的达成，并争取解决签订合同期间所产生的任何问题。

4. 整理和计划在谈判中需要提出和解决的一些问题

整理和计划在谈判中需要提出和解决的问题，按问题的逻辑顺序制定谈判日程；并在正式开始谈判前，征求对方的意见，取得其同意。

5. 在谈判内容较复杂时的人员安排

当谈判的内容较复杂，需要其他工程技术、财务、法律等专业人员参加时，应请有关部门选派得力人员，组成谈判小组。小组成员应充分了解谈判的内容、目标和策略计划，密切配合，步调一致地进行谈判。

谈判小组是为顺利进行谈判达到既定目标而组成的工作组，它直接影响谈判的成败。谈判小组规模的大小应视具体情况而定。规模过大，控制权不易集中；规模过小，又难于应付谈判涉及的各个领域里的种种问题。小组人员主要由谈判负责人即谈判小组的领导人（简称主谈）和专业技术人员、财务人员、记录员等组成。组织谈判小组，人员结构要合理，对成员授权要明确，并且要规定必要的工作制度，这些都是关键问题。

（二）开局阶段

谈判开局对全局及走向有深刻的影响，因此，必须精心安排，创造一个和谐的谈判氛围，为实质性谈判取得成功奠定良好基础。谈判开局是谈判双方首次正式接触，是准备工作的继续、正式谈判的开始，起着承前启后的作用。

积极创造一种适合谈判的环境是开局的目标。什么样的环境是适合谈判的环境呢？谈判场所应当温暖、舒适，气氛应该友好、和谐，主办方应该热情、好客，这种气氛对任何一方都是需要的。因此，双方刚一接触时就应相互打招呼，多用一些中性语言，避开一些实质性问题，就双方共同关心的问题以坦诚、友好的态度先行交换意见。时间长短视双方情绪高低而定。只要是渲染、烘托了热烈气氛，就为谈判的顺利进行创造了一个良好的条件。

开局阶段需要做的几项工作包括：

（1）进一步加深彼此的了解和沟通。这是指在准备阶段间接了解的基础上，就谈判的有关问题做进一步的询问或介绍。通过直接的询问，可就产品的质量、性能、使用情况及一些需要专门了解的问题获得满意的答复。厂商也可通过图像展示或产品使用表演来宣传产品，从而避免广告或说明书的一些不适之词给人们带来的错觉，提高了产品的可信度。

（2）洞察对方，调整策略。这是指观察谈判对方的经验和风格以便采取相应的策略。如对方在初始接触中表现得瞻前顾后、优柔寡断，显然其经验不足；反之，若对方表现得从容自若，侃侃而谈，又能巧用中性语言避实就虚，则大多是行家。同时要注意随时调整策略，提出相关问题。

（3）激发对方的兴趣。

（4）开局的另一项任务是共同设计谈判程序，包括议题范围和日程。当然，谁安排谈判的议事日程谁就有主控权。若双方能协商一致并相互尊重，则谈判能够按部就班地顺利进行。

（三）正式洽谈阶段

这一阶段可细分为开始洽谈阶段和业务洽谈阶段。

1. 开始洽谈阶段

这个阶段，所有参加谈判的人员的精力都很充沛，注意力非常集中，双方开始进入最初的洽谈议题。这个阶段要阐述为什么要谈判、谈判的内容是什么、预计谈多长时间等。双方各自表明自己的立场，进一步巩固已经建立起来的轻松、诚挚的工作气氛。

这个阶段虽然很短，但却建立了洽谈的格局，双方都从对方的言行举止中观察与判断对方的特点，以确定自己的行动方式。该阶段需要注意观察以下几点：

（1）观察供应商的神态、表情，从而判断他们的心理状态。
（2）识别出他们的领导者——谁能够真正做出让步的决定。
（3）如果他们讨论一个问题时比较犹豫，那么这就是他们的弱点。
（4）如果供应商没有关键问题的任何信息，那么这也是他们的弱点。
（5）保持紧张，注意力集中，倾听对方的发言。

2. 业务洽谈阶段

这个阶段具体包括摸底和磋商两个阶段。

（1）摸底阶段。在合作性洽谈中，摸底阶段双方分别阐述对会谈内容的理解，希望得到哪些利益，首要利益是什么，可以采取何种方式为双方共赢做出贡献，以及双方的合作前景。这种陈述应简明扼要，将谈判的内容横向展开。

这个阶段不要受对方陈述的影响，应将注意力放在阐明自己的利益上。同时，不要试图猜测对方的意图，而是要把注意力放在准确理解对方的关键问题上。

陈述之后，双方提出各种可供选择的设想和解决问题的方案。然后，双方需要判断哪些设想和方案更现实、更可行。任何一方都不能为自己的建议辩护。

（2）磋商阶段。此阶段所有要讨论的议题内容都已横向铺开，要以合作的方式反复磋商，逐步推进谈判内容。通过对所采购商品的质量、价格、交货方式、付款条件等各项议题的反复讨论，互相让步，寻找对双方都有利的最佳方案。

这个阶段要注意双方需共同寻找解决问题的最佳办法。当在某一个具体问题上谈判陷入僵局时，应征求对方同意，暂时绕过难题，转换另一个问题进行磋商，以便通过这一议题的解决打开前一问题谈判的僵局。

这一阶段要做好谈判记录，把双方已经同意解决的问题在适当时机归纳小结，请对方确认。如果通过反复的磋商，所有议题都得到圆满解决，则谈判进入成交阶段。

（四）成交阶段

这一阶段要草拟经磋商所达成的协议初稿，经双方进一步修改认可，签订协议书，并据以签订正式合同。通常签订协议书，即算谈判结束。此协议书是签订正式合同的依据。

在谈判后阶段的指导方针包括以下几部分：

（1）保证组织中的员工具有执行协议的义务。
（2）根据协议准备正式合同。
（3）要找时间对绩效进行评估。首先评估谈判的绩效；其次评估执行绩效。

三、谈判中的竞争与合作

大多数谈判包括两个方面的因素，即对抗因素与合作因素。谈判的定义中既包括"讨价还价"，又包括"协商"。讨价还价意味着双方追求各自利益的最大化，这常常需要做出或得到某些让步。协商是指交换看法，比讨价还价更温和。如图8-2所示，在谈判前要考虑的一个重要问题是，这是一个"零和"谈判，还是一个"正和"谈判。

第八章　采购谈判和合同签订

如果只有一个问题要谈判，并且一方的所得就是另一方的所失，这时就会出现"零和"谈判。从表面上看，多数商业谈判都是"零和"谈判，进入一方口袋中的钱就是从另一方口袋中掏出的钱，这意味着只有支付的和收到的金额才有价值。例如房屋或二手汽车的买卖过程。现实中，在额外增加价值的情况下，即使这些明显的简单谈判也可以转化为"正和"谈判。假设你正在购买一辆二手汽车，你希望在开车之前给车进行一次全面的机械保养服务，而该车卖主很想使用一周之后再卖，因为那时才到保养的期限。如果可以再使用一段时间，该卖主可能愿意降低一些价格；而你作为买主，如果汽车得到保养，那

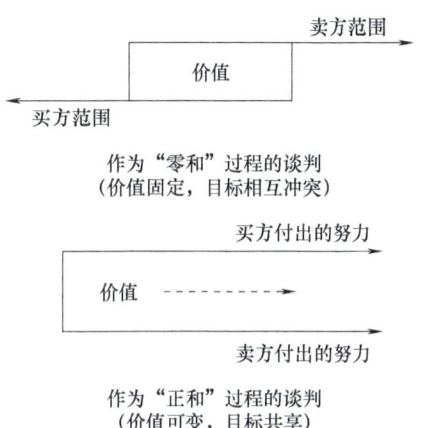

图8-2　"零和"谈判与"正和"谈判

么你可能愿意支付高一点的价格。在这个谈判中，我们可以发现潜在的额外价值。如果卖主多保留几天汽车的使用权，并在此期间对汽车进行保养，那么他就可以做成一笔更好的交易，你也如此。这样就将"零和"谈判转化成了"正和"谈判。

四、谈判成功的关键因素

1. 要具备必胜的信念，敢于面对困难和挑战

只有具备必胜的信念，才能使谈判者的才能得到充分发挥，使谈判者掌握谈判的主动权。必胜的信念，不仅是指求胜心理，还有着更广泛的内涵和更深的层次。信念决定谈判者在谈判活动中所坚持的谈判原则、方针，它取决于谈判者对运用的谈判策略与方法的信心。有时谈判的一方为达到目的不择手段，甚至采取欺诈、威胁的伎俩迫使对方就范，这些做法也是受求胜心理支配的。但是不提倡这种信念，这是不道德的。实践证明，这样做的后果是十分消极的。不择手段的做法虽然使企业签订了合同，获得了利益，但它也使企业失去了信誉和合作伙伴，失去了比生意更加宝贵的东西。必胜的信念应该符合职业道德，是高度理性的自信心。这是每一个谈判人员要想取胜的心理基础。只有满怀取胜的信心，才能有勇有谋、百折不挠，达到既定目标；才能虚怀若谷，赢得对方的信任，获得成功的合作。

2. 谈判者要有耐心，能很好地控制自己的情绪

耐心是在心理上战胜谈判对手的一种战术与谋略，也是成功谈判的心理基础。在谈判中，耐心表现为不急于取得谈判结果，能够很好地控制自己的情绪，掌握谈判的主动权。耐心可以使人们更多地倾听对方，了解掌握更多的信息。有关统计资料表明，人们说话的速度是每分钟120～180个字，而大脑思维的速度却是它的4～5倍。这就是为什么常常对方还没讲完，人们却早已理解的原因。但如果这种情况表现在谈判中却会直接影响谈判者倾听，会使不注意倾听的一方错过极有价值的信息，甚至失去谈判的主动权。所以，保持耐心是十分重要的。

3. 谈判者要有诚意

受诚意支配的谈判心理是保证实现谈判目标的必要条件。诚意是谈判的心理准备，只有双方致力于合作，才会全心全意地考虑合作的可能性和必要性，才会合乎情理地提出自

己的要求和认真考虑对方的要求。所以，诚意是双方合作的基础。

诚意也是谈判的动力。希望通过洽谈来实现双方合作的谈判人员会进行大量细致、周密的准备工作，拟订具体的谈判计划，收集大量的信息，全面分析谈判对手的个性特点，认真考虑谈判中可能出现的各种突发情况。诚意不仅能够保证谈判人员有良好的心理准备，而且也使谈判人员的心理活动始终处于最佳状态。在诚意的前提下，双方会努力求大同、存小异，互相理解，互相让步，以求达到最佳的合作。

4. 善于树立第一印象

在知觉认识中，一个常见的现象是第一印象决定人们对某人、某事的看法。许多情况下，人们对某人的看法、见解往往来自第一印象。如果第一印象良好，很可能就会形成对对方的肯定态度；否则，很可能就此形成否定态度。

正是由于第一印象的决定作用，比较优秀的谈判者都十分注意双方的初次接触，力求给对方留下深刻印象，赢得对方的信任与好感，增加谈判的筹码。第一印象的形成主要取决于人的外表、着装、举止和言谈。通常情况下，仪表端正、着装得体、举止大方稳重的人容易获得人们的好感。但心理学家研究发现，如果一个人很善于沟通，能够感染他人，那么他给人们的第一印象也比较好。

5. 营造和睦的谈判氛围

和睦的谈判氛围是谈判双方良好沟通的基础，能够加快谈判目标的达成。营造和睦的谈判氛围，谈判的双方产生"共同的语言"，能够促成双方相互理解。

营造和睦的谈判氛围的方法有两种：①尽量使自己的声调和语调与对方和谐。如果按照对方的说话速度和频率来改变自己的说话速度和频率，就会营造出和谐的氛围。②采用与对方相协调的身体姿势。在谈判中，如果采取与对方相似的举动，自然而然就会形成和谐关系。但是在这个过程中，要避免给对方造成模仿的感觉。

6. 表述准确、有效

无论在什么谈判中，正式谈判的第一项内容都是陈述自己的条件，说明希望达到什么样的目的以及如何实现这个目标。作为建立良好谈判的基础之一，正确、完整、有效地表述是非常重要的。说话语调保持平稳，吐字清晰，保持适中的说话速度，这样会显得权威和自信。同时，在说话时切不可埋头，要用温和的眼光看着对方。

7. 采用稳健的谈判方式

稳健的谈判方式要求谈判者坚持自己的权利，同时尽可能地顾及他人的权利。因此，在谈判中要考虑他人的要求和意见，开诚布公地陈述自己的要求和意见（并非直接将自己的底牌亮给对方）。进攻意味着将双方的关系对立起来，而稳健的方式却是为了找到共同的解决方法而一起努力，从而营造双赢的谈判气氛。

8. 拒绝方式要正确

谈判者在处理对方提出的棘手问题时，需要诚心诚意和开诚布公地说"不"。但是在说"不"的时候，需要讲究方式和方法。一般来说，成功的谈判者在说"不"的时候，一般将拒绝的原因放在前面，而后才提出拒绝。错误的拒绝方式是："我不同意，因为这个价格超过了我们的进货价格。"正确的拒绝方式是："你的这项价格要求超过了我们进货的价格，所以我们不能接受。"

9. 正确使用臆测

臆测是指在某一客观条件下人的主观猜想、揣测。在谈判中，臆测的作用是重要的，它可以帮助企业预测未来可能发生的事情，但应注意不要被头脑中想当然的思想左右。克服这一弊端的最好办法就是谈判的双方都参与发现事实、分析论证、寻找真实情况的过程。经过双方确定的事实是解决问题的基本要素，只要有充裕的时间分析和发现事实，就能找出双方的分歧，同时又能发现有价值的事实。谈判时所坚持的或不可改变的事情就不会那样不可动摇，而是变成可以商议的。

五、一些常用的谈判技巧

（一）买方占优势时的谈判技巧

在买方占优势的情况下，供应商之间竞争激烈，买方可以"因势利导"，运用压迫式谈判技巧，具体如下：

1. "借刀杀人"

通常询价之后，可能有3~7个厂商报价，经过报价分析与审查，按报价高低的次序排列。然后，采购人员需要考虑：谈判究竟先从报价最高者着手还是从最低者开始；是否只找报价最低者来谈判；是否要与报价的每一厂商分别谈判。

采购人员若逐一与报价厂商谈判，则在时间上就很不经济；且谈判的厂商越多，通常将来决定的时候困扰就越多。所谓"借刀杀人"，是指从非报价最低者开始。若时间有限，先找比价结果排行第三低者来谈判，探知其可能降低的限度后，再找第二低者来谈判，经过这两次谈判，"底价"就可浮现出来。若此"底价"比原来报价最低者还低，表示第三、第二低者合作意愿相当高，则可再找原来报价最低者来谈判。以前述第三、第二低者降价后的"底价"，要求最低者降至"底价"以下合作，达到"借刀杀人"的目的。如果原来报价最低者不愿降价，则可交予第二或第三低者按谈判后的最低价格成交。如果原来最低价者刚好降至第二或第三低者的最低价格，则以与原来报价最低者合作为原则。注意：运用"借刀杀人"的方法达到合理的降价目的时，应见好就收。

2. 化整为零

采购人员要想获得最合理的价格，必须深入了解供应商的"底价"究竟是多少。若仅获得供应商笼统的报价，据此与其谈判，吃亏上当的机会相当大。若能要求供应商提供详细的成本分析表，则"杀价"才不致发生错误。因为真正的成本或底价，只有供应商心里明白，任凭采购人员"乱砍乱杀"，最后恐怕还是占不了便宜。因此，如果拟购物品是由几个不同的零件组合或装配而成的，则可要求供应商"化整为零"，列示各项零件并逐一报价；同时询问专业制造这些零件的厂商的报价，借此寻求最低的单项报价或总价，作为谈判的依据。

3. 压迫降价

在买方占优势的情况下，可以以胁迫的方式要求供应商降低价格，并不征询供应商的意见。这通常是在买方处于产品销路欠佳或竞争十分激烈，导致发生亏损或利润微薄的情况下，为改善其获利能力而使出的"撒手锏"。由于市场不景气，会形成供应商存货积压，急于出手换取周转资金的情况。这时采购人员通常遵照公司的紧急措施，要求供应商自特定日期起降价若干；如果原来的供应商缺乏配合意愿，即行更换供应来源。当然，采用此种激烈的降价手段，供需关系难以维持久远。这种手段只适用于短期的购买行为。

(二）买方处于劣势时的谈判技巧

在卖方占优势的情况下，特别是单一来源或独家代理，买方寻求突破谈判困境的技巧如下：

1. 迂回战术

由于卖方占优势，正面杀价通常效果不好，采取迂回战术才能奏效。举例说明如下：某厂家自本地的总代理购入某项化学品，发现价格竟比 X 公司的同类产品高，因此要求总代理说明原委，并比照给予同样的价格。未料总代理未能解释个中道理，也不愿意降价。因此，采购人员委托总代理原厂国的某贸易商，先行在该国购入该项化学品，再运至内地。因为总代理的利润偏高，此种转运安排虽然费用增加，但总成本还是比通过总代理购入的价格便宜。

2. 预算不足

在买方居于劣势的情况下，应以"哀兵"姿态争取卖方的同情与支持。由于买方没有能力与卖方谈判，有时会以预算不足为借口，请求卖方同意在其有限的费用下，勉为其难地将货品卖给他。一方面，买方必须施展"动之以情"的谈判功夫；另一方面，买方可通过口头承诺将来"感恩图报"，换取卖方"来日方长"的打算。此时，若卖方并非血本无归，只是削减原本过高的利润，则双方可能成交。

3. 釜底抽薪

为了避免卖方由处于优势地位而获取过高利润，采购人员可口头上同意卖方有"合理"利润，但要求卖方提供所有成本资料。以国外采购为例，可以请总代理提供相关进口单据，借以查核其真实的成本，然后加计合理的利润作为采购的价格。

第二节 采购合同签订

一、采购合同的含义及特征

（一）采购合同的含义

合同是双方或多方确立、变更和终止相互权利和义务关系的协议。合同的种类很多，但人们生活中最常见的合同是经济合同，它是法人之间为实现一定的经济目的，明确双方权利和义务关系的协议。它的基本特征在于：①经济合同的主体限于法人；②经济合同的内容限于法人之间为进行经济行为的各种事项。

采购合同是经济合同的一种，是供需双方为执行供销任务、明确双方权利和义务而签订的具有法律效力的书面协议。随着商品流通的发展，采购合同正成为维护商品流通秩序和促进商品市场发展完善的手段。

（二）采购合同的特征

采购合同具有以下主要特征：

1. 它是转移标的物所有权或经营权的合同

采购合同的基本内容是出卖人向买受人转移合同标的物的所有权或经营权，买受人向出卖人支付相应货款，因此它必然导致标的物所有权或经营权的转移。

2. 采购合同的主体比较广泛

从国家对流通市场的管理和采购的实践来看，除生产企业外，流通企业、其他社会组织和具有法律资格的自然人也是采购合同的主体。

3. 采购合同与流通过程密切联系

流通是社会再生产的重要环节之一，对国民经济和社会发展有着重大影响。重要的工业品生产资料的采购关系始终是国家调控的重要方面。采购合同是采购关系的一种法律形式，它以采购这一客观经济关系作为设立的基础，直接反映采购的具体内容，与流通过程密切相连。

二、采购合同的组成

合同、合约、协议等作为正式契约，应该条款具体、内容详细完整。一份买卖合同主要由首部、正文与尾部三部分组成。

（一）首部

合同的首部主要包括以下内容：

（1）名称。例如生产用原材料采购合同、品质协议书、设备采购合同、知识产权协议、加工合同。

（2）编号。例如2020年第1号。

（3）签订日期。

（4）签订地点。

（5）买卖双方的名称。

（6）合同序言。

（二）正文

1. 主要内容

合同的正文主要包括以下内容：

（1）商品名称。商品名称是指所要采购物品的名称。

（2）品质规格。品质规格是指商品所具有的内在质量与外观形态的结合，包括各种性能指标和外观造型。该条款的主要内容有技术规范、质量标准、规格和品牌。

（3）数量。这是指用一定的度量制度来确定买卖商品的重量、个数、长度、面积、容积等。该条款的主要内容有交货数量、单位、计量方式等。必要时还应该清楚地说明误差范围以及交付数量超出或不足的处理方式。

（4）单价与总价。单价是指交易物品每一计量单位的货币数值。例如，一台计算机9000元。该条款的主要内容包括计量单位的价格金额、货币类型、国际贸易术语（如FOB、CIF、CPT等）、物品的定价方式（固定价格、浮动价格）。

（5）包装。包装是为了有效地保护商品在运输存放过程中的质量和数量，并有利于分捡和环保而把货物装进适当容器的操作。该条款的主要内容有包装标识、包装方法、包装材料要求、包装容量、质量要求、环保要求、规格、成本等。

（6）装运。装运是把货物装上运输工具并运送到交货地点。该条款的主要内容有运输方式、装运时间、装运地与目的地、装运方式（分批、转运）和装运通知等。在FOB、CIF和CFR合同中，卖方只要按合同规定把货物装上船或者其他运输工具，并取得提单，就算履行了合同中的交货义务。提单签发的时间和地点就是交货时间和地点。

（7）到货期限。到货期限是指约定的到货最晚时间。到货期限要以不延误企业生产为标准。

(8) 到货地点。到货地点是货物到达的目的地。到货地点的确定并不一定总是以企业的生产所在地为标准；有时为了节约运输费用，在不影响企业生产的前提下，也可以选择交通便利的港口交货。

(9) 付款方式。国际贸易中的支付是指采用一定的手段，在指定的时间、地点、使用确定的方式方法支付货款。付款条款的主要内容有支付手段、付款方式、支付时间、支付地点。

(10) 保险。保险是指企业向保险公司投保并交纳保险费的行为，也指货物在运输过程受到损失时，保险公司向企业提供的经济补偿。该条款的主要内容包括确定保险类别及其保险金额、指明投保人并支付保险费。根据国际惯例，凡是按照 CIF 和 CIP 条件成交的出口物资，一般有供应商投保；按照 FOB、CFR 和 CPT 条件成交的进口物资由采购方办理保险。

(11) 商品检验。商品检验是指商品到达后按照事先约定的质量条款进行检验。对于不符合要求的产品要及时处理。

(12) 纷争与仲裁。仲裁条款以仲裁协议为具体体现，表示买卖双方自愿将其争议事项提交第三方进行裁决。仲裁协议的主要内容有仲裁机构、适用的仲裁程序、仲裁地点、裁决效力等。

(13) 不可抗力。不可抗力是指在合同执行过程中发生的、不能预见的、人力难以控制的意外事故，如战争、洪水、台风、地震等，致使合同执行被迫中断。遭遇不可抗力的一方可因此免除合同责任。不可抗力条款的主要内容包括不可抗力的含义、适用范围、法律后果、双方的权利和义务等。

2. 选择内容

合同正文的选择性内容包括：

(1) 保值条款。
(2) 价格调整条款。
(3) 误差范围条款。
(4) 法律适用条款。买卖双方在合同中明确说明合同适用何国、何地法律的条款称作法律适用条款。

对于大批量、大金额、重要设备及项目的采购合同，要求全面详细地描述每一条款；对于金额不大、批量较多，而且买卖双方已签有供货、分销、代理等长期协议（认证环节完成）的，则每次采购交易使用简单订单合同，索赔、仲裁和不可抗力等条款已经包含在长期协议中。

对于企业因频繁批量采购而与供应商签订的合同可以分为两个部分：认证合同、订单合同。①认证合同的内容是在买卖之间长期需要遵守的协议条款，由认证人员在认证环节完成，是对企业采购环境的确定。②订单合同就每次物料采购的需求数量、交货日期、其他特殊要求等条款进行表述。

(三) 尾部

合同的尾部包括：

(1) 合同的份数。
(2) 使用语言及效力。
(3) 附件。

（4）合同的生效日期。
（5）双方的签字盖章。

三、采购合同的订立

采购合同的订立，是采购方和供应方双方当事人在平等自愿的基础上，就合同的主要条款经过协商取得一致意见，最终建立起物品采购合同关系的法律行为。

（一）采购合同订立前的准备工作

合同依法订立后，双方必须严格执行。因此，采购人员在签订采购合同前，必须审查卖方当事人的合同资格、资信及履约能力，逐条订立采购合同的各项必备条款。

1. 审查卖方当事人的合同资格

为了避免和减少采购合同执行过程中的纠纷，在正式签订合同之前，采购人员首先应审查卖方当事人作为合同主体的资格。所谓合同资格，是指订立合同的当事人及其经办人必须具有法定的订立经济合同的权利。审查卖方当事人合同资格的目的在于确定对方是否具有合法签约的能力。这一点直接关系到所签合同是否具有法律效力。

（1）法人资格审查。即认真审查卖方当事人是否属于经国家规定的审批程序成立的法人组织。法人是指拥有独立的必要财产、有一定的经营场所、依法成立并能独立承担民事责任的组织机构。判断一个组织是否具有法人资格，主要看其是否持有工商行政管理部门颁发的营业执照。经工商登记的国有企业、集体企业、私营企业、各种经济联合体，实行独立核算的国家机关、事业单位和社会团体，都可以具有法人资格，成为合法的签约对象。

在审查卖方法人资格时应注意：没有取得法人资格的社会组织、已被取消法人资格的企业或组织，无权签订采购合同。要特别警惕一些根本没有依法办理工商登记手续或未经批准的所谓的"公司"，它们或私刻公章，冒充法人，或假借他人名义订立合同，旨在骗取买方的货款或定金。同时，要注意识别那些没有设备、技术、资金和组织机构的"四无"企业，它们往往在申请营业执照时弄虚作假，以假验资、假机构骗取营业执照，虽签订供货合同并收取货款或定金，但根本不具备供货能力。

（2）法人能力审查。即审查卖方的经营活动是否超出营业执照批准的范围。超越业务范围的经济合同属无效合同。

法人能力审查还包括对签约的具体经办人的审查。采购合同必须由法定代表人或法定代表人授权证明的承办人签订。法定代表人就是法人的主要负责人，如厂长、经理等。他们代表法人签订合同。法定代表人也可授权业务人员（如推销员、采购员）作为承办人，以法人的名义订立采购合同。承办人必须具有正式授权证明书，方可对外签订采购合同。法定代表人在签订采购合同时，应出示身份证明、营业执照或其副本；法人委托的经办人在签订采购合同时，应出示本人的身份证明、法人的委托书、营业执照或其副本。

2. 审查卖方当事人的资信和履约能力

资信，即资金和信用。审查卖方当事人的资信情况，了解当事人对采购合同的履行能力，对于在采购合同中确定权利义务条款具有非常重要的作用。

（1）资信审查。具有固定的生产经营场所、生产设备和与生产经营规模相适应的资金，特别是拥有一定比例的自有资金，是一个法人对外签订采购合同起码的物质基础。准备签订采购合同时，采购人员在向卖方提供资信情况说明时，要认真审查卖方的资信情

况，从而建立起相互依赖的关系。

（2）履约能力审查。履约能力是指当事人除资信以外的技术和生产能力、原材料与能源供应、工艺流程、加工能力、产品质量、信誉高低等方面的综合情况。总之，就是要了解对方有没有履行采购合同所必需的人力、物力、财力和信誉保证。

如果经审查发现卖方资金短缺、技术落后、加工能力不足，无履约供货能力，或信誉不佳，都不能与其签订采购合同。只有在充分了解卖方履约能力的基础上签订采购合同，才能有可靠的供货保障。

审查卖方的资信和履约能力的主要方法有：①通过卖方的开户银行，了解其债权债务情况和资金情况；②通过卖方的主管部门，了解其生产经营情况、资产情况、技术装备情况、产品质量情况；③通过卖方的其他用户，直接了解其产品质量、供货情况、维修情况；④通过卖方所在地的工商行政管理部门，了解其是否具有法人资格和注册资本、经营范围、核算形式；⑤通过有关的消费者协会和法院、仲裁机构，了解卖方的产品是否经常遭到消费者投诉，是否曾经牵涉诉讼。对于大批量的性能复杂、质量要求高的产品或巨额的机器设备的采购，在上述审查的基础上，还可以由采购人员、技术人员、财务人员组成考察小组，到卖方的经营加工场所实地考察，以确知卖方的资信和履约能力。采购人员在日常工作中，应当注意搜集有关企业的履约情况和有关的商情，作为以后签订合同的参考依据。

（二）采购合同订立的原则

（1）平等原则。《中华人民共和国民法典》第四条规定，民事主体在民事活动中的法律地位一律平等。

（2）自愿原则。《中华人民共和国民法典》第五条规定，民事主体从事民事活动，应当遵循自愿原则，按照自己的意思设立、变更、终止民事法律关系。

（3）公平原则。《中华人民共和国民法典》第六条规定，民事主体从事民事活动，应当遵循公平原则，合理确定各方的权利和义务。

（4）诚实信用原则。《中华人民共和国民法典》第七条规定，民事主体从事民事活动，应当遵循诚信原则，秉持诚实，恪守承诺。

（5）遵守法律、行政法规，尊重社会公德的原则。《中华人民共和国民法典》第八条规定，民事主体从事民事活动，不得违反法律，不得违背公序良俗。

（6）保护环境的原则。《中华人民共和国民法典》第九条规定，民事主体从事民事活动，应当有利于节约资源、保护生态环境。

（三）采购合同签订的程序

签订采购合同的程序根据不同的采购方式而有所不同，这里主要介绍采购合同订立的一般程序。普遍运用的采购合同签订程序要经过要约和承诺两个阶段。

1. 要约阶段

这是指当事人一方向他方提出订立经济合同的建议。提出建议的一方叫要约人。要约是订立采购合同的第一步，要约应具有以下特征：

（1）要约是要约人单方的意思表示，它可向特定的对象发出，也可向非特定的对象发出。当向某一特定的对象发出要约时，要约人在要约期限内，不得再向第三人提出同样的要约，不得与第三人订立同样的采购合同。

（2）要约内容必须明确、真实、具体、肯定，不能含糊其辞，模棱两可。

（3）要约是要约人向对方做出的允诺，因此要约人要对要约承担责任，并且要受要约的约束。如果对方在要约一方规定的期限内做出承诺，要约人就有接受承诺并与对方订立采购合同的义务。

（4）要约人可以在得到对方接受要约表示前撤回自己的要约，但撤回要约的通知必须不迟于要约到达。对已撤回的要约或超过承诺期限的要约，要约人不再承担法律责任。

2. 承诺阶段

承诺表示当事人一方完全接受要约人的订约建议，同意订立采购合同的意思表示。接受要约的一方叫承诺人。承诺是订立合同的第二步。它具有以下特征：

（1）承诺由接受要约的一方向要约人做出。

（2）承诺必须是完全接受要约人的要约条款，不能附带任何其他条件，即承诺内容与要约内容必须完全一致，这时协议即成立。如果对要约提出本质性意见或附加条款，则视为拒绝原要约，提出新要约。这时要约人与承诺人之间的地位发生了互换。在实践中，很少有对要约人提出的条款一次性完全接受的，往往经过反复的业务洽谈、协商，取得一致的意见后，达成协议。

供需双方经过反复磋商，经过要约与承诺的反复，形成具有文字的草拟合约。再经过签订合同和合同签证两个环节，一份具有法律效力的采购合同便正式形成了。签订合同是在草拟合约确认的基础上，由双方法定代表签署，确定合同的有效日期。合同签证是合同管理机关根据供需双方当事人的申请，依法证明其真实性与合法性的一项制度。在订立采购合同时，特别是在签订金额数目较大及大宗商品的采购合同时，必须经过工商行政管理部门或立约双方的主管部门签证。

（四）采购合同签订的形式

《中华人民共和国民法典》第一百三十五条规定，民事法律行为可以采用书面形式、口头形式或者其他形式；法律、行政法规规定或者当事人约定采用特定形式的，应当采用特定形式。

书面形式是合同书、信件、电报、电传、传真等可以有形地表现所载内容的形式。以电子数据交换、电子邮件等方式能够有形地表现所载内容，并可以随时调取查用的数据电文，视为书面形式。

口头合同形式是指合同双方当事人只是通过语言进行意思表示，而不是用文字等书面文字表达合同内容而订立合同的形式。采用口头形式订立物品采购合同的优点是：当事人建立合同关系简便、迅速，缔约成本低。但这类合同发生纠纷时，当事人举证困难，不易分清责任。

其他合同形式是指除了口头合同与书面合同以外的其他形式的合同。例如默示形式，又称推定形式，或称意思实现形式，是指合同当事人以某种表明法律意图的行为间接地表示合同内容的合同形式。

四、采购合同纠纷

采购合同的纠纷是由违反采购合同的责任（即违约责任）引起的。违约责任是指当事人一方不履行合同义务或者履行合同义务不符合约定，应当承担继续履行、采取补救措施或者赔偿损失等违约责任。

（一）采购合同争议

为了防止争议的产生，并在争议发生后能获得妥善的处理和解决，买卖双方通常在签订合同时，对违约后的索赔、免责事项等内容事先做出明确规定。这些内容反映在合同中就是违约责任条款。

1. 违反采购合同的责任

（1）供方责任。供方的责任有以下两个方面的内容：

1）商品的品种、规格、数量、质量和包装等不符合合同的规定，或未按合同规定日期交货，应偿付违约金、赔偿金。

2）商品错发到货地点或接货单位（人），除按合同规定负责运到规定的到货地点或接货单位（人）外，并承担由此而多支付的运杂费；如果造成逾期交货，偿付逾期交货违约金。

（2）需方责任。需方的责任有以下三个方面：

1）中途退货应偿付违约金、赔偿金。

2）未按合同规定日期付款或提货，应偿付违约金。

3）错填或临时变更到货地点，承担由此多支出的费用。

2. 违反货物运输合同的责任

当商品需要从供方所在地托运到需方收货地点时，如果未能按采购合同要求到货，应分清责任方是货物承运方还是托运方。

（1）承运方责任。承运方的责任有以下五个方面的内容：

1）不按运输合同规定的时间和要求发运的，偿付托运方违约金。

2）商品错运到货地点或接货人，应无偿运至合同规定的到货地点或接货人。如果货物逾期运到，偿付逾期交货的违约金。

3）运输过程中商品的灭失、短少、变质、污染、损坏，按其实际损失（包括包装费、运杂费）赔偿。

4）联运的商品发生灭失、短少、变质、污染、损坏，应由承运方承担赔偿责任的，由终点阶段的承运方按照规定赔偿，再由终点阶段的承运方向负有责任的其他承运方追偿。

5）在符合法律和合同规定条件下的运输，由下列原因造成商品灭失、短少、变质、污染、损坏的，承运方不承担违约责任：不可抗力；商品本身的自然性质；商品的合理损耗；托运方或收货方本身的过错。

（2）托运方责任。托运方的责任有以下三个方面的内容：

1）未按运输合同规定的时间和要求提供运输，偿付承运方违约金。

2）由于在普通商品中夹带、匿报危险商品，错报笨重货物重量等而招致商品摔损、爆炸、腐蚀等事故，承担赔偿责任。

3）罐车发运的商品，因未随车附带规格质量证明或化验报告，造成收货方无法卸货时，托运方需偿付承运方卸车等费用及违约金。

3. 已投财产保险时，保险方的责任

保险方对于保险事故造成的损失和费用，在保险金额的范围内承担赔偿责任。对于被保险方为了避免或减少保险责任范围内的损失而进行的施救、保护、整理、诉讼等所支出的合理费用，保险方应依据保险合同规定偿付。

（二）索赔与理赔

发生合同争议后，首先分清责任属供方、需方还是运输方。需方如在采购活动中因供方或运输方责任蒙受了经济损失，可通过协商进行索赔。

索赔和理赔既是一项维护当事人权益和信誉的重要工作，又是一项涉及面广、业务技术性强的细致工作。因此，提出索赔和处理理赔时，必须注意下列问题：

1. 索赔的期限

索赔的期限是指争取索赔一方向违约一方提出索赔要求的期限。关于索赔期限，《中华人民共和国民法典》有规定的必须依法执行，没有规定的，应根据不同商品的具体情况做出不同的规定。如果逾期提出索赔，对方可以不予理赔。一般地，农产品、食品等物品的索赔期限短一些，一般商品的索赔期限长一些，机器设备的索赔期限则更长。

2. 索赔的依据

提出索赔时，必须出具因对方违约而造成需方损失的证据（保险索赔另外规定），当争议条款为商品的质量条款或数量条款时，该证明要与合同中检验条款相一致，同时出示检验的出证机构。

如果索赔时证据不全、不足或不清，以及出证机构不符合规定，都可能遭到对方的拒赔。

3. 索赔额及赔偿办法

关于处理索赔的办法和索赔的金额，除了个别情况外，通常在合同中只做一般笼统的规定，而不做具体规定。这是因为违约的情况较为复杂，当事人在订立合同时往往难以预计。有关当事人双方应根据合同规定和违约事实，本着平等互利和实事求是的精神，合理确定损害赔偿的金额或其他处理的办法，如退货、换货、补货、整修、延期付款、延期交货等。

当商品因质量出现与合同规定不符而造成采购方蒙受经济损失时，如果违约金能够补偿损失，则不再另行支付赔偿金；如违约金不足以抵补损失，还应根据采购方所蒙受经济损失的情况，索取赔偿金以补偿其差额部分。

国际贸易中发生索赔时，根据《联合国国际货物销售合同公约》的规定，一方当事人违反合同应付的损害赔偿额，应与另一方当事人因其违反合同而遭受的包括利润在内的损失额相等；如果合同被宣告无效，而在宣告无效后一段合理时间内，买方已以合理方式购买替代货物，或者卖方已以合理方式把货物转卖，则要求损害赔偿的一方可以取得合同价格和替代货物交易价格之间的差额。

（三）合同纠纷的解决措施

合同纠纷的解决措施主要有和解、调解、仲裁和诉讼四种。

1. 和解

和解是由争议各方根据合同约定的违约责任和各方实际情况，自行协商而不需通过司法程序解决纠纷的方式。和解是纠纷常见的解决方式。但由于和解协议缺乏法律约束力，有些人可能会出尔反尔，使和解结果成为一纸空文，耽误了纠纷的有效解决。

2. 调解

调解是由争议各方共同选择信任的第三方作为中间人，就合同争议进行调解处理。调解通常以各方互谅互让为原则进行。此方法解决纠纷的可能性较和解大一些，但由于调解协议与和解协议一样不具有强制性效力，也使得纠纷的解决难以尽如人意。

3. 仲裁

仲裁是指争议各方根据合同中的仲裁条款或者纠纷发生以后达成的仲裁协议，将争议提交法定的仲裁机构，由仲裁机构依据仲裁规则进行调解，依法做出裁定的方式。当采购方与卖方发生纠纷需要仲裁时，可按照一般的仲裁程序到相应的受理机构提出仲裁申请，仲裁机构受理后，经调查取证，先行调解，如调解不成，进行庭审，开庭裁决。

4. 诉讼

诉讼是解决合同争议的最后方式，是指人民法院根据争议双方的请求、事实和法律，依法做出裁判，借此解决争议的方式。当事人没有订立仲裁协议或者仲裁协议无效的，可以向人民法院起诉。

原材料零部件采购合同

合同号：_____

兹由买方_____（企业）和卖方_____（企业）于_____年_____月_____日签订合同，各方同意买卖有关商品并遵守各项条件如下：

1 商品

商品代码	说明	备注
_____	_____	_____
_____	_____	_____

2 原产地

原产地：_____
生产厂商：_____

3 质量

3.1 卖方应按照买方认可的产品供货。未经买方事先书面同意，不得对产品本身或生产场地有任何改变。

3.2 卖方应严格按照经买方认可的，体现于相应的图样、样本、CAD 软件及品质协议等当中的质量和技术规格要求生产或供应货品。如有任何改变，买方负责告知卖方更新有关图样等，卖方严格跟进相关的变化。

3.3 卖方应不断改进其品质，愿意配合买方不断提高各自的品质体系，达到品质目标。

3.4 买方提出的任何质量投诉，卖方应立即采取更正行动予以改进，并在 24 小时内反馈给买方。

3.5 卖方应积极、主动地参与买方发起的质量改进活动，如质量免检等，以利于共同进步。

3.6 卖方应保持所有生产或供应的货品均符合有关环保法规要求。

4 订单安排

4.1 买方向卖方发出订单（PO）采购货品，卖方应严格按其时间和数量交货。实际购销的货品数量由买卖双方定期依据实际收货数量核对确定。

4.2 卖方对买方提供的订单应在 24 小时内予以确认，并通过传真或电子邮件反馈给买方。

4.3 卖方不断改进其企划表现，确保 100% 的供应可靠性，缩短供应时间，提高供货或订单变化的灵活性，愿意配合买方一起通过引入计算机系统等不断提高其企划系统。

4.4 卖方应积极、主动地参加买方发起的有关企划改进活动，如即时供应等，以利于共同进步。

5 价格及条款

5.1 买卖双方应不断改进，通过提高质量与效率等来降低成本及价格，并让利给用户。双方确认努力保持这种降低成本的趋势，每年至少重新审视一次价格。

5.2 买卖双方同意在条款 5.4 和条款 8.2 所明确的付款条件与交货下遵循以下价格：

代码说明　　单价　　币种　　数量范围　　总计

_____

_____

以上单价含税_____%

5.3 任何价格变化必须经双方同意，确定生效日期。有关的订单或销售通知（如有的话），应与最新的双方同意价格一致。

5.4 付款条件：在收到卖方开具的正本发票后_____天内用电汇或信汇的方式付款。此条件等同于_____天结算。

6 支持与合作

6.1 买卖双方确认依据买方的采购方针，通过共同努力，向合作伙伴的方向发展目前的_____型关系。

6.2 卖方确认配合买方发起的供应商考核、供应商质量体系审核及供应商改进会议等，不断保持进步，达到有关质量、企划及价格等目标。

6.3 买方将每季度评估一次供应商的表现，更新其认可供应商名册及供应商关系（商业型、优先型、合作伙伴型），如卖方表现不符合要求，买方将会反馈给卖方督促其改进。

6.4 为发展新业务，买方鼓励合作伙伴型供应商早期介入买方的产品开发过程，卖方不得因此合作而收取费用。

6.5 如买方提供了有关的设备、工具、测试仪器、模具等给卖方，卖方应妥善保管，正确使用及维护，如有任何严重损坏，应在 24 小时以内用传真或电子邮件正式知会买方，并经买方同意立即采取正确措施予以修复。

7 包装

7.1 所有货品应按标准或买方认可的包装规格，用强度足够的卡通箍、塑料袋或桶、瓶等容器包装，适应长途海运、邮寄、空运或汽车运输以及气候变化的要求，防潮、防震。

7.2 包装说明：

代码说明　　　　每件数量　　　　包装方法

_____

_____

7.3 交运货品时随货提供一份完整的装箱单或发货票，标明订单号、商品代码、数量及货品说明等。

7.4 货品说明、代码及数量应清楚地标注在每件外包装及必需的内包装外面。

8 发运及交货

8.1 所有货品发运应严格符合买方发出的订单中明确的要求。

8.2 交货条款：_____

8.3 卖方必须在装船/运完毕后 24 小时以内，以电报或传真向买方通知货物名称、数量、毛重、船名、船航班号及启运日期、预计到达目的港时间等。

8.4 对于工厂交货的情况，买方应通过订单提前知会卖方提货时间等，卖方按要求做好发货准备。

8.5 对于买方提供的需循环使用的包装、运输材料、工具或设备等，卖方应予妥善保管，正确使用与维修。

9 保险

9.1 在 FOB 条件下，货品装运后由买方投保。

9.2 在 CIF 条件下，由卖方出资按 110% 发票金额投保。

10 检验

10.1 卖方应随货或提前将有关的出货检验报告或证明提供给买方以备检查。

10.2 买方按上面所述各方同意的质量、技术规格、订货及包装要求等进行收货并做来货检验。

10.3 若来货不符合要求并确定退货，退货需按要求由卖方拉走或买方退出，本地货一周内、国外货品一个月内退订。

10.4 若来货不符合要求，使用紧急而被确定挑选，则卖方应立即组织挑选或由买方直接组织挑选，因此发生的费用由卖方承担。

11 索赔

11.1 除应由保险企业或货运企业承担的赔偿外，对任何涉及质量、技术规格或数量等不符合双方同意的有关条款要求的情况，买方有权索求给予赔偿。因此发生的费用（如检验、退货运输、补货、保险、仓储、装卸等）应由卖方负担。

11.2 一旦有不符合的情况发生，买方将书面通知卖方，卖方有责任立即采取改进行动，防止问题再次发生。

12 不可抗力

12.1 若卖方因不可抗力，包括罢工、火灾、水灾、政府行动或禁令，或其他任何不可合理控制的理由，不能按商定要求按时供货，卖方应在事发 14 天内邮寄由当地政府签发的事发证明给买方。

12.2 即使不可抗力事件发生，卖方仍有责任采取一切可能措施恢复供货。若卖方在事发后两周内仍不能履行合同责任，买方有权按合同弃权处理。

13 违约或取消合同

13.1 若卖方未能履行合同所规定的任何重要条款，如无合理解释，买方有权终止合同或拒收货品。

13.2 若买方要取消或终止合同或订单，而其理由超出卖方所能接受的范围，卖方有权要求买方赔偿因此而造成的损失。

14 争议解决

14.1 本合同双方当事人在履行合同时发生的一切争议均应通过友好协商解决，如友好协商不能解决，双方当事人可选择仲裁或法院诉讼方式解决。

14.2 双方选择仲裁时，应另行达成仲裁协议，并确定仲裁机构。

14.3 如果选择诉讼，应按中国的法律规定确定受理案件的诉讼法院。

15 其他

未经允许，任何一方不得将对方的商业秘密或其他情报以口头或书面的形式出示、借用、转让、泄露给第三方。对于原始设备制造商（OEM）及分包产品，如有必要，双方可另立知识产权协议。本合同中英文一式两份，由双方在原件上签字，各执一份。

授权签字：

　　　　　（买方）　　　　　　　　　　　（卖方）

　　　　　日期：　　　　　　　　　　　　日期：

项目采购合同纠纷

A方，某印刷集团公司；B方，某品牌计算机公司；C方，某货运公司。

A方在报纸上看到B方发布的"某型号计算机推广月买一送一活动"广告：在推广月期间，每订购某型号的计算机一台，均赠送400元的喷墨打印机1台；不愿接受者，返还现金300元。

经过电话协商，A方向B方订购某型号计算机100台，B方向A方赠送喷墨打印机50台，另外在设备款中减免15 000元。双方以信件方式订立合同，约定在A方所在地交货，B方负责托运，A方支付运费，C方作为承运人负责该批计算机设备的运输。计算机设备到达A方所在地后，经B、C双方同意，A方开箱检验，发现以下问题：

（1）少量计算机显示器破损。

（2）随机预装软件，虽有软件著作人出具的最终用户许可协议，且给出了有效的下载地址，但无原版的软件光盘，怀疑为盗版软件。

（3）B方误按"买一送一"的配置发货，共发来计算机100台，喷墨打印机100台，发货单与所发货物相符，但与合同不符合。为此，A方通过传真通知B方，并要求B方：

（1）更换或修好破损的计算机显示器。

（2）提供随机预装软件的原版光盘。

但A方并未将多收50台喷墨打印机的事通知B方。

收到A方的传真之后，B方回电称：

（1）A、B两方均未就计算机设备包装问题做特殊要求，公司采用了通用的计算机设备包装方式，C方作为承运人应当对运输过程由计算机显示器的破损承担损害赔偿责任。待C方赔偿之后，公司再更换或修好破损的显示器。

（2）正版软件有多种形式，该型号计算机索赔的原厂委托制造随机预装软件是"授权下载"的无光盘正版软件。

同月，B方查账时发现多发了50台喷墨打印机，此时A方已经将全部打印机开箱使用。B方要求A方返还合同中减免的15 000元设备款。

思考题：

（1）B方应如何处理显示器的破损问题？

（2）合同出现纠纷的主要原因是什么？

（3）A方是否应该返还合同中减免的15 000元设备款？

复习思考题

1. 你认为谈判采购主要适用于什么条件？建议目前国内哪些采购项目尝试谈判采购的形式？
2. 什么是"零和"谈判？什么是"正和"谈判？举例说明如何将"零和"谈判转变为"正和"谈判？
3. 你认为在谈判中，对买方而言取胜的几个关键因素是什么？
4. 采购合同的必备条款有哪些？
5. 采购合同执行过程中的争议有哪几种情况？应如何区分责任？

实践与思考

本章的实践性学习内容主要是进行谈判和合同签订的模拟。以给定一次采购实际业务为背景，请同学们分成两个小组，分别代表买卖双方，进行谈判前的背景资料准备，并约定某一时间进行模拟谈判和签约等。

第九章

合同履行和绩效考核

◆ 作　用

本章介绍的是采购管理实务中的重要内容，即采购合同履行和绩效考核问题，具体包括货款结算、品质管理和绩效考核。目的是使读者了解采购合同履行和绩效考核过程中的几个重要工作环节，理解货款结算、品质管理和绩效考核对采购管理的重要性，掌握各种付款方式的操作程序、采购质量控制以及采购绩效评估的要点。

◆ 关　键

本章所涉及的基本概念包括银行托收、信用证、分期付款、延期付款、互检、追溯制、采购绩效考核等；基本理论有各种支付方式的选择依据、质量检验体系和标准、绩效考核的领域与标准；主要方法涉及各种付款方式的操作流程、采购质量控制的流程和要点、不合格品的处理方法、常用的绩效考核方法等。

第一节　货款支付

> **思　考：**
> 你都了解哪些支付方式？它们各有什么优缺点？

在采购活动中，货款的结算，除了与支付工具有关外，还与利用何种信用、采用何种支付方式，以及何时付款等问题密切相关。作为采购合同履行的基本环节，选择何种支付方式并不是采购经理人员可以单独决定的事，需要在企业领导和财务部门的共同参与下，经过与供应商的协商来最终确定。

一、支付方式的选择

（一）常用支付方式介绍

常用的支付方式主要有三种，即买方直接付款、银行托收和信用证。

1. 买方直接付款

买方直接付款是指由买方主动地把货款汇付给卖方的一种付款方式。买方在安排付款时，虽然要通过银行办理，但银行对货款的收付不承担任何责任。这是一种基于商业信用的付款方式。买方直接付款可以有不同的安排，主要有以下两种：

（1）订货付现。订货付现（Cash with Order）是指卖方要求买方在订货时即预付全部货款或部分货款。这是对卖方最为有利的支付方式，但是在国际货物买卖中使用并不普遍。

（2）见单付款。见单付款（Sight Payment）是指卖方在发运货物后，将有关单据寄交买方，然后由买方在收到单据之后按照合同的规定将货款通过银行汇付给卖方。根据付款方式，可以将见单付款分为信汇、电汇和票汇三种。

2. 银行托收

（1）托收的概念和分类。托收是指由卖方对买方开立汇票，委托银行向买方收取货款的一种结算方式。银行托收的基本做法是：由卖方根据发票金额开立以买方为付款人的汇票，向出口地（卖方）银行提出托收申请，委托出口地（卖方）银行通过它在进口地（买方）的代理行或往来银行，代为向买方收取货款。托收仍是一种商业信用。

托收分为光票托收（Clean Collection）和跟单托收（Documentary Collection）。光票托收是指卖方仅开具汇票委托银行向买方收款，而没有附任何单据。跟单托收是指卖方将汇票连同提单、保险单、发票等装运单据一起交给银行，委托银行向买方收取货款。在国际贸易中，货款的支付一般都采用跟单托收。

（2）跟单托收。跟单托收又可分为付款交单及承兑交单。

1）付款交单（Document against Payment，D/P）。买方付款时向其交付商业单据，有关单据经代收行向付款人提示后，付款人检查单据后决定是否接受，接受时即付款赎单。付款交单又分为即期付款交单（Document against Payment Sight）和远期付款交单（Document against Payment after Sight）。

2）承兑交单（Document against Acceptance，D/A）。这是指卖方的交单以买方的承兑为条件。买方承兑汇票后，即可向代理行取得货运单据，待汇票到期时才付款。因为只有远期汇票才需办理承兑手续，所以承兑交单方式只适用于远期汇票的托收。

3. 信用证

信用证（Letter of Credit，L/C）是银行根据进口人（买方）的请求，开给出口人（卖方）的一种保证承担支付货款责任的书面凭证。信用证是一种银行信用，银行承担第一位的付款责任。受益人收到了开证行开的信用证，即得到了付款的保障。信用证支付在国际贸易中使用广泛。有关信用证的详细内容参见本书第十三章。

以上这些支付方式在成本费用、风险等方面存在较大的差异，见表9-1。

表9-1 支付方式比较

支付方式		手续	费用	供应商风险大小	采购商风险大小	资金负担	银行费用	提供信用方式
买方直接付款	订货付现	简单	小	最小	最大	不平衡	最小	商业信用
	见单付款			最大	最小			
银行托收		稍多	稍大	中	中	不平衡	中	商业信用
信用证		最多	中	小	大	较平衡	最大	银行信用

（二）选择支付方式

在采购业务中，一笔交易的货款结算，可以只使用一种结算方式，也可以根据需要，例如不同的交易商品、不同的交易对象、不同的交易做法，将两种以上的结算方式结合使用。这样或有利于促成交易，或有利于妥善处理付汇。常见的不同结算使用的形式有单一支付方式、信用证与汇付结合、信用证与托收结合、汇付与银行保函或信用证结合以及汇付、托收、信用证三者结合等。

1. 支付方式选择的基本依据

(1) 根据贸易伙伴的资信情况灵活选择。作为支付货款的一方，希望尽量采用付款时间可以推迟且风险较小的支付方式，如托收或远期信用证等。这就要求企业在签订支付方式时，应充分考察贸易伙伴的资信情况，若对其资信情况不是很了解，应尽量选择风险较小的支付方式，如信用证；若对方资信很好，交易风险很小，则应选择手续简单、费用少的支付方式，如汇付，即买方直接付款。

(2) 根据货物的市场行情选择支付方式。当供货商较多，采购商存在较大选择余地时，采购商在选择支付方式方面就具有较大的主动权，应努力把握市场行情，选择对自身有利的支付方式，如承兑交单或远期信用证等。反之，对于畅销商品的采购，为了尽早把握商机达成合同，可适当选择即期信用证等支付方式。

(3) 根据贸易条件的性质选择支付方式。在国际贸易中，实质性交货方式对于买方而言风险较低，因此卖方选择支付方式时应重点考虑成本的节约及手续的简便，如汇付方式；而象征性交货条件下，买方在选择支付方式时，除了考虑成本因素外，还必须充分考虑卖方利用单据欺诈的风险。

2. 单一支付方式

由于不同支付方式下买卖双方的责任和风险不同，采购企业需要具体情况具体分析，选择最适合的方式。

另外，随着互联网在全球的普及，电子商务作为21世纪信息产业最直接的产物进一步发展，网上支付是电子商务的重要组成部分，是金融服务的发展和创新。网上支付的目的在于减少银行成本、加快处理速度、方便客户、扩展业务等，它将改变支付处理的方式，使得消费者可以在任何地方、任何时间通过互联网获得银行的支付服务。在网上直接采用电子支付手段将可以省去交易中的很多人员开销，已经被越来越多的采购商使用。

3. 信用证与汇付结合

这是指一笔交易的货款，首款用信用证方式支付，余额用汇付方式结算。这种结算方式常用于允许交货数量有一定机动幅度的某些初级产品的交易。对此，经双方同意，信用证规定凭装运单据先付发票金额或在货物发运前预付金额若干成，余额待货物到达目的地（港）后或经再检验后按实际数量用汇付方式支付。这种结合形式必须首先订明采用的是何种信用证和何种汇付方式，以及按信用证支付金额的比例。

4. 信用证与托收结合

这是指一笔交易的货款，首款用信用证方式支付，余额用托收方式结算。这种结合形式的具体做法通常是：信用证规定受益人（出口人）开立两张汇票，属于信用证项下的部分货款凭光票支付，而余额则将货运单据附在托收的汇票项下，按即期或远期付款交单方式托收。这种做法，对出口人而言收汇较为安全，对进口人而言可减少垫金，易为双方接受。但信用证必须订明信用证的种类和支付金额以及托收方式的种类，也必须订明"在全部付清发票金额后方可交单"的条款。

5. 汇付与银行保函或信用证结合

汇付与银行保函或信用证结合使用的形式常用于成套设备、大型机械和大型交通运输工具（飞机、船舶等）等货款的结算。这类产品，交易金额大，生产周期长，往往要求买方以汇付方式预付部分货款或定金，其余大部分货款则由买方按信用证规定或开加保函分期付款或延期付款。

6. 汇付、托收、信用证三者结合

在成套设备、大型机械产品和交通工具的交易中，因为成交金额大，产品成本周期长，一般采用按工程进度和交货进度分若干期付清货款，即分期付款和延期付款的方法，所以一般采用汇付、托收和信用证相结合的方式。

二、预付、分期付款、延期付款等支付手续

（一）预付、分期付款与延期付款的概念与意义

1. 采购中的预付账款

预付，是企业按照采购合同，预付给供应商货款的一种支付方式，其目的主要是获得稳定的供应，有时也是解决供应商周转资金短缺的问题。通常，预付款不具有担保债务履行作用，也不能证明合同的成立。如收受预付款一方违约，只需返还所收款项，因此存在一定的财务风险。

预付通常发生在市场供应紧张或者生产周期较长等情况下。例如，有些材料或物资虽然有现货随时供应，但其价格受市场供求关系的影响波动较大，企业为了规避价格风险，对长期需要的材料或物资，采用预先订购的方式，将未来的成本控制在目前水平上。这实际上类似于一种期权。

在预付方式下，采购方形成预付账款，财务和审计部门对此设置专门账户管理。从采购角度，可能发生利用预付账款账户记录不真实交易的情况。其表现形式有：①私借款项，即预付的款项并不是采购业务引起的，而是经办人员利用职务之便，以预付货款名义把款项私借给其他单位或个人；②多计金额；③不符合逻辑的业务，如在市场供应充足且不存在长期供应紧缺的情况下，采用预付方式签订采购合同；④虚构交易，制造预付欺诈。

2. 采购中的分期付款

分期付款，是生产周期长、原材料昂贵或专门为买方加工生产的一些大型机器设备、工程项目等交易中经常使用的一种支付方式。由于最后一期货款一般是在交货时或到货后或质量保证期届满时付清，因此需按分期付款条件签订合同。这实际上是一种即期合同，货物的所有权在付清最后一笔货款时转移。

3. 采购中的延期付款

延期付款是通过提供中长期信贷以推动出口，尤其是在机器设备出口中常用的一种支付方式。在许多国家，延期付款属于出口信贷中的卖方信贷的范畴。在成套设备和大宗交易的情况下，由于成交金额较大，买方一时难以付清全部货款，可采用延期付款的办法。在延期付款条件下，出口人为了本身周转的需要，在给进口人提供信贷的同时，需要向银行贷出资金，而这方面发生的利息费用，通常都要转移给进口人负担。由于延期付款的货款大部分是在交货后一段相当长的时间内分期摊付，因此它是一种赊销，也就是买方利用了卖方的资金。在延期付款的场合，如合同无特殊规定，货物的所有权一般在交货时转移。

（二）预付、分期付款与延期付款应注意的问题

（1）采用预付作为付款方式，其货款在供应商交货前即付清。提前支付（预付）对于进口方来说是最不安全的支付方式，其面临的风险有未发送货物、货物延迟发送、发错货物、单据及供应商现金流压力等问题。因此，只有在采购方对供应商的经济实力、资信能力比较了解的前提下，才可以考虑使用。

（2）采用分期付款的方式，其货款是在交货时付清或基本付清，买方没有利用卖方的

资金，是一种即期付现，因而买方不存在利息负担问题；只要付清最后一笔货款，货物所有权即进行转移。

（3）采用延期付款的方式，大部分货款是在交货后一个相当长的时间内分期摊付，是一种赊销，等于卖方提供一笔商业信贷，因此买方要向卖方支付利息，货物的所有权一般在货物交付时转移。延期付款是采购商利用供应商资金的一种形式，一般货价较高，供应商承担的风险也比较大，因此如按延期付款条件签订合约，供应商一般结合利息、费用和价格等因素进行考虑，权衡得失，做出适当的选择。

第二节 质量管理

一、制定质量检测方案

（一）采购质量管理流程

采购质量管理是企业全面质量管理的重要组成部分，也是关系企业整体采购绩效的决定性环节之一。采购经理人员必须高度关注采购质量管理，虽然不同的商品和物料存在技术和质量标准的诸多差异，但采购质量管理的流程和控制点是基本相同的。表9-2归纳了采购质量管理流程设计与控制要点。

> **视野拓展**
>
> 全面质量管理（Total Quality Management，TQM）是指在全面社会的推动下，企业中所有部门、所有组织、所有人员都以产品质量为核心，把专业技术、管理技术、数理统计技术集合在一起，建立起一套科学、严密、高效的质量保证体系，控制生产过程中影响质量的因素，以优质的工作和最经济的办法提供满足用户需要的产品的全部活动。

一般情况下，可以按照事前规划、事中执行和事后考评的三段设计思路，规划和设计采购质量管理流程。

（1）事前规划。决定质量标准并开列公平的规格；企业和供应商双方确认规格及图样；了解供应商的承制能力；企业和供应商双方确认验收标准；要求供应商实施质量控制制度（质量控制认证等级等）。

（2）事中执行。检查供应商是否按照规范作业；提供试验品以供质量检测；派驻检验员抽查在制品的质量；检查质量控制措施是否落实。

（3）事后考评。严格执行验收标准；解决企业和供应商双方相关的质量分歧；提供质量异常报告；要求供应商承担保证和保修责任；淘汰不合格供应商。

（二）采购质量管理方案的制订

1. 明确采购质量控制原则

（1）企业各供应商具有相互了解对方的质量控制体系，并合作实施质量控制的责任。

（2）企业和供应商各具有自主性，并且必须互相尊重对方的自主性（双方对等、相互尊重）。

（3）企业有责任提供给供应商有关物料的充分信息。

（4）企业和供应商于交易开始之际，对于有关质量、数量、价格、交货期、付款条件等事项，必须签订合理的契约。

表 9-2 采购质量管理流程设计与控制要点

审查项目	审查内容	审查要点	审查方法	合　　格	一般不合格	严重不合格
采购制度	1. 制定采购原材料、零部件的质量控制制度	1. 是否制定了采购质量控制制度 2. 制度内容是否完整合理	查有关文件	制度健全，内容完整	建立了制度，但内容不完善	无采购原材料、外购件的质量控制制度
	2. 如有外协加工等委托服务项目，应制定相应的质量管理控制办法	1. 是否制定了外协加工等委托服务项目的质量管理控制办法 2. 该办法内容是否完整合理	查有关文件	制度健全，内容完整	建立了制度，但内容不完善	无有关的质量管理控制办法
供方评价	1. 制定供方评价准则，并进行评价	1. 是否制定了供方评价准则 2. 是否按规定进行了供方评价	查供方评价准则，并抽查若干个供方档案和采购合同（关键件、安全件必查）	评价准则科学、客观，评价过程符合规则	一般件未从合格供方中采购的比例未超过10%	违反评价准则和评价程序
	2. 保存原材料、零部件的供方及外协单位的名单和供货、协作记录，以进行质量控制	1. 是否保存供方及外协单位名单和供货、协作记录 2. 是否对供方及协作方进行质量控制	查有关记录，抽查若干个供方档案和采购合同（关键、安全件必查）	质量记录齐全，对供方及协作方质量控制有效	供货、协作质量记录不全	—
采购文件	企业应根据正式批准的采购文件进行采购	1. 是否有采购文件（如采购计划、采购清单、采购合同等） 2. 采购文件是否明确了验收规定 3. 采购文件是否经正式批准 4. 是否按采购文件进行采购	抽查若干种主要外购外协件，查有关采购文件及记录	根据正式批准的采购文件进行采购	有文件，但质量要求不明确，或个别文件未批准，或个别外购外协件未按采购文件进行采购	—
采购认证	按规定对采购的原材料、零部件以及外协件进行质量检验或者根据有关规定进行质量验证，检验或验证的记录应该齐全	1. 是否对采购及外协件的质量检验或验证做出规定 2. 是否按规定进行检验或验证 3. 是否保留有检验或验证的记录	检查有关检验或验证规定，并抽查若干份检验或验证记录	按规定进行质量检验，检验或验证的记录齐全	规定不够完善或验证有缺漏项，记录不齐全	无进货检验、验证规范或未按规定进行质量检验，无检验或验证的记录

（5）供应商有责任保证物料的质量，必要时，有责任向企业提供必要的客观数据资料。

（6）企业和供应商在拟定契约时，必须拟定双方可接受的评价方法。

（7）企业和供应商对于双方之间的各种争议解决方法及程序，必须于拟定契约时说明。

（8）企业和供应商应站在对方的立场上，交换双方实施质量控制所必要的信息。

（9）企业和供应商，为了双方的关系进展能够更圆满顺利，对于订购作业、生产管制、存货计划等，应经常做妥善的管理。

（10）企业和供应商于交易之际，都应充分考虑最终消费者的利益。

2. 制定采购质量标准

采购质量标准应包括以下要项：

（1）规格、图样与采购订单的要求。采购人员应拟定一套合适的法则，以确保供应物料的要求得以明确叙述、沟通，而最重要的是要完全为供应商所了解。这些法则可包含拟定规格、图样及采购订单，下订单前买卖双方会谈等的书面程序，以及其他适合物料采购的方法。

（2）合格供应商的选择标准和程序。

（3）质量保证协议和解决纠纷的条款。

（4）接受检验计划与管制。

（5）接受质量记录。

3. 建立质量检验体系

（1）三检制。所谓三检制，就是指实行操作者的自检、工人之间的互检和专职检验人员的专检相结合的一种检验制度。

1）自检。自检就是生产者对自己所生产的产品，按照作业指导书规定的技术标准自行进行检验，并做出是否合格的判断。这种检验充分体现了生产工人必须对自己生产产品的质量负责。通过自检，生产者可以了解自己生产的产品在质量上存在的问题，并开动脑筋，寻找出现问题的原因，进而采取改进的措施。这也是工人参与质量管理的重要形式。

2）互检。互检就是生产工人相互之间进行检验。互检主要有：下道工序对上道工序流转过来的产品进行检验；小组质量员或班组长对本小组工人加工出来的产品进行抽检等。这种检验不仅有利于保证加工质量，防止疏忽大意而造成成批的废品出现，而且有利于搞好班组团结。

3）专检。专检就是由专业检验人员进行的检验。专业检验是现代化大生产劳动分工的客观要求，它是互检和自检不能取代的。

三检制必须以专业检验为主导，这是由于现代生产中，专职检验人员在产品的技术要求、工艺知识和检验技能方面，都比生产工人熟练，所用的检测量仪比较精密，检验结果比较可靠，检验效率也比较高。另外，由于生产工人有严格的生产定额，定额又同奖金挂钩，因此容易产生错检和漏检，有时操作者的情绪也有影响。

应当指出，ISO 9000系列国际标准把质量体系的"最终检验和试验"作为企业中一种重要的质量保证模式，对质量检验提出了严格的要求和规定。

（2）签名制。签名制是一种重要的技术责任制，是指在生产过程中，从原材料进厂到成品入库和出厂，每完成一道工序，改变产品的一种状态，包括进行检验和交接、存放和运输，责任者都应该在相关记录文件上签名，以示负责。特别是在成品出厂检验单上，检验员必须签名或加盖印章。操作者签名，表示按规定要求完成了这套工序；检验者签名，表示该工序达到了规定的质量标准。签名后的记录文件应妥善保存，以便以后参考。

（3）质量复查制。我国有些生产重要产品（特别是军工产品）的企业，为了保证交付产品的质量或参加试验的产品稳妥可靠，不带隐患，在产品检验入库后至出厂前，要请与产品有关的设计、生产、试验及技术部门的人员进行复查。检查图样、技术文件是否有错，结果是否正确，有关技术或质量问题的处理是否合适。这种做法对于质量体系还不够健全的企业来说，是十分有效的。

（4）追溯制。在生产过程中，每完成一道工序或一项工作，都要记录其检验结果及存在问题，记录操作者及检验者的姓名、时间、地点及情况分析，在适当的产品部位做出相应的质量状态标志。这些记录与带标志的产品同步流转。产品标志和留名制都是可追溯性的依据，在必要时，都可分清责任者的姓名、时间和地点。职责分明，查处有据，可以大大增强员工的责任感。产品出厂时附有跟踪卡，随产品一起流通，以便用户把产品在使用时所出现的问题及时反馈给生产者，这是企业进行质量改进的重要依据。

追溯制有三种管理办法：①批次管理法。根据零件、材料或特种工艺过程分别组成批次，记录批次号或序号，以及相应的工艺状态。在加工和组装过程中，要将批次号逐步依次传递或存档。②日期管理法。对于连续性生产过程、工艺稳定、价格较低的产品，可采用记录日历日期来追溯质量状态。③连续序号管理法。根据连续序号追溯产品的质量档案。

（三）编制采购管理文件

为了保证采购商品符合质量要求，企业采购部门在采购商品时应根据申购部门提出的具体要求和规格，编制采购质量文件，向供应商提出明确、具体的要求，并让供应商充分理解这些要求，如商品的规格、图样、等级、质量标准、验收检验规则、质量保证要求等。

1. 文件内容

采购文件应至少包括：

（1）采购商品的准确标识，包括类别、型号、规格、等级、数量和其他准确的标识，以防止误购。

（2）采购商品的技术和质量要求，包括标准、技术规范、图样、过程要求、检验规则及其相关资料的名称（包括商品、程序、过程设备和人员的认可和鉴定要求），以及其他明确标识和这些技术及质量要求所适用的有效版本，以防止购入不合格品。

当涉及新研制材料、器材或对原材料、器材有特殊要求时，采购部门应同生产技术部门一起与供应商签订技术协议。技术协议应包括：①特殊技术要求及质量责任；②试制、试验、试用的程序和必须具有的原始记录；③技术协调、加工、匹配试验、复验鉴定盒装及使用的要求；④交货状态及特殊的检验方法；⑤其他特殊的质量控制要求。

（3）对供应商质量管理体系和保证能力提出要求。根据采购商品的类别和供应商的质量和信誉，制定适用的质量体系标准的名称、编号，提出不同的质量保证和交付能力要求，并要求供应商提供有关的质量保证文件（如产品检验记录、试验报告、使用说明书、设备装配图、设备易损件图、备品备件清单、材料的成分等）、设计审查的规定、制造过程质量监控的规定、成品检验的规定等。

2. 编制采购文件的技巧

（1）采购质量文件所规定的内容应齐全。根据企业生产技术部门提交的备料计划或外协配套计划，采购部门根据本企业资源（如库存情况）编写采购质量文件。

（2）对采购商品要提出适当、明确的质量要求。"适当"就是既不能降低也不能提高设计部门、技术部门对拟购商品提出的要求。降低要求不能保证应有的质量；而提出过高的要求，又会造成功能过剩，优材劣用、大材小用，导致资源的浪费和采购成本的上升。"明确"就是采购不同的商品应按其自然属性、用途提出不同的技术要求。例如，对金属材料一般应考虑其物理性能、化学性能、机械性能、工艺性能、化学成分等，对机电设备一般应考虑其机械性能、物理性能、使用环境和工作条件等。各种技术性能指标应符合相应的标准，凡是国家标准、行业标准和地方标准的都应尽量采用。同时，质量要求不仅包含技术要求，还要包含供应商的质量体系和质量保证要求等条款。对重要产品所需采购的原材料，还可增加原材料制造的质量计划和现场监造或监检要求，并注明保证监造或监检顺利进行的必要条件。

（3）正确处理质量与成本、供应、服务等要素之间的关系。对不同的采购商品、不同的应用场合，应用不同的质量标准，不能"一刀切"。

采购商品质量并不是越高越好，质量过高会产生质量过剩，使成本大大增加。目前最常用的方法是使用"性能价格比"来平衡。作为采购人员，应根据性能、价格慎重地确定质量标准，以便能准确地采购每一件商品。

采购大批量商品时，如提出过高的质量要求，可能会导致供应商加工周期过长，严重时会导致缺货。特别是自动化不连续的机械商品的供应更容易出现这种情况。为此，采购人员在编写采购质量文件时，要考虑供应状况。

由于企业产品组成部件的质量问题导致故障频繁发生，不仅使产品在用户心目中的印象较差，而且给售后服务带来麻烦，增加服务成本。因此，在编写采购质量文件时，要合理确定质量检验方法和规则，把好供应商质量关。

（4）确保采购质量文件的有效性。编制采购质量文件所引用的标准要保证是当前的最新版本，确保所编文件的有效性，同时，还要尽量与ISO等标准接轨。

（5）要有一定的审批程序。为了做到有章可循、有法可依，明确有关人员的职责，防止购回不合格商品，企业应根据组织机构设置，明确质量职责，合理确定采购质量文件的审批程序。采购质量文件必须经过严格的审批才能生效。

（6）编写采购质量文件所用语言要简明、通俗、准确。采购质量文件是为指导采购人员正确使用而编写的。因此，采购质量文件必须对采购人员、企业生产高度负责。要求采购质量文件措辞准确、逻辑严谨，用词禁忌模棱两可，防止不同采购人员从不同角度产生不同的理解。此外，还要求简洁明了、通俗易懂。不要使用生僻词语或深奥难懂的术语及地方俗语，在保证技术条款无误、准确的前提下尽量使用大众化的语言，充分考虑采购人员的阅读习惯和理解方式，使不同层次的采购人员都能正确理解，以便按要求进行采购。

二、评定供货样品质量

商品品质（Quality of Goods）是指商品的内在素质和外观形态的综合。前者包括商品的物理性能、机械性能、化学成分和生物特性等自然属性，后者包括商品的外形、色泽、款式或透明度等。

(一)选择表示商品品质的方法

在货物买卖中,商品种类繁多,特点各异,故表示品质的方法也多种多样。归纳起来,它包括凭实物表示品质和凭说明表示品质两大类。

1. 凭实物表示品质

凭实物表示品质又可分为看货买卖和凭样品买卖。

(1) 看货买卖。买方或代理人通常先在卖方存放货物的场所验看货物,一旦达成交易,卖方就应按对方验看过的商品交货。只要卖方交付的是买方验看过的货物,买方就不得对品质提出异议。这种做法多用于寄售、拍卖和展卖的业务中。

(2) 凭样品买卖。样品通常是指从一批商品中抽出来的或由生产、使用部门设计、加工出来的,足以反映和代表整批商品品质的少量实物。凡以样品表示商品品质并以此作为交货依据的,称为"凭样品买卖"(Sale by Sample)。在国际贸易中,通常由卖方提供样品,凡以卖方样品作为交货的品质依据者,称为"凭卖方样品买卖"。卖方所交货物的品质,必须与提供的样品相同。有时买方为了使其订购的商品符合自身要求,也会提供样品交由卖方依样承制。如果卖方同意按买方提供的样品成交,称为"凭买方样品买卖"。有时卖方可根据买方提供的样品,加工复制出一个类似的样品交买方确认,这种经确认后的样品,称为"对等样品"(Counter Sample)或"回样",或"确认样品"(Confirming Sample)。当对等样品被买方确认后,日后卖方所交货物的品质,必须以对等样品为准。此外,买卖双方为了发展贸易关系和增进彼此对对方商品的了解,往往采用互相寄送样品的做法。这种以介绍商品为目的而寄出的样品,最好标明"仅供参考"(for Reference only)字样,以免与标准样品混淆。

2. 凭说明表示品质

凭说明表示品质,是指用文字、图表、图片等方式来说明成交商品的品质。这类表示品质方法可细分为以下几种:

(1) 凭规格买卖(Sale by Specification)。商品规格是指一些足以反映商品品质的主要指标,如化学成分、含量、纯度、性能、容量、长短、粗细等。国际贸易中的商品由于品质特点不同,其规格也各异,买卖双方凡用商品的规格确定品质时,称为"凭规格买卖"。

(2) 凭等级买卖(Sale by Grade)。商品的等级是指同一类商品按规格上的差异,分为品质优劣各不相同的若干等级。凭等级买卖时,由于不同等级的商品具有不同的规格,为了便于履行合同和避免争议,在品质条款列明等级的同时,最好一并规定每一等级的具体规格。这对简化手续、促进成交和体现按质论价等,都有一定的作用。

(3) 凭标准买卖(Sale by Standard)。商品的标准,有的由国家或有关政府主管部门制定,有的由同业公会、交易所或国际性的工商组织制定。有些商品习惯凭标准买卖,人们往往使用某种标准作为说明和评定商品品质的依据。

(二)供货商样品质量评定方法

(1) 设定品质判定的基准,即明确检验的项目及规格。对于样品检验来说,依据产品设计要求的零部件图样、材料、要求等事项做成零部件(或原材料)的检验规格书;对于成品检验来说,依据成品的图样及设计规格等,做成成品检验规格书。

(2) 按等级划分缺陷。明确致命缺陷、严重缺陷、轻微缺陷各种等级具体的划分、判定的方法。

(3) 决定品质允许水准(Acceptable Quality Level, AQL)。AQL 有很多种,具体选用

哪种，取决于企业自身特点以及企业客户的要求（一般来说，致命缺陷的允许水准最严厉，例如0.4；严重缺陷次之，例如1.0；轻微缺陷最松，例如4.0）。

（4）决定检验水准。通常使用检验水准Ⅱ。

（5）选定抽样方式。在抽样中为了做到随机，可以在层次抽样法、对角抽样法、三角抽样法、S型抽样法中选择一种进行抽检。这四种随机抽检方法示意图如图9-1所示。

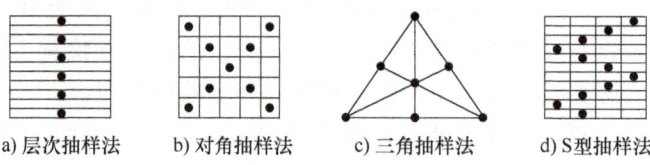

a) 层次抽样法　　b) 对角抽样法　　c) 三角抽样法　　d) S型抽样法

图9-1　随机抽检方法示意图

（6）决定检验的严格程度。一般从正常检验开始。

（7）批量的构成。原则上以接近同样生产条件下，在一定时间内生产出的产品化为一个批。例如，在同样的一条生产线下，用相同形式，在同一日生产出同一种机种（或称机型）的产品为同一批。

（8）查表得出样本代码。样本代码见表9-3。

表9-3　样本代码

批　　量	特殊检验级别				一般检验级别		
	S-1	S-2	S-3	S-4	Ⅰ	Ⅱ	Ⅲ
2～8	A	A	A	A	A	A	B
9～15	A	A	A	A	A	B	C
16～25	A	A	B	B	B	C	D
26～50	A	B	B	C	C	D	D
51～150	B	B	C	C	C	E	F
151～280	B	C	D	E	E	G	H
281～500	B	C	D	E	F	H	J
501～1200	C	C	E	F	G	J	K
1201～3200	C	D	E	G	H	K	L
3201～10 000	C	D	F	G	J	L	M
10 001～35 000	C	D	F	H	K	M	N
35 001～150 000	D	E	G	J	L	N	P
150 001～500 000	D	E	G	J	M	P	Q
500 001 以上	D	E	H	K	N	Q	R

（9）由样本代码根据接收质量限（AQL）表查出样本数 n，见表9-4。

表 9-4　接收质量限(AQL)表

样本代码	样本量	接收质量限(AQL)																									
		0.01	0.02	0.03	0.04	0.07	0.1	0.15	0.25	0.4	0.65	1.0	1.5	2.5	4.0	6.5	10.0	15.0	25.0	40.0	65.0	100.0	150.0	250.0	400.0	650.0	1000.0
		Ac Re	Ac Re	Ac Re	Ac Re	Ac Re	Ac Re	Ac Re	Ac Re	Ac Re	Ac Re	Ac Re	Ac Re	Ac Re	Ac Re	Ac Re	Ac Re	Ac Re	Ac Re	Ac Re	Ac Re	Ac Re	Ac Re	Ac Re	Ac Re	Ac Re	Ac Re
A	2	↓	↓	↓	↓	↓	↓	↓	↓	↓	↓	↓	↓	↓	↓	0 1	↓	↓	1 2	2 3	3 4	5 6	7 8	10 11	14 15	21 22	30 31
B	3	↓	↓	↓	↓	↓	↓	↓	↓	↓	↓	↓	↓	↓	0 1	↑	↓	1 2	2 3	3 4	5 6	7 8	10 11	14 15	21 22	30 31	44 45
C	5	↓	↓	↓	↓	↓	↓	↓	↓	↓	↓	↓	↓	0 1	↑	↓	1 2	2 3	3 4	5 6	7 8	10 11	14 15	21 22	30 31	44 45	↑
D	8	↓	↓	↓	↓	↓	↓	↓	↓	↓	↓	↓	0 1	↑	↓	1 2	2 3	3 4	5 6	7 8	10 11	14 15	21 22	30 31	44 45	↑	↑
E	13	↓	↓	↓	↓	↓	↓	↓	↓	↓	↓	0 1	↑	↓	1 2	2 3	3 4	5 6	7 8	10 11	14 15	21 22	30 31	44 45	↑	↑	↑
F	20	↓	↓	↓	↓	↓	↓	↓	↓	↓	0 1	↑	↓	1 2	2 3	3 4	5 6	7 8	10 11	14 15	21 22	↑	↑	↑	↑	↑	↑
G	32	↓	↓	↓	↓	↓	↓	↓	↓	0 1	↑	↓	1 2	2 3	3 4	5 6	7 8	10 11	14 15	21 22	↑	↑	↑	↑	↑	↑	↑
H	50	↓	↓	↓	↓	↓	↓	↓	0 1	↑	↓	1 2	2 3	3 4	5 6	7 8	10 11	14 15	21 22	↑	↑	↑	↑	↑	↑	↑	↑
J	80	↓	↓	↓	↓	↓	↓	0 1	↑	↓	1 2	2 3	3 4	5 6	7 8	10 11	14 15	21 22	↑	↑	↑	↑	↑	↑	↑	↑	↑
K	125	↓	↓	↓	↓	↓	0 1	↑	↓	1 2	2 3	3 4	5 6	7 8	10 11	14 15	21 22	↑	↑	↑	↑	↑	↑	↑	↑	↑	↑
L	200	↓	↓	↓	↓	0 1	↑	↓	1 2	2 3	3 4	5 6	7 8	10 11	14 15	21 22	↑	↑	↑	↑	↑	↑	↑	↑	↑	↑	↑
M	315	↓	↓	↓	0 1	↑	↓	1 2	2 3	3 4	5 6	7 8	10 11	14 15	21 22	↑	↑	↑	↑	↑	↑	↑	↑	↑	↑	↑	↑
N	500	↓	↓	0 1	↑	↓	1 2	2 3	3 4	5 6	7 8	10 11	14 15	21 22	↑	↑	↑	↑	↑	↑	↑	↑	↑	↑	↑	↑	↑
P	800	↓	0 1	↑	↓	1 2	2 3	3 4	5 6	7 8	10 11	14 15	21 22	↑	↑	↑	↑	↑	↑	↑	↑	↑	↑	↑	↑	↑	↑
Q	1250	0 1	↑	↓	1 2	2 3	3 4	5 6	7 8	10 11	14 15	21 22	↑	↑	↑	↑	↑	↑	↑	↑	↑	↑	↑	↑	↑	↑	↑
R	2000	↑		1 2	2 3	3 4	5 6	7 8	10 11	14 15	21 22	↑	↑	↑	↑	↑	↑	↑	↑	↑	↑	↑	↑	↑	↑	↑	↑

注：↓——使用箭头下面的第一个抽样方案，如果样本量大于或等于批量，则执行100%检验。

↑——使用箭头上面的第一个抽样方案，如果样本量大于或等于批量，则执行100%检验。

（10）查出抽样方式，明确判定批量合格与否的判定基准。

（11）抽取及检验样本。抽取样品后，按第一步做成的检验规格书进行检验。

（12）批量的判定。其判定要点如下：若发现缺陷则按第二步规定判定等级；不同等级缺陷允许 AQL 由第三步决定。缺陷数少于合格判定个数 Ac 时，判定该批量合格；而超过了不合格判定个数 Re 时，则判定该批量不合格。所有的等级都合格时，则判定该批量合格；而不管是哪一个等级有不合格时，就判定该批量不合格。当放宽检查样品中的缺陷个数超过了合格判定个数，但还没达到不合格判定个数的状态下，该批量可判定合格，但是下批开始必须转回正常检验。

样本的数量 n 超过了批量的数量 N 时，对该批产品进行全面检查。批量的数量 N 等于样品的数量 n 时，合格判定个数 Ac、不合格判定个数 Re 仍按原来决定的数目来判定合格或不合格。这种情况通常发生在本来正常，批量已确定（例如每日 3000 台），但是某种突发因素致使生产停顿时（例如只生产了 25 台）。

（13）批处置。合格批出货（或入库），不合格批原则上退回供方。例如：来料检查发现批不良，原则上退回供应商；成品检查发现批不良，退回制造部门等。待供方对该批采取调整、修理等措施，再次抽检合格后再放行。但是，在同相关方面查清原因后，或在某种条件下，有时也会让步放行。批虽然合格了，但样本中的缺陷仍需供方处置后，检查为合格品，才能对此样品放行。

【例】 检验员小王要检验一批来料，总量 N 是 1000，小王找到物料检验指导书，指导书规定了 AQL = 1.0，检验水平 IL = Ⅱ，求一次抽样方案（n, Ac, Re）。其中，n 表示抽取样品的数量；Ac 表示当样品中不良数为多少时可以允收；Re 表示当样品中不良数为多少时应该拒收。根据上述步骤，首先，小王拿出样本代码表，查找 1000，批量范围为 501~1200。与一般检验水平中的Ⅱ级相交，得到样本代码 J。

之后，小王在第二张 AQL 表中，沿着样本代码 J（上面查到的）所在行向右与 AQL = 1.0 相交，得到 n = 80，Ac = 2，Re = 3。这时小王得出，在这批物料中要抽样 80 个，其中，如果 2 个及 2 个以内不良，则 Ac（接收数≤2 个）允收该批；如果 3 个及 3 个以上不良，则 Re（拒收数≥3 个）拒收该批。

三、不合格品管理

在与供应商的合作过程中，供应商提供的商品可能会出现不合格品，客观、合理地判定与处理不合格品对形成良好的供应商关系非常重要。

（一）不合格品的发现

产生不合格品的原因很多，如设备损坏、原材料不合格、工艺控制不严格、人员疏忽、包装防护不够、搬运过程中的损坏、安装调试不当等。依据不合格品产生的原因，质量责任的归属也不尽相同。不合格品的发现往往在商品的使用和检验过程中。进厂零部件经过抽样试验，发现达不到可接受的质量水平，根据契约和协议规定可以拒绝接收。如果已经发现了不合格品，但达到了所要求的 AQL 值，该批产品可以接收。但从概率上讲，该批合格产品中肯定存在不合格产品。这些不合格产品和后来由企业自身搬运不当、装配不合理及其他意外因素造成的不合格品的判定是否恰当，会影响供需双方关系。

（二）不合格品的质量责任

合格品与不合格品的判定应由统一的部门来实施，必要时可由双方共同判定。不合格品判定时，检验设备与环境应该保持一致。例如同一块线路板，在不同的环境温度下，其电气性能、抗干扰性能等可能会有较大的差别。因此，检验应在双方认可的条件、方式和环境下进行。判定应该保存相应的记录，以满足可追溯的要求。

同一个配套件，进厂检验时合格，出厂检查时却发现是不合格品。这可能是环境或其他意外因素的影响导致的，也可能是该配套件与其他配件之间不协调。例如两台抽油烟机的电机来自同一个配套厂家的同一批商品，其中一台装配到机器 A 上，结果噪声很大，这时车间调试人员会在该台机器上标记"噪声大"，作为不合格品退回。但配套厂家运回电机后重新测试，发现电机运转平稳，无异常声。该电机被重新装机试验，发现的确无噪声大的问题。经过工程人员仔细分析，原来该电机转子的固有频率与机器 A 比较接近，装机运转会发生谐振而引起较大噪声。如果把该电机装到另一台机器 B 上，"症状"便会完全消失。像这种问题，在企业中可能经常发生，如果分析不出原因，往往会造成供需双方合作上的不愉快。如果退货前企业经进货检验部门重新检验确认，就可及早发现问题。

（三）不合格品的管理方法

不合格品的管理不但包括对不合格品本身的管理，还包括对出现不合格品的生产过程的管理。当生产过程的某个阶段出现不合格品时，决不允许对其做进一步的加工。同时，根据"三不放过"的原则，应立即查明原因。如系生产过程失控造成，则在采取纠正措施前，应暂停生产过程，以免产生更多的不合格品，根据产品和质量缺陷的性质，可能还需对已生产的本批次产品进行复查全检。

对于不合格品本身，应根据不合格品管理程序及时进行标识、记录、评价、隔离和处置。所谓对不合格品的标识和记录，应按产品特点和质量体系程序文件的规定进行。对不合格品的标识应当醒目、清楚，并应采用不能消除或更改的标识方法。对不合格品及其标识必须按统一格式认真做好记录。对已做了标识和记录的不合格品，供方应在等候评审和最终处置期间将其放置在特定的隔离区，并实行严格控制，以防在此之前被动用。

（四）不合格品的处理

对不合格品的处理有返工、返修、原样使用、降级和退货等几种方式。

（1）返工。可以通过再加工或其他措施使不合格品完全符合规定要求。例如机轴直径偏大，可以通过机械加工使其直径符合公差范围成为合格品。返工后，必须经过检验人员的复验确认。

（2）返修。对不合格品采取补救措施后，仍不能完全符合质量要求但能基本满足使用要求时，判为让步回用品。合同环境下，修复程序应得到需方的同意。修复后，必须经过复验确认。

（3）原样使用。这是指不合格程度轻微，不需采取返修补救措施，仍能满足于其使用要求，而被直接让步接收回用。这种情况必须有严格的申请和审批制度，并得到用户的同意。

（4）降级。这是指根据实际质量水平降低不合格品的产品质量等级或作为处理品降价出售。

（5）退货。如不能采取上述种种处置时，只能退货。

不论采取哪种方式，费用的分担是双方协调的关键。费用应根据不合格品比例的大小和不合格品影响程度确定，应在协议或合同的相关条款中做出明确的规定。企业可利用统计方法，分析供需双方都可接受的不合格品比例，从而确定合理的费用分担方式。例如，

某电器公司根据统计资料发现外购电器配套件的投入使用合格率一般在99.66%以上，这样可在双方签署的协议中规定合格率指标为99.66%，并要求达不到该指标的供应商负责不合格品的处理费用。

第三节　采购绩效考核

一、采购绩效考核概述

采购绩效是指采购产出与相应的投入之间的对比关系，它是对采购效率进行的全面整体的评价。采购绩效考核就是建立一套科学的评估指标体系，用来全面反映和检查采购部门工作实绩、工作效率和效益。

对采购绩效的考核可以分为对整个采购部门的考核和对采购人员个人的考核。对采购部门绩效的考核可以由企业高层管理者来进行，也可以由外部客户来进行；而对采购人员的考核常由采购部门的负责人来操作。

（一）采购绩效考核的基本要求

采购主管必须具备对采购人员工作绩效进行考核的能力。采购主管对采购工作负有领导和监督的责任，因此采购主管的业务素质和道德素质对整个采购工作的优劣起着非常重要的作用，有效合理地对采购人员工作绩效进行考核是一名采购主管必备的能力。

采购绩效考核必须遵循以下基本原则：

（1）持续性。考核必须持续进行，要定期地检查目标达成的程度，当采购人员知道会考核绩效时，能够更好地致力于绩效的提升。

（2）整体性。必须以企业整体目标的观点来进行采购绩效考核。

（3）开放性。采购作业的绩效会受到各种外来因素的影响。考核时，不但要衡量绩效，而且要分析各种外来因素所产生的影响。

（4）考核尺度。考核时可以以过去的绩效为尺度，也可以将其作为考核的基础，更可以通过与其他企业采购绩效比较的方式进行评估。

（二）采购绩效考核的目的

目前，许多企业与机构仍然把采购人员看作"行政人员"，对他们的工作绩效以"工作品质""工作能力""工作知识""工作量""合作""勤勉"等一般性项目来考核，使采购人员的专业技能与绩效未受到应有的尊重与公正的评量。实际上，若能对采购工作做好绩效考核，通常可以达到以下目的：

1. 确保采购目标的实现

各企业的采购目标互不相同。例如政府部门的采购偏重"防弊"，采购作业以"如期""如质""如量"为目标；而民营企业的采购则注重"兴利"，采购工作除了维持正常的产销活动外，非常注重产销成本的降低。因此，各企业可以针对采购所追求的主要目标加以考核，并督促采购目标的实现。

2. 提供改进绩效的依据

绩效考核制度可以提供客观的标准来衡量采购目标是否达成，也可以体现采购部门目前的工作表现如何。正确的绩效考核有助于指出采购作业的缺失所在，据此拟订改善措施，进而收到"检讨过去、激励将来"的效果。

3. 作为个人或部门奖惩的参考

良好的绩效考核方法能将采购部门的绩效独立于其他部门而凸显出来，并反映采购人员的个人表现，作为人事考核的参考资料。

4. 协助甄选人员与训练

根据绩效考核结果，可针对现有采购人员的工作能力缺陷拟订改进的计划，例如安排采购人员参加专业性的教育训练；若发现整个部门缺乏某种特殊人才，则可另行由公司内部甄选或向外界招募。

5. 促进部门关系

采购部门的绩效，受其他部门能否配合的影响非常大。故采购部门的职责是否明确，表单、流程是否简单、合理，付款条件及交货方式是否符合公司的管理制度，各部门目标是否一致等，均可透过绩效考核而予以判定，并可以改善部门间的合作关系，增进企业整体的运作效率。

6. 提高采购人员的士气

有效且公平的绩效考核制度，将使采购人员的努力成果得到适当回馈与认定，可以提高采购人员的士气。

二、采购绩效考核领域及考核标准

（一）采购绩效考核领域

企业在评估采购信息时，一般会着重考核以下领域：

（1）运营性采购。
（2）与其他部门的协作关系。
（3）采购组织和采购系统。
（4）创造性绩效。
（5）计划和预测。

表 9-5 列出了上面第一个领域即运营性采购方面经常使用的绩效指标。

表 9-5 运营性采购常用的绩效指标

领　　域	绩效指标
质量	收到货物中不合格品所占的比例 生产中不合格部件所占的比例 生产中不合格原材料所占的比例
数量	在特定时间内未流通库存量所占的比例 生产中出现库存短缺的次数 紧急订购次数
时间	对供应商实际交货绩效与所承诺的绩效进行比较 处理请购单所花费的时间 采取纠正措施所花费的时间
价格	对支付价格和标准价格进行比较 对主要货物的支付价格和市场指数进行比较 对支付的价格和预算进行比较 对货物使用时的价格和购买时的价格进行比较
业务成本	处理订单所需要的成本 目前成本占总成本的比例 业务成本（差旅费等）

虽然采购部门和其他部门的协作关系对于采购部门的整体绩效非常重要，但却很难对它进行测量。要测量采购部门和其他部门的协作关系，人们通常会使用以下指标：其他部门的经理对采购绩效抱怨的次数、采购部门的领导对其他部门经理抱怨的次数、应急采购的次数。但是这些指标很难付诸实施。

组织对周围环境的适应程度及组织的人员对工作环境的适应能力也是评估的重要因素。对采购系统和采购程序进行评估，其结果可能会反映以下问题：①采购部门内部及公司各部门之间缺乏控制；②采购人员或采购系统的工作效率低下；③部门缺乏管理，相互之间缺乏联系。

对创造性绩效进行评估是很重要的一个方面，但是我们很难对其进行评估。评估中可能需要考虑以下问题：①通过价值分析，取得了哪些结果？②通过供应商价格/成本分析，取得了哪些结果？③采购部门是否成功地找到了其他供应源（特别是存在垄断性供应商的情况下）？④采购部门和供应商的配合工作，是否提高了公司生产线的生产力和生产效率？⑤采购部门的积极工作，为用户部门的服务增添了哪些内容？

计划和预测在采购工作中的作用越来越大。它所涉及的基本问题包括：采购部门是否参与了公司长期计划和短期计划的制订？如果是，参与程度如何？提出的建议和意见的质量如何？时间范围是什么？支持这些意见的预测起到了怎样的作用？预测结果不必完全准确，但随着时间的推移，预测的准确性及相应的各种评论的质量都应该有适当的提高。预测的内容可能包括行业关系、供应和需求、价格、技术发展、可能会对供应市场产生影响的法律变化和社会变化等。

（二）采购绩效考核标准

绩效考核的范围确定之后，必须考虑依据何种标准，作为与实际绩效比较的基础。一般常见的标准如下：

1. 历史绩效

选择公司以往的绩效作为评估目前绩效的基础，是相当正确、有效的做法。但只有在公司采购部门组织、职责或人员等都没有重大变动的情况下，才适合使用此项标准。

2. 预算或标准绩效

若过去的绩效难以取得或采购业务变化甚大，则可以以预算或标准绩效作为衡量基础。标准绩效的设定有下列三种原则：

（1）固定的标准。考核的标准一旦建立，则不再改动。

（2）理想的标准。这是指在理想的工作条件下应有的绩效。

（3）可达成的标准。这是指在目前情况下可以达到的水平，常依据当前的绩效加以考量设定。

3. 同行业平均绩效

若企业与同行业其他公司在采购组织、职责及人员等方面相似，则可与其进行绩效比较，以辨别彼此采购工作成效上的优势。若有些公司的绩效资料无法得到，则可以以同行业绩效的平均水平来比较。

4. 目标绩效

预算或标准绩效表示在目前情况下"应该"可以达成的工作绩效；而目标绩效则表示在目前情况下，如果不经过一番特别的努力就无法达到的较高境界。目标绩效代表公司管理层对工作人员追求最佳绩效的"期望值"。

三、采购绩效考核的实施

（一）确定合适的采购绩效考核人员

适合参与采购绩效评价的人员不仅包括采购部门主管，还包括财务部门、生产部门或工程指挥部门、供应商甚至专家顾问。

1. 采购部门主管

采购部门主管是整个采购工作的直接部署者和执行者。他对于采购工作任务和环节都非常了解，包括人员的分配、员工的工作状态、各项工作的执行过程及出现的问题等，且工作任务的指派或工作绩效的优劣均在其直接督导之下，因此，采购部门主管是最有资格负责采购工作绩效评估的人。由采购部门主管负责评价，可注意到采购人员的各种表现，并兼具监督与训练的效果。

2. 财务部门

采购金额占企业支出比例较高，如大型设备的采购、主要原材料的长期采购、项目采购等。采购成本的节约对企业利润的贡献相当大，尤其在经济不景气时，对资金周转的影响更大。财务部门对资金的流入、流出进行全盘掌控，因此能够从资金周转方面对采购部门的工作绩效进行评价。

3. 生产部门或工程指挥部门

对于设备采购、原材料和零配件采购及项目采购等，采购货物的质量、数量、时间对企业生产的顺利进行、最终产品的品质等都有影响，因此生产部门或工程指挥部门也要参与采购工作绩效的评估。

4. 供应商

供应商是采购过程中与企业采购部门合作最多、最频繁的一方，对于采购部门的运作方式、工作状态有较为真实、详细的了解。因此，有些企业通过正式或非正式渠道向供应商探询其对于采购部门或人员的意见，以了解采购部门或人员的工作情况，间接评价采购绩效。

5. 专家顾问

为了避免企业各部门之间的本位主义或门户之见，使评估更加客观、权威，可以聘请相关的采购专家或管理顾问，针对全盘的采购制度、组织、人员及工作绩效，给出客观的分析与建议。

（二）确定合适的采购绩效考核方式

越来越多的企业管理者认识到一个采购部门在整个企业中发挥的巨大作用，尤其是一个配备了有能力的雇员和恰当组织的采购部门。定期合理地评价采购部门的绩效可以节省费用，直接增加企业利润。采购人员工作绩效的评估方式，可以分为定期和不定期两种考核方式。

1. 定期考核

定期考核是配合公司年度人事考核制度进行的。一般而言，如果能以目标管理的方式，也就是从各种工作绩效指标中选择几个年度重要性较高的项目定位绩效目标，年终按实际达到的程度加以考核，那么能够提升个人或部门的采购绩效。并且，这种方法因为摒除了"人"的抽象因素，以"事"的具体成就为考核重点，也就比较客观、公正。

2. 不定期考核

不定期考核是以专案的方式进行的。比如公司要求某项特定产品的采购成本降低10%，当到了设定的期限，根据考核的实际成果（高于或低于10%），给予采购人员适当的奖励或处分。此种考核方式对采购人员的士气有较大的提升作用,适用于新产品开发计划、资本支出预算、成本降低的专案。

(三) 确定合适的采购绩效考核方法

采购绩效考核方法直接影响考核计划的成效和考核结果的正确与否。常用的考核方法如下:

1. 直接排序法

在直接排序法中,采购部门主管按照绩效表现依次给员工排序,这种绩效表现既可以是整体绩效,也可以是某项特定工作的绩效。

2. 两两比较法

两两比较法是指在某一绩效标准的基础上将一个员工与其他员工相比较,进而判断谁"更好",记录每一个员工与其他员工比较时认为"更好"的次数,根据次数给员工排序。

3. 等级分配法

等级分配法能够克服上述两种方法的弊端。这种方法由评估小组或采购部门主管先拟订有关的评估项目,按评估项目对员工绩效做出粗略的安排。

四、建立采购绩效管理机制

目前,国内的大多数企业在采购管理上没有成体系的管理模式,依然是粗放的管理方法,不利于提高竞争力。首先,最常见的缺陷是没有集中采购。一个企业的分公司、子公司各设自己的采购部门,相同的物料由不同的部门小批量重复采购,白白浪费了规模优势。其次,没有供应商管理体系。对不同重要程度的供应商没有差异化的管理体制;缺乏定期的供应商审核制度;对供应商的成本构成、供应商的供应商缺乏了解。最后,供应商和存货信息不能共享、采购控制通常是事后控制等。要改变这种状况,必须建立起行之有效的采购管理机制。

(一) 建立统一的测评机制

在大多数企业中,首席执行官(CEO)和负责采购的高层管理人员对采购业绩各有自己的评价标准。在某种程度上,这属于正常现象,因为企业的高层管理人员总有一些与所担任的职位相联系的具体目标,而对不同的事情有不同的优先考虑顺序。为了应对这种采购评价标准的不连贯状况,CEO 和采购部门主管会使用同一个平衡计分卡来评价绩效,以便使每一个人都能够以大致同样的方式理解采购信息。纵贯全公司的平衡计分卡帮助各个不同的业务部门调整它们处理业务轻重缓急的顺序,制定目标和期望,鼓励有利于业务开展的行为,明确个人和团队的责任,决定报酬和奖励,以及推动不间断的改进。

平衡计分卡的设计包括四个方面:财务层面、客户层面、内部经营流程层面、学习与成长层面。在财务层面,关注的重点主要有:①可度量的成本节约;②价格变化趋势和公开发布的价格指数之间的对照;③物料占有的总成本;④单笔交易的成本;⑤采购预算管理。在客户层面,关注的重点主要有:①与采购的物料和服务有关的消费者的投诉;②客户满意度;③组建跨职能部门的小组,评估和选择供应商。在内部经营流程层面,关注的重点主要有:①占某项物料采购支出 90% 的供应商数量(供应商集中度);②满足优秀供应商要求的比例;③从提出要求到下订单的时间;④采购订单的平均价值。在学习与成长层面,关注的重点主要有:①培训/发展的时间和经费;②取得专业证书的比例;③最佳做法的共享；④员工满意度；⑤员工流失率。

（二）积极的领导作用

积极的领导作用对于确立全局的采购策略具有重要意义。一般而言，这个策略应该围绕企业如何高效地采购物资、提高绩效水平，来规范业务实践、企业制度、优先考虑的事情和做事情的方法。其中，最重要的是要把采购和整个供应链管理结合起来。

（三）创造性地思考组织架构

采购业务做得好的公司，最常用的组织架构形式是根据同类物品划分组织。这种架构使公司可以在全局范围内聚合采购量，并且有利于集中供应商。按同类物品划分的组织架构也有利于采购人员发展深入的行业、产品和供应商知识。但是，这种方式也有不足之处。例如，因为要与公司内跨不同事业部的内部客户打交道，协调和合作可能比较困难。为了应对这种挑战，有些公司尝试集中发展采购知识，例如招标、合同、谈判、服务等，这些知识成为采购优化的中心。在公司内部，这些知识能帮助增加地方用户的接受程度，降低发展关键技能所花的时间和资源，并且有助于在分散的采购环境中培养符合法律和道德规范的行为。

（四）全企业范围内的整合

为了让有效率的、从企业出发的采购理念取得优势地位，领先的公司常常依靠覆盖全企业范围的采购团队。这些团队的成员包括采购、工程和产品开发的代表，不定期地会有财务、销售、分销和互联网技术人员参与。这些团队人员一起决定策略采购优先考虑的事项，设计物料占有成本模式，发展品种策略，并设计供应商选择标准。

案 例

中东某污水管网项目通过付款方式控制履约风险

中东某污水管网项目是一个城市污水管网重力自流式收集系统，其主要工程内容是在中东某城市的新兴城区周围铺设主干线玻璃钢管道（其中一部分采用顶管施工）以及 UPVC（硬聚氯乙烯）支线管道，支线连接上万户居民。污水由入户管网汇集到主管线，然后经泵站将污水经提升管线送往由另一个承包商所承建的污水处理厂，提升管线一侧还包括两路由污水处理厂送回的灌溉水主管线。

该项目所属的中东国家的基础产业很不发达，建筑材料匮乏。其建筑材料市场供货商少，产品线不完整，供给小于需求，卖方在交易上处于有利地位。以 UPVC 管生产厂家为例，由于 UPVC 产品所用原料为石油化工副产品，虽然此国的经济支柱是石油精炼，但其国内并不生产石油化工副产品。经过市场调查，该国只有一家厂商的产量能够满足承包商的需要，但它又只生产 UPVC 管，其上游原材料是从国外进口的。另外，该国没有 UPVC 管件生产商，完全依赖进口。

2007年6月初，一场百年不遇的台风袭击了该项目所在城市。由于缺乏有效的排水设施，整个城市处于瘫痪状态。当地政府立即启动了很多大型项目，如城市交通立交系统、靠海洼地箱涵、高速公路等。如此大的工程自然对建材形成了巨大需求，使本来就短缺的建筑材料更是雪上加霜。而此时物资供应方在根本没有扩大生产能力的前提下，竟大量地接受订单，并疯狂地抬高单价，且报价有效期一般只有两周。半年多的时间，大部分建筑施工材料的单价均上升了近一倍。在这种恶劣的市场条件下，即使承包商预付货款，仍无法保证按时按量得到建筑材料，项目施工计划受到了严重影响，业主和咨询工程师对项目的进展极为不满。

在这种严峻的形势下，承包商在台风前所采用的先发订单、货到后付款或直接预付的采购方式，已经不能适应台风后的市场情况了。通过多方了解和探询，承包商发现，市场上大部分大宗采购均采用项目所在国的国内信用证（Letter of Credit，L/C）付款方式。信用证开具之前，买卖双方必须确定商品的单价、数量和最后送货时间，并且明确卖方结汇所需的单证要求。在国内信用证开具之后，对于卖方来说，只要严格按照信用证规定的条款执行，单证一致，就能及时收到货款；对于买方来说，只有收到货物时才付款。在这个过程中，合同风险被成功转嫁给卖方，即供货商。因为只有承包商收到了货物，并且其中的数量、日期及商品状况与买卖合约是一致的，它才会在有效单证——到货单上签字盖章。

承包商随即对几种一类主材的大宗采购采用了 L/C 支付方式，以做试点。再以 UPVC 管为例，在原有的采购规则下，UPVC 管的报价有效期一般为 2～4 周，管子单价的平均涨幅为每月 8%～10%，物资到货情况严重滞后。而在采用信用证付款后，UPVC 管的报价有效期一般为 2～3 个月，管子单价在信用证规定的生产周期内固定（一般而言，信用证中规定的单价要比当时的单价高 4%～6%），物资到货情况令人满意。由此，承包商在保证现金流安全的情况下，对大部分一类主材均采用了 L/C 支付方式，物资采购的单价和到货时间都得到了有效控制，从而保证了工程的需要。

由此可以看出，在卖方市场中，承包商有时不得不面对单一供货商，此时若仍然采用传统的采购和支付方式，它所面临的采购合同履约风险将最大化。承包商主动适应变化的市场条件，采用符合当时当地情况的采购策略和支付方式，使得影响整个项目的两个关键因素——大宗急需商品的送货时间及其价格都得到了有效保证。

在一些特殊市场，尤其是卖方市场中进行采购，由于买卖双方地位的不对称性，合同履约风险相对突出。一方面，承包商应尽力维持与供货商的良好关系；另一方面，承包商应当从多方面了解项目所在地市场，并根据市场的特点适时地调整项目的采购规则，尽可能地降低合同履约风险，有效地控制采购单价、数量和送货时间，最大限度地实现供给和需求之间的匹配。

计算练习题

计算一批进料在下面抽样情况下的样本量（n）、不良允收（Ac）和不良拒收（Re）。
(1) 批量 $N=10\ 000$ 件，检验水平 IL=Ⅲ，AQL=10。
(2) 批量 $N=3000$ 件，检验水平 IL=Ⅰ，AQL=1.5。
(3) 批量 $N=3000$ 件，检验水平 IL=Ⅲ，AQL=6.5。
(4) 批量 $N=10\ 000$ 件，检验水平 IL=S-3，AQL=4.0。
(5) 批量 $N=800$ 件，检验水平 IL=Ⅱ，AQL=0.4。
(6) 批量 $N=35\ 000$ 件，检验水平 IL=Ⅲ，AQL=10。

复习思考题

1. 简述托收付款方式的基本含义和分类。
2. 试述信用证付款方式的操作流程。
3. 信用证和托收方式相结合，在实践中是如何操作的？
4. 简述不合格品处理的方法有哪些。
5. 质量检验体系中三检制的含义是什么？
6. 在采购绩效考核中，如何制定考核标准？
7. 简述采购绩效考核的方法有哪些？

第十章

采购成本管理

■ 作　用

　　成本分析与控制是企业采购管理的工作重点之一。本章从采购商品的价格分析、成本分析和价值分析三个层面阐述了采购成本分析的内容和发展历程，使读者在正确理解采购价格、采购成本、采购价值等相关概念的基础上，掌握采购成本分析的一般方法以及降低采购成本的主要途径。

■ 关　键

　　本章所涉及的基本概念包括采购价格、整体采购成本、学习曲线、价值分析等；基本理论包括价格理论、采购成本构成的理论、价值分析的理论；主要方法包括数量折扣分析方法、学习曲线分析方法、整体采购成本分析方法、商品的价值分析方法以及降低采购成本的系列方法。

第一节　采购价格分析

　　确定最优的采购价格是采购管理的一项重要工作，采购价格的高低直接关系到企业最终产品或服务价格的高低。因此，在确保满足其他条件的情况下力争最低的采购价格是采购人员最重要的工作。

> **思　考：**
>
> 采购价格分析、采购成本分析、价值分析有什么区别？

一、采购价格影响因素

　　所谓采购价格，是指供应商对自己的产品提出的销售价格。影响采购价格的因素主要有成本结构和市场结构两个方面。成本结构是影响采购价格的内在因素，受生产要素的成本如原材料、劳动力价格、产品技术要求、产品质量要求、生产技术水平等影响；而市场结构则是影响采购价格的外在因素，包括经济、社会政治及技术发展水平，具体有宏观经济条件、供应市场的竞争情况、技术发展水平及法规制约等。市场结构会强烈影响成本结构，反过来，供应商自己的成本结构往往不会对市场结构产生影响。市场结构对采购价格的影响直接表现为供求关系。

　　现把这些影响因素简要分述如下：

　　（1）供应商成本的高低。这是影响采购价格最根本、最直接的因素。供应商进行生产，其目的是获得一定利润，否则生产无法继续。因此，采购价格一般在供应商成本之上，两者之差即为供应商的利润，供应商的成本是采购价格的底线。一些采购人员认为，采购价格的高低全凭双方谈判的结果，可以随心所欲地确定，其实这种想法是完全错误的。尽管经过谈判后供应商大幅降价的情况时常出现，但这只是因为供应商报价中水分太多的缘故，而不是谈判决定价格。

（2）规格与品质。采购企业对采购品的规格要求越复杂，采购价格就越高。价格的高低与采购品的品质也有很大的关系。如果采购品的品质一般或质量低下，供应商会主动降低价格，以求赶快脱手。

（3）采购数量多少。如果采购数量大，采购企业就会享受供应商的数量折扣，从而降低采购的价格。因此，大批量、集中采购是降低采购价格的有效途径。

（4）交货条件。交货条件也是影响采购价格非常重要的因素。交货条件主要包括运输方式、交货期的缓急等。如果货物由采购方来承运，则供应商就会降低价格，反之就会提高价格。有时为了争取提前获得所需货物，采购方会适当提高价格。

（5）付款条件。在付款条件上，供应商一般都规定有现金折扣、期限折扣，以刺激采购方能提前用现金付款。

（6）采购物品的供需关系。当企业所采购的物品为紧俏商品时，供应商就处于主动地位，就可以趁机抬高价格；当企业所采购的商品供过于求时，采购企业则处于主动地位，可以获得最优的价格。

（7）生产季节与采购时机。当企业处于生产的旺季时，对原材料需求紧急，因此不得不承受更高的价格。避免这种情况的最好办法是提前做好生产计划，并根据生产计划制订相应的采购计划，为生产旺季的到来提前做好准备。

（8）供应市场中竞争对手的数量。供应商毫无例外地会参考竞争对手的价位来确定自己的价格，除非它处于垄断地位。

（9）客户与供应商的关系。与供应商关系好的客户通常都能拿到好的价格。

有些产品的价格几乎全部取决于成本结构（如塑胶件），而另外一些产品则几乎全部依赖于市场（如短期内的铜等原材料）。对于后一类产品，单个供应商处于完全竞争的市场，对产品价格的影响无能为力。当然，不少产品的采购价格受市场结构的影响，同时供应商又能通过成本结构来进行控制采购价格。表 10-1 给出了不同产品的采购价格影响因素的构成。

表 10-1 不同产品的采购价格影响因素的构成

产品类别	成本结构为主	侧重于成本结构	50%成本结构、50%市场结构	侧重于市场结构	市场结构为主
原材料				✓	✓
工业半成品			✓	✓	
标准零部件		✓	✓	✓	
非标准零部件	✓	✓	✓		
成品	✓				
服务	✓	✓	✓	✓	✓

二、供应商的定价方法

供应商在确定其产品价格时，通常会考虑供应市场的供应关系，再结合自己的成本结构。

供应商的定价方法又可细分为成本加成定价法（Cost-plus Pricing）、目标利润定价法（Target-profit Pricing）、采购商理解价值定价法（Pricing-based on Values Perceived by the Buyer）、竞争定价法（Pricing-based on Competitors' Prices）以及投标定价法（Tender-based Pricing）。

1. 成本加成定价法

这是供应商最常用的定价法，它以成本为依据，在产品单位成本的基础上加上一定比例的利润。该方法的特点是成本与价格直接挂钩，但它忽视了市场竞争的影响，也不考虑采购商（或客户）的需要。由于其简单、直接，又能保证供应商获取一定比例的利润，因而许多供应商都倾向于使用这种定价方法。实际上，由于市场竞争日趋激烈，这种方法只有在卖方市场或供不应求的情况下才真正行得通。

2. 目标利润定价法

这是一种以利润为依据制定销售价格的方法。其基本思路是：供应商依据固定成本、可变成本以及预计的销售价格，通过盈亏平衡分析（见图10-1）算出保本产量或销售量，根据目标利润算出保本销售量以外的销售量，然后分析在此预计的销售价格下能否达到总销售量。若不能达到则调整价格重新计算，直到在制定的价格下可实现的销售量能满足利润目标为止。

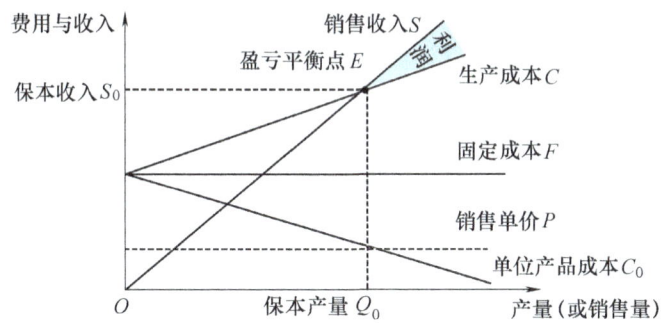

图 10-1　产品的成本与盈亏平衡

3. 采购商理解价值定价法

这是一种以市场的承受力以及采购商对产品价值的理解程度作为定价的基本依据，常用于消费品尤其是名牌产品，有时也适用于工业产品，如设备的备件等。

4. 竞争定价法

这种方法最常用于寡头垄断市场。寡头垄断市场一般存在于具有明显规模经济性的行业，如较成熟的市场经济国家的钢铁、铝、水泥、石油化工以及汽车、家用电器等，其中少数占有很大市场份额的企业是市场价格的主导，而其余的小企业只能随市场价格跟风。寡头垄断企业之间存在着很强的相互依存性及激烈的竞争，企业产品价格的制定必须考虑竞争对手的反应。

5. 投标定价法

这种公开招标竞争定价的方法最常用于拍卖行、政府采购，也用于工业企业，如建筑承包、大型设备制造，以及非生产用原材料（如办公用品、服务等）的大宗采购，一般由采购商公开招标，参与投标的企业事先根据招标公告的内容密封报价、参与竞争。密封报价由各供应商根据竞争对手可能提出的价格以及自身所期望的利润而定，通常中标者是报价最低的供应商。

三、折扣

折扣是工业企业产品销售常用的一种促销方式。了解折扣有助于供应商在谈判过程中降低采购价格。概括起来，折扣大体有以下几类：

（1）付款折扣。如果客户能够即时支付而不让供应商久等，许多供应商愿意提供折扣。这些折扣可以是现金折扣、订单支票折扣或者某一特别时期内的支付折扣。现金付款比月结付款的采购价格通常要低，此外用坚挺货币付款比用其他货币付款更具价格优势。

（2）数量折扣。数量小的订单其单位产品成本较高，因为小数量订单所需的订单处理、生产准备等时间与大数量订单并无根本区别，当以"数量折扣"为促销手段时，供应商可以以"边际成本"生产额外的商品，这样可以弥补初期那一部分产品的一般管理费用。此外，有些行业生产本身具有最小批量要求，如印刷、电子元件的生产等，以印刷为例，每当印刷品的数量增加1倍，其单位产品的印刷成本可降低多达50%。

（3）地理折扣。跨国生产的供应商在销售时实行不同地区不同价格的地区差价，对于地理位置有利的客户给予折扣优惠。此外，供应商的生产场地或销售点如果接近顾客，往往也可以因交货运输费用低等获得较优惠的价格。

（4）季节折扣。许多消费品包括工业消费品都具有季节性，相应的原材料和零部件的供应价格也随着季节的变化而上下波动。在消费淡季时将订单下给供应商往往能拿到较低的价格。

（5）推广折扣。许多供应商为了推销产品、刺激消费、扩大市场份额或推广新产品、降低市场进入障碍，往往采取各种推广手段在一定的时期内降价促销。有策略地利用推广折扣是降低采购成本的一种手法。

四、如何确定采购价格

尽管价格是采购中一个非常重要的因素，应予以重视，但也不能因此过分重视，而忽略其他采购因素。影响采购总成本的因素不止价格一个，对于这一点，采购人员必须了解。如不能确保适当的品质、数量与可靠的供应，价格高低也就无意义可言。在采购作业阶段，企业应当注意，要使所需采购物资在适当的品质、数量、交货时间及其他有关条件下价格最低。

决定适当采购价格的目标，主要在于确保所购物资的成本，以期能树立有利的竞争地位，并在维持买卖双方利益的良好关系下，使原料供应稳定持续，这是采购人员的主要责任。

（一）采购价格调查

一个企业所需使用的原材料，少的有80~90种，多的达万种以上，按其价格划分，可分为"高价物品""中价物品""低价物品"三类。由于采购物资种类繁多，规范复杂，有关采购价格资料的搜集、调查、登记、分析十分困难。采购材料规格有差异，价格就可能相差悬殊，而且世界各地商业环境变化莫测，要做好国际商业环境调查是很困难的。

1. 调查的主要范围

在大型企业里，原材料种类不下万种，由于客观条件的限制，要做好采购价格调查并不容易。因此，企业要了解帕累托定理中所说的"重要少数"：通常数量上仅占20%的原材料，其价值却占全部总值的70%~80%。假如企业能掌握住"重要少数"，那么就可以得到控制采购成本的真正效益,这就是重点管理法。根据一些企业的实际操作经验,可以把下列六大项目列为主要的采购价格调查范围:

(1) 主要原材料,其价值占全部总值的70%~80%。
(2) 常用材料、器材属于大量采购项目的。
(3) 性能比较特殊的材料、器材(包括主要零配件),一旦供应脱节,可能导致生产中断的。
(4) 突发事件紧急采购。
(5) 波动性物资、器材采购。
(6) 计划外资本支出、设备器材的采购,数量巨大,影响经济效益深远的。

上面所列六大项目,虽然种类不多,但所占数值的比例很大,或影响经济效益甚广。其中(1)(2)(5)三项,应将其每日行情的变动记入调查记录卡(见表10-2),并于每周或每月做一个"周期性"的行情变动趋势分析。由于项目不多,而其金额又占全部采购成本的一半以上,因此必须做详细细目调查的记录。至于(3)(4)(6)三项,则属于特殊性或例外性采购范围,价格差距极大,也应列为专业调查的重点。

表10-2 调查记录卡

原材料名称	近日价格	昨日价格	增减幅度(%)	上周价格	上月价格

制表人: 日期:

在一个企业中,为了便于了解占总采购价值70%~80%的"重要少数"原材料价格的变动行情,就应当随时记录,真正做到了如指掌。久而久之,对于相关的项目,它的主要原材料一旦涨价,就可以预测到成品价格的上涨情况。

2. 信息搜集方式

根据统计,采购人员约有27%的时间从事信息搜集。信息搜集的方法可分为以下三类:

(1) 上游法。这是指了解拟采购的产品是由哪些零部件或材料组成的,换言之,查询制造成本及产量资料。

(2) 下游法。这是指了解采购的产品用在哪些地方,换言之,查询需求量及售价资料。

(3) 水平法。这是指了解采购的产品有哪些类似产品,换言之,查询替代品或新供应商的资料。

3. 信息的搜集渠道

信息搜集常用的渠道有:①杂志、报纸等媒体;②信息网络或产业调查服务业;③供应商、顾客及同业;④参观展览会或参加研讨会;⑤加入协会或公会。

由于商情范围广阔,来源复杂,加之市场环境变化迅速,因此必须筛选正确有用的信息以供决策。最近几年,对国外采购信息之需求越来越迫切,除依赖公司派人亲赴国外搜集,也可利用外贸协会信息处资料搜集组的资料(名录、电话簿、统计资料、市调、报告等)、期刊(报纸、杂志)、非图书资料(录音带、录像带、磁盘、统计微缩片等)及其他(小册子、宣传品、新书通告等)。

4. 调查所得资料的处理方式

企业可将采购市场调查所得资料,加以整理、分析与讨论。在此基础上提出报告及建议,即根据调查结果,编制材料调查报告及商业环境分析,对本企业提出有关改进建议(如提供采购方针的参考,以求降低成本、增加利润),并根据科学调查结果,研究更好的采购方法。

(二) 采购价格确定方式

1. 询价采购方式

所谓询价采购,是指采购方根据需采购的物品向供应商发出询价或征购函,请其正式报价(Quotation)的一种采购方法。通常供应商寄发报价单,内容包括交易条件及报价有效期等,有时自动提出信用调查对象。必要时另寄"样品"及"说明书"。询价经采购方完全同意并接受,买卖契约才算成立。

2. 招标确定价格

招标的方式是采购企业确定价格的重要方式,其优点在于公平、合理。因此,大批量的采购一般采用招标的方式。采用招标方式的基本条件是:所采购商品的规格要求必须能表述清楚、明确、易于理解;必须有两个以上的供应商参加投标。

3. 谈判确定价格

谈判是确定价格的常用方式,也是最复杂、成本最高的方式。谈判方式适合各种类型的采购。

第二节 采购成本分析

一、成本结构分析

采购人员要想知道供应商的实际成本结构并不容易,而了解供应商的供应价格影响因素及定价方法无疑有助于供应商的成本结构分析。要真正掌握成本结构分析方法并据此来判断供应价格的合理性,还必须了解国际通行的工业企业成本结构。反映企业成本结构最直接的工具是财务利润表,它包括产品销售收入、产品销售成本、产品销售毛利、销售费用、管理费用、财务费用、产品销售利润、所得税、净利润等主要项目,其计算方法为

$$产品销售毛利 = 产品销售收入 - 产品销售成本$$
$$产品销售利润 = 产品销售毛利 - (销售费用 + 管理费用 + 财务费用)$$
$$净利润 = 产品销售利润 - 所得税$$

式中,产品销售成本包括原材料费用和工人(或直接劳动力)成本;产品销售毛利与产品销售收入之比是反映企业盈利能力的一项重要指标,称为毛利率;销售费用包括市场营销、广告及销售部门的固定资产折旧等费用;管理费用则包括企业内所有管理人员的工资、固定资产折旧、能耗等;财务费用包括利息、汇兑收支等;产品销售利润是反映企业生产经营好坏的财务指标。

此外,工业企业在开发新产品或投资建厂时都会进行盈亏平衡分析(Even Point Analysis)。盈亏平衡分析又叫量本利分析或保本分析,它是通过分析生产成本、销售利润和产

量之间的关系来了解盈亏变化,并据此确定产品的开发及生产经营方案,如图10-1所示。生产成本(包括工厂成本和销售费用)可分为可变成本和固定成本。可变成本是随着产品的产量增减而相应提高或降低的费用,包括原材料、能耗等;而固定成本则在一定时期内保持稳定,不随产品产量的增减而变化,包括管理费用、设备折旧等。

根据量本利之间的关系,有

销售收入 S = 产品产量 Q × 单价 P

生产成本 C = 固定成本 F + 可变成本

= 固定成本 F + 产品产量 Q × 单位产品可变成本 C_v

当盈亏达到平衡,即销售收入等于生产成本或单价等于单位产品生产成本时,有

$$S_0 = Q_0 P = F + Q_0 C_v$$

从而有保本产量 Q_0 和保本收入 S_0:

$$Q_0 = \frac{F}{P - C_v}, \quad S_0 = \frac{F}{1 - C_v/P}$$

式中,$P - C_v$ 是指单位产品销售收入扣除可变成本后的剩余,叫作边际贡献或毛利;$1 - C_v/P$ 是指单位产品销售收入可帮助企业吸收固定成本,实现企业利润的系数,叫作边际贡献率或毛利率。

毫无疑问,供应商在制定产品价格时都会考虑到其边际贡献率或毛利率应该大于零,也就是说,产品的单价应该大于成本(单位固定成本摊销与单位产品可变成本之和)。作为采购人员,要想了解供应商的成本结构,就要了解其固定成本及可变成本的内容。

一般来说,在产品的成本构成中,固定成本比例越低,价格的弹性就越大,随市场季节变化及原材料的供应而变化的波动也就越强烈,因此这些产品在采购时可采用加大订购数量、在消费淡季订购等方法来降低采购成本。而对于可变成本比例较低的产品,则要下力气改善供应商,促进其管理水平的提高并降低管理费用。

二、学习曲线

(一)学习曲线的含义

学习曲线(Learning Curve)是分析采购成本、实施采购降价的一个重要工具和手段。学习曲线最早由美国提出,其基本概念是随着产品的累计产量增加,单位产品的成本会以一定的比例下降。需要说明的是,这种单位产品价格成本的降低与规模效益并无任何关系,它是一种学习效益。这种学习效益是指某产品在投产的初期由于经验不足,产品的质量保证、生产维护等需要较多的精力投入以致带来较高的成本,随着累计产量的增加,管理渐趋成熟,所需的人力、财力、物力逐渐减少,工人操作越来越熟练,质量越来越稳定,前期生产学习期间的各种改进逐步见效,因而成本不断降低。主要表现为:

思 考:

现实生活中有哪些学习曲线实例?

(1)随着某产品逐步进入成长期、成熟期,其生产经验不断丰富,所需的监管、培训及生产维护费用不断减少。

(2)随着累计产量的增加,工人操作越趋熟练,生产效率不断提高。

(3)生产过程中的报废率、返工率以及产品的缺陷不断降低。

(4)生产批次不断优化,设备的设定、模具的更换时间不断缩短。

(5) 随着累计产量的增加，原材料的采购成本不断降低。
(6) 经过前期生产学习，设备的效率及利用率等方面不断得到改进。
(7) 通过前期生产学习，物流不断畅通，原材料及半成品等库存控制日趋合理。
(8) 通过改进过程控制，突发事件及故障不断减少。
(9) 随着生产的进行，工程、工艺技术调整与变更越来越少。

（二）学习曲线的简化模型

学习曲线反映累计产量的变化对单位成本的影响，累计产量的变化率与单位工时或成本的变化率之间保持一定的比例关系，如图10-2所示。

一个曲率为80%的曲线意味着如果生产产品的累计量翻倍时，生产1单位的产品所要求的时间只需要原始时间的80%。举例见表10-3。

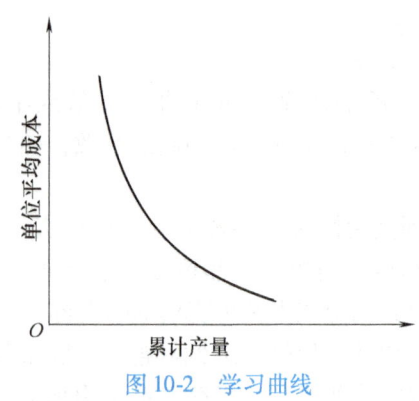

图10-2 学习曲线

表10-3 某产品学习曲线效益
（80%学习曲线）

累计生产量（件）	单件产品所要求的时间/h
1000	20
2000	16
4000	12.8
8000	10.24
16 000	8.2

（三）学习曲线的另一种表达式

$$Y_x = Kb^{\lg X/\lg 2}$$

$$Y = b^{\lg X/\lg 2} = 10^{\lg X \lg b/\lg 2}$$

式中 Y_x——生产第 X 个单元所需要的时间（成本）；

　　　Y——改进因子；

　　　K——生产第一个单元所需要的时间（成本）；

　　　X——累计单元数；

　　　b——学习率。

（四）学习曲线的应用条件

学习曲线和其他管理方法一样，其应用是有条件的。它首先满足两个基本假定：①生产过程中确实存在着"学习曲线"现象；②学习曲线的可预测性，即学习现象是规律的，因而学习曲线率是能够预测的。除此之外，学习曲线是否适用，还要考虑以下几个因素：

(1) 它只适用于大批量生产企业的长期战略决策，而对短期决策的作用不明显。

(2) 它要求企业经营决策者精明强干、有远见、有魄力，充分了解企业内外的情况，敢于坚持降低成本的各项有效措施，重视经济效益。

(3) 学习曲线与产品更新之间既有联系，又有矛盾，应处理好二者的关系，不可偏颇。不能片面地认为只要产量持续增长，成本就一定会下降，销售额和利润就一定会增加。如果企业忽略了资源市场、顾客爱好等方面的情况，就难免出现产品滞销、积压以至

第十章　采购成本管理

停产的局面。

(4) 劳动力保持稳定，不断革新生产技术和改革设备。

(5) 学习曲线适用于企业的规模经济阶段，当企业规模过大，出现规模不经济时，学习曲线的规律不再存在。

以上是学习曲线的一般应用条件，对于采购来说，"学习曲线"分析一般适用于以下情形：

(1) 供应商按客户的特殊要求制造的零部件。

(2) 涉及需大量投资或新添设备设施的产品生产。

(3) 需要开发专用的磨具、夹具、检具或检测设施，无法同时向多家供应商采购。

(4) 直接劳动力成本占价格成本比例较大。

三、质量成本

质量成本（Cost of Quality）是采购人员审核供应商成本结构、降低采购成本所应看到的另一个方面。目前质量成本尚无统一的定义，其基本含义是工业企业针对某项产品或者某类产品因产品质量、服务质量或工作质量不符合要求而导致的成本增加，其实质意义是不合格成本，主要包括退货成本、返工成本、停机成本、维修服务成本、延误成本、仓储报废成本等。

(1) 退货成本。这是指在整体供应链（包括采购、生产、仓储、运输和销售过程）中任何环节出现的不合格退货所发生的成本。

(2) 返工成本。这是指在采购、生产、仓储、运输和销售过程中由于产品或工作不符合要求而需要进行返工维修或检验所带来的成本增加，包括人工、材料、运输等费用。

(3) 停机成本。这是指因任何原因而导致的设备停机、生产停止所造成的损失，包括设备因维护不善出现故障停机、因原材料供应不上导致停产、生产安排不合理导致生产线闲置等。

(4) 维修服务成本。这是指在产品卖出以后，由产品质量、服务质量问题导致的在维修期内所发生的所有费用，如处理顾客投诉、维修产品、更换零部件等成本。

(5) 延误成本。这是指产品开发及交货延误导致的成本增加或损失。其中包括产品开发过程中，因设计错误或设计延误导致人工损失、设备设施报废、产品进入市场时间推迟而造成的直接经济损失，以及在生产及交货过程中，因交货延误导致的理赔或失去市场等损失。

(6) 仓储报废成本。这是指因产品换代、仓储时间过长、仓储条件不好等导致的原材料、零部件或成品报废。

四、整体采购成本

（一）采购价格与采购成本

在采购过程中，原材料或零部件的采购价格固然是很重要的财务指标，但作为采购人员，不仅要看到采购价格本身，还要将采购价格与交货、运输、包装、服务、付款等相关因素结合起来考虑，衡量采购的实际成本。

> **思　考：**
> 采购成本中除了包含采购商品的价格之外，还包括哪些部分？

表10-4为某单位电视机玻壳的采购成本分析，由表中数据可知，采购单价为37.20元，而总采购成本为68.50元，采购单价仅占总采购成本的54.31%。

表 10-4　某单位电视机玻壳的采购成本分析

项　　目	单价或单位费用（元）	该项目占总采购成本的比例
玻壳采购价（发票价格）	37.20	54.31%
运输费	5.97	8.72%
保险费	1.96	2.86%
运输代理	0.03	0.04%
进口关税	2.05	2.99%
流通过程费用	0.41	0.60%
库存利息	0.97	1.42%
仓储费用	0.92	1.34%
退货包装等摊销	0.09	0.13%
不合格品内部处理费用	0.43	0.63%
不合格品退货费用	0.14	0.20%
付款利息损失	0.53	0.77%
玻壳开发成本摊销	6.20	9.05%
提供给供应商的专用模具摊销	5.60	8.18%
包装投资摊销	6.00	8.76%
其他费用	0	0
总计	68.50	100%

对于非生产用原材料（如设备、服务）等采购，除以上因素外，影响采购成本的还有维修与保修、备件与附件、安装、调试、图样、文件与说明书、安全证明、使用许可证书、培训、专用及备用工具等。

（二）整体采购成本的内容

整体采购成本又称战略采购成本，是除采购成本之外考虑到原材料或零部件在本企业产品的全部生命周期过程中所发生的成本。它包括采购在市场调研、自制或采购决策、产品预开发与开发中供应商的参与、供应商交货、库存、生产、出货测试、售后服务等整体供应链中各环节所产生的费用对成本的影响。概括起来，它是指在本公司产品的市场研究、开发、生产与售后服务各阶段，因供应商的参与或提供的产品（或服务）所导致的成本，包括供应商的参与或提供的产品（或服务）没有达到最好水平而造成的二次成本或损失。作为采购人员，其最终目的是降低整体采购成本。

按功能来划分，整体采购成本发生在以下过程中：开发过程、采购过程、企划过程、质量过程、售后服务过程。

1. 开发过程中，因供应商介入或选择而可能发生的成本

（1）原材料或零部件影响产品的规格与技术水平而增加的成本。

（2）对供应商技术水平的审核产生的费用。

（3）原材料或零部件的认可过程产生的费用。

（4）原材料或零部件的开发周期影响本公司产品的开发周期而带来的损失或费用。

（5）原材料或零部件及其工装（如模具）等不合格影响本公司产品开发而带来的损失或费用。

2. 采购过程中可能发生的成本

（1）原材料或零部件采购费用或单价。
（2）市场调研与供应商考察、审核费用。
（3）下单、跟单等行政费用。
（4）文件处理费用。
（5）付款条件所导致的汇率、利息等费用。
（6）原材料运输、保险等费用。

3. 企划（包括生产）过程中可能因采购而发生的成本

（1）收货、发货（至生产使用点）费用。
（2）安全库存仓储费、库存利息。
（3）不合格来料滞仓、退货、包装、运输带来的费用。
（4）交货不及时对仓管等工作的影响造成的损失。
（5）生产过程中的原材料或零部件库存费用。
（6）企划与生产过程中涉及原材料或零部件的行政费用等。

4. 质量过程中可能发生的采购成本

（1）供应商质量体系审核及质量水平确认产生的费用。
（2）检验成本。
（3）因原材料或零部件不合格而导致的对本公司的生产、交货方面造成的损失。
（4）不合格品本身的返工或退货成本。
（5）生产过程中不合格品导致的本公司产品不合格而导致的损失。
（6）处理不合格来料的行政费用等。

5. 售后服务过程中因原材料或零部件而发生的成本

（1）零部件失效产生的维修成本。
（2）零部件服务维修不及时造成的损失。
（3）因零部件问题严重而影响本公司的产品销售造成的损失。
（4）因零部件问题导致本公司的产品理赔等产生的费用。

在实际采购过程中，整体采购成本分析通常要依据采购物品的分类模块，按"80/20法则"选择主要的零部件进行，而不必运用到全部的物料采购中。

第三节　价值分析在采购中的应用

一、价值分析的含义

价值分析（Value Analysis，VA）又称价值工程（Value Engineering，VE），是降低成本、提高经济效益的有效方法。所谓价值分析，是指通过集体智慧和有组织的活动对产品或服务进行功能分析，以最低的总成本（生命周期成本）可靠地实现产品或服务的必要功能，从而提高产品或服务的价值。价值工程的主要思想是通过对选定研究对象的功能及费用分析，提高对象的价值。这里的价值，是反映费用支出与获得之间的比例，公式如下：

$$价值 = \frac{功能}{成本}$$

式中，价值是指投入与产出、效用与费用的比值；功能是指产品所具有的特定用途和使用价值（顾客维度）；成本是指该产品从调研、设计、制造、使用直至报废的产品生命周期所支付的全部费用，即总成本（企业维度）。

二、价值分析在采购中的应用

早在20世纪40年代，美国通用电气公司的采购员麦尔斯就成功地解决了短缺物资的代用问题，创立了价值分析学说。对在物资采购中所遇到的问题，根据价值分析的原理进行研究，经过实践，发现价值分析应用于物资采购中不失为一种有效方法。

正确选购物资，是企业合理使用物资、降低产品成本的先决条件，要做到正确地选购物资，就必须对采购物资进行价值分析，以最低的费用获得所需的必要物资。采购物资不仅是购买一种实物，更重要的是购买这种实物所包含的必要功能，这是价值分析理论在采购中应用的核心。

以合理的价格采购物资，是价值分析的目的之一。任何功能都要为之付出费用，不切实际地追求多功能、高质量势必造成浪费。因此，应以性能价格比作为衡量物资采购成功与否的标志。

降低物资的使用费用是价值分析的另一个目的。购置费用容易引起人们的重视，而使用费用往往被忽视。例如，有的物资购置费用低而使用费用及生命周期费用却较高，价值分析则要求整个生命周期费用降低到最低限度。

过去，企业在面对经济萧条时，为了追求企业利润与降低成本，惯用的方法是通过采购人员的强势或谈判能力，将卖方的报价给予无情的"砍杀"，以压低采购价格，进而达到降低成本的目的。然而，近年来，由于经济、社会环境的变化，企业经营成本大幅提高，企业经营管理巨变，因此，凭借往昔的强势作为已无法实现降低采购价格与生产成本的目标。目前国内外经营绩效卓著的企业，其采购策略普遍采取 VA/VE 方式。

三、价值分析方法

1. VA/VE 的特征、程序及思想

（1）VA/VE 的特征。①以顾客为中心，即以市场或买主需要为依据。②运用功能中心的研讨方式，以成本分析达到节省成本的目的，但它是从产品设计的构想出发，并以确保功能为前提。③以团队合作的方式，凝聚了设计、生产、品质管理、采购人员的智慧。

（2）VA/VE 的程序。VA/VE 的工作程序包括三个过程（分析、综合及评价）、两个步骤（基本步骤及详细步骤），以及一项质询（针对产品的功能、价值、成本等进行质问）。

（3）VA/VE 的思想。VA/VE 的思想主要分以下几种情况：①提高功能，降低成本，大幅提高价值；②功能不变，降低成本，提高价值；③功能有所提高，成本不变，提高价值；④功能略有下降，成本大幅降低，提高价值；⑤适当提高成本，大幅提高功能，从而提高价值。

（4）VA/VE 与一般降低成本方法的差异。VA/VE 与一般降低成本方法的差异比较见表10-5。

表 10-5　VA/VE 与一般降低成本方法的差异比较

VA/VE	一般降低成本方法
以功能为中心	以采购品或材料为中心
注重功能性研究/设计构想	以成本分析为中心，节约采购成本
团队组织共同努力、共同设计	以采购本位为主，情报及创意不定
通过团队任务编组与分工发挥整体配合优势	本位观念太重，力不从心
可以获得明显的成本降低	降低成本目标不易明确

2. VA/VE 实施的八大步骤

（1）选定对象、设定目标，即以采购物品中最主要的及影响最大的物品（按 80/20 规则确定）为对象。

（2）成立 VA/VE 改善工作小组，并以采购为核心，召集设计、生产、质量管理、采购等部门人员及提供零组件或模具的人员共同组成。

（3）收集、分析对象的情报。

（4）拟订降低采购成本的战略方案，以正确掌握价值分析的目的与功能。

（5）拟订具体实施计划，即改善方案。

（6）展开改善方案。

（7）确认效果，即确认具体改善方案及其成效。

（8）新方案变更（即标准化）与跟催。

第四节　降低采购成本的方法

降低采购成本是采购部门的一项基本职责。降低采购成本应主要着眼于供应商和供应市场，而不是依靠压缩采购人员的待遇。降低采购成本的方法总结起来有以下几类：①优化整体供应商结构及供应配套体系。这包括：通过供应商市场调研等寻找更好的新供应商；通过市场竞争招标采购；与其他单位合作实行集中采购；减少现有原材料及零部件的规格品种，进行大量采购；与供应商建立伙伴型合作关系取得优惠价格等。②通过对现有供应商的改进提高来降低采购成本。例如，改进供应商的交货，实施即时供应；改进供应商的质量，降低供应商的不合格质量成本；组织供应商参与本企业的产品开发及工艺开发，降低产品与工艺成本；与供应商实行专项共同改进项目以节省费用，如采用周转包装材料降低包装费用，采用专用运输工具缩短装卸运输时间和成本，采用电子邮件传递文件信息减少行政费用并提高工作效率等。③通过运用采购技巧和战术来降低采购成本。其中最常用的一个是灵活运用采购谈判技巧（辅助价格谈判的一个基本工具就是成本结构分析），另一个就是了解供应商的"学习曲线"，再一个就是利用折扣优势。

下面简要叙述几种降低采购成本的具体方法。

1. 集中采购法

集中采购（Centralized Purchasing）是很有效的方法，将各部门的需求集中起来，采购单位便可以以较大的采购筹码得到比较好的数量折扣价格。规格标准化后，可取得供应商标准品的优惠价格，库存量也可以相对降低。这样还可以减少行政费用的支出，同时采购单位能够有更多的时间将资源用于开发新的供应商。

不过，集中采购或许会给人一种僵化、没有弹性的感觉，另一个较折中的方法便是由使用量最多的单位（Lead-divisional Buying）来整合所有采购数量，负责主导采购议价。这除了可以拥有与集中采购相同的采购筹码外，还能让采购单位更靠近使用单位，更了解使用单位的需求状况。也可以运用其他类似的方法降低采购成本，如由各相关部门代表组成的产品委员会以及联合采购、长期合约、总体采购合约等。

2. 价值分析法

价值分析也是重要的方法之一。如本章第三节所述，通过价值分析，采购企业可将产品简化设计以便于制造、使用替代性材料或制造程序。另外，采用提供较佳付款条件的供应商、采购二手机器设备而非全新设备、运用不同的议价技巧、选择费用较低的货运承揽业者（Forwarder），或考虑改变运输模式（如将空运改为海运），也可同样达到成本降低的目的。当然，提前期是否足够、是否会影响到其他工作，必须先行确认，并做周密的评估。

3. 作业导向成本法

作业导向成本法（Activity Based Costing）是另外一种控制成本的方法，这在美国惠普公司早已行之有效，可以将间接成本（Indirect Cost）依照在某一产品上所实际花费的时间正确地进行配置。它有别于传统会计作业将间接成本平均分摊的做法。该方法运用到采购管理中，即将采购间接成本按不同的材料、不同的使用部门等进行分配，从而科学地评价每种材料、每个部门等实际分摊的间接采购成本。它可以让管理阶层更清楚地了解间接采购成本分配的状况。不过，分析越细化往往容易导致越想全面掌控越抓不到重点的情形。所以，适时地利用如帕累托分析（Pareto Analysis）等工具来找出关键的成本是非常必要的。

4. 目标成本法

目标成本是指企业在新产品开发设计过程中，为了实现目标利润而必须达到的成本目标值，即产品生命周期成本下的最大成本允许值。目标成本法的核心工作就是制定目标成本，并且通过各种方法不断地改进产品与工序设计，最终使得产品的设计成本小于或等于其目标成本。这一工作需要由包括营销、开发与设计、采购、工程、财务与会计，甚至供应商与顾客在内的设计小组或工作团队来进行。

产品的目标成本确定后，可与公司目前的产品成本相比较，确定成本差距。而这一差距就是设计小组的成本降低目标，也是其所面临的成本压力。设计小组可把这一差距从不同的角度进行分解，如可分解为各成本要素（原材料和辅助设备的采购成本、人工成本等）或各部分功能的成本差距；也可按上述设计小组内的各部分（包括零部件供应商）来分解，以使成本压力得以分配和传递，并为实现成本降低目标指明具体途径。采购部门则要根据每种材料的目标成本进行采购，以保证最终产品的成本能达到目标要求。

5. 成本结构分析法

在实际操作中，了解供应商成本结构以便在谈判过程中取得合理价格的一个基本手段是采用尽量详细的报价单，即要求供应商对提供的产品按固定成本及可变成本细项展开计算，逐项核定其准确性、合理性。

6. 谈判法

在采购管理中的一项至关重要的工作就是要对供应商的成本结构及其业绩进行分析，并在此基础上进行谈判。谈判是降低采购成本的重要渠道之一，但最新研究表明,通过谈判降低采购成本的幅度是有限的,企业还要配合集中采购法、目标成本法、成本结构分析法等的运用,综合考虑如何降低采购成本。关于采购谈判详见本书第八章。

7. 采购代理

相对于目前我国多数企业的物料采购模式而言,采购代理是一种新型的物料采购模式。它与传统物料采购模式的最大区别在于:采购代理力求将物料采购这一职能从企业内部分化出来,以实现物料采购的外部化。在采购代理模式下,大多数企业将无须再设立专门的物料采购部门和储备大量的库存原料,而这些工作将由一种新型的物料采购代理企业完成。这类物料采购代理企业完全独立于客户单位,但不同于一般的采购中介商,它是站在客户的立场上,专营某一类或相关几类物料的采购代理,拥有自己的仓库和专业化的物料配送队伍,能够在接到客户采购指令后及时、准确地把物料送达客户指定的地点。物料采购代理企业(平台公司)通过这种专业的采购方式和高效的物料配送队伍来代替原来由客户单位采购部门进行的工作,能够在发展自身的同时,帮助客户单位达到降低采购成本的目的。

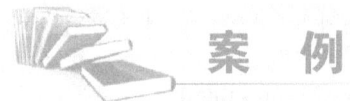
案 例

供应商成本分析的实例

采购员 Smith 需要采购 10 个特殊的电子零件,以前它们采购过两次该种电子零件。零件历史采购记录显示:第一次采购时以每个 1500 美元的价格采购了 5 个,第二次采购时以每个 1350 美元的价格采购了 5 个。Smith 要求供应商对本次采购进行报价,供应商提供的单位产品价格构成:

直接人工成本:18h	261 美元
制造间接费用(占直接人工的 100%)	261 美元
原材料成本	385 美元
管理费用(占售出商品成本的 10%)	90 美元
利润	100 美元
总的单位价格	1097 美元

供应商指出在对该种零件的成本估算中采用了 90% 的学习曲线。采用 90% 的学习曲线,是因为研究表明这个改进比率在整个生产过程中是可以实现的。生产第一批 5 个产品所需要的实际时间是 20h 的技术和规划时间,以及 96h 的生产时间。当采购方要求供应商提供生产第二批 5 个产品所需要的时间时,供应商告诉采购方这项信息暂时还没有,因为第二批产品还在生产中。

直接人工的工资率是:技术和规划人员的平均工资率为 20 美元/h,熟练的车间职员的平均工资率是 11 美元/h,不熟练的车间职员的平均工资率是 8.54 美元/h,并且估计年工资增长率为 10%。

物料清单如下:

种类	价格
电阻器	12 美元
集成电路	15 美元
电容器	20 美元
二极管	110 美元

变压器	150 美元
包装	40 美元
其他材料	3 美元
10%废料补贴	35 美元
总计	385 美元

间接费率、间接管理费用和管理成本由供应商的会计部门每半年修改一次，这种修改是以经验为依据的。废品率是依据所有产品的经验而得出的。

技术和规划成果可以用于第一次采购。如果采购中需要技术和规划，那么也只是需要少许的技术和规划。采购方指出，技术和规划部门年工资增长率6%是比较合理的。

采购记录表明变压器的供应商以如下的价格报价：

数量（个）	单位价格
1~5	200 美元
6~10	150 美元
11~25	120 美元

采购方对供应商的报价提出了质疑，其分析过程如下：

1. 直接人工分析

（1）人工工资率。因为订单没有要求技术和研发，所以可以只使用车间人工和6%的人工工资增长率来重新计算工资率。

$$供应商提出的人工工资率 = [(20 美元/h + 11 美元/h + 8.54 美元/h) \div 3] \times (1 + 10\%)$$
$$= 14.50 美元/h$$

$$采购方提出的人工工资率 = [(11 美元/h + 8.54 美元/h) \div 2] \times (1 + 6\%)$$
$$= 10.36 美元/h$$

（2）直接人工工时。供应商对第11~20电子零件的人工估算是每个18h的人工工时。采用学习曲线的方法，假设供应商的学习曲线90%是合理的，以生产第1个产品的时间为参考依据，生产第1批5个产品的总时间是从第1个到第5个的改进因子的总和（90%学习曲线的改进因子总和是4.3392）。因此，由于生产使用了96h的人工，除以4.3392后得出第1个产品的人工工时是22.1h。如果继续使用90%的学习曲线，那么以第1个产品的生产为参考依据，生产第11~20个产品的总时间是90%的学习曲线的第11~20个产品的改进因子的总和，这个值是6.6134。生产第11~20个产品的总人工工时是：

$$6.6134 \times 22.1h = 146.2h$$

平均每单位产品14.6人工工时。

（3）总人工成本。估算的单位产品的人工成本就是每单位平均人工工时14.6h，乘以采购方给出的人工工资率10.36美元/h，即得出估算的单位产品的人工成本是151.26美元。

2. 原材料成本分析

不包括变压器在内的原材料的成本总值是200美元。由于10%的废料使总价值变为220美元/单位。采购10个变压器的总成本是1500美元，然而供应商可以利用在变压器上的数量折扣，采购11个的总成本是1320美元。因此，包括废料的变压器的成本是每单位132美元。那么总的原材料成本是：

$$220 美元 + 132 美元 = 352 美元$$

3. 新价格估算

用新人工和原材料估算新成本：

直接人工	151.26 美元
间接制造费用	151.26 美元
原材料	352.00 美元
管理费用	65.45 美元

| 利润 | 100.00 美元 |
| 总计 | 819.97 美元 |

这仍然是比较粗略的计算方法，因为它还没有涉及供应商的利润。如果供应商的利润被采购方当作成本来计算，利润加成幅度是 11.3%，当供应商使用新成本估算时，就会得到一个 801.33 美元的总成本。

计算练习题

1. XYZ 公司准备购买一种新产品，已知学习曲线为 80%。买方下了 200 件的订单，收到的报价是 228 美元。买方计算的每件成本为：

物料	90 美元
人工	50 美元（每件产品平均 10 美元/h，共 5h）
管理费用	50 美元（假设是人工成本的 100%）
总成本	190 美元
利润	38 美元（以总成本的 20% 计）
单位价格	228 美元

问题：如果买方再追加 600 件的订单，即总订货量为 800 件，每件产品的价格是多少？

提示：在此学习曲线的简化计算为：以最初订单量 200 件为基础，订单量每增加 1 倍，则平均每件需要工时降到原工时的 80%，即 400 件所需工时为 200 件的 80%，800 件所需工时为 400 件的 80%。

2. Acreage Foods 采购的番石榴浓缩汁成本分析。

Acreage Foods 是美国一个主要的跨国食品加工企业，贝蒂是这家公司负责购进生产所需的水果产品的老采购员。这个加利福尼亚州的公司在其产品中使用各种浓缩果汁、浓汤、调味料。贝蒂的职责之一是每年与供应商就这些配料购买合同进行磋商。其中，番石榴浓缩汁这种配料在世界多个国家和地区季节性生长和收获。

贝蒂正在检查一项支出。这笔支出是用于支付给一家菲律宾的番石榴种植及加工商的。该公司已经和这个高质量的供应商合作了多年。番石榴浓缩汁产于菲律宾一个偏远的地区，要运至加工厂进行浓缩、包装，然后出口海外。口味独特的番石榴系列产品以其美味著称，而其特殊口味的制成来源于供应商所采用的特殊加工过程。

番石榴浓缩汁目前 FOB 价为 0.29 美元/磅①，用银箔进行内包装，每包有产品 50 磅，配以皱纹纸箱外包装。这些纸箱堆在托板上，每个托板堆 40 个纸箱，以便装入集装箱。每个集装箱可装 20 个托板，通过海运运出。海运费用为每集装箱 2300 美元。集装箱到了美国港口，再以每箱 250 美元的运费运至本地仓库储存。美国海关收取货物本身价格（不含运费）15% 的关税。该公司每个月需要 1 集装箱番石榴浓缩汁。

集装箱在本地存储到需要提货加工时为止，月库存费用为每托板 5.5 美元。此外，仓库收取每托板 6 美元的进出费作为管理成本。Acreage Foods 公司的年资本成本为 18%。假设一年中番石榴浓缩汁的需求不变。

厂家需要番石榴浓缩汁时，集装箱由本地运输公司从仓库运来，每箱运价 150 美元，每托板质量控制成本约为 2 美元。由于产品特性，公司估计购买和储存番石榴浓缩汁会有一定的损失，公司进行预算时，番石榴浓缩汁以 97% 计，另外 3% 为产品损耗，这些损耗品是不可以从生产商处兑换的。

有时候，一些事前未发现的腐坏变质的番石榴浓缩汁要撤掉并回收，每次产品回收会发生

---

① 1 磅（lb）= 0.45kg，下同。

采 购 管 理

的现付成本为 20 000 美元，供应商不承担弥补这些损失的责任。公司记录表明，这种事件平均每 8 个月发生一次。此外，公司会计政策要求划出全部采购总额的 15% 作为管理成本。

问题：

(1) 计算每磅番石榴浓缩汁从菲律宾到美国的成本。

(2) 计算每磅番石榴浓缩汁从码头到仓库的成本。

(3) 计算每磅番石榴浓缩汁从仓库到进入生产的成本。

(4) 计算该公司购买每磅番石榴浓缩汁的全部相关成本，需要考虑资料中提出的全部相关成本。

(5) 如果该公司的目标就是降低采购该原料的总成本，讨论公司在该原料上降低成本的具体可选方案。

复习思考题

1. 什么是采购价格？采购价格受哪些因素的影响？
2. 什么是采购成本？
3. 什么是整体采购成本？
4. 什么是价值分析？价值分析的基本思想是什么？
5. 降低采购成本的方法有哪些？

实践与思考

本章需要思考的实践问题是：在日益复杂的竞争形势下，企业如何寻求降低采购成本的新途径。

第十一章

供应商管理

作　用

供应商管理是采购管理领域中的重要工作，也是国内企业管理中的薄弱环节。本章对企业供应商的选择、审核、绩效考评和供应商关系管理等知识进行了详细的阐述，使读者通过本章的学习，全面掌握供应商管理的基本知识和工作要点。

关　键

本章所涉及的基本概念包括供应商审核、供应商关系管理、供应商绩效考评、供应商控制等；基本理论有采购方与供应商之间合作关系的基本原理、供应商审核的内容、防止供应商控制的相关理论；主要方法有供应商选择、供应商审核、供应商绩效考评的方法等。

供应商管理全过程如图 11-1 所示，有关供应市场分析和采购战略制定等内容在前面的章节中已有所阐述，本章着重介绍供应商管理的几个关键环节，即供应商选择、供应商审核（含质量体系审核）、供应商绩效考评和供应商关系管理。

第一节　供应商选择

一、供应商的选择标准

（一）供应商选择的短期标准

选择供应商的短期标准一般包括商品质量合适、成本低、交货及时、整体服务水平高等。采购单位可以通过市场调查获得有关供应商的资料，把获得的信息编制成一览表（见表 11-1），并从这几个方面进行比较，依据比较结论做出正确决策。

> **思　考：**
> 1. 选择供应商应考虑哪些因素？
> 2. 不同产品的供应商选择标准是否相同？

表 11-1　供应商一览表

商品名称：										
供应商	质量	价格	地址	运费	其他费用	生产情况	交付情况	服务措施	附注	

品种规格：　　　计量单位：

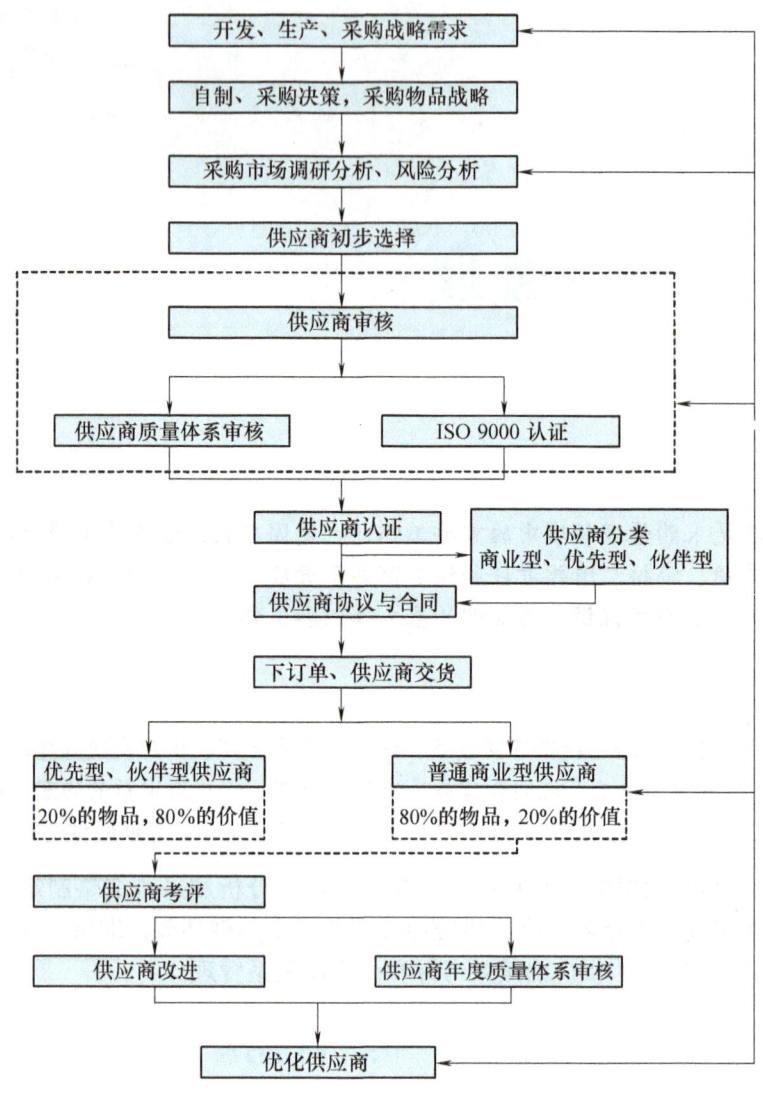

图 11-1　供应商管理过程示意图

1. 商品质量合适

采购物品的质量合乎采购单位的要求是企业生产经营活动正常进行的必要条件，是采购单位进行商品采购时首要考虑的因素。一方面，质量次、价格偏低的商品，虽然采购成本低，但实际上会导致企业总成本的增加。因为质量不合格的产品在企业投入使用的过程中，往往会影响生产的连续性和产成品的质量，这些最终都将会反映到企业总成本中。另一方面，质量过高并不意味着采购物品适合企业生产所用，如果质量过高，远远超过了生产要求的质量，对于企业而言也是一种浪费。因此，对于采购物品质量的要求是符合企业生产所需，要求过高或过低都是错误的。评价供应商产品的质量，不仅要从商品检验入手，而且要从供应商企业内部去考察，如企业内部的质量检测系统是否完善、是否已经通过了 ISO 9000 认证等。

2. 成本低

对供应商的报价单进行成本分析，是有效甄选供应商的方式之一。成本不仅仅包括采购价格，而且包括原料或零部件使用过程中或生命周期结束前所发生的一切支出。采购价格低对于降低企业生产经营成本、提高竞争力和增加利润有着明显的作用，因而它是选择供应商的一个重要条件。但是价格最低的供应商不一定就是最合适的，因为如果在产品质量、交货时间上达不到要求，或者由于地理位置过远而使运输费用增加，都会使总成本增加，因此总成本最低才是选择供应商时考虑的主要因素。总成本包括取得成本、作业成本和处置成本。

（1）取得成本包括下列几项：①开发成本，即寻求、查访、评选供应商的支出，包括订单处理的费用；②采购价格，即与供应商谈判后购入的成本；③运输成本，如果是从国外采购，供应商以 FOB 报价，买方还需要支付运费，甚至保险费；④检验成本，即进料检验所需支付的检验人员的工资以及检验仪器或工具的折旧费用。

（2）作业成本主要包括：①仓储成本，包括仓库租金、仓管人员工资、仓储设备的折旧费用等；②维修成本，包括各种材料的维护、修理等成本。

（3）处置一项资产时，可能会发生咨询费、劳务费、清理运输费等，这些支出就属于处置成本。

3. 交货及时

供应商能否按约定的交货期限和交货条件组织供货，将直接影响企业生产和供应活动的连续性，因此交货时间也是选择供应商所要考虑的因素之一。企业在考虑交货时间时，一方面要降低原料的库存数量；另一方面要降低断料停工的风险。影响供应商交货时间的因素主要有：①供应商从取得原料、加工到包装所需的生产周期；②供应商生产计划的规划与弹性；③供应商的库存准备；④所采购原料或零部件在生产过程中所需要的供应商数目；⑤运输条件及能力。供应商交货的及时性一般用合同完成率或委托任务完成率来表示。

4. 整体服务水平好

供应商的整体服务水平是指供应商内部各作业环节能够配合购买者的能力与态度，如各种技术服务项目、方便订购的措施、为订购者节约费用的措施等。评价供应整体服务水平的主要指标有以下几个方面：

（1）安装服务。例如，空调的免费安装、计算机的装机调试等都属于供应商提供的安装服务。对于采购者来讲，安装服务是一大便利。通过安装服务，采购商可以缩短设备的投产时间或投入运行所需要的时间。

（2）培训服务。对于采购者来讲，会不会使用所采购的物品决定着该采购过程是否结束。如果采购者对如何使用所采购的物品不甚了解，供应商就有责任向采购者传授所售产品的使用知识。每一个新产品的问世都应该有相应的辅助活动（如培训或讲座）推出。供应商对产品售前与售后的培训工作情况，也会大大影响采购者对供应商的选择。

（3）维修服务。供应商对所售产品一般都会做出免费保修一段时间的保证。例如，我们到电子市场买一台计算机，我们通常会问卖方提供多长时间的保修。免费维修是对买方利益的保护，同时也对供应商提供的产品提出了更高的质量要求。这样，供应商就会想方设法提高产品质量，避免或减少免费维修情况的出现。

（4）升级服务。这也是一种常见的售后服务形式，现代信息时代的产品更需要升级服务的支持。信息时代的产品更新换代非常快，各种新产品层出不穷，功能越来越强大，价格越来越低廉，供应商提供免费或者有偿的升级服务对采购者有很大吸引力，也是供应商竞争力的体现。例如，各种各样的杀毒软件一般都要提供升级服务，只要购买了公司产品，就可以随时在网上得到免费升级的服务。

（5）技术支持服务。这是供应商寻求广泛合作的一种手段。采购者有时非常想了解在其产品系统中究竟什么样参数的器件最合适，有时浪费大量的时间和费用也不一定能找到合适的解决办法。这时，如果供应商向采购者提供相应的技术支持，就可以在替采购者解决难题的同时销售自己的产品。这种双赢的合作方式是现代采购工作中经常采用的。

5. 有履行合同的承诺与能力

确定供应商有无履行合同的承诺与能力时要考虑以下几点：

（1）要先确认供应商对采购的项目、订单金额及数量是否感兴趣。订单数量大，供应商可能生产能力不足；而订单数量少，供应商可能缺乏兴趣。

（2）供应商处理订单的时间。

（3）供应商在需要采购的项目上是否具有核心能力。

（4）供应商是否具有自行研发产品的能力。

（5）供应商目前的闲置设备状况，以了解其接单情况和生产设备的利用率。

（二）供应商选择的长期标准

选择供应商的长期标准主要在于评估供应商是否能保证长期而稳定的供应，其生产能力是否能配合公司的成长而相对扩展，是否具有健全的企业管理制度、与公司相近的经营理念，其产品未来的发展方向能否符合公司的需求，以及是否具有长期合作的意愿等。供应商的长期生产能力主要体现在以下几个方面：

1. 供应商的财务状况是否稳定

供应商的财务状况直接影响到其交货和履约的绩效，如果供应商的财务出现问题，周转不灵，就会影响供货进而影响企业生产，甚至出现停工的严重危机。虽然判断一家供应商的财务状况并不容易，但是可以利用资产负债表来考核供应商一段时期营运的成果，观察其所拥有的资产和负债情况；通过利润表，考察供应商一段时期内的销售业绩与成本费用情况。如果供应商是上市公司，还可以利用公司的年度报表中的信息来计算各种财务比率，以观察其现金流动情况、应收应付账款的状况、库存周转率、获利能力等。

2. 供应商内部组织与管理是否良好

供应商内部组织与管理关系到日后供应商的供货效率和服务质量。如果供应商组织机构设置混乱，采购的效率与质量就会因此下降，甚至会由于供应商部门之间的互相扯皮而导致供应活动不能及时地、高质量地完成。另外，供应商的高层主管是否将采购单位视为主要客户也是影响供应质量的一个因素。如果供应商的高层没有将买主视为主要客户，在面临一些突发状况时，便无法获得优先处理的机会。

除此之外，还可以从供应商机器设备的新旧程度及保养状况看出管理者对生产工具、产品质量的重视程度以及内部管理的好坏。另外，可以参考供应商同业之间的评价及在所属产业的地位。对客户满意程度的认知、对工厂的管理、对原材料来源的掌握、对生产流程的控制，也是评估供应商内部管理时的管理指标。

3. 供应商员工的状况是否稳定

供应商员工的状况也是反映企业管理中是否存在问题的一个重要指标。例如，若员工平均年龄偏高，则表明供应商员工的流动率较低，或供应商无法吸收新员工的加入，从而缺乏新观念、新技术的引进。另外，供应商员工的工作态度及受培训的水平会直接影响到产出的效率，这些都是可以在现场参观时观察到的。

4. 供应商实力

在供应商实力的层面，主要考虑的指标有供应商规模、行业地位以及人员素质水平和技术能力。①供应商规模是反映企业整体实力的一个重要指标，包括供应商的总资产、销售收入等；②行业地位反映供应商在市场中的地位，能影响其在供需市场中的话语权，一般可以用市场占有率来衡量；③人员素质水平是指供应商内部管理人员的整体状况，可用供应商的专业技术人员占员工总数的比例来衡量；④技术能力是指供应商的生产技术水平，如所采用的标准以及发明和专利数量等。

5. 供应商的社会责任

企业社会责任是近年来跨国公司选择供应商的新要求，它衡量供应商承担对员工、消费者、社区和环境的社会责任履行情况。

二、供应商选择的方法

选择供应商的方法较多，一般根据供应商的数量、对供应商的了解程度以及对物资需要的紧迫程度等要求来确定。目前，国内外主要用的方法有定性选择评价法和定量选择评价法。

> **思　考：**
>
> 不同公司选择供应商时应特别注重哪些问题？

1. 定性选择评价法

（1）直观判断法。直观判断法是指通过调查、征询意见、综合分析和判断来选择供应商的一种方法，是一种主观性较强的判断方法，主要是倾听和采纳有经验的采购人员的意见，或者直接由采购人员凭经验做出判断。这种方法的质量取决于对供应商资料掌握的是否准确、齐全，以及决策者的分析判断能力与经验，直观判断法主要依靠经验来做出选择，运作方式简单、快速和方便，但是缺乏科学性，受掌握信息的详尽程度限制，常用于选择企业非主要原材料的供应商。

（2）协商选择法。协商选择法是指由采购单位选出供应条件较为有利的几个供应商，同它们分别进行协商，再确定合适的供应商的方法。和招标方法比较，协商选择法因双方能充分协商，在商品质量、交货日期和售后服务等方面较有保证；但由于选择范围有限，不一定能得到最便宜、供应条件最有利的供应商。当采购时间紧迫、投标单位少、供应商竞争不激烈、订购物资规格和技术条件比较复杂时，协商选择法比招标方法更合适。

2. 定量选择评价法

（1）评分法。评分法是指依据供应商评价的各项指标，由采购方列出对供应商评选的各个因素，并给每个标准档次赋予不同的分值，根据最后的评分情况，在各个供应商之间进行比较，最后确定得分最高者为最佳供应商，并据此要求选定的供应商对其存在的不足之处进行改进的方法。

（2）考核选择法。所谓考核选择法，就是指在对供应商充分调查了解的基础上，进行认真考核、分析比较而选择供应商的方法。根据选择供应商的目的和依据的不同，可以将供应商调查分为初步供应商调查和深入供应商调查。初步确定的供应商还要进入试运行阶段进行考察，试运行阶段的考察更实际、更全面、更严格。在运作过程中，要进行各个评价指标的考核评估，包括产品质量合格率、准时交货率、准时交货量率、交货差错率、交货破损率、价格水平、进货费用水平、信用度、配合度等。当供应商选定之后，应当终止试运行期，签订正式的供应商关系合同。进入正式运行期后，就开始了比较稳定正常的物资供需关系运作。

（3）作业成本法（ABC法）。该方法针对单一订单，在一组供应商中选择最佳者。其基本思想是，供应商所供应物资的任何因素的变化都会引起采购企业总成本的变动，价格过高、质量达不到要求、供应不及时等都会增加采购企业的成本，因此需要通过分析供应商总成本来选择合作伙伴。由于作业成本法要求供应商能够提供详细信息，故所花费的成本比传统方法要高，但它的成本计算更准确，能够提供给管理者更有用的成本信息。

（4）层次分析法（Analytic Hierarchy Process，AHP）。该方法于20世纪70年代初由美国运筹学家萨蒂教授提出，是一种对较为模糊或复杂问题使用定量分析进行多目标决策的方法。这种方法的基本原理是根据具有层次结构的目标、子目标、约束条件等来评价方案，采用两两比较的方法确定判断矩阵，然后把判断矩阵的最大特征值所对应的特征向量的分量作为相应的系数，最后综合给出各个方案的权重和供应商各自的权重，通过所有层次之间的总排序计算所有元素的相对权重并进行排序。

（5）人工神经网络法。该方法是建立接近于人类思维模式定量分析的选择评价模型，通过对样本模式的学习，获取评价专家的知识经验、判断以及对目标重要性的倾向。当对供应商进行综合评价时，可再现评价专家的敏捷思维，从而实现了定性分析和定量分析的有效结合，也可以较好地保证供应商选择评价的客观性。

三、选择供应商时应注意的问题

（1）自制与"外包"采购。一般情况下，外包的比率越高，则选择供应商的机会越大，并以能够分工合作的专业厂商为主要对象。通过外包，企业可以将精力集中于核心产品的生产上，避免了精力分散。

（2）单一供应商与多家供应商。单一供应商是指某种物品集中向一家供应商订购。这种购买方式的优点是供需双方的关系密切，购进物品的质量稳定、采购费用低；缺点是无法与其他供应商相比较，容易失去质量、价格更为有利的供应商，采购的机动性小，如果供应商出现问题则会影响本企业的生产经营活动。多家供应商是指向多家订购所需的物品，其优缺点正好与单一供应商的情况相反。

（3）国内采购与国际采购。选择国内供应商，价格可能比较低，由于地理位置近，可以实现即时制生产或者零库存策略；选择国际供应商，则可能采购到国内企业技术无法达到的物品，提升自身的技术含量，扩大供应来源。

（4）直接采购与间接采购。若是大量采购或者所需物品对企业生产经营影响重大，则宜采用直接采购，从而避免中间商加价，以降低成本；如果采购数量小或者采购物品对生产经营活动影响不大，则可通过间接采购，节省企业的采购精力与采购费用。

第二节　供应商审核

供应商审核是供应商管理中的必要环节。供应商审核是了解供应商的优缺点、控制供应过程、促进供应商改进的有效手段，也是降低经营风险、保证持续供应的重要保障。

供应商审核是在完成供应市场调研分析、对潜在的供应商已做初步筛选的基础上对可能发展的供应商进行的。供应商质量体系审核则是供应商审核的一个重要方面。由于质量管理在企业管理中占据着特殊的重要地位，因而一般的公司往往将供应商质量体系审核单独列出，当然也可视情况将它当成供应商审核的一部分与供应商审核一起进行。

一、供应商审核的层次、方法、程序及内容

供应商审核是在供应商认证前进行的，目的是确认、筛选出最好的供应商，优化供应商结构，提高竞争优势。

（一）供应商审核的层次

就采购供应的控制层次来说，供应商审核可局限在产品层次、工艺过程层次，也可深入质量保证体系层次，甚至供应商的公司整体经营管理体系层次。

（1）产品层次的审核主要是确认、改进供应商的产品质量。实施办法有正式供应前的产品或样品认可检验，以及供货过程中的来料质量检查。

（2）工艺过程层次的审核主要针对那些质量对生产工艺有很强依赖性的产品。要保证供货质量的可靠性，往往必须深入供应商的生产现场了解其工艺过程，确认其工艺水平、质量控制体系及相应的设备设施能够满足产品的质量要求。这一层次的审核包括供应商审核时工艺过程的评审，也包括供应过程中因质量不稳定而进行的供应商现场工艺确认与调整。

（3）质量保证体系层次的审核是就供应商的整个质量体系和过程，参照 ISO 9000 标准或其他质量体系标准而进行的审核。

（4）公司层次的审核是对供应商进行评审的最高层次，它不仅要考察供应商的质量体系，还要评审供应商经营管理水平、财务与成本控制、计划制造系统、信息系统和设计工程能力等各主要企业管理过程。

在实际情况中，对于那些普通型供应商，采购商一般只局限于产品层次和工艺过程层次的评审。但是如果采购商要挑选合作伙伴，情况就不一样了，特别是那些管理严格、技术先进的国际大公司，它们通常会大量采用质量保证体系和公司层次的评审工作来控制供应链体系。

（二）供应商审核的方法

供应商审核的主要方法可以分为主观判断法和客观判断法。所谓主观判断法，是指依据个人的印象和经验对供应商进行判断，这种评判缺乏科学标准，评判的依据十分笼统、模糊；客观判断法是指依据事先制定的标准或准则对供应商进行量化的考核和审定，包括调查法、现场打分评比法、供应商绩效考评、供应商综合评审、总体成本法等方法。

（1）调查法。调查法是指事先准备一些标准格式的调查表格发给不同的供应商填写，收回后进行比较的方法。这种方法常用于招标、询价及供应情况的初步搜集等。

（2）现场打分评比法。现场打分评比法是预先准备一些问题并格式化，然后组织不同部门的专业人员到供应商的现场进行检查确认的方法。

（3）供应商绩效考评。供应商绩效考评是指对已经供货的现有供应商在供货、质量、价格等方面的表现进行跟踪、考核和评比。

（4）供应商综合评审。供应商综合评审是针对供应商公司层次而组织的包括质量、工程、企划、采购等专业人员参与的全面评审。它通常将问卷调查和现场评审结合起来。

（5）总体成本法。总体成本法是一种为了降低供应商的总体成本，从而降低采购价格的方法。它需要供应商的通力合作，由采购商组织强有力的综合专家团队对供应商进行全面、细致的分析，找出降低成本的方法，并要求供应商付诸实施与改进，改进的效果则由双方共享。

（三）供应商审核的程序

1. 市场调研，搜集供应商信息

供应商审核是在对供应市场进行调研分析的基础上进行的。对供应市场调研，搜集供应商的信息、资料是评审的前提。只有掌握了供应商翔实的资料，才能对供应商做出客观、公正的评审。在市场调研阶段，主要应该从供应商的市场分布，采购物品的质量、价格，供应商的生产规模等方面搜集供应商的情况。

2. 确定供应商审核的主要指标

对于不同的供应商，审核的指标也不同，因此应该针对供应商的实际情况和本单位所采购物品的特性，对所要评审的供应商制定具体的评审指标。

3. 成立供应商审核小组

对供应商的评审，应视不同的采购物品成立相应的评审小组。对于一些标准品以及金额比较低的物品，可以用采购人员自行决定的方式，由采购人员组成评审小组。这种方式最简单，也最为快速、方便。对于非标准品、价值金额较大的物品，则可以成立跨功能小组或商品小组来执行评审的任务。所谓跨功能小组，是指依据采购物品的性质，由采购部门、物料管理部门、工程及研发部门、主管或财务部门的人员共同组成的临时性的供应商审核组织。

4. 综合评分

供应商审核的最后一个环节是对供应商进行综合评分。针对每个评审项目，权衡其重要性，分别给予不同的权数。评审小组确定评审内容项目及其权数后，可根据供应商反馈的调查表及实地调查的资料，编制供应商的资格评分表。

（四）供应商审核的内容

由于供应商自身条件的差别，各有优劣，因此必须有客观的评分项目作为选拔合格供应商的依据。因此，供应商审核应该制定详细的评审内容，通常包括下列各项：

（1）供应商的经营状况。它包括供应商经营的历史、负责人的资历、注册资本金额、员工人数、完工记录及绩效、主要的客户、财务状况。

（2）供应商的生产能力。它包括供应商的生产设备是否先进、生产能力是否已充分利用、厂房的空间距离，以及生产作业的人力是否充足。

（3）技术能力。它包括供应商的技术是自行开发还是从外引进、有无与国际知名技术开发机构的合作、现有产品或试制样品的技术评估、产品的开发周期、技术人员的数量及受教育程度等。

（4）管理制度。它包括生产流程是否顺畅合理、产出效率如何、物料控制是否自动化、生产计划是否经常改变、采购作业是否为成本计算提供了良好的基础。

（5）质量管理。它包括：质量管理方针、政策；质量管理制度的执行及落实情况；有无质量管理制度手册；有无质量保证的作业方案；有无年度质量检验的目标；有无政府机构的评鉴等级；是否通过 ISO 9000 认证。

二、供应商资质认证

（一）供应商认证流程

供应商认证是供应商管理的一项重要内容。在供应商认证之前，供应商至少要满足三个方面的条件：①供应商提交的文件已经通过认证；②价格及其他商务条款符合要求；③供应商审核必须合格。

思　考：
1. 供应商审核方法和程序是怎样的？
2. 针对不同的公司，供应商认证内容有何区别？

新供应商认证往往需要企业高层管理者批准、财务部门调查，客户指定供应商的需出具的确认函件、供应商调查文件等。对供应商而言，需要提供的信息包括工商文件（工商营业执照、税务登记证、资信等级证明、注册资本、经营范围）、行业资质和资格证书、产品质量文件、资源（工厂分布、运输、技术支持、服务等级）、客户名单、SWOT分析①等。企业在必要时可由资信调查公司对供应商进行财务状况、信用等级调查，也可以安排专门项目调查小组进行市场调查。

企业供应商认证流程主要由以下几个环节构成，如图11-2所示。

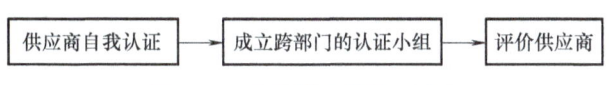

图11-2　企业供应商认证流程

具体来说，供应商的认证流程如下：

（1）供应商自我认证。对供应商进行认证之前应要求供应商先进行自我评价。一般是先发邮件给供应商，让供应商先对自己做出自我评价，然后再组织有关人员进行认证。

（2）成立供应商认证小组。收到供应商自我认证的资料后，应着手成立供应商认证小组。供应商认证小组应包括不同部门成员，主要来自质量管理、工程、生产等部门。认证小组成立后应确认对供应商认证采取的形式和认证的指标体系。

（3）针对认证的内容，确定相应的指标评分体系。对供应商的认证要针对不同的供应商采取不同的评分体系。但一般情况下供应商认证的评分体系包括部门结构和管理风格、信息系统及分析、战略计划、人力资源、过程控制、商务运作、客户满意度、供应管理、销售管理、时间管理、环境管理等子系统。

（4）会同质量、工程、生产等部门进行现场调查。对供应商的现场调查中，要了解供应商的管理机构设置情况、各个部门之间的分工及汇报流程；考察供应商质量控制与管理体系、生产工艺、顾客服务、环境体系等内容。在现场考察的同时，应根据预先设置的评分体系进行子系统的评价，并给出相应的分值。

（5）各部门汇总评分。进行现场考察后，各个部门应通过现场观察情况，并结合供应商的相关文件、先前的市场调查情况、与供应商会谈情况、与供应商的客户会谈情况，进行综合评分，得出供应商最终认证的总成绩。各部门进行汇总评分后，组织进行现场考察的部门应撰写考察报告，呈报上级领导，并且将考察的资料进行备案和存档。

（6）将认证情况反馈给供应商。对供应商进行认证的最终结果应反馈给供应商，让供

---

① SWOT分析又称态势分析，S、W、O、T四个英文字母分别代表优势（Strength）、劣势（Weakness）、机会（Opportunity）、威胁（Threat）。

应商明确自己的不足之处，以便进行改进与提高。

（7）供应商认证跟踪。对供应商进行认证后，要进行跟踪。供应商的认证不仅仅是审查和评估的过程，而且也是一个反馈与跟踪的过程，要随时监测供应商的执行情况，不断督促供应商进行改进。

总之，供应商的认证是一个长期的、动态的过程，是通过评估来确认和培养供应商的过程。

（二）供应商认证的主要内容

1. 供应商的基本情况

供应商的基本情况有以下几个方面：

（1）企业的经营环境。这主要包括企业所在国家或地区的政治、经济和法律环境的稳定性、进出口是否有限制、货币的可兑换性、近几年来的通货膨胀情况、基础设施情况、有无地理限制等内容。

（2）企业近几年的财务状况。这主要包括各种会计报表、银行报表、企业经营报告等。

（3）企业在同行业中的信誉及地位。这主要包括同行对企业产品质量、交货可靠性、交货周期及灵活性、客户服务及支持、成本等各项的评价。

（4）企业近几年的销售情况。这包括销售量及趋势、人均销售量、本公司产品产量占行业总产量的比例。

（5）企业现有的紧密的、伙伴型的合作关系。这包括与本公司的竞争对手、其他客户或供应商之间的关系。

（6）地理位置。这主要包括与本公司的地理距离和海关通关的难易程度。

（7）企业的员工情况。这主要有员工的受教育程度、出勤率、流失率、工作时间、平均工资水平、生产工人与员工总数的比例等。

2. 供应商的企业管理情况

对供应商企业管理情况的认证要考虑以下因素：

（1）企业管理的组织框架，各组织之间的功能分配，以及组织之间的协调情况。

（2）企业的经营战略及目标、企业的产品质量改进措施、技术革新情况、生产率及降低成本的主要举措、员工的培训及发展情况、质量体系及是否通过 ISO 9000 认证、对供应商的管理战略及情况等。

3. 供应商的质量体系及保证情况

供应商质量体系及保证的主要内容有：

（1）质量管理机构的设置情况及功能。

（2）质量保证文件的完整性与正确性、有无质量管理的目标与计划、质量的审核情况、与质量管理相关的培训工作如何。

（3）供应商产品的质量水平，主要包括产品质量、过程质量、供应商质量及客户投诉情况。

（4）质量改进情况，主要包括与客户的质量协议、与供应商的质量协议、是否参与客户的质量改进、是否参与供应商的质量改进、质量成本控制情况、是否接受客户对其质量的审核等。

4. 供应商的设计、工程与工艺情况

这部分主要包括：

（1）相关机构的设立与相应职责。

（2）工程技术人员的能力，主要包括工程技术人员受教育程度、工作经验、在本公司产品开发方面的水平、在公司产品生产方面的工艺水平、工程技术人员的流失情况。

（3）开发与设计情况，主要有开发设计的试验情况、与客户共同开发的情况、与供应商共同开发的情况、产品开发的周期及工艺开发程序、对客户资料的保密情况等。

5. 供应商的生产情况

供应商生产情况认证的主要内容包括生产机构、生产工艺过程及生产现场的情况。具体包括：

（1）生产机构的设置情况及职能。

（2）生产工艺过程情况，主要有工艺布置、设备（工艺）的可靠性、生产工艺的改进情况、设备利用率、工艺的灵活性、作业指导的情况、生产能力等。

（3）生产现场情况，主要有职工参与生产管理的程度、生产的现场管理情况、生产报表及信息的控制情况、外协加工控制情况、生产现场环境与清洁情况等。

6. 供应商的企划与物流管理情况

（1）相关机构的设立情况。

（2）物流管理系统的情况，主要包括物流管理、物料的可追溯性、仓储条件与管理、仓储量、MRP 系统等。

（3）发货交单情况，主要包括发货交单的可靠性、灵活性，即时供应能力，包装及运输情况，交货的准确程度。

（4）供应商管理情况，主要有供应商的选择、审核情况，供应商表现考评的情况，供应商的分类管理情况，供应商的改进与优化情况等。

7. 供应商的环境管理情况

（1）环境管理机构的设置及其管理职能。

（2）环境管理体系，主要有环境管理的文件体系、环境管理的方针与计划等。

（3）环境控制的情况，主要有环境控制的运作情况、沟通与培训情况、应急措施、环境监测情况、环境管理体系的审核情况。

8. 供应商对市场及客户服务支持的情况

（1）相关机构的设置情况。

（2）交货周期及条件，主要有正常交货的周期、紧急交货的周期、交货与付款的条件、保险与承诺。

（3）价格与沟通情况，主要包括合同的评审、降低价格与成本的态度、电子邮件等联系方式、收单与发货沟通的情况。

（4）客户投诉与服务情况，主要包括客户投诉的处理程序、客户投诉处理的情况与反应时间、客户的满意程度、售后服务机构、客户数量等。

三、供应商质量体系审核

供应商质量体系审核通常是依据 ISO 9000 标准制定相应的审核检查表，由采购员和品质工程师共同实施。参与质量体系审核的人员应当了解 ISO 9000 标准的要求并具有内审资格。

供应商质量体系审核也可以用于供应商年审，一般由采购部门会同品质部门根据实际情况每年制订一份供应商质量体系审核计划并知会供应商认可后付诸实施。审核作为供应商整体改进计划的一部分，应针对那些需要提高改进质量体系的供应商，每年不宜超过10家。

审核原则上必须在供应商生产现场进行，审核范围应集中在供应商工厂与本公司产品相关的行政及生产区域，审核结果按不同的目的可作为供应商认可的评审依据或提交反馈给供应商，要求供应商限期改进。

质量体系审核的主要内容包括：

（1）管理职责。这包括总则、顾客需求、法规要求、质量方针、质量目标与计划、质量管理体系、管理评审。

（2）资源管理。这包括总则、人力资源、其他资源（信息、基础设施、工作环境）。

（3）过程管理。这包括总则、与顾客相关的过程、设计与开发、采购、生产与服务运作、不合格品（项）的控制、售后服务。

（4）监测、分析与改进。这包括总则、监测、数据分析、改进。

本章"经典资料"中附有供应商质量体系审核检查表。

第三节　供应商绩效考评

供应商绩效考评是对现有供应商的日常表现进行定期监控和考核。传统上，虽然我们一直也在进行供应商的考评工作，但是一般都只是对重要供应商的来货质量进行定期检查，而没有一整套的规范和程序。随着采购管理在企业中的地位越来越重要，供应商的管理水平也在不断上升，原有的考评方法已不再适应企业管理的需要。

一、供应商绩效考评的目的、基本原则、范围及准备工作

1. 供应商绩效考评的目的

供应商绩效考评的目的是确保供应商供应的质量，同时在供应商之间比较，以便继续同优秀的供应商进行合作，淘汰绩效差的供应商。供应商的绩效考评同时也可以用于了解供应商存在的不足之处，并将其反馈给供应商，促进供应商改善其业绩，为日后更好地完成供应活动打下良好的基础。

2. 供应商绩效考评的基本原则

（1）供应商绩效考评必须持续进行，要定期检查目标达到的程度。当供应商知道会被定期考评时，自然就会致力于改善自身的绩效，从而提高供应质量。

（2）要从供应商和企业自身各自的整体运作方面来进行考评，以确立整体的目标。

（3）供应商的绩效总会受到各种外来因素的影响，因此对供应商的绩效进行考评时，要考虑外在因素带来的影响，不能仅仅衡量绩效。

3. 供应商绩效考评的范围

针对供应商表现的考评要求不同，相应的考评指标也不一样。最简单的做法是仅衡量供应商的交货质量；成熟一些的除考评交货质量外，也跟踪供应商的交货表现；较先进的系统则进一步扩展到供应商的支持与服务、供应商参与本公司产品开发等表现，也就是由考评订单履行过程延伸到产品开发过程。

4. 供应商绩效考评的准备工作

要实施供应商考评，就必须制定一个供应商考评办法或工作程序，作为有关部门或人员实施考评的依据。实施过程中要对供应商的表现（如质量、交货、服务等）进行监测记录，为考评提供量化依据。考评前还要选定被考评的供应商，将考评做法、标准及要求同相应的供应商进行充分沟通，并在本公司内对参与考评的部门或人员做好沟通协调。供应商考评工作常由采购人员牵头组织，品质、企划等人员共同参与。

二、供应商绩效考评的指标体系

为了科学、客观地反映供应商供应活动的运作情况，应该建立与之相适应的供应商绩效考评指标体系。在制定考评指标体系时，应该突出重点，对关键指标进行重点分析，尽可能地采用实时分析与考核的方法，要把绩效度量范围扩大到能反映供应活动的信息上去，因为这比事后分析有价值得多。考评供应商绩效的指标主要有以下几类：

> **思 考：**
> 供应商绩效考评应重点考评哪些指标？

1. 质量指标

供应商质量指标是供应商考评的最基本指标，包括来料批次合格率、来料抽检缺陷率、来料在线报废率、来料免检率等，其中，来料批次合格率是最为常用的质量考评指标之一。这些指标的计算方法如下：

$$来料批次合格率 = \frac{合格来料批次}{来料总批次} \times 100\%$$

$$来料抽检缺陷率 = \frac{抽检缺陷总数}{抽检样品总数} \times 100\%$$

$$来料在线报废率 = \frac{来料总报废数}{来料总数} \times 100\%$$

式中，来料总报废数包括在线生产时发现的废品。

$$来料免检率 = (来料免检的种类数 \div 该供应商供应的产品总种类数) \times 100\%$$

此外，有些公司将供应商体系、质量信息等也纳入考评，比如供应商是否通过了ISO 9000认证或供应商的质量体系审核是否达到一定的水平。还有些公司要求供应商在提供产品的同时提供相应的质量文件，如过程质量检验报告、出货质量检验报告、产品成分性能测试报告等。

2. 供应指标

供应指标是同供应商的交货表现以及供应商企划管理水平相关的考核因素，分为交货和柔性两方面来考虑。

（1）交货。交货指标最主要考虑的是准时交货率、交货周期、订单变化接受率等。

$$准时交货率 = \frac{按时按量交货的实际批次}{订单确认的交货总批次} \times 100\%$$

交货周期是指自订单开出之日到收货之时的时间长度，常以天为单位。

订单变化接受率是衡量供应商对订单变化灵活性反应的一个指标，是指在双方确认的交货周期中可接受的订单增加或减少的比率。

$$订单变化接受率 = \frac{订单增加或减少的交货数量}{订单原定的交货数量} \times 100\%$$

值得一提的是，供应商能够接受的订单增加接受率与订单减少接受率往往不同。前者取决于供应商生产能力的弹性、生产计划安排与反应快慢以及库存大小与状态（原材料、半成品或成品）；后者主要取决于供应的反应、库存（包括原材料与在制品）大小以及对减单可能造成损失的承受力。

（2）柔性。柔性指的是一个企业对市场和客户需求变化的反应能力。通过批量柔性、品种柔性、时间柔性三个指标可以对供应商应对需求变化的能力做出全面的衡量。

$$批量柔性 = \frac{一定时期内供应商满足的平均需求量}{一定时期内客户平均总需求量}$$

品种柔性是供应商开发新产品和改进现有产品的能力。可用一定时期内新产品引进和改进种类数占产品种类总数的比例作为评价指标，也可通过引进新产品和改进现有产品所需要的时间和费用来衡量柔性的大小。

时间柔性也可称为交货柔性，是供应商改变计划或交货日期的能力。时间柔性可用交货期缩短时间占合同交货期长度的百分比来衡量，也可用缩短单位交货时间所需要增加的成本来衡量，反映了供应商响应顾客需求的速度。

3. 经济指标

供应商考评的经济指标总是与采购价格、成本相联系。质量与供应考评通常每月进行一次，而经济指标则相对稳定，多数企业是每季度考核一次。此外，经济指标往往都是定性的，难以量化。经济指标的具体考核点有：

（1）价格水平。往往将本企业所掌握的市场行情与供应价格比较或根据供应商的实际成本结构及利润率进行判断。

（2）报价是否及时，报价单是否客观、具体、透明（分解成原材料费用、加工费用、包装费用、运输费用、税金、利润等，说明相对应的交货与付款条件）。

（3）降低成本的态度及行动。是否真诚地配合本公司或主动地开展降低成本活动，制订改进计划、实施改进行动，是否定期与本企业讨论价格。

（4）分享降价成果。是否将降低成本的好处也让利给本企业。

（5）付款。是否积极配合响应本企业提出的付款条件要求与办法，开出的发票是否准确、及时、符合有关财税要求。

有些企业还将供应商的财务管理水平与手段、财务状况以及对整体成本的认识也纳入考评。

4. 支持、配合与服务指标

同经济指标一样，考评供应商在支持、配合与服务方面的表现通常也是定性的，每季度一次。相关的指标有反应与沟通、表现合作态度、参与本企业的改进与开发项目、售后服务等。

（1）反应表现。这包括对订单、交货、质量投诉等反应是否及时、迅速，答复是否完整，对退货、挑选等是否及时处理。

（2）沟通手段。这包括是否有合适的人员与本企业沟通，沟通手段是否符合本企业的要求（电话、传真、电子邮件以及文字处理所用软件与本企业的匹配程度等）。

（3）合作态度。这包括是否将本企业看成重要客户，供应商高层管理人员或关键人物是否重视本企业的要求，供应商内部沟通协作（如市场、生产、计划、工程、质量等部门）是否能整体理解并满足本企业的要求。

（4）共同改进。这包括是否积极参与或主动参与本企业相关的质量、供应、成本等改进项目或活动，或推行新的管理做法等，是否积极组织参与本企业共同召开的供应商改进会议、配合本企业开展的质量体系审核等。

（5）参与开发。这包括是否参与本企业的各种相关开发项目、如何参与本企业的产品或业务开发过程。

（6）售后服务。这包括是否主动征询本企业的意见、主动访问本企业、主动解决或预防问题。

（7）其他支持。这包括是否积极接纳本企业提出的有关参观、访问事宜，是否积极提供本企业要求的新产品报价与送样，是否妥善保存与本企业相关的文件等不予泄露，是否保证不与影响本企业切身利益的相关企业或单位进行合作等。

第四节　供应商关系管理

一、供应商关系的发展

传统的企业与供应商之间是一种短期的、松散的、竞争对手的关系。在这样一种基本关系之下，采购方和供应商的交易如同"0—1"对策，一方所赢则是另一方所失，与长期互惠相比，短期内的优势更受重视。采购方总是试图将价格压到最低，而供应商总是以特殊的质量要求、特殊服务和订货量的变化等为理由尽量提高价格，哪一方能取胜主要取决于哪一方在交易中占上风。例如，采购方的购买量占供应商销售额总量的百分比很大、采购方可容易地从其他供应商那里得到所需物品、改换供应商不需要花费多少转换成本等情况下，采购方均会占上风；反之，则有可能是供应商占上风。

而另一种企业与供应商的关系模式，即合作模式，在当今受到了越来越多企业的重视，尤其是这种模式在日本企业中取得了很大成功并广为流传之后。在这种模式之下，采购方和供应商互相视对方为"伙伴"，双方保持一种长期互惠的关系。两种模式的特点对比见表 11-2。

表 11-2　供需之间"竞争模式"与"合作模式"的比较

名称	主要特征	缺　陷
竞争模式	（1）采购方"以势压人"讨价还价。采购方以招标的方式挑选供应商，报价最低的供应商被选中；而供应商为了中标，可能会报出低于成本的价格 （2）供应商名义上的最低报价并不能带来真正的低采购成本。供应商一旦被选中，就会以各种借口要求采购方企业调整价格，因此，最初的低报价往往是暂时的 （3）技术、管理资源的相互保密。由于采购方和供应商之间是受市场支配的竞争关系，因此双方的技术、成本等信息都小心地加以保护，不利于新技术、新管理方式的传播 （4）双方的高库存、高成本。由于关系松散，双方都会用较高的库存来缓解出现需求波动或其他意外情况时的影响，而这种成本的增加，实际上最后都转嫁到了消费者身上 （5）不完善的质量保证体系。以次品率来进行质量考核，并采取事后检查的方式，造成查出问题时产品已投入市场，仍要不断地解决问题 （6）采购方的供应商数目很多。每一种物料都有若干供应商，供应商之间的竞争使采购方从中获利	由于采购方和供应商之间的讨价还价，双方缺乏信息交流，成本难以下降，质量也不能很好地满足要求，难以快速响应市场的要求

(续)

名称	主要特征	缺 陷
合作模式	（1）供应商的分层管理。采购方将供应商分层，尽可能地将完整部件的生产甚至设计交给第一层供应商，这样采购方企业的零件设计总量则大大减少，有利于缩短新产品的开发周期。这样还使采购方可以只与数目较少的第一层供应商发生关系，从而降低了采购管理费用 （2）双方共同降低成本。采购方与供应商在一种确定的目标价格下，共同分析成本，共享利润。采购方充分利用自己在技术、管理、专业人员等方面的优势，帮助供应商降低成本。由于通过降低成本供应商也能获利，因此调动了供应商不断改进生产过程的积极性，从而有可能使价格不断下降，在市场上的竞争力不断提高 （3）共同保证和提高质量。由于买卖双方认识到不合格产品会给双方都带来损失，因此能够共同致力于提高质量。一旦出现质量问题，采购方会与供应商一道通过"5W"①等方法来分析原因，解决问题。由于双方建立起了一种信任关系，互相沟通产品质量情况，因此采购方甚至可以对供应物料不进行检查就直接使用 （4）信息共享。采购方积极主动地向供应商提供自己的技术、管理等方面的信息和经验，供应商的成本控制信息也不再对采购方保密。除此之外，供应商还可以随时了解采购方的生产计划、未来的长期发展计划以及供货计划 （5）JIT交货，即只在需要的时候按需要的量供应所需的物品。由于买卖双方建立起了一种长期信任的关系，不必为每次采购谈判和讨价还价，不必对大批物料进行质量检查，而且双方都互相了解对方的生产计划，这样就有可能做到JIT交货，而这种做法使双方的库存都大为降低，从而获益 （6）采购方只有较少数目的供应商。一般一种物料只有1~2个供应商，这样可以使供应商获得规模优势。当来自采购方的订货量很大，又是长期合同时，供应商甚至可以考虑扩大设施和设备能力，并考虑将新设备建在采购方附近，这样几乎就等于采购方的一种"延伸"组织	（1）如果一种材料只有1~2个供应商，那么供应中断的风险增加 （2）保持长期合同关系的供应商缺乏竞争压力，从而有可能缺乏不断创新的动力 （3）JIT交货有中断生产的风险

① 5W是指为什么（Why）、是什么（What）、在哪儿（Where）、谁（Who）、什么时候（When）。

二、供应商细分

供应商细分是指在供应市场上，采购方依据采购物品的金额、采购商品的重要性以及供应商对采购方的重视程度和信赖性等因素，将供应商划分成若干个群体。供应商细分是供应商关系管理的先行环节，只有在供应商细分的基础上，采购方才有可能根据细分供应商的不同情况实行不同的供应商关系策略。

根据不同的方法，可以对供应商进行以下细分：

（一）公开竞价型供应商、网络型供应商、供应链管理型供应商

采购方将所采购的物品公开地向若干供应商提出采购计划，各个供应商根据自身的情况进行竞价，采购方依据供应商竞价的情况，选择其中价格低、质量好的供应商作为该项采购计划的供应商，这类供应商就称为公开竞价型供应商。在供大于求的市场中，采购方处于有利地位，采用公开竞价选择供应商，对产品质量和价格有较大的选择余地，是企业降低成本的途径之一。

网络型供应商是指采购方在与供应商长期的选择与交易中，将在价格、质量、售后服务、综合实力等方面比较优秀的供应商组成供应商网络，企业某些物品的采购只限于在供应商网络中进行。供应商网络的实质就是采购方的资源市场，采购方可以针对不同的物资组建不同的供应商网络。供应商网络的特点是：采购方与供应商之间的交易是一种长期性的合作关系，但在这个网络中应采取优胜劣汰的机制，以便长期共存，定期评估、筛选，适当淘汰，同时吸收更为优秀的供应商进入。

供应链管理型供应商是指在供应链管理中，采购方与供应商之间的关系更为密切，采

购方与供应商之间通过信息共享,适时传递自己的需求信息,而供应商根据实时的信息,将采购方所需的物资按时、按质、按量地送交采购方。

(二) 重点供应商和普通供应商

根据采购的"80/20法则"可以将供应商细分为重点供应商和普通供应商。其基本思想是,针对不同的采购物品应采取不同的策略,同时采购工作精力分配也应各有侧重,相应地,对于不同物品的供应商也应采取不同的策略。根据"80/20法则",可以将采购物品分为重点采购品(采购价值占80%、采购数量占20%的采购物品)和普通采购品(采购价值占20%、采购数量占80%的采购物品)。相应地,可以依据"80/20法则"对供应商进行分类,划分为重点供应商和普通供应商,即占80%采购金额的20%的供应商为重点供应商,而其余只占20%采购金额的80%的供应商为普通供应商。对于重点供应商,应投入80%的时间和精力进行管理与改进。这些供应商提供的物品为企业的战略物品或需集中采购的物品,如汽车厂需要采购的发动机和变速器、电视机厂需要采购的彩色显像管以及一些价值高但供应保障不力的物品。而对于普通供应商只需要投入20%的时间和精力,因为这类供应商所提供的物品的运作对企业的成本、质量和生产的影响较小,例如办公用品、维修备件、标准件等物品。

在按"80/20法则"进行供应商细分时,应注意以下几个问题:

(1)"80/20法则"细分的供应商并不是一成不变的,随着企业生产结构和产品线的调整,需要重新进行细分。

(2)对重点供应商和普通供应商应采取不同的策略。

(三) 短期目标型供应商、长期目标型供应商、渗透型供应商、联盟型供应商、纵向集成型供应商

短期目标型供应商是指采购方与供应商之间的关系是交易关系,即一般的买卖关系。双方的交易仅停留在短期的交易合同上,各自所关注的是如何谈判、如何提高自己的谈判技巧使自己不吃亏,而不是如何改善自己的工作,使双方都获利。当交易完成后,双方关系也就终止了。双方只有供销人员有联系。

长期目标型供应商是指采购方与供应商保持长期的关系,双方有可能为了共同利益对改进各自的工作感兴趣,并在此基础上建立起超越买卖关系的合作。长期目标型的特征是建立一种合作伙伴关系,双方工作重点是从长远利益出发,相互配合,不断改进产品质量与服务质量,共同降低成本,提高共同的竞争力。合作的范围遍及企业内部的多个部门。例如,由于是长期合作,采购方对供应商提出新的技术要求,而供应方目前还没有能力,在这种情况下,可以对供应商提供技术资金等方面的支持。

渗透型供应商关系是在长期目标型基础上发展起来的。其指导思想是把对方企业看成自己的一部分,因此对对方的关心程度又大大提高了。为了能够参与对方活动,有时会在产权关系上采取适当措施,如互相投资、参股等,以保证双方利益的共享与一致性。同时,在组织上也采取相应的措施,保证双方派员加入对方的有关业务活动。这样做的优点是可以更好地了解对方的情况,供应商可以了解自己的产品是如何起作用的,容易发现改进方向,而采购方可以知道供应商是如何制造的,也可以提出改进的要求。

联盟型供应商关系是从供应链角度提出的,其特点是更长的纵向链条上管理成员之间的关系,双方维持关系的难度提高了,要求也更高。由于成员增加,往往需要一

个处于供应链上核心地位的企业出面协调成员之间的关系,这个企业称为供应链核心企业。

纵向集成型供应商关系是最复杂的关系类型,即把供应链上的成员整合起来,像一个企业一样,但各成员是完全独立的企业,决策权属于自己。在这种关系中,要求每个企业在充分了解供应链的目标和要求以及充分掌握信息的条件下,能自觉做出有利于供应链整体利益的决策。有关这方面的知识,更多的是停留在学术上的讨论,实践中的案例很少。

(四)商业型供应商、重点商业型供应商、优先型供应商、伙伴型供应商

根据供应商分类模块法,可以将供应商分为商业型供应商、重点商业型供应商、优先型供应商、伙伴型供应商四种。供应商分类模块法是依据供应商对本企业的重要性和本企业对供应商的重要性进行矩阵分析,并据此对供应商进行分类的一种方法。

在供应商分类的模块中,如果供应商认为本企业的采购业务对于它们来说非常重要,供应商自身又有很强的产品开发能力等,同时该采购业务对本企业也很重要,那么这些采购业务对应的供应商就是伙伴型;如果供应商认为本企业的采购业务对于它们来说非常重要,但该项业务对于本企业却并不是十分重要,这样的供应关系无疑有利于本企业,是本企业的优先型供应商;如果供应商认为本企业的采购业务对它们来说无关紧要,但该采购业务对本企业却是十分重要的,这样的供应商就是需要注意改进提高的重点商业型供应商;对于那些对于供应商和本企业来说均不是很重要的采购业务,相应的供应商可以很方便地选择更换,那么这些采购业务对应的供应商就是普通的商业型供应商。

表 11-3 概括了不同供应商关系的特点与发展要求。

表 11-3 供应商关系的特点与发展要求

供应商类型	商业型供应商	优先型供应商	伙伴型供应商	
			供应伙伴	设计伙伴
关系特征	运作联系	运作联系	战术考虑	战略考虑
时间跨度	1 年以下	1 年左右	1~3 年	1~5 年
质量	按顾客要求并选择	• 顾客要求 • 顾客与供应商共同控制质量	• 供应商保证 • 顾客审核	• 供应商保证 • 供应商早期介入设计及产品质量标准 • 顾客审核
供应	订单订货	年度协议 + 交货订单	顾客定期向供应商提供物料需求计划	电子数据交换系统
合约	按订单变化	年度协议	• 年度协议(1 年) • 质量协议	• 设计合同 • 质量协议等
成本价格	市场价格	价格 + 折扣	价格 + 降价目标	• 公开价格与成本构成 • 不断改进,降低成本

(五)供应商关系谱

供应商关系谱是将供应商分为不可接受的供应商、可考虑的供应商以及五级不同层次的已配套的供应商,见表 11-4。

表 11-4 供应商关系谱

	层次	类型	特征	适合范围
供应商关系	五	自我发展型的伙伴供应商	优化协作	态度、表现好的供应商
	四	共担风险的供应商	强化合作	
	三	运作相互联系的供应商	公开、信赖	
	二	需持续接触的供应商	竞争游戏	表现好的供应商
	一	已认可的供应商	现货买进关系	方便、合理的供应商
		可考虑的供应商		潜在供应商
		不可接受的供应商		不合适

第一层次的供应商为"触手可及"的关系,由于采购价值低,它们对本企业显得不是很重要,因此无须与供应商或供应市场靠得太紧密,只要供应商能提供合理的交易即可。处理这类供应商的关系可采取现货买进方式。

第二层次的供应商要求企业对供应市场要有一定的把握,如了解价格发展趋势等,采购的主要着力点是对供应市场保持持续接触,在市场竞争中买到价格最低的商品。

第三层次的供应商关系必须做到双方运作相互联系,其特征是公开、互相信赖。一旦这类供应商选定,双方就以坦诚的态度在合作过程中改进供应、降低成本。通常这类供应商提供的零部件对本企业来说属于战略品,但供应商并不是唯一的,本企业有替代的供应商可选择。这类供应商可以考虑长期合作。

第四层次的供应商关系是一种共担风险的长期合作关系,其重要的特征是双方都力求强化合作,通过合同等方式将长期关系固定下来。

第五层次是互相配合形成的自我发展型供应商关系。这种关系意味着双方有着共同的目标,必须协同作战,其特征是为了长期的合作,双方要不断地优化协作,最具代表性的活动就是供应商主动参与本企业的产品开发业务,而本企业也依赖供应商在其产品领域内的优势来提高自己产品开发的竞争力。

(六)按供应商的规模和经营品种分类

按供应商的规模和经营品种对供应商进行分类的方法也可以用矩阵图来表示,如图 11-3 所示。

在这种分类方法中,专家级供应商是指那些生产规模大、经验丰富、技术成熟,但经营品种相对少的供应商,这类供应商的目标是通过竞争来占领市场。低量无规模的供应商是指那些经营规模小、经营品种少的供应商。这类供应商生产经营比较灵活,但增长潜力有限,其目标仅是定位于本地市场。行业领袖供应商是指那些生产规模大、经营品种也多的供应商,这类供应商财务状况比较好,其目标为立足本地市场,并且积极拓展国际市场。量小品种多的供应商虽然生产规模小,但是其经营品种较多,这类供应商的财务状况一般不是很好,但是它有潜力,可培养。

> **思考:**
> 在当今中国的现实条件下,你认为企业应该重点发展哪种类型的供应商关系?说明你的理由。

三、防止供应商控制

（一）独家供应的产生

随着供应商伙伴关系的发展和供应商体系的优化，许多企业的某些零部件出现了独家供应的局面。独家供应的主要优点是采购成本低、效率高；缺点是全部依赖于某一家供应商。独家供应常发生于以下几种情况：

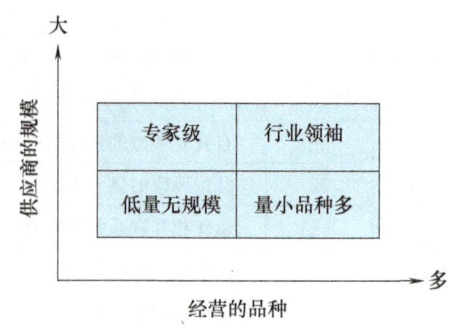

图11-3 按供应商的规模和经营品种分类

（1）按客户要求专门制造的高科技、小批量产品，由于产品的技术含量高，又系专门小批量配套，往往不可能要求两家以上的供应商同时供应。

（2）某些企业的产品及其零部件对工艺技术要求高，且由于保密的原因，不愿意让更多的供应商知道。

（3）工艺性外协如电镀、表面处理等，由于企业周围工业基础等条件有限，有可能只固定由一家供应。

（4）产品的开发周期很短，必须需要伙伴型供应商的全力、密切配合。

独家供应主观方面也具有优势，主要体现在：

（1）节省时间和精力，有助于企业与供应商之间加强交流、发展伙伴关系。

（2）更容易实施双方在产品开发、质量控制、计划交货、降低成本等方面的改进，并取得积极成效。

同时，独家供应会造成供需双方的相互依赖，进而可能导致以下风险：

（1）供应商有了可靠客户，会失去竞争的动力及应变、革新的积极性。

（2）供应商可能会疏远市场，以致不能完全掌握市场的真正需求。

（3）企业本身不容易更换供应商。

（二）防止供应商控制的方法

许多企业对某些重要材料过于依赖同一家供应商，这种情况导致供应商常常能左右采购价格，对采购方施加极大的影响。这时采购方已落入供应商垄断供货的控制之中，企业只有唯一的一家供应商；或者该供应商受到强有力的专利保护，任何其他商家都不能生产同类产品；或者采购方已被"套住"，处在进退维谷的两难境地，因为更换供应商的转换成本太高，比如计算机系统，如要更换，使用的相应软件必须替换。

这种情况下，采购方仍可以找到一些行之有效的反垄断措施：

（1）全球采购。全球采购由于提供了更广阔的选择范围，往往可以打破供应商的垄断行为。

（2）再找一家供应商。独家供应有两种情况：一种为Single Source，即供应商不止一家，但仅向其中一家采购；另一种为Sole Source，即仅此一家别无其他供应商。通常Single Source多半是买方造成的，譬如将原来许多家供应商削减到只剩下最佳的一家；Sole Source则是卖方造成的，譬如独占性产品的供应者或独家代理商等。

在Single Source的情况下，只要"化整为零"，变成多家供应（Multiple Sources），造成卖方的竞争，供应商自然不会任意抬高价格。例如，西门子公司的一项重要的采购政策就是：除非技术上不可能，每个产品会由两个或更多供应商供货，规避供应风险，保持供应商之间的良性竞争。

在 Sole Source 的情况下,破解之道在于开发新来源,包括新的供应商或替代品。当然这不能一蹴而就,必须假以时日。

(3) 增强相互依赖性。多给供应商一些业务,这样就提高了供应商对采购方的依赖性,增加采购方的主动意识。

(4) 更好地掌握信息。要清楚了解供应商对采购方的依赖程度。例如,有家企业所需的元件只有一家货源,但它发现自己在供应商仅有的三家客户中是采购量最大的一家,供应商离不开自己,结果在要求降价时供应商做出了相当大的让步。

(5) 利用供应商的垄断形象。一些供应商为自己所处的垄断地位而惴惴不安。在受到指责利用垄断地位时,它们都会极力辩白,即使一点不利宣传的暗示也会让它们坐卧不宁。

(6) 注意业务经营的总成本。供应商知道采购方没有其他货源,可能会咬定一个价格,但采购方可以说服供应商在其他非价格条件上做出让步。采购方应注意对交易中的每个环节都加以利用。总成本中的每个因素都可能使采购方节约成本,而且结果往往令采购方大吃一惊。以下是一些潜在的节约成本机会:①送货。洽谈适合采购方的送货数量和次数,可以降低仓储和货运成本。②延长保修期。保修期不要从发货日期开始计算,而从首次使用产品的时间算起。采购方始终可以持这种观点,即既然产品质量不错,从真正使用产品的时间起计保修期又有何不可?③付款条件。只要放宽正常的付款条件,就会带来节约。立即付款则给予折扣,也是一种可行的方式。

(7) 让最终客户参与。如果采购方能与最终用户合作并给予他们信息,摆脱垄断供应商的机会也会随之而来。例如,工程师往往只认准一个商标,因为他们不了解其他选择,向他们解释只有一家货源的难处,他们往往就可以让采购方采购其他的元件。

(8) 一次性采购。当采购方预计所采购产品的价格要上涨时,这种做法才可行。根据相关的支出和库存成本,权衡一下将来价格上涨的幅度,与营销部门紧密合作,获得准确的需求数量,进行一次性采购。

(9) 协商长期合同。长期需要某种产品时,可以考虑订立长期合同。一定要保证持续供应和价格的控制,采取措施预先确定产品的最大需求量以及需求增加的时机。

(10) 与其他用户联手。与其他具有同样产品需求的公司联合采购能够惠及各方。

(11) 未雨绸缪,化解垄断。如果采购方的供应商在市场上享有垄断地位,"以势压人",而采购方又不具备有效的手段与其讨价还价,最终结果势必是采购方在无奈中"俯首称臣",轻则接受对方苛刻的价格和信用条款,重则自己的竞争策略备受掣肘,错失商机。其实,明智的企业完全可以未雨绸缪,化解供应商的垄断力量。具体做法如下:

1) 虚实相间的采购策略。可以考虑通过一些策略性的举措,向垄断的供应商传递信息,使它意识到似乎采购方可以从别的渠道获取商品。例如,采购方可以和海外厂商联系,扶植弱小的供应商使其能与垄断的供应商一争高低,或促成外商在垄断厂商的领域投资。注意,这里重要的是使垄断厂商注意到采购方的举措,从而在施加垄断力量时有所顾忌。

2) 多层接触,培养代言人。必须和供应商决策链的各个层次加强接触,包括它的高层管理人员以及生产、质量管理和财务等职能部门,这样可以掌握供应商更为全面的信息;同时由于采购方享有直达其最高层的沟通渠道,供应商的直接决策人"以势压人"多多少少会有所收敛。在此,重要的一点是:垄断供应商由于其独特的垄断地位,轻而易举就能在市场上呼风唤雨,所以一般在内部沟通上不会尽力。而一旦采购方掌握了供应商较为完备的信息,在谈判和催货时便能游刃有余。另外,通过人际关系的打通和企业形象的渗透,可以在供应商内部培养对采购方深怀好感的"代言人",无意识中为采购方的利益游说。

3)营建一流的专业采购队伍。要想不为供应商的垄断力量所伤,必须委用富有才干的专业人士担当采购重任。

四、友好结束供应商关系

当合作伙伴关系失败而决定终止时,双方常常会对彼此怀有讥刺乃至敌意,但当今世界已越来越小,说不定哪天又会用到那个供应商,或者供应商中的一个 CEO 跳槽到其他公司,而这家公司正是企业目前所依靠的。所以企业要将转换供应商这一过程尽量做得"天衣无缝",同时又不损害客户满意度、公司的利润以及名誉。这里首先要了解什么情况会导致与供应商拆伙。

(一)拆伙种类

从采购方来讲,可分为自愿拆伙与非自愿拆伙两种。自愿拆伙的原因中最常见的是对供应商表现不满。比如当企业连续向对方派出质量小组帮对方解决重复性的问题,对方却没有做出相应的改变,而退货现象还在持续发生,最终只能放弃它转而去寻找一家能做出积极响应或更有能力的供应商。非自愿拆伙往往来自供应商的破产或无法预测的风险。

除了上述原因外,另一导致供应商伙伴关系破裂的普遍原因是相互失去了信任。与供应商失败的沟通,尽管双方都是无意的,但能直接损害双方的信任。因此,为了公司的利益,为了使破坏最小化,需要尽可能地减小与供应商的敌意,这样在转换供应商的过程中才能得到他们的协作。

(二)策略

有的企业会在事先没有通知对方的前提下突然向供应商提出结束合作;或以一些含糊的指责,如"你做得不好"或"你欠了我们的",甚至是不光彩的手法来结束与供应商的合作。所有这些都会使供应商充满敌意,同时也会使新的供应商觉得自己以后是否会被同样对待,而企业的声誉也会遭到损害。

什么是友好地结束供应商关系的最佳途径呢?简单地说,企业可以在供应商的表现、管理或者成本接近"危险区"时,坦率而直接地发出警告信号,而不是隐瞒不满,这样供应商就不会感到不合理。这里有三个"P"可以帮企业在与供应商拆伙时减少对方的敌对情绪。

(1)积极的态度(Positive Attitude)。与其面对延续的挫折,不如现在先结束合作,等以后双方情况改变后再寻求合作机会。

(2)平和的语调(Pleasant Tone)。不要从专业的或个人的角度去侮辱对方。

(3)专业的理由(Professional Justification)。这不是个人的问题,采购员要告诉供应商,其职责是为公司创造价值,吸引和留住客户。

(三)转换过程

采购方应先向供应商解释这次拆伙对双方可能都有好处,然后再寻求迅速公平的转换方法以使"痛苦"降到最小;接着采购方应清楚地列出供应商该做哪些,如对方需按指示停止相关工作、马上结束分包合约、送回属于"我方"的资产、了解"我方"有关的法律事项,以及如何以双方最低的成本处理现有库存等。

同样要认可供应商对企业的要求:围绕拆伙事实的合理解释,对已发生的费用如何结算,协助处理现有库存。采购方和供应商要共同确立转换过程的合理时间表,最后拟订一份"出清存货合同清单",正规地对所有细节加以回顾,写明双方的职责和结束日期。

对这一公平的过程所期望的结果应是:①有秩序地退出;②对客户没有损害;③最少的浪费和开支;④清楚的双方签字的结算记录;⑤对这次拆伙原因有清醒的认识;⑥即使情况最坏,对所有相关人员也是一次教训,事后曾经合作的双方都会说:"以后再也不会犯那种错误了!"

资料 11-1　供应商审核调查问卷的格式

供应商名称:

地址:

电话:　　　　　　　　　传真:

电子邮件:

厂长(总经理):　　　　　业务联系人:

1 基本情况

 1.1　公司成立时间:　　　　　注册资本:　　　　　　公司性质:
   股东(合伙人)情况(如有):
 1.2　工厂占地:　　　　　　　建筑面积:　　　　　　厂房自有/租赁(选择)
 1.3　员工总数:　　　　　　　其中直接生产工人:　　各类专业技术人员:
   高级职称:　　　　　　　　中级职称:　　　　　　初级职称:
 1.4　工厂(公司)组织架构图(或附件):
 1.5　正常工作:　天/周　　　生产班次:　　　　　　各班时间:办公时间:
 1.6　主要产品:　　　　　　　产量(前年):　　　　 产量(去年):　　产量(今年):
   平均出口比例(%):
 1.7　工厂设计产量:　　　　　现有产量:
 1.8　主要客户:　　　　　　　主要产品:　　　　　　年供应量:　　　交货周期(天):
   所占比例(%):
 1.9　主要供应商:　　　　　　供应产品(零部件):　　年供应量:
   供应发货周期(天):

2 质量体系

2.1 质量方针/政策：

2.2 质量代表及职位：

2.3 质量管理体系架构图（或附件）：

2.4 是否 ISO 9000 认证？若是，附证书。若否，计划何时？
是否获其他质量体系认证？若是，附证书。

2.5 今年的质量目标主要有：

2.6 来料检验按_____标准执行，主要指标：

2.7 过程质量目标：

2.8 是否用 PPM[⊖]？　　　是否用 SPC？

2.9 交货质量执行的标准：
主要缺陷 AQL（或其他）；次要缺陷 AQL（或其他）

2.10 有无质量实验室？若有，主要设备及检测项目：

2.11 产品认证通过 [ ] CCEE；[ ] UL；[ ] CSA；[ ] VDE；[ ] BSI；[ ] 其他

3 生产计划及物料管理

3.1 企划部门、生产部门、采购部门、销售部门的关系与架构为（或附件）：

3.2 相关人员数：　生产计划：　物料管制：　客户服务（订单/送货安排）：

3.3 接单、安排生产、交货的主要流程或程序（或附件）：

3.4 交货时间（周期）：打板/样（天）：　第一份订单交货周期（天）：
正常业务交货周期（天）：　　在制品库存（天）：

3.5 原材料采购周期（天）：　原材料库存（天）：　本地原材料采购周期（天）：
所占比例（%）：　进口原材料采购周期（天）：　所占比例（%）：

3.6 有否最小生产批量？若有，为多少？

3.7 可接受的订单变化范围（%）：　确认订单需要时间（小时/天）：

3.8 是否采用 MRP 或 ERP 等系统？若有，列出名称及应用范围：

4 生产技术、工艺水平及工程能力

4.1 开发、工程（工艺）部门的功能、架构（或附件）为：

4.2 产品研发人数：　工艺（程）人数：　过程工程师人数：
其他工程技术人员人数（列明）：

4.3 自己设计的主要产品：　　　工具、模具：

4.4 主要设计制作的设备（或其他）：

4.5 产品的开发周期：

4.6 是否有客户参与产品或工艺开发，如何参与？

4.7 是否有供应商参与产品或工艺开发，如何参与？

4.8 主要设计软件及功能：

4.9 主要生产设备（或附件）：

4.10 设备利用率：　设备故障率：　生产效率：

4.11 模具制造维修主要设备设施：

4.12 技术人员年流失率（%）：　职员年流失率（%）：　工人年流失率（%）：

5 环境管理

5.1 有无环境方针/政策？如有，其中心：

⊖ PPM 一般是指主机厂对供应商产品质量提出的合格率要求。

5.2 有无环境管理者代表？若有，是何人？
5.3 有无 ISO 14001 认证？若有，附证书。若无，计划何时开展认证工作？
5.4 今年的主要环境管理目标：
5.5 公司/工厂的产品设计或工厂建设是否进行了环境影响评估？若有，简单介绍。
5.6 生产的产品或工艺过程是否含有或使用重金属？如有，含量为多少？应如何控制？
5.7 公司/工厂生产的产品交货及生产过程中包装材料是否循环使用？如何使用？

综合该供应商的基本情况调查，初步意见为：
[ ] 优秀　　[ ] 良好　　[ ] 一般　　[ ] 差
对该供应商审核认可的工作安排建议：[ ] 继续　　[ ] 停止
　　评审人：　　　　　　　　　　日期：　　　　　　　　　核定人：
　　采购员：　　　　　　　　　　　　　　　　　　　　　　采购经理：

资料 11-2　供应商质量体系审核检查表

供应商名称：
供应本公司的产品名称：
审核主要区域及供应商参与人员：
审核日期：　　　　　　审核员：

1. 管理职责

审核内容	检查记录	得分
——总则		
● 最高管理层明确本公司需求		0-25-50-75-100
● 最高管理层确认其产品能满足本公司要求		0-25-50-75-100
——顾客需求		
● 该单位已将本公司的需求具体化并纳入公司目标		0-25-50-75-100
● 该单位确保所有相关人员都相应地理解并能满足本公司的需求		0-25-50-75-100
——法规要求		
● 该单位建立了有关程序，以保证其产品与服务在质量等方面满足相应的法规要求		0-25-50-75-100
——质量方针		
● 最高管理层制定了质量方针		0-25-50-75-100
● 方针能满足本公司的质量等需要		0-25-50-75-100
● 方针传达到位		0-25-50-75-100
——质量目标与计划		
● 有明确的质量目标并分解到位		0-25-50-75-100
● 质量目标与方针一致，体现持续改进的精神		0-25-50-75-100
● 有具体的质量计划		0-25-50-75-100
● 实施质量计划的相应资源到位		0-25-50-75-100
● 质量目标、计划符合本公司的要求		0-25-50-75-100
——质量管理体系		
● 质量管理体系能满足本公司的要求		0-25-50-75-100
● 质量管理体系中责任分明并传达到位		0-25-50-75-100

采购管理

● 明确了质量管理者代表		0-25-50-75-100
● 内部沟通渠道畅通、层次清晰		0-25-50-75-100
● 质量手册符合有关国际标准		0-25-50-75-100
● 文件控制到位并按程序执行		0-25-50-75-100
● 与本公司相关的文件管理到位		0-25-50-75-100
● 质量记录符合要求		0-25-50-75-100
——管理评审		
● 定期开展管理评审		0-25-50-75-100
● 管理评审考虑顾客反馈		0-25-50-75-100
● 管理评审体现了持续改进的精神		0-25-50-75-100

管理职责总平均得分：

2. 资源管理

审核内容	检查记录	得分
——总则		
● 该单位及时提供质量管理所需资源		0-25-50-75-100
——人力资源		
● 质量管理体系中相关人员技能等合格		0-25-50-75-100
● 有程序界定培训需求、培训计划、培训评估等		0-25-50-75-100
● 所有人员经培训掌握相应的质量管理体系的要求		0-25-50-75-100
● 所有人员了解自己相应的质量职责		0-25-50-75-100
——信息		
● 有程序管理信息		0-25-50-75-100
● 与本公司有关的信息、资料维护、保管		0-25-50-75-100
● 信息手段		0-25-50-75-100
——基础设施与工作环境		
● 工作设施、办公场所		0-25-50-75-100
● 设备、办公设施（软件、硬件）		0-25-50-75-100
● 设施的维护		0-25-50-75-100
● 健康、安全状况		0-25-50-75-100
● 工作场所的空气、照明、噪声情况		0-25-50-75-100
● 工作场所的废物处理		0-25-50-75-100
● 工作时间及班次		0-25-50-75-100

资源管理总平均得分：

3. 过程管理

审核内容	检查记录	得分
——总则		
● 该单位确定了实现产品的相应过程		0-25-50-75-100
● 明确各过程之间的关系、考虑质量计划的影响		0-25-50-75-100
● 过程实施控制到位		0-25-50-75-100
● 过程实施能满足顾客需要		0-25-50-75-100
● 过程实施与监测所需的信息畅通		0-25-50-75-100
● 过程控制、监测的结果被看成质量记录		0-25-50-75-100

第十一章　供应商管理

——与顾客相关的过程
- 本公司需求已明确界定 　　　　　　　　　　　　　　　0-25-50-75-100
- 满足本公司需求的过程包括产品质量、供应保障、　　　　0-25-50-75-100
  价格、支持与配合等内容
- 在接受本公司的任何要求前，都经过相应的评估　　　　　0-25-50-75-100
- 该单位能够满足本公司的质量、交货等变化需求　　　　　0-25-50-75-100
- 该单位有完备的程序指导顾客投诉等运作　　　　　　　　0-25-50-75-100
- 该单位主动、积极参与本公司提出的改进项目　　　　　　0-25-50-75-100

——设计与开发
- 该单位有计划并能控制相应的产品开发　　　　　　　　　0-25-50-75-100
- 该单位产品开发过程定义合理、清晰　　　　　　　　　　0-25-50-75-100
- 产品开发过程中的各环节、各部门配合得当　　　　　　　0-25-50-75-100
- 产品开发考虑了顾客、法规、环境的需要　　　　　　　　0-25-50-75-100
- 产品开发过程与结果能够满足顾客、法规、环境的　　　　0-25-50-75-100
  需要
- 产品开发过程中信息、文件控制到位　　　　　　　　　　0-25-50-75-100
- 产品开发过程中的软硬件设施保障有力，与本　　　　　　0-25-50-75-100
  公司要求匹配
- 设计与开发过程中有论证阶段　　　　　　　　　　　　　0-25-50-75-100
- 设计与开发过程中实施了有效性测试　　　　　　　　　　0-25-50-75-100
- 设计开发过程中设计变更控制到位、记录齐全　　　　　　0-25-50-75-100
- 该单位能满足本公司对产品、工艺提出的特殊要求　　　　0-25-50-75-100

——采购
- 采购过程受到有效控制　　　　　　　　　　　　　　　　0-25-50-75-100
- 采购过程的控制方式取决于所采购的产品或服务　　　　　0-25-50-75-100
- 该单位实行供应商认可评审制度　　　　　　　　　　　　0-25-50-75-100
- 采购文件有程序指导并进行有效控制　　　　　　　　　　0-25-50-75-100
- 采购过程由品质、工程等部门合作共同实施　　　　　　　0-25-50-75-100
- 采购的产品或服务在接受前经过检验论证　　　　　　　　0-25-50-75-100
- 该单位的主要供应商能配合该单位开展质量改进等　　　　0-25-50-75-100

——生产与服务运作
- 该单位对生产与服务运作有计划、有控制　　　　　　　　0-25-50-75-100
- 本公司的订单要求被合理地转换成相应的生产计划　　　　0-25-50-75-100
- 生产工艺流程布置合理　　　　　　　　　　　　　　　　0-25-50-75-100
- 生产工艺文件、作业指导书、生产控制及检验机制到位　　0-25-50-75-100
- 生产设备、设施合理，维护正常　　　　　　　　　　　　0-25-50-75-100
- 生产环境、工作环境舒适　　　　　　　　　　　　　　　0-25-50-75-100
- 测量、监控设备合理到位　　　　　　　　　　　　　　　0-25-50-75-100
- 生产全过程的产品及在制品等标识明确、可追溯性强　　　0-25-50-75-100
- 对本公司提出的特殊标识要求该单位能在生产过　　　　　0-25-50-75-100
  程中实施到位
- 该单位能妥善维护本公司提供的检测设备、模具等　　　　0-25-50-75-100
- 生产、包装、运输、储存过程的储运手段合理到位　　　　0-25-50-75-100
- 产品交货前的认可验收方法、设施到位　　　　　　　　　0-25-50-75-100

- 所有生产设施及过程正式使用前经过认可验收　　　　0-25-50-75-100
- 产品、设备、人员、生产过程等认可验收文件齐备　　　0-25-50-75-100
- 生产及交货过程中对本公司提供的相关文件维护使用到位　　　　　　　　　　　　　　　　　　　　　　0-25-50-75-100
- 生产及交货过程中所用的检测设备受到有效的控制、计量及维护　　　　　　　　　　　　　　　　　　　0-25-50-75-100
- 检测设备的使用、保护有效　　　　　　　　　　　　　0-25-50-75-100
- 检测与测试软件在使用前经过测试验收，使用时得到合理的维护　　　　　　　　　　　　　　　　　　0-25-50-75-100
- 所有设备、设施的计量符合要求　　　　　　　　　　　0-25-50-75-100

过程管理总平均得分：

4. 监测、分析与改进

审核内容	检查记录	得分

——总则
- 明确、计划并实施检测、监控、分析及改进过程，确保质量体系、各种过程及产品与服务符合顾客与本公司要求　　　　　　　　　　　　　　　　　　　　　　0-25-50-75-100
- 监测的方式、时间、地点及频率明确　　　　　　　　　0-25-50-75-100
- 定期评估监测实施的有效性　　　　　　　　　　　　　0-25-50-75-100
- 该单位明确并使用了有关的统计技术　　　　　　　　　0-25-50-75-100
- PDCA 及相应的质量工具得到有效运用　　　　　　　　0-25-50-75-100
- 分析的数据及改进结果作为管理评审过程的依据　　　　0-25-50-75-100

——监测
- 顾客的要求作为建立质量管理体系中监测过程确定的依据　　　　　　　　　　　　　　　　　　　　　0-25-50-75-100
- 该单位有效地计划并实施了质量体系内审　　　　　　　0-25-50-75-100
- 该单位用于监测过程的方法得当，能满足本公司及相关顾客的要求　　　　　　　　　　　　　　　　　0-25-50-75-100
- 监测实施记录的结果理想，能满足本公司及相关顾客的要求　　　　　　　　　　　　　　　　　　　　0-25-50-75-100
- 不符合要求的产品服务或过程能得到控制并能及时、有效地纠正　　　　　　　　　　　　　　　　　　　0-25-50-75-100
- 不合格项目（产品）包括废品的实际处理符合要求　　　0-25-50-75-100

——数据分析
- 有程序指导质量管理体系中的数据分析　　　　　　　　0-25-50-75-100
- 数据采集源于监测及相关的活动　　　　　　　　　　　0-25-50-75-100
- 数据分析应提供以下信息：质量管理体系的适用性、有效性及足够性；过程运作趋势；顾客满意程度；过程与产品的特点与性质　　　　　　　　　　　　　　0-25-50-75-100
- 对本公司提出的有关产品、服务等数据与信息的分析、报告等及时、到位　　　　　　　　　　　　　　0-25-50-75-100

——持续改进
- 该单位质量管理体系体现了持续改进的要求　　　　　　0-25-50-75-100

● 该单位制定了有关程序,明确了质量方针、目标、内审、数据分析、纠正与预防行动及管理评审等用于推动持续改进	0-25-50-75-100
● 能配合公司开展有计划的及临时的改进活动	0-25-50-75-100
● 有过程、程序控制指导不合格项目的发生或再发生	0-25-50-75-100
● 有过程、程序控制指导顾客的投诉	0-25-50-75-100
● 有过程、程序控制指导潜在的不合格项目的发生	0-25-50-75-100
● 质量管理体系的记录及数据分析结果、顾客的反馈被作为制定预防措施的依据	0-25-50-75-100
● 预防措施与计划实施到位	0-25-50-75-100
● 过程质量、产品质量、顾客反馈等呈现良好的改进趋势	0-25-50-75-100
● 持续改进体现在成本、效益等方面	0-25-50-75-100
● 持续改进的活动由全员参与	0-25-50-75-100

监测、分析与改进总平均得分:

供应商质量体系审核总平均分:

结论:很差(0~30分);差(31~50分);一般(51~60分);良好(61~80分);优秀(81~100分)

中国蓝星的供应商关系管理

中国蓝星(集团)股份有限公司(简称中国蓝星)是一家以材料科学、生命科学、环境科学为主导业务的公司。通过建立供应商关系管理体系,中国蓝星降低了供应链成本,提高了集团管控能力。其主要做法如下:

1. 科学分类采购物料

通过对下属企业采购物料的统计和分析得知,中国蓝星采购的物料有上千种,分固体、液体、气体三种形态,其中危险品采购数量占采购总量的一半以上,并且涉及范围广、地区差异大。根据物料特性和采购金额大小,将所有物料分成15个类别。根据采购物料的重要性和对生产总成本的影响程度,将所有采购物料分为战略物料和一般物料。中国蓝星战略物料的种类有上百种,年采购金额已占到总采购金额的85%左右。战略物料的采购管理由总部负责,下属企业协助。一般物料的采购由下属企业负责。根据战略物料的确定原则,中国蓝星每年年末都以文件形式发布下一年度战略物料清单,结合实际情况调整和更新战略物料。

2. 制定类别采购策略

在对各个类别所涉及的企业内外部信息分析和论证的基础上,结合调研取得的采购物料需求、供应商分析、市场供应数据,对各个类别内每种关键物料进行战略分析,制定每个类别的采购策略。采购策略中的重要内容就是业务优化方案和供应商绩效考核管理。采购策略将在未来1~3年指导各个类别的采购行动,并且根据集团的整体采购战略和企业的业务开展情况,特别是结合市场的变化情况,进行必要的总结、完善和更新。

3. 供应商关系分类

中国蓝星的供应商关系分类如图11-4所示。

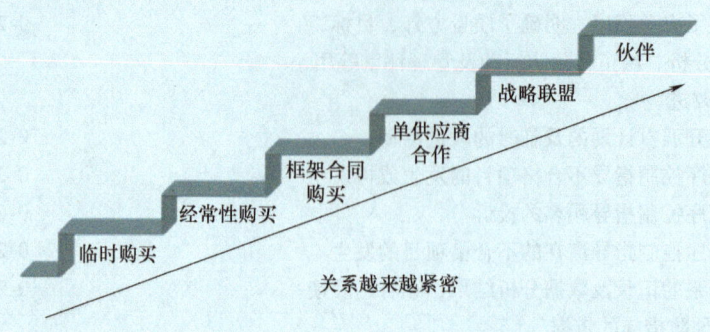

图11-4 中国蓝星的供应商关系分类

中国蓝星供应商关系的适用场景见表11-5。

表11-5 中国蓝星供应商关系的适用场景

关系类型	适用场景
临时购买	金额不大,需求频次较低
经常性购买	需求频次较高
框架合同购买	需求频次较高,需要保障供应
单供应商合作	供应市场成熟,有多个可选择供应商,价格和批量相关度高
战略联盟	需要供应商高度配合,双方致力于建立比买卖更高层次的合作关系
伙伴	产品高度复杂,需要供应商的专业知识、高度配合,双方致力于长期合作关系

4. 强化供应商管理,与战略供应商建立长期合作关系

中国蓝星通过对供应商进行选择、评价和绩效考核,优化供应商组成,减少小型供应商数量。它与国内外战略供应商建立长期稳定的合作关系,进一步提高战略供应商的比例,努力将传统采购的买卖关系变为战略合作伙伴关系,与供应商实现平等、互动、双赢,达到稳定供应资源、控制采购风险,进而降低采购成本的目的。

复习思考题

1. 企业的供应商应如何分类管理?
2. 同一种材料的供应商到底应该有几个?一个、两个还是多个?为什么?
3. 对一个供应商的评价应该用哪些指标?请建立指标体系并进行分解。
4. 试举例说明应如何保持与供应商的良好关系。
5. 你认为企业与供应商建立"战略联盟"时应注意哪些问题?
6. 通过上述案例的学习,总结先进的企业在处理供应商的关系方面有哪些共同的值得借鉴的经验。
7. 概括地讲,企业与供应商之间的关系有两种:①竞争型交易关系;②合作型交易关系。你认为在中国的现实条件下,企业应该重点发展竞争型交易关系还是合作型交易关系?为什么?

实践与思考

本章的实践性学习环节主要包括自行模拟建立供应商的审核体系、绩效考评指标,针对企业的实际情况,提出对供应商进行分类管理的方法。

第十二章

采购信息管理

作　用

本章介绍企业采购管理信息系统的内容，目的是使读者了解企业采购管理信息系统的相关知识，掌握企业采购管理信息系统的功能和信息流程、ERP 中采购管理的工作模式，以及电子订货系统的组成、流程和业务过程。

关　键

本章所涉及的基本概念包括管理信息系统、ERP、电子订货系统（EOS）；基本理论包括企业采购管理信息系统的流程和功能、ERP 中的采购工作模式、电子订货系统的组成及业务流程；主要方法包括企业采购信息管理系统的开发及实施等。

第一节　企业采购管理信息系统

应该看到，上网或开设网站只是采购信息化的一部分。采购信息化的立足点应该放在借助互联网改进关键环节的业务处理与其他有关商务活动，提高采购的经济效益。

一、企业采购业务中的信息流程

企业采购业务中的信息流既包括采购和供应部门以外的信息流入，也包括采购和供应部门为其他职能部门提供所需信息的流出。采购和供应部门的信息流入，既有来源于企业范围之外的市场信息，也有来源于企业内部其他部门的内部信息。从企业外部流入采购和供应部门的信息包括市场总体情况、产品信息、运输状况与价格、供应源、供应商能力变化、供应商生产效率、劳动力状况、税收政策等，从企业其他职能部门流入采购和供应部门的信息包括生产计划、销售预测与计划、预算与财务控制、库存控制、质量控制与收货、新产品开发、规章制度等。采购和供应部门向其他职能部门提供的信息包括向高层管理人员提供的市场行情信息、向工程技术人员提供的物料供应状况和价格变动信息、向新产品开发部门和生产部门提供的替代品供应情况与价格信息、向仓储部门提供的已发和拟发订单信息、向会计部门提供的成本和价格调

> **思　考：**
> 1. 企业采购管理信息系统对企业采购有什么作用？
> 2. 你认为目前国内企业采购管理信息系统中存在哪些问题？

整信息、向财务部门提供的预算执行情况信息等。

采购信息流是伴随着企业采购业务流程产生的。对不同企业、不同时期、不同采购项目来讲，采购业务流程会有所差异，但也有一定的共性。典型的采购业务流程一般包括：接受物料需求或采购指示（采购申请），选择供应商，谈判和签订采购合同，签发采购订单，跟踪订单，验收货物，确认发票与支付，结案并维护供应商档案。

（1）接受物料需求或采购指示（采购申请）。物料需求大部分来自生产计划。对要求委外加工的物料，由生产技术部门（或加工部门）与采购部门共同确定委外加工方案，或者由采购部门确定委外加工方案，充分发挥采购部门对市场的加工能力、供应情况更加了解的优势。另外，有一部分物料需求是库存部门提出的，这种类型的物料通常为固定消耗料。无论采购需求由哪一个部门提出，采购申请必须严格按照客户或生产的具体需要，综合考虑现有库存量、品种、数量、安全库存量要求等多种因素。采购申请要有审核制度，规定哪些物资、多大额度的采购资金必须经过哪级主管的批准才有效。接受物料需求或采购指示（采购申请）是采购信息的源头，也是触发后续采购业务的基础，因此，它是采购信息的重要组成部分。

（2）选择供应商。供应商处于企业供应链的供应端，从这种意义上说，供应商也是企业资源之一。采购部门掌握的供应商资源越多，企业的供应来源就越丰富。

ISO 9000 质量保证与管理体系要求企业对供应商进行评估，并向供应商提供全部的质量与技术要求，帮助供应商进行质量改善。这也体现了企业与供应商的合作关系。但企业对供应商过于依赖也会导致供应商缺乏竞争力，而且企业的风险也会增加。因此，企业要根据自身的特点与市场的环境制定合适的策略。

作为企业的资源，供应商信息对采购业务顺利开展十分必要。这些供应商信息既有来自外部市场的公开信息，也有供应商提供的直接信息，也有企业亲往现场考察获得的第一手信息，还可能有依据供应商过去合作业务记录的历史信息。

（3）谈判和签订采购合同。谈判是买卖双方进行沟通的一个过程。成功谈判的结果就是签订采购合同。采购合同是执行采购业务活动的依据，是重要的信息文件。

（4）签发采购订单。采购订单是执行付款交货的直接凭证，是根据采购合同和企业物料需求计划形成的信息文件。采购订单将物料的质量要求、数量要求及交货时间要求准确无误地传达给供应商。签发采购订单的采购人员除了应具有采购专业知识外，还要熟悉企业所需求的材料技术要求与制造工艺知识。采购订单签发需要遵循一定的审核制度，规定哪些物资、多大规模的采购资金必须经过哪级主管的批准才有效。采购订单是具有法律效力的重要文件，必须进行内容和形式上的审核才能对外签发，而且签发出的采购订单信息需要长期留存备查。

（5）跟踪订单。采购部门发出采购订单后，为了保证按期、按质、按量交货，要对采购订单进行跟踪检查，控制采购进度。跟踪订单必须有完整的记录，以保证货物及时交接，同时也提供事后的审计。

（6）验收货物。采购部门要协助库存与检验部门对供应商来料进行验收，按需收货，不能延期也不能提前。验收货物需要采购合同、订单等作为依据。同时，验收货物也会产生新的信息，如供货商交货时间、交货数量、交货合格率等。

（7）确认发票与支付。支付货款之前必须核对支付的发票与验收的货物清单是否一致，确认没有差错以后才能签字付款。确认发票需要既有信息的支持，支付货款需要一系列的审批环节,支付货款的各个环节也都需要记录信息,如支票号、双方经办人、支付项目等。

(8) 结案并维护供应商档案。凡验收合格付款,或者验收不合格退货,均需办理结案手续,查清各项书面资料(原始凭证)有无缺失、绩效好坏等,并将情况报上级管理部门或权责部门核阅批示。完成这些流程后,将整个过程记录列入相应的档案,并编号登记备查。

二、企业采购管理信息系统的功能

不同企业的采购业务不同,其采购管理信息系统的功能模块也有一定的差异。通常情况下,企业采购管理信息系统的功能包括基础信息管理、供应商管理、采购申请、采购谈判与合同管理、签发订单、跟踪订单、验收货物、确认发票与付款、库存管理、统计与辅助决策等。

(1) 基础信息管理。基础信息管理功能模块提供各项基础信息的设定和维护功能,包括各项代码(物料代码、供应商代码、人员代码、部门代码等)的定义,根据企业实际设定采购管理信息系统的工作流程,设定各终端用户的操作权限,对不同级别的有审批权限的人员设定审核金额的上下限。

(2) 供应商管理。供应商管理对采购管理乃至整个供应链管理都是至关重要的,与供应商建立密切的关系无疑是降低采购成本的一种有效手段。供应商管理就是收集和整理供应商数据,形成合作伙伴资源库,形成企业的战略资源。

供应商管理功能模块是采购管理信息系统最核心的子系统。企业定期进行供应商评价,评价原则为比质、比价、比资信,采用定性和定量相结合的方法。供应商信息包括基本信息、供货信息、资信信息和历史信息等,这些信息均是进行供应商评价的重要依据。其中,供应商基本信息分为两部分,一部分由采购部门内部工作人员维护,另一部分由供应商动态维护。供应商的供货信息包括供货范围、批量、供货能力、价格、质量、折扣等。供应商的资信信息包括到货质量等级、质量合格率、准时交货率、质量分数、资信等级等。供应商的历史信息包括供货记录、质检记录、退货记录、降价记录、代用记录、应付款记录等。这些信息有助于企业通过定期的供应商业绩评价,不断确立战略合作伙伴。

(3) 采购申请。请购计划有两个来源,一个是由客户订单驱动产生的物料需求计划,另一个是为库存采购而直接产生的请购计划。请购计划经审批生效后生成采购计划。请购计划的书面信息载体就是采购申请。经批准生效后的采购申请是签订采购合同和签发采购订单的依据。

采购申请涉及的信息包括采购物料的品名、规格型号、数量、到货时间、包装要求等。

(4) 采购谈判与合同管理。采购谈判是供需双方进行接洽,互相交换信息(各自的要求),最后达成一致的过程。采购谈判过程需要记录和传输信息,并能依据记录的信息来提供决策支持,以满足谈判者的决策需求。合同管理则包括合同文本生成与打印、合同审批、合同签订、合同履行跟踪、合同终止以及生成付款计划、合同统计、跟踪与监控合同履行情况等决策支持功能。

(5) 签发订单。各部门提出的采购申请经采购资金预算、同项物资合并和选择供应商后生成采购总计划。采购总计划经过财务审核后进行任务分解,分解后的采购计划分配给采购业务人员。采购业务人员将采购计划提请审核和批准,批准人在审批的同时确定采购方式。签发订单需要从供应商档案库中过滤出具有生产、经营当批物料的供应商目录,由业务人员挑选信誉较好、供货质量稳定的供应商,提出招投标或比质比价采购意向,经过相应的审批后进入比质比价采购业务流程。

（6）跟踪订单。跟踪订单主要是实现催货、订单执行情况调整等功能。采购业务人员根据合同和已经签发的订单，在交货日期到来之前的某一时间向供应商催货，以保证能够及时到货。所有催货都需要有正式的记录，以作为供应商考核的依据。催货过程中，供需双方因实际需要而进行的调整也应一并记录。对于逾期未交货的订单，可能要取消订单或继续催货。

（7）验收货物。仓库保管员依据到货单上的合同号，自动生成到货单，清点实物后存放入库。验收货物包括订单收货处理、退货处理和采购过账处理等。订单收货处理是按照订单对供应商发过来的物资进行验收，合格的通知仓库部门进行入库处理，不合格的则进行退货处理。采购过账处理是根据采购订单、收货单和退货单进行会计过账，向财务部门发出付款通知。

（8）确认发票与付款。一般情况下，采购付款之前必须确认到货，同时核对发票。确认到货信息由验收货物环节产生。付款的基本流程包括：依据合同到货情况生成合同付款单，并依据合同中规定的付款计划表生成实际付款通知书，经审批后通知财务部门付款。付款环节一般要控制付款额度，保证实际付款金额不得超出计划付款金额，累计付款金额不得超过合同标的金额，并在合同标的金额履行完毕前，自动扣除合同预付款项，确保公司资金的安全，确保公司利益不受损失。

（9）库存管理。库存管理主要包括合同入库、合同出库、库存统计、资产移交等功能。其实现原理是：系统自动依据合同付款情况生成入库单，办理入库手续，记录收发存流水账。

（10）统计与辅助决策。统计与辅助决策提供各业务环节的查询、统计、分析功能，包括委托查询、采购查询、合同查询、到货查询、付款查询、库存查询、价格查询等功能。统计与辅助决策功能模块能及时、准确地为各级管理人员的决策提供信息依据，为业务人员提供信息查询、实现业务跟踪，为客户提供咨询服务。统计报表包括月份物资采购控制报表、供应商明细表、物资采购资金一览表、请购管理一览表、采购计划一览表、入库单、出库单等。

第二节　ERP中的采购管理

一般而言，企业采购管理的目标在于减少库存、保证质量、降低成本，而目前ERP系统的应用扩展之一，就是基于Internet的采购管理，实现企业与供应商之间的网上采购业务管理，包括网上采购、竞购与拍卖和反拍卖等。企业在采购环节中引入ERP系统的最直接结果，就是在信息技术的支持下实现了企业采购工作管理由职能化管理向整体管理方向的转变。

ERP系统对采购管理提供了一系列的规范化、标准化流程，使在采购作业中存在的暗箱操作等现象失去藏身之地。ERP系统对采购部门员工的素质提出了更高的要求。采购人员的主要精力将放在同企业内部人员和供应商一起研究如何降低成本上。这包括：从降低成本和保证质量出发，同设计和工艺部门一起，参与零件设计的价值分析，以最低成本满足功能需求；参与计划部门确定零部件自制还是外购的决策，并会同技术部门指导供应商改进外购件的性能质量，研究降低成本的措施；统一管理零部件工序外协和外包业务，利用系统提供的物料与资金信息集成功能，编制和审定采购预算和采购权限以控制企业资金支出，确定每个采购件的合理批量、安全库存量，控制库存资金占用；同计划部门和供应商一起研究缩短采购提前期的措施，跟踪采购订单的进度，共同协调运输，保证及时供应，提高响应变化的灵敏度。

一、传统采购工作模式

传统上，绝大多数企业行使采购管理的职能部门为供应部（科），也有企业将销售职能与采购职能并在一起，称为供销科。这种模式下的采购工作基本流程如图12-1所示。

图 12-1　传统采购工作基本流程

图 12-1 是一个完整的采购业务流程，但在实际操作中有些流程（如询价/处理报价）在很多企业中不是每次都进行的。这种流程存在显著的缺点，具体如下：

（1）物料管理、采购管理、供应商管理由一个职能部门来完成，缺乏必要的监督和控制机制；另外，通常情况下，由于供应部（科）担负着维系生产用原材料供给的重任，为保证原材料的正常供应，必然会加大采购量，其直接后果是带来不必要的库存积压和增加大量的应付账款。

（2）业务信息共享程度弱。由于大部分采购操作和与供应商的谈判是通过电话来完成的，没有必要的文字记录，采购信息和供应商信息基本上由每个业务人员个人掌握。这带来的影响是业务的可追溯性弱，一旦出了问题，难以调查；同时采购任务的执行优劣在相当大的程度上取决于个人，人员的岗位变动对业务的影响大。

（3）采购控制无法在事前进行监控，通常是事后控制。相对于事后控制（虽然有反馈效果），事前控制能够为企业减少许多不必要的损失，尤其是横跨多个区域的企业。

二、ERP 中的采购工作模式

（一）以职责为核心的流程设计

传统采购管理模式的管理思路是基于部门的管理，即首先设立企业组织机构中的供应部（科），然后由供应部（科）负责具体的工作。而在 ERP 系统中，尤其是国外大型 ERP 系统，每名员工对应各自职责，这些职责既可以是系统预先设定的，也可以灵活定义，见表12-1。

思　考：

结合所学知识，谈谈你对ERP及ERP模式下采购管理变革的理解。

表 12-1　ERP 系统中采购流程包含的职责

采购流程	职责	对应模块
提出采购请求	采购申请	采购、库存
提出采购计划/订单/发运通知	采购计划/计划发放/订单	采购
询价/报价	询价管理/报价处理/供应商管理	采购、财务
检验入库	接收	库存
通知财务付款	付款/发票	财务

表 12-1 显示，系统将部分工作从采购模块中全部或部分剥离出来，如提出采购请求、检验入库、通知财务付款、供应商管理等工作。系统的这种设计方法是将所要完成的工作分解成相关的职责，并对应到模块中。一个模块就是一个工作组或业务部门，体现了集中管理的思想。例如，某企业在实施中通过职责分析发现同一个采购订单职责由多个业务部门所拥有，在咨询顾问的建议下，将其收归为一个部门，减少了大量采购资金。实行集中管理还减少了许多协调工作，因为企业的跨部门协调是一项费时费力的工作，减少了这些工作，无疑极大地提高了办事效率。

（二）基于高度共享的基础信息平台应用

使用 ERP 系统后，提供基础信息的岗位的工作量增加了，比如采购员、询价/报价管理员的工作量会增加，因为以往这些工作都是通过电话来完成，而 ERP 系统要求所有的采购单据都要在系统中进行记录。ERP 系统构筑的信息平台提高了业务的可追溯性，减少了业务操作中的人为因素。ERP 系统可随时查询任意时间与某供应商发生的采购业务，并可以查出该笔业务进展的情况，包括库存接收的数量、退货的数量、发票数量等。另外，ERP 系统还可以随时运行需要的报表，以反映某一时期采购业务的执行情况，例如通过趋势分析为改善下一阶段工作提供及时的信息。

ERP 系统按照设定的指标对供应商的状态进行分析，包括供应商供货质量分析、数量分析等，并从中总结规律，制定相应的供应商管理策略，如设定相应的配额和询价优先级等。这样可尽可能减少业务人员调动对工作的影响，新到岗位的业务人员可以通过系统方便地查询某一类供应商的名单、联系方式、历史供货记录，并按照设定的供应策略完成采购业务。

（三）完备的控制体系

ERP 系统与传统信息系统最明显的区别在于它的"事前控制、事中监督、事后分析"。ERP 系统中的采购能够做到流程有序、审批严格、监督有方。

（1）流程有序。在 ERP 系统中可以设定哪些物料必须经过采购申请、哪些物料必须首先制订总的采购计划等，从而对采购工作流程进行控制，细化采购部门的日常管理，加大管理幅度。

（2）审批严格。虽然在传统模式下也强调采购管理要按照一定的层次进行控制，但是在实际操作中，尤其是跨地区的公司这样操作非常难。通过 ERP 系统建立采购单据的审批控制流程，可以控制不同职责的员工可以采购哪种物料，其采购金额上限是多少。超过一定金额的采购必须经主管领导审批，否则 ERP 系统无法继续处理该单据。如果一个公司采取集中财务模式，那么配合采购流程的控制，其效果将更明显。

（3）监督有方。在采购业务处理过程中，监督人员（不仅是采购部门领导）若通过查询发现业务处理有问题，则可以中止或暂停业务处理，直到问题解决为止。若发现某订单属于重复订单，则可以将其暂停，查明原因，或取消该订单。

ERP 系统实施对采购管理的改善不局限于上述三个方面，更重要的是，它为业务人员带来了一种体验，让业务人员认识到信息技术是如何改变和优化业务流程的。整合后的 ERP 系统可以实现企业与供应商和客户的信息自动交互，从而提高整个采购环节和客户关系管理的效率。

（四）ERP 系统的采购流程

该流程的内容是：采购人员登录企业内部采购系统，提交采购需求单；系统根据需求单的种类确定需求单的处理程序（工作流），依次审批；审批通过的需求单汇总生成具体采购单，根据采购单类别确定采购方式（如招标或直接采购）。

ERP 系统可以实现采购需求单的自动或手动生成、修改、删除，实现采购需求单在线提交审批及在线签收等，同时提供数据搜集、信息挖掘和分析功能，以支持采购和销售决策。

第三节 电子订货系统

电子订货系统（Electronic Ordering System，EOS）是指将批发、零售商场所发生的订货数据输入计算机，即刻通过计算机通信网络将资料传送至总公司、商品供货商或制造商处。EOS 能处理从新商品资料说明到会计结算等所有商品交易过程中的作业，可以说 EOS 涵盖了整个商流。在寸土寸金的情况下，零售业用于存放货物的空间极其有限，在要求供货商及时补足售出商品的数量且不能有缺货的前提下，采用 EOS 成为必然。

一、EOS 的组成与特点

EOS 采用电子手段完成供应链上从零售商到供应商的产品交易过程，因此，一个 EOS 必须有供应商、零售商、网络和计算机系统。早期的 EOS 通过电话/传真在零售商和供应商之间传递订货信息。随着业务应用的发展，产生了基于点对点（Point to Point）方式的 EOS，这一阶段，零售商和供应商的计算机通过专线或电话线直接相连，相互传递订货信息。这种方式要求双方采用的通信协议、传输速率必须相同，且要求对方开机才能建立连接。在供应商很多的情况下，这种点对点的方式就不适宜了，于是产生了基于增值网（Value Added Network，VAN）的 EOS，零售商和供应商之间通过增值网传递订货信息。基于 VAN 的 EOS 一般都通过 EDI 方式传递订货信息。随着 Internet 在全球范围内的普及，利用 Web 技术，通过 Internet 传递订货信息，加速信息传递和共享，是越来越热门的话题。Internet 的安全性和保密性问题制约着 EOS 的广泛应用，随着网络安全技术的发展，这一问题已逐步解决。

EOS 在零售商和供应商之间建立起了一条高速通道，使双方的信息及时得到沟通，使订货过程的周期大大缩短，既保障了商品的及时供应，又加速了资金的周转，实现了零库存战略。

二、EOS 的流程

EOS 并非单个的零售店与单个的批发商组成的系统，而是许多零售店和许多批发商组成的大系统的整体运作方式。

（一）传统方式下的电子订货流程

EOS 是由零售商和供应商组成的大系统，它们采用整体运作方式。首先，零售商的计算机应用系统根据销售情况和库存情况生成订货信息，制作一张订货单，利用计算机网络传到供应商的计算机系统中；供应商则根据订货单的要求准备货物，开出出库单（发货通知单），将发货通知单通过网络传递到零售商的计算机系统中。交货单的资料成为零售商的应付账款资料及供应商的应收账款资料。

> 思　考：
> 1. 结合自身经验，谈谈你对EOS的理解。
> 2. 你认为EOS可以从哪些方面进行优化？

（二）零售业持续补充业务电子订货流程

零售商将销售数据和库存信息通过网络传递给供应商，告知销售情况如何，供应商根据销售情况决定是否发货给零售商。供应商发货时，通过网络将装货通知传给零售商，零售商根据装货通知自行计算货款付账。

三、EOS的构成

EOS的构成如图12-2所示。从物流的角度来看EOS，不难得到批发、零售商场，供应商及网络服务中心在商流中的角色和作用。

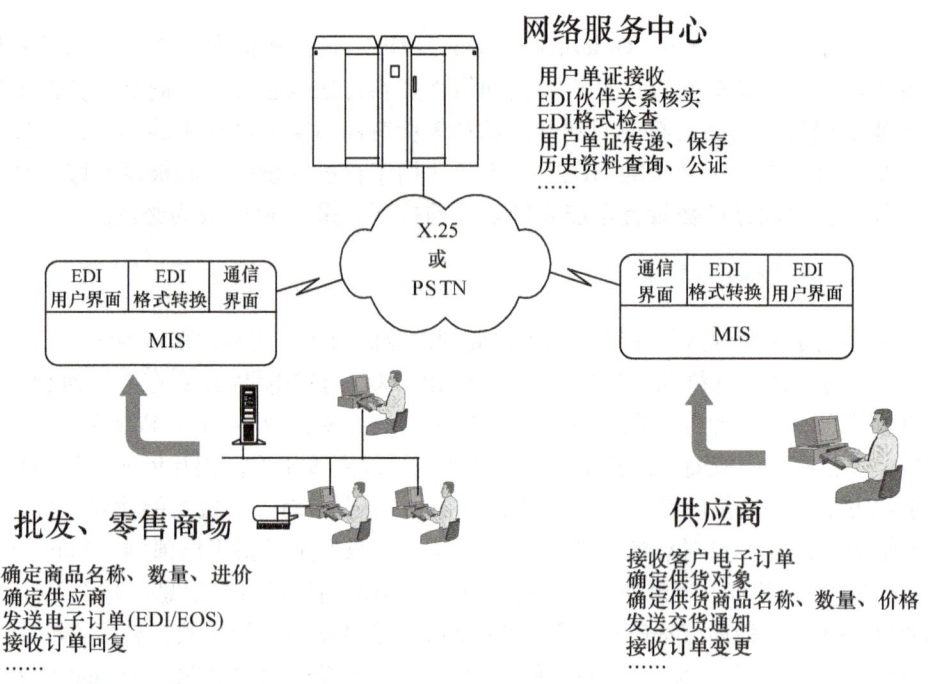

图12-2　EOS的构成

批发、零售商场收集并汇总各机构要货的商品名称、数量，根据供应商的可供商品货源、供货价格、交货期限、供应商的信誉等资料，向指定的供应商下达采购指令。采购指令按照网络服务中心的标准格式进行填写，经网络服务中心提供的EDI格式转换成标准的EDI单证，经由通信界面（专网或Internet）将订货资料发送至网络服务中心，然后等待供应商发回的有关信息。

网络服务中心不参与交易双方的交易活动，只提供用户连接界面。每当接收到用户发来的EDI单证时，自动进行EOS交易伙伴关系的核查，只有互有伙伴关系的双方才能进行交易，否则视为无效交易。网络服务中心对每一笔交易的单证进行长期保存，供用户今后查询或在交易双方发生贸易纠纷时作为司法证据。

供应商根据网络服务中心转来的EDI单证，经网络服务中心提供的通信界面和EDI格式转换系统转换成一张标准的商品订单，根据订单内容和供应商的MIS提供的相关信息，供应商可及时安排出货，并将出货信息通过EDI传递给相应的批发、零售商场，从而完成一次基本的订货作业。

当然，交易双方交换的信息不仅仅是订单和交货通知，还包括订单更改、订单回复、变价通知、提单、对账通知、发票、退换货等许多信息。

四、EOS 的业务过程

（一）销售订货

销售订货作业流程包括八个步骤，如图 12-3 所示。

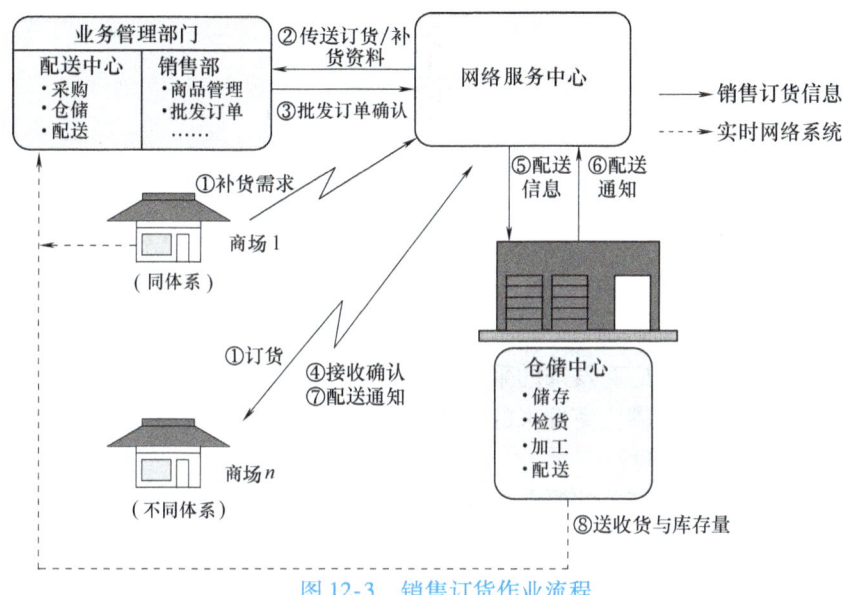

图 12-3 销售订货作业流程

（1）各批发、零售商场或社会网点根据自己的销售情况确定所需货物的品种、数量。同体系商场根据实际网络情况补货需求，通过网络服务中心或实时网络系统发送给总公司业务管理部门，不同体系商场或社会网点通过网络服务中心发出 EOS 订货需求。

（2）网络服务中心将收到的补货、订货需求资料发送至总公司业务管理部门。

（3）业务管理部门对收到的数据汇总处理后，通过网络服务中心向不同体系的商场或社会网点发送批发订单确认。

（4）不同体系的商场或社会网点从网络服务中心接收到批发订单确认信息。

（5）业务管理部门根据库存情况通过网络服务中心向仓储中心发出配送通知。

（6）仓储中心根据接收到的配送通知安排商品配送，并将配送通知通过网络服务中心传送给客户。

（7）不同体系的商场或社会网点从网络服务中心接收到仓储中心对批发订单的配送通知。

（8）各商场、仓储中心根据实际网络情况将每天进出货物的情况通过实时网络系统报送至总公司业务管理部门，让业务管理部门及时掌握商品库存数量，以安排合理的库存。

（二）采购订货

采购订货作业流程如图 12-4 所示。

（1）业务管理部门根据仓储中心商品库存情况，向指定的供应商发出商品采购订单。

（2）网络服务中心将总采购单发送至指定的供应商处。

（3）指定的供应商在收到采购订单后，根据订单的要求通过网络服务中心对采购订单加以确认。

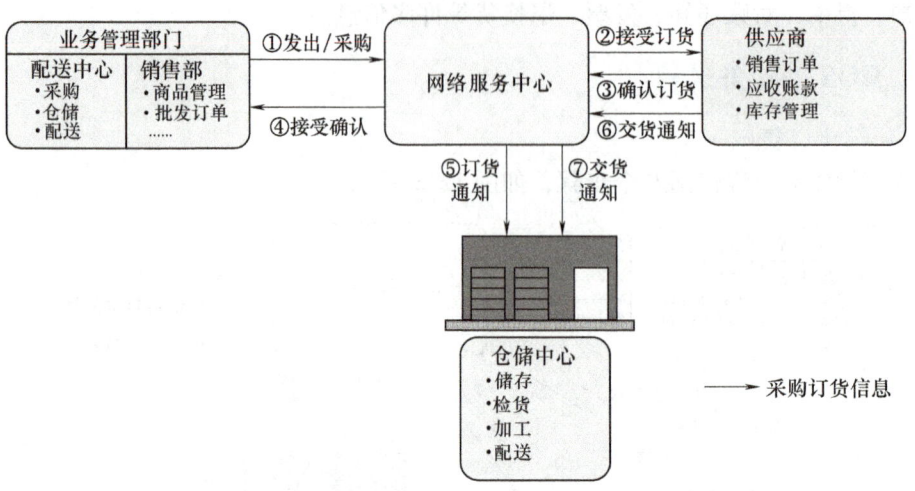

图 12-4　采购订货作业流程

（4）网络服务中心将供应商发来的采购订单确认发送至业务管理部门。

（5）业务管理部门根据供应商发来的采购订单确认，向仓储中心发送订货信息，以便仓储中心安排检验和仓储空间。

（6）供应商应根据采购订单的要求，安排发运货物，并在交运货物之前通过网络服务中心向仓储中心发送交货通知。

（7）仓储中心根据供应商发来的交货通知安排商品检验并安排仓库、库位或根据配送要求进行备货。

（三）物流

物流作业流程如图 12-5 所示。

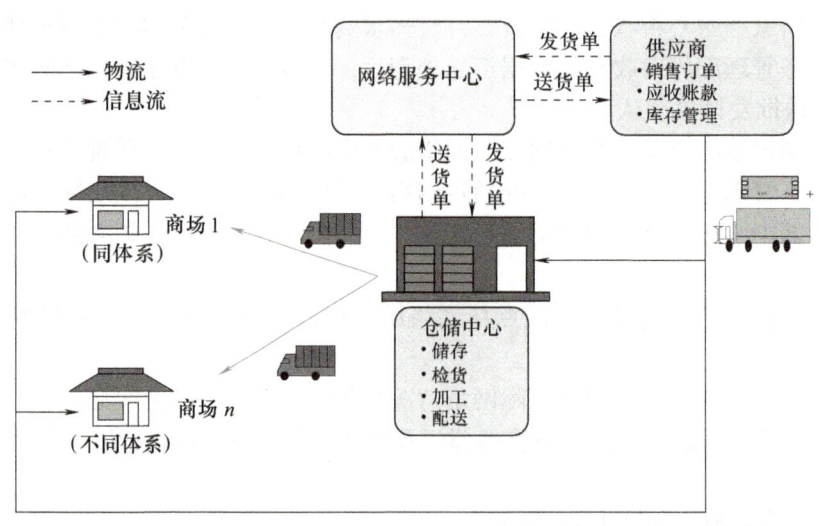

图 12-5　物流作业流程

（1）供应商根据采购合同要求将发货单通过网络服务中心发给仓储中心。

（2）仓储中心对接收到网络服务中心传来的发货单进行综合处理，或要求供应商送货至仓储中心或发送至各商场。

（3）仓储中心将送货要求发送给供应商。

（4）供应商根据接收到的送货要求进行综合处理，然后将货物送至指定地点。

第四节 数字化采购

随着互联网、云计算、大数据等技术的应用不断深化，数字化采购对于企业的意义越来越重大，企业的采购管理也将迎来全面数字化。国内大部分管理领先的企业已经开始启动数字化采购转型的工作，许多企业已经开始为数字化转型制定实施路线图，那些已经采用更为成熟的商业和需求分析工具的首席采购官认为，数字化采购是开启价值增长的钥匙。例如，京东发布了企业级市场战略，提出以采购为主场景，围绕企业级采购服务，继续布局技术、商品、履约交付、增值服务四大核心能力，依托京东云、京东金融、京东物流三大引擎，实现采购到采购服务的全面升级。

一、数字化采购的内涵

目前，多数企业业务端和采购端在衔接上是脱节的，通过 ERP 系统把这个环节打通，由此解决了业财一体化带来的问题，相应提高了业务效率和管控力度。许多企业已经在部署电子采购系统，甚至是云采购工具。但是，在不改变既有烦琐采购流程的前提下，仅仅部署一些新的软件工具，并不能解决根本性问题。领先企业们已经抢先一步，开始打造真正的数字化采购组织。数字化并非是简单代替手工，移动互联网并非只是简单代替 PC 时代㊀的信息化处理方式的"移动模式"。真正的数字化采购系统可自动执行重复性任务，从而提高效率、降低成本。它通过人工智能（AI）和便捷的在线工具，方便采购人员实时获取业态洞察与分析数据。它通过更新、更智能的方式，利用数据模型，为企业的日常运营和决策提供更全面的支持。它还能改变采购人员与供应商和其他第三方的互动方式，提供一个全新的协作平台。数字化采购技术正趋于成熟，人工智能、区块链、物联网（IOT）改变了用户与技术的互动方式。它们正在聚合，形成完全自主的采购工具，支持从采购到支付全流程的系统化，包括合同生成。当智能系统开始独立执行事务时，数据输入和分类将变得更加准确，一些公司已经使用人工智能技术对支出进行分类。

2017 年 10 月，《哈佛商业评论》中文版发表了题为"传统采购：模式数字化颠覆"的文章。该文章作者认为，数字化采购是指通过应用人工智能、物联网、机器人流程自动化和云端协作网络等技术，打造可预测战略寻源（即从寻源到合同）、自动化采购执行（即从采购到付款）与前瞻性供应商管理，从而实现降本增效，显著降低合规风险，将采购部门打造成企业新的价值创造中心。在战略寻源环节，数字化采购将完善历史支出知识库，实现供应商信息、价格和成本的完全可预测性，优化寻源战略并为决策制定提供预测和洞察，从而支持寻源部门达成透明协议，持续节约采购成本。在采购执行环节，数字化采购将提供自助式采购服务，自动感知物料需求并触发补货请购，基于规则自动分配审批任务和执行发票及付款流程，从而加速实现采购交易自动化，有效管控风险和确保合规

㊀ PC 时代是指计算机和计算机的联网，个人计算机通过服务器彼此相连的时代。

性，大幅提升采购执行效率。数字化采购将应用众包、网络追踪和虚拟现实（VR）等技术，全面收集和捕捉供应商数据，构建全方位供应商生命周期管理体系，实现前瞻性风险规避与控制，从而提升供应商绩效与能力，支持采购运营持续优化。

麦肯锡认为，数字化采购是指"供应商和商业用户通过大数据高级分析、流程自动化和全新协作模型，提升采购职能效率，大幅降低成本，从而实现更快捷、更透明的可持续采购"。数字化采购包含两大核心要素：识别和创造价值以及防止价值漏损。这两大核心要素分别对应四大类采购解决方案：支出可视化、协作型先进采购、采购支付以及绩效管理。识别和创造价值工具可为战略采购流程提供支持，可进一步分为能够实现支出可视化的工具和能够为协作型先进采购提供支持的工具。防止价值漏损所需要的解决方案包括企业常用的 ERP 系统以及管理采购支付流程（Source-to-Pay，S2P）的工具和绩效管理工具。

中国电子信息产业发展研究院、中国国际电子商务中心研究院发布的《中国企业数字化采购发展报告（2019）》将采购分为四个阶段：传统采购、电商化采购、数字化采购和智能化采购。①传统采购阶段，传统制造类企业从事的采购活动一般主要为线下采购，但随着互联网的普及，部分标准件开始实施线上采购。②电商化采购阶段，企业采购由线下转到线上，采购过程实现信息化、电子化，企业主要通过 ERP 系统、电商平台进行采购。③数字化采购阶段，企业采购过程不仅仅是单纯地实现信息化，而是在大数据、物联网、移动互联网等数字化技术的驱动下，打造数字化、网络化的采购管理。④智能化采购阶段，企业在数字化采购的基础上更加充分利用新技术，打造智能化、生态化的采购管理，全面实现供应链全流程数字化、智能化与生态化，将采购部门打造成价值创造中心。很显然，这里将智能采购从一般意义的数字化采购中分离出来，重点强调采购管理的整体决策问题和价值创造问题，而不只是局限于采购作业"机器人化"。

二、中国企业数字化采购发展状况

根据中国电子信息产业发展研究院、中国国际电子商务中心研究院发布的《中国企业数字化采购发展报告（2019）》，2019 年全国企业级电子商务市场交易同比增长 1.5%，企业数字化采购交易规模保持高速增长态势。据不完全统计，2019 年我国企业数字化采购市场规模达 5900 亿元，同比增长 64%。其中企业对消费通用型产品的数字化采购交易额达 2200 亿元，增长率达 47%。预计未来几年，我国企业数字化采购交易规模还将进一步扩大。

近年来，我国企业数字化采购领域不断扩展，采购对象从大企业拓展至中小微企业，采购场景更加丰富，采购需求多样化、碎片化趋势明显，采购市场加速下沉，企业数字化采购进程不断加快。伴随大数据、人工智能、区块链等数字新技术的深入应用，企业采购服务将全面实现交易数字化、流程数字化和管理数字化，数字化采购供给服务体系不断成熟，采购自动化、智能水平进一步提高，逐步形成精准寻源、智能合约、自动签单、风险预评等全方位智能化采购生态，数字化企业采购将由当前的"全流程线上化"向"全面数字化、智能化、生态化"方向加快演进，实现全链路一站式采购，为我国企业采购带来更加深刻的变革。新冠肺炎疫情将引发全球各行各业对供应链体系抗风险能力的反思和调整，由数字化采购推动的数字化供应链体系反应更高效、组成更多元、韧性更强，倒逼产业链上游企业加快数字化转型，推动产业数字化时代的加快到来。

国内多家电商平台将布局智能采购作为企业供给侧结构性改革的推动力，作为支持企

第十二章 采购信息管理

业经济的抓手,智能采购生态逐步形成。场景采购模式受到电商平台和客户企业的重视,全流程场景化解决方案纷纷投入应用。苏宁企业购(http://c.m.suning.com/SNqy.html)对千万 SKU(Stock Keeping Unit)①商品实现场景化分类,满足企业办公、员工福利、营销礼品、MRO 工业品等多场景采购需求,丰富的场景化解决方案让企业在苏宁实现一站式采购。华南城网(www.csc86.com)先后推出地产、物业、汽车、家装、电子制造、石油化工等多个场景采购解决方案。甄云科技(www.going-buy.com)从生产性原料物资、生产非原料物资及非生产性物资三大业务场景为采购全场景提供一体化解决方案。

国内主流电商平台竞相抢占数字化采购市场,包括以京东企业业务、阿里巴巴企业采购体系(1688 企业采购平台、淘宝企业服务、天猫企业购)、苏宁大客户为代表的综合性平台,也包括以易派客、海尔企业购、震坤行、京满仓等为代表的垂直性平台。根据《中国企业数字化采购发展报告(2019)》编写组对随机抽取的上千家企业用户开展分层抽样调查,企业在数字化采购过程中,使用最多的依旧是京东企业业务、阿里巴巴企业采购体系、苏宁大客户,"三巨头"稳居前三名,占行业整体采购额 90% 以上,其中京东居首位,占整体采购样本的 52.3%。客户满意度最高的是京东企业业务。

数字化采购与智能采购快速发展的同时,也面临着以下问题:

(1)企业数字化转型及数字化采购意识有待提升。数字化采购在整体企业级电子商务市场的渗透率仅为 2.88%,普及率还很低。

(2)企业采购电商平台需继续提升企业金融服务能力。随着 B2B 电商步入快速发展阶段,供应链金融业务已成为众多 B2B 企业发展壮大的重要一环,企业采购过程中面临大量现金流支出,中小企业融资困难。企业采购电商平台需提升企业金融服务能力,通过供应链金融服务缓解企业现金流压力,提高企业资金周转率。

(3)采购需求碎片化、多元化,定制化服务难以满足企业不断升级的采购需求。采购企业认为采购平台上所购产品品类丰富程度依然有待提升,现有品类依旧不能满足企业采购需要,企业采购平台在品类扩张的同时需要不断提升定制化服务能力,以满足企业多样性需求。

(4)高端专业人才略显紧缺。企业数字化采购这个专业领域,对管理、技术各方面能力都较强的高端人才需求较为强烈,尤其跨境企业采购更是如此。对采购平台而言,技术虽已成熟,但如何更好地应用,高端人才或许是它们解决问题的关键。

庆阳石化公司采购管理信息系统的实施效果

庆阳石化公司按照中国石油天然气股份有限公司的要求对物资供应管理进行"统一管理、统一采购、统一储备、统一结算",由一位公司领导主管物资供应工作,设置物资采购管理部门,负责对物资采购实施专业化管理,避免横向多个部门交叉采购。

物资采购管理部门(采供站)负责庆阳石化公司生产、基建、大修、维修等全部物资的采购、供应、

---

① SKU 是指存货单位。

服务工作。采供站年物资供应量约2亿元，2005年10月末账内库存物资储备资金约1000万元，库存物资品种2000多项。其中：①库存物资账。库存储备资金约1000万元、物资品种2000多项。②报废物资账。库存储备资金约297.53万元、物资品种400多项。

2004年11月，庆阳炼化公司整体划转中国石油股份公司，更名为"中国石油天然气股份有限公司庆阳石化分公司"，进入上市公司行列。面对新形势、新机遇、新目标、新任务，公司领导清醒地认识到，采供业务必须结合先进的物流和供应链一体化管理理念，应用信息技术对业务流程进行优化，建立集成、同步的物流供应链体系，实现物流、信息流、业务流、资金流的有效集成和统一，才能为公司管理目标的实现提供可靠的保障。

在新的管理思路指导下，"庆阳石化公司供应资源管理系统"于2005年8月式立项，北京三维天地科技有限公司通过竞争中标承担了项目的开发，从2006年1月—3月进行试运行，4月正式投入运行。该系统结合供应链管理、物流管理、内控体系、准时供应、项目管理等先进的管理理念，涵盖了物资采购的各项业务，从需求提报、计划、采购、合同、物流配送、到货验收、出入库、效果评价、财务结算等业务处理以及质量、价格、供应商管理等专业管理全部实现了网上办公和系统自动监督控制，大大加快了信息的传递和反馈，增强了信息的准确性、及时性，有效实现了物流、资金流、信息流的协同和集成。新系统应用后，企业管理面貌产生了显著的变化。

变化一：通过需求计划的网上管理，实现了各二级单位的需求计划网上提报和审批，信息自动流转。基层生产、研究单位负责提出物资需求计划，主管领导审批后，由公司物资采供站接收、平衡，经物资采供站主管领导审批，形成正式采购计划，避免了虚增消耗现象的发生。同时，采供站掌握了消耗和需求规律，变被动采购为主动服务。

变化二：坚持全面质量管理，严格了物资质量监督。该系统将质量管理渗透到物资采购业务流程的各个环节：在市场准入管理上，突出供应商产品标准、质量保证体系审查和供应商质量情况动态考评；在需求计划管理上，突出采购计划质量标准和要求的审查；在采购合同管理上，明确质量保证条款和质量不合格产品索赔条款；在验收管理上，加强质量检验力度。此外，在入库管理、仓储管理及出库管理上，都对质量管理提出了明确的要求，从而令采购中的全过程、全方位的质量管理成为现实。

变化三：工作效率大幅提高，有利于更好地实现专业化和精细化管理。采供站的采购业务人员从以前频繁地重复录入计划信息、合同信息、补充计划票据等基础工作中解放出来，物资信息的重复利用使得原来需要几小时的工作现在几分钟就能完成。业务人员的工作正在向深层次的信息利用和处理工作转变，加强了物资采购供应工作的准确性和预见性，保证为用户提供高质量的服务。

变化四：定性考核变成定量考核。在手工操作环境下，无法对采购物资进行有效的定量分析，很难实现对人员的量化绩效考核。通过信息系统的投用，发生业务的所有信息全部留存在系统中，随时可以进行信息搜集和分析，也可以统计员工工作量。

复习思考题

1. 试述采购管理信息系统的信息流程和功能。
2. ERP中的采购工作模式如何？
3. 试述电子订货系统的组成及特点。
4. 简述电子订货系统的流程和业务过程。

第三篇 专题篇

第十三章

国 际 采 购

▮ 作　用

随着经济全球化时代的到来，任何企业采购所面对的供应市场都是全球市场，因此企业采购人员应具备从事国际市场采购的基础知识。本章系统讲述了国际采购各个环节的基本知识，包括国际采购合同的签订、运输与保险、结算等，为读者从事国际采购业务提供理论基础。

▮ 关　键

本章所涉及的基本概念包括国际采购、信用证等；基本理论有国际贸易的相关基础理论；主要方法涉及国际采购的程序、国际采购合同的签订、国际采购中的货款结算、通关、运输与保险相关方法。

第一节　国际采购概述

一、全球供应链与国际采购

近年来，发达国家向发展中国家的产业转移持续推进，社会分工进一步细化，企业非核心业务外包越来越成为提升核心竞争能力的手段，全球供应链（Global Supply Chain）应运而生。顾名思义，全球供应链是在全球范围内（而不仅是在一个国家或区域内）组织供应链。企业根据市场竞争需要在世界各地选取最有竞争力的合作伙伴，共同完成对最终消费者的服务。在供应链中的核心企业与其供应商以及供应商的供应商、核心企业与其销售商乃至最终消费者之间，依靠现代网络信息技术支撑，实现供应链的一体化和快速反应，达到商流、物流、资金流和信息流的协调通畅。其中，国际采购业务与国际物流业务就成为供应链上下游企业之间的关键业务纽带。

二、国际采购的原因和特点

在采购商品时，如果国内市场的商品在性能或者质量上不能满足要求，或者相同的商品从国外进口价格比在国内购买更便宜，就要进行国际采购。在全球经济一体化的形势下，国际贸易已十分普遍，所以熟悉国际采购显得尤为重要。

（一）国际采购的原因

在国际市场上采购商品或服务的原因有很多，它们因对特定商品需求的不同而不同。但是，选取国际供应商最基本、最简单的原因，是从国外购买商品或服务可以获得更多的利益。具体而言，选择国际采购可能是出于以下考虑：

1. 价格

多数研究表明，国外供应商提供产品的总成本比国内供应商低，这是进行国际采购的主要原因。一般而言，价格优势主要由以下方面组成：

（1）劳动力成本。公司寻求低劳动力成本，哪里的工资较低，工厂就迁往哪里。原来在韩国、新加坡建立工厂的公司，后来迁至马来西亚、印度尼西亚、泰国或者菲律宾等地区；随着这些国家和地区的发展，其劳动力成本也有逐渐升高的趋势，于是又转向东盟主要国家和地区。同时也应看到，由于现代化装备的使用和自动化的实现减少了工人的数量，因此劳动力成本带来的差异逐渐减小。

（2）汇率。由于汇率的影响，许多公司购买国外产品更为有利。汇率对国际采购的影响很大，例如日元不断升值会对日本轿车等产品的出口带来很大影响；同理，如果人民币不断升值，我们从国外购买同样价格的产品会因为汇率的上升而获得收益。

自 2005 年 7 月 21 日起，我国开始实行浮动汇率制度，此后总体来看，人民币一直小幅升值。这意味着我国企业在国际市场可以用更少的资金购买和原来一样多的产品或者可以用一样的资金购买比原来更多的产品，直观上降低了国际采购成本。但对于出口企业而言，直观上降低了竞争力。

（3）生产效率。具有技术领先优势的国家，其生产的商品在性能上往往高于发展中国家；发达国家的供应商所采用的设备和工艺比国内厂家的效率高；有些国家由于历史因素在某些产品的生产上具有效率优势和品质优势。这些因素会导致国际采购具有价格优势。

（4）垄断。有些原材料供应商将生产集中在某些商品上，为了扩大销量实现垄断，而将出口商品定位在一个相对较低的价位上。（尽管有反垄断和反不正当竞争的相关法律，但对其控制却是十分复杂的，而且效果也不理想。）对于这种商品，进行国际采购不仅可以购得在国内不易获得或不能获得的物品，而且还能取得价格优势。

2. 质量

采购者选择国际采购在质量方面的考虑主要有以下两个方面：一是某些国外产品的性能是国内同类型产品达不到的；二是某些国外供应商的质量的稳定性以及技术革新的力量更强。

3. 匮乏的国内物资

某些原材料，特别是自然资源，国内没有储备，只能从国外大量进口。此时，采购方可能必须从其他国家采购它所需要的货物。例如，某些原材料在本国根本就不生产；而有一些国家自己不生产某种工业产品，仅出口原材料而进口制成品。

4. 快速交货和连续供应

由于设备及生产能力的影响，在一些情况下，国外的大型供应商交货速度要比国内的快。它们甚至可能在世界各地持有产品库存，一旦需要，就可以立即发运。有实力的供应商为了防止缺货风险可能会备有大量库存，从而能够保持供应的连续性，即使遇到一些特殊情况也不会影响采购方的生产。

5. 完善的技术服务

由于国际化分工的不断发展，特定专业的专有技术在不断变化，技术领先的国家也不断交替。为了能从最好的地方采购到最好的服务，或者是在适当的地点采购到适当的技术，需要在全球范围内选择供应商。假如国外厂家在本地有一个组织完善的分销网络，能提供较好的担保服务及技术咨询等相关服务，则可以考虑从那里采购。

6. 战略考虑

为了向国内供应商施加压力而引进国外供应商形成竞争。这样做，一方面可以使国内供应商为了自身能够长期发展下去而不断地提高自己的生产效率，以保持国际先进水平；另一方面，采购方还可以以进口或者进口威胁为筹码，向国内供应商施加压力，以获得价格或其他方面的让步。此外，为了保证供给而在国外开辟另一个采购来源，这也是一种采购战略措施。

7. 国际采购环境的好转

国际采购环境的好转也促进了国际采购的发展。这些变化主要有以下几个方面：①质量得到改进，采用 ISO 9000 标准后，有了统一的国际质量标准，甚至连公司的兼并和收购也建立了标准化的细则；②现代技术的发展降低了通信的成本，特别是近年来因特网的迅速发展，更加使通信成为一件简单而又低廉的工作；③关税在不断降低或取消，虽然大规模的地区贸易壁垒还存在，但在局部范围内降低成本和放宽政府管制已成为可能；④随着政府管制的解除、现代物流技术的发展，所有运输方式（海洋、航空和陆地）及与其相关联的运输成本也在不断降低。

（二）国际采购的特点

国际采购与国内采购相比有其特殊性。国际采购的特点主要体现在以下几个方面：

> **思　考：**
> 1. 简述国际采购与国内采购的主要区别。
> 2. 举例说明国际采购可能遇到的风险。

1. 采购地距离遥远

由于国际采购一般距离比较远，因此对货源地市场情况难以了解清楚，给供货商选择造成一定的困难，并且供应物流的过程也比较复杂。

2. 程序比较复杂

国际采购从采购前的准备，采购合同磋商、签订和履行以及争议的处理等方面都较国内采购复杂得多。采购人员需要了解许多国际贸易的专业知识，才能顺利完成采购任务。

3. 风险比较大

由于国际采购时间长，距离远，又涉及外汇汇率的变化，因此国际采购在运输、收货和结算等方面都面临着很大的风险。

三、国际采购需要注意的几个问题

国际采购风险指的是进行国际市场采购时，会涉及许多潜在问题。认识这些风险，才能采取措施将负面影响最小化。国际采购可能面临以下问题：

1. 供应商的选择是否合适

进行有效采购的关键问题应该是选择高效、负责的供应商。选择国际供应商的方法和选择国内供应商的方法基本相同。为了获得更多的背景资料，最好的办法就是到供应商所在地进行实地调查。对国外的供应商进行这种评估既耗时又耗力,采购方在异地人生地不熟,很容易上当受骗。而且供应商为了自己的利益会使出各种方法诱惑前去调查的采购人员,使其在不知不觉中落入供应商的圈套。

2. 交货时间是否准时

虽然运输和通信的发展使全球采购中的交货时间得以缩短,但是还会有一些因素造成国际采购的交货时间延长:

(1) 采购方在首次进行全球采购时,通常需要开立信用证,这一般需要几个星期的时间。

(2) 虽然交通运输有了很大发展,采购方在运输过程中还是难免会占用一段时间,尤其是货物在国外运输的过程。

(3) 货物在港口存放的时间取决于在港口等待卸载的船只的数量,而且船只的卸载只有在规定的工作时间内才可进行。

(4) 各国各地区的通关时间不一,也会造成一定的延误。

3. 政治问题

供应商所在国家(地区)的政治问题可能使供应中断,例如供应商所在国家(地区)发生战乱或者暴动等。采购方必须对风险做出估计,如果风险过高,采购方必须采取一些措施监视事态的发展,以便及时对不利事态做出反应并寻找替代办法。

4. 隐含成本过高

在将国内采购和国际采购做比较时,往往会忽略国际采购中的某些成本计算,或者有时也会出现一些突发事件使国际采购的成本增加,这些都是国际采购的隐含成本。采购方在选择国外供应商之前,必须考虑到所有可能发生的成本。

影响国际采购的隐含成本的可能因素包括以采购方所在国家(地区)货币表示的价格、支付给报关行的佣金、供应商所在国家(地区)征收的税金、额外存货及其储存成本、额外的劳动力和货运单据带来的费用、商务考察费用、包装和集装箱费用、咨询费用、检验费用、保险费用、报关费用、进口税率、应对突发事件设立的风险费用等。

5. 汇率波动

采购方必须就采用自己国家(地区)的货币还是供应商国家(地区)的货币做出选择。如果交款时间比较短,一般不会出现大幅度汇率波动问题。但是如果交款时间比较长,汇率就可能产生比较大的变动,交货结算时的价格相对合同签订时就会有很大的出入。1973年,国际上开始实行自由浮动汇率,由于政治、经济和社会因素的影响,汇率变化较快。所以在签订合同时,采购方应该预测从当前到付款这段时间内汇率会如何变动。

6. 付款方式

国际采购在付款方式上有着自己的独特性。出于降低风险的考虑,国际供应商往往要求对方在订货时或订货前支付货款。国际贸易结算方式一般有三种:国际汇兑结算、信用证结算和托收。国际汇兑结算是一种通行的结算方式,它通过银行将款项转交收款方;信用证(Letter of Credit,L/C)是国际贸易中最主要、最常用的支付方式,是指开证银行应申请人的要求并按其指示向第三方开立的载有一定金额的、在一定的期限内凭符合规定的单据付款的书面保证文件;托收(Collection)是出口人在货物装运后,开具以进口方为付款人的汇票,委托出口地银行通过它在进口地的分行或代理行代出口人收取货款的一种结算方式,属于商业信用。无论采取哪种付款方式,都存在一定的违约风险,因此在交易前,了解对方的经营状况和商业信誉是十分必要的。

7. 文本费用

美国国际贸易文献委员会与美国运输部合作，进行了一次世界范围内的调查研究，结果表明文本费用十分庞大，公司平均拥有46份不同的文本，例如申请书、发票、运费单、原产地证明、进口许可证、提单，此外还有这些文件的360份副本。按照现在国际贸易的交易速度，每年的文本共计要在70亿份以上。全世界每年因为国际采购而用在文本上的支出是一笔不可忽略的支出。

8. 法律问题

当进行国际采购时，要确定出口国、进口国的法庭以及第三方的法庭在发生争执时有没有法律权限。国际采购引起的起诉费用昂贵并且耗时漫长，越来越多的采购方借助国际仲裁机构来解决贸易争端引发的各种问题。1988年1月1日开始生效的《联合国国际货物销售合同公约》，其目的就是为商品交易提供统一的国际标准。如果与已采用此标准的国家（地区）之间的公司进行商品交易，若双方没有达成其他协议，则此标准就是通用的。

9. 语言

在不同的语言环境下，相同的词会有不同的含义，同一个英语单词在美国、英国或者加拿大的意思会大相径庭。正是因为语言方面的问题，很多公司对经常和非本语种国家（地区）的供应商打交道的采购管理人员进行语言培训，以便和国外供应商进行商务谈判。

第二节 国际采购的程序

国际采购程序如图13-1所示。

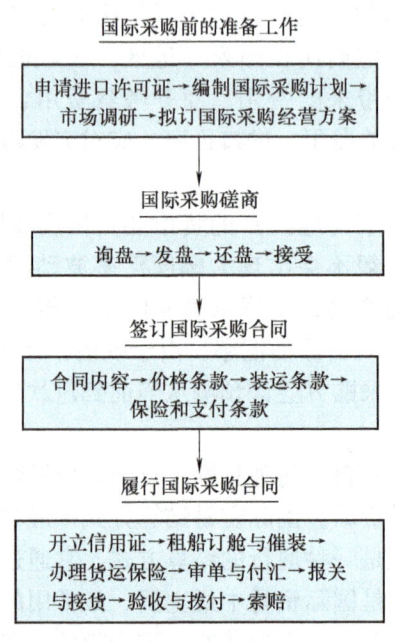

图13-1 国际采购程序

一、国际采购前的准备工作

1. 申请进口许可证

进口许可证制度是我国一种重要的非关税壁垒措施，通过签发进口许可证来限制某些商

第十三章 国际采购

品的国际采购。目前，我国已取消绝大部分普通商品的进口许可证管理，仅保留少数特殊商品的进口许可证管理制度，但就目前来说，采购方人员仍需了解我国的进口许可证制度。

2. 编制国际采购计划

国际采购计划规定了拟进行的国际采购业务的基本要求，它的编制标志着国际采购业务的开始。国际采购商品的种类、用途不同，国际采购计划的内容也不同，主要包括采购单位名称、采购目的、采购商品名称、品质、数量、单价、总价、采购国别、贸易方式、到货口岸以及经济效益分析等。

3. 市场调研

市场调研包括对采购商品的调研和对供应商资信的调研。对采购商品的调研要根据商品特点有重点地进行，如对一般商品来说，主要调查商品的适用性、可靠性、价格、质量、成分、货源等内容，并予以全面分析和综合考虑；而对大型机器设备及高新技术商品来说，则要注意调查其技术的先进性。对供应商资信的调研包括：供应商对我国政府的态度，目前的经营状况，以往交往中的信用、生产能力、技术水平等。一般来说，应选择资金雄厚、技术先进的大公司作为贸易伙伴，避免通过中间商转口。

4. 拟订国际采购经营方案

国际采购经营方案是采购公司在国外市场调研和价格成本核算的基础上，为采购业务制定的经营意图和各项具体措施安排。其内容包括采购数量和时间安排、采购交易对象的选择和安排、采购成交价格的掌握以及采购方式和采购条件的掌握。

二、国际采购磋商

国际采购磋商是国际采购业务的重要阶段，在此过程中，国际采购商与数家交易对象分别进行洽购磋商，通过比价、选择和讨价还价，议定价格。磋商的形式大体分为三种：①书面磋商形式，如通过往来函件、电报、电传、传真等；②口头洽商形式，如参加各种博览会、交易会、洽谈会以及出访；③行为表示形式，如在拍卖行、交易所等场合进行的货物买卖。不管磋商的形式如何，从程序上看，一般都要经过四个环节：询盘、发盘、还盘和接受。

> **思 考：**
> 谈谈国际采购磋商的四个程序以及你对每个程序的理解。

1. 询盘

询盘（Enquiry）是指交易的一方向另一方询问购买或出售某几种货物的各项交易条件的表示。询盘的内容涉及价格、规格、品质、数量、包装、装运条件以及索取样品等，多数询盘只是询问价格，因此业务上常把"询盘"称为"询价"。

> **小提示：**
> 在实际业务中，询盘只是探寻买卖的可能性，所以在法律上没有约束力，询盘的一方对于能否达成协议不负有任何责任。询盘人可以同时向若干个交易对象发出询盘，但合同订立后，询盘的内容成为磋商文件中不可分割的部分，若发生争议，也可作为处理争议的依据。

2. 发盘

发盘（Offer）也称报盘、发价、报价，是指交易的一方向另一方提出购买或出售某种货物的各项交易条件，并愿意按这些条件达成交易、签订合同的一种肯定的表示。一项法律上有效的发盘必须具备以下四个条件：

（1）向一个或几个特定受盘人提出订立合同的建议。

（2）发盘人须标明承受按发盘条件与对方成立合同的约束意旨。

（3）内容必须十分确定，一旦受盘人接受，合同即告成立；如果内容不确定，即使对方接受，也不能构成合同成立。

（4）发盘必须送达受盘人，如发盘由于在传递中遗失以致受盘人未能收到，则该发盘无效。

> **小提示：**
> 1. 发盘可以是应对方询盘的要求发出，也可以是在没有询盘的情况下直接向对方发出。发盘一般是由卖方发出的，但也可以由买方发出，业务上称为"递盘"。
> 2. 发盘一般都规定有效期，只有在有效期内被受盘人接受才有效。发盘在送达受盘人之前，可以撤回或撤销。

3. 还盘

还盘（Counter Offer）是指受盘人收到发盘后，对发盘的内容不同意或不完全同意，而提出修改建议或新的限制性条件的表示。一笔交易，有时要经过多次的发盘、还盘再还盘才能敲定。值得注意的是，还盘实际是对原发盘的拒绝表示，原发盘即告失败，此时还盘遂成为一项新发盘。因此，交易的一方在收到对方的还盘或再还盘后，要将还盘或再还盘同原发盘的内容认真进行核对，找出异同，仔细商讨，不宜急于求成。

4. 接受

接受（Acceptance）是指受盘人无条件地同意发盘人在发盘中提出的交易条件，并同意按照这些条件订立合同的一种肯定的表示。一项有效的接受应具备以下四个条件：

（1）接受必须由特定的受盘人做出。

（2）接受必须用一定的方式表示出来，可以是口头或书面的声明，也可以是某种行为。

（3）接受通知必须在发盘的有效期内送达发盘人。

（4）接受必须与发盘相符，对于某些非实质性变更仍构成有效接受。

三、国际采购合同的签订

我国企业国际采购主要采取购货合同和购货合同确认书两种形式。购货合同是书面合同中内容最详细、条款最具体、格式相对稳定的一种形式，主要用于大宗业务。购货合同确认书是一种简式合同，与购货合同具有同等的法律效力，主要用于小批量业务。

1. 合同内容

（1）约首。约首即合同的首部，包括合同名称、合同编号、签约日期和地点、买卖双方名称和地址等。

（2）文本。文本部分是合同的主体，其主要条款包括主要交易条件和次要交易条件。主要交易条件往往涉及商品的品质、数量、包装、价格、交货条件、运输、保险、支付方式等；次要交易条件作为主要交易条件的补充，涉及商检、违约、索赔、不可抗力和仲裁等方面的内容。

（3）约尾。约尾即合同的尾部，通常载明合同使用的文字及效力、合同正本的份数、附件及其效力，以及有正当权限的双方当事人代表的签字。

购货合同的主要内容标的物条款涉及商品的品质、数量和包装条款。品质条款涉及商品的名称、质量的规定方法和品质机动幅度及品质公差；数量条款主要涉及重量的表示方法、计量单位和溢价条款；包装条款主要包括包装的种类、包装的标志等内容。贸易术语属于价格条款的内容。

2. 价格条款

价格条款是购货合同的核心条款，价格由单价和总值两部分构成，同时还涉及支付货币的选择等。

（1）价格。国际贸易中单价一般由四项内容构成：计价货币、单位价格金额、计量单位和贸易术语。例如：Unit Price：USD 300.00 per M/T FOB NEW YORK《Incoterms 2000》。总价是单价和数量的乘积。

（2）支付货币（计价货币）。进口贸易中支付货币应该采用软币，即一定时期内一直趋向贬值的货币。如果采用硬币，最好能采用即期交易，缩短对外付汇的时间；如果采用软币支付，则最好采用远期交易，延长付汇时间。

3. 装运条款

装运条款是买卖合同的重要条款，通常包括交货时间、装运港/地、目的港/地、能否分批装运、能否转运等内容。例如：Shipment：During May/June 2010 in two equal monthly lots from New York port to Shanghai port, with transshipment not allowed. （装运条款：2010 年 5 月—6 月装运，分两等批，每月各装一批，从纽约港运至上海港，不准转运。）装运时间最好明确而且具体，不要采取"即期（Immediate）""尽快（as Soon as Possible）"等字样；分批装运中如果有限制批次、装运时间和每批装运量的规定，出口方其中任何一批不符合约定，则该批和以后各批均告失效，需要买方通知开证行接受存在不符合单据后才默认开证行对于信用证内容的修改，该批和以后各批次才会恢复有效。

> **小提示：**
> 合同和信用证关于分批装运和转运的规定不同：合同中如果没有规定允许，则属于不允许；而信用证如果没有相反的规定，则认为允许。因此，最好在合同与信用证中明确规定是否允许分批装运和转运。

4. 保险和支付条款

保险条款主要涉及货物运输途中的风险和造成的损失，保险金额以中国人民财产保险股份有限公司《海洋运输货物保险条款》（C.I.C）和英国伦敦保险业协会货物保险条款（I.C.C）的主要险别和保险的范围为依据，如果由进口方保险，通常不需要对货物加成。支付条款通常包含支付工具和支付方式两个方面。支付工具涉及汇票、本票和支票，国际贸易中主要运用汇票，支付方式主要有汇付、托收和信用证三种方式。

四、国际采购合同的履行

国际采购商履行合同的主要内容有开立信用证、租船订舱与催装、办理货运保险、审单与付汇、报关与接货、验收与拨付等，如出现损失还须办理索赔。

1. 开立信用证

买方履行国际采购合同的第一项程序是要按照合同的规定时间开立信用证。具体手续是：买方按合同规定的内容，填写开具信用证申请书，连同国际采购合同副本或复印件交送中国银行；中国银行根据国际采购合同的规定，审查开证申请书，无误后便开立信用证寄发国外。对此，要注意以下几点：

（1）开证内容必须与国际采购合同一致。

（2）开证时间要严格按合同规定的时间办理。迟开证，不仅要承担违约责任，还推迟到货时间；早开证，固然为供应商欢迎，但采购方会增加费用支出。

（3）如果开证以对方提供出口许可证（影印本）或履约担保书为条件，则必须在收到对方已确实领到许可证或担保书的正式通知后，方可开证；在某些特殊情况下，必须先开证的，也可先行开证，但应在证内附列该证必须在受益人交验许可证或交付保证金后才能生效的限制性条件。

（4）信用证开出后，如果需要修改，无论由买卖双方中的哪一方提出，均应经双方协商后方可办理。

2. 租船订舱与催装

在开出信用证后，买方应及时委托外运公司办理租船订舱手续。手续办妥后，要迅速将船名、船期通知卖方，以便卖方备货装船，做好船货衔接工作。同时，买方还应了解和掌握卖方备货和装船前的准备工作情况，做好催装工作。必要时，还可委托买方驻外机构（企业）或派员前往就近了解、检查、督促卖方按时履行交货义务。

货物装船后，卖方应按合同规定及时发出装船通知，以便买方提前办理保险和接货等各项手续。如果卖方未发出或未及时发出装船通知，同样要承担违约责任。

3. 办理货运保险

按FOB条件成交的国际采购合同，办理货运保险是买方的责任。具体手续由买方委托外运公司办理。每批国际采购货物，买方或外运公司在收到国外装船通知后，应将船名、提单号、开船日期、货物名称、数量、装运港、目的港等项内容通知保险公司，办理货运保险手续。

4. 审单与付汇

货物装运后，卖方便将汇票和货运单据交送出口地银行议付，议付行随即将汇票和货运单据转寄中国银行；中国银行在买方的配合下，对单据进行审核，如果符合信用证规定，便向国外付款；如有不符，应立即要求国外议付行改正，或暂停对外付款。按惯例，银行付款后才发现有误，不能对外国银行行使追索权，所以，审单工作一定要认真细致。同时，买方应立即按国家外汇牌价向中国银行购买外汇，赎取单据，以便报关、接货。

5. 报关与接货

国际采购货物抵达目的港后，买方应及时办理报关、接货手续。海关凭进口许可证或报关单，查验货、证，无误后放行。买方接货的主要流程为：申报→查验→征税→放行→结关。国际采购货物的报关、接货等工作一般由采购方企业委托外运公司代办。

6. 验收与拨付

国际采购货物在卸船时,港务局要核对卸货,如发现缺少,应填制"短卸报告"交船方签认,作为索赔的依据;如发现残损,应将货物存于海关指定的仓库,由保险公司会同商检机构检验,做出处理。国际采购货物经过检验后,由买方委托外运公司提取货物并转交给订货单位。

7. 索赔

国际采购货物都要进行检验,如果发现其品质、数量、包装等方面不符合合同规定,应当进行鉴定,然后根据合同向供应商或承运人甚至是保险公司提出索赔。

第三节 国际采购的运输与保险

一、运输方式的选择

国际采购中的运输是采购业务的重要组成部分。国际运输和制造工序一样能够增加产品价值。运费是国际采购货物抵岸总费用的一个重要的组成部分,如果国际采购的货物要取得预期的效益,买方必须将其运输费用降至最低水平。除商品本身的因素外,其他影响国际运输费用的两个主要因素是运输的距离和运输方式。一般来说,货物供应地的距离越远,运输费用越大,而决定运费的关键在于运输方式的选择。

国际货物运输中比较有特色的是海洋运输、铁路运输、航空运输,以及目前广泛使用的集装箱运输。

1. 海洋运输

海洋运输是最重要的一种国际运输方式,据统计,国际贸易货物运输数量的80%~90%需要通过海上运输来实现。这是因为海洋运输具有以下特点:

(1) 运输量大。海洋运输中,万吨级海轮的载重量相当于250~300个车皮的载重量。在科学技术日益发达的今天,10万t级、20万t级的海轮已屡见不鲜。海洋运输在运输散装货物、油轮货物和液化气方面占有明显优势。

(2) 运费低廉。海洋运输可以利用天然航道,通过能力大,运行航程远,分摊到每货运吨上的成本就会比较低。

(3) 适应性强。海洋运输不像公路或铁路那样受道路或轨道的限制,而且船舶的容量大,用途多,对多种货物(包括超长、超重的货物)都有较强的适应性。

当然海洋运输也存在航行速度慢、运输时间长、易受自然条件影响等缺点,以至平均每年有200~300艘各国货轮遭受损失,但是比较起来,在各种运输方式中海洋运输仍然使用得最为广泛。

2. 铁路运输

铁路运输是仅次于海洋运输的主要运输方式。铁路运输速度快,运量大,具有高度的连续性,它不太受气候等自然条件的影响,几乎全年均可正常运行,而且办理铁路货运手续比海洋运输简便得多。

3. 航空运输

随着航空工业技术的迅速发展,航空运输在国际货物运输中的地位越来越重要。航空运输安全迅速、交货及时、损失率低、节省包装、保险和储存费用低的特点更使其得到快速的发展。尤其是在运送易腐、鲜活、精密、贵重和急救物资时,与其他运载工具相比,飞机有着特定的优势。

4. 集装箱运输

随着货运技术的发展,集装箱运输成为国际上占有支配地位的新的运输方式。集装箱运输(Container Transport)是指以集装箱这种大型容器为载体,将货物集合组装成集装单元,以便在现代流通领域内运用大型装卸机械和大型载运车辆进行装卸、搬运和运输,从而更好地实现货物"门到门"运输的一种新型、高效率和高效益的运输方式。集装箱运输并不是一种独立的运输方式,它仍然要依托于传统的海洋运输、铁路运输等,但它使货物流通过程中各个环节发生了重大改变,因此被称为20世纪的"运输革命"。集装箱运输可以促使运输生产走向机械化和自动化,其主要优点有:

(1) 高效率。这表现在装卸功率高、运输工具利用率高、资金周转率高、包装运杂费省和库场使用率高等方面。

(2) 高质量。集装箱运输是以箱为运输单元的,其装卸、换装、运输暂存过程中都是以箱为单位整体进行的,降低了货损、货差、被盗、丢失的可能性。

(3) 高投资。集装箱运输中的集装箱等各类运输工具的现代化,各种港站设施、机械设备及整个集疏运系统都需要投入大量的资金。随着运输工具的现代化、大型化,装卸机械的大型化、专业化和管理的现代化,集装箱运输需要的人力资源将会进一步减少,但对人员素质要求更高。

(4) 标准化。这表现在:箱型的标准化及货物装在箱内运输带来的货物重量和外形尺度的标准化;各种运输方式中运输工具的专业化和标准化;各类港、站设施的专业化和结构、布局及设计要求的标准化;各类装卸、搬运机械设备的标准化;运输管理组织、运输装卸技术工艺标准化;运输法规、运输单据的统一化、标准化;等等。

每种运输方式都有各自的优缺点,在实际采购时,可以根据实际情况来选择合适的运输方式或运输方式的组合。

二、国际多式联运

运输技术和计算机管理观念的不断发展和加强使得多种方式的联合运输成为国际货物运输中一种较有效的、费用低廉的运输方式。《联合国国际货物多式联运公约》对"国际多式联运"所下的定义是:按照多式联运合同,以至少两种不同的运输方式,由多式联运经营人把货物从一国境内接管货物的地点运至另一国境内指定交付货物的地点。国际多式联运涉及水路、公路、铁路和航空多种运输方式。在国际贸易中,由于80%~90%的货物是通过海运完成的,因此海运在国际多式联运中占据主导地位。

1. 业务程序

国际多式联运的业务程序主要包括以下环节:

(1) 接受托运申请,订立多式联运合同。

(2) 空箱的发放、提取。

(3) 出口报关。

(4) 货物装箱及交接。

(5) 订舱及安排货物运送。

(6) 办理货物运送保险。

（7）签发多式联运提单，组织完成货物的全程运输。

（8）货物运输过程中的海关业务。

（9）货物到达交付。

2. 优点

（1）责任统一，手续简便。

（2）节省费用，降低运输成本。

（3）减少中间环节，缩短时间，提高运输质量。

（4）运输组织水平提高，运输更加合理化。

（5）实现"门对门"运输。

（6）其他。从政府角度来看，发展国际多式联运具有以下重要意义：利于加强政府对整个货物运输链的监督与管理；保证本国在整个货物运输过程中获得较大的运费收入比例；有助于引进新的先进运输技术；减少外汇支出；改善本国基础设施的利用状态；通过国家的宏观调控与指导职能，保证使用对环境破坏最小的运输方式，达到保护本国生态环境的目的。

3. 具备条件

进行国际多式联运应具备以下条件：

（1）多式联运经营人与托运人之间必须签订多式联运合同，以明确承托双方的权利、义务和豁免关系。多式联运合同是确定多式联运性质的根本依据，也是区别多式联运与一般联运的主要依据。

（2）必须使用全程多式联运单据（Multimodal Transport Documents, M.T.D, 我国现在使用的是 C.T.B/L）。该单据既是物权凭证，也是有价证券。

（3）必须是全程单一运价。这个运价一次收取，包括运输成本（各段运杂费的总和）、经营管理费和合理利润。

（4）必须由一个多式联运经营人对全程运输负总责。多式联运经营人是与托运人签订多式联运合同的当事人，也是签发多式联运单据或多式联运提单者，他承担自接受货物起至交付货物止的全程运输责任。

（5）必须是两种或两种以上不同运输方式的连贯运输。例如海/海、铁/铁、空/空联运，虽为两程运输，但仍不属于多式联运，这是一般联运与多式联运的一个重要区别。同时，在单一运输方式下的短途汽车接送也不属于多式联运。

（6）必须是跨越国境的国际货物运输。这是区别国内运输和国际运输的限制条件。

三、运输风险与保险

在国际货物交接过程中，可能会遇到各种不同的自然灾害和意外事故，使货物遭受部分损失或全部灭失，从而给买方或卖方带来不利的经济后果。为了使货物在运输过程中可能遇到的意外损失得到补偿，货物的买方或卖方便需要按合同规定向保险公司办理保险手续。投保人同保险公司订立保险契约，向保险公司按一定的金额投保一定的险别，交付一定的保险费，从而将货运过程中可能遇到的风险交由保险公司承担。

国际货物运输保险包括海上货物运输保险、陆地货物运输保险（包括铁路货运和公路货运保险）、航空货物运输保险、邮包货物运输保险等多种形式。其中，海上货物运输保

> **思考：**
> 1. 国际货物的运输与保险有哪些特殊要求？
> 2. 举例说明国际货物运输的可能风险及危害。

险的历史悠久，业务量最大，在国际货物运输保险中占主要地位，是国际贸易的重要组成部分。因此，与海上货物运输保险有关的法律制度和基本原则，对陆地、航空、邮包货物运输保险有着决定性的影响。

1. 海上货物运输保险的承保范围

海上货物运输保险承保的范围，包括海上风险、海损、费用以及外来原因所引起的风险损失。

（1）海上风险。海上风险是指船舶或货物在海上运输过程中发生损失的不确定性，分为一般海上风险和外来风险。

1）一般海上风险有：

① 自然灾害——雷电、地震、海啸、火山爆发、洪水等。

② 意外事故——船舶搁浅、触礁、沉没、互撞或与其他物体碰撞、倾覆、失踪、失火、爆炸、海盗以及船长或船员的不法行为等。

2）外来风险包括：

① 一般外来风险——偷窃、雨淋、短量、混杂玷污、受热受潮、碰损破碎、串味、渗漏等。

② 特殊外来风险——战争、罢工、暴动、交货不到、拒绝收货等。

（2）海损。海损是指船只与货物在航行中由自然灾害和海上意外事故引起的各种损失。根据这些损失的程度，海损可分为全部海损（Total Loss）和部分海损（Partial Loss）。

全部海损又称全损，是指被保险货物全部遭受损失，有实际全损和推定全损之分。实际全损是指货物全部灭失或全部变质而不再有任何商业价值。推定全损是指货物遭受风险后受损，尽管未达实际全损的程度，但实际全损已不可避免，或者为避免实际全损所支付的费用和继续将货物运抵目的地的费用之和超过了保险价值。推定全损需经保险人核查后认定。

不属于实际全损和推定全损的海损，为部分海损。部分海损按照造成损失的原因可分为共同海损（General Average）和单独海损（Particular Average）。

在海洋运输途中，船舶、货物或其他财产往往遭遇共同危险，为了解除共同危险，有意采取合理的救难措施所直接造成的特殊牺牲和支付的特殊费用，称为共同海损。在船舶发生共同海损后，凡属共同海损范围内的牺牲和费用，均可通过共同海损清算，由有关获救受益方（即船方、货方和运费收入方）根据获救价值按比例分摊，然后再向各自的保险人索赔。共同海损分摊涉及的因素比较复杂，一般均由专门的海损理算机构进行理算。

不具有共同海损性质、未达到全损程度的损失，称为单独海损。该损失仅涉及船舶或货物所有人单方面的利益损失。

（3）费用。费用指的是由海上风险造成的费用损失，主要是施救费用和救助费用两类。

施救费用也称诉讼及营救费用，是指保险标的在遭遇承包责任范围内的灾害事故时，被保险人为了避免或减少保险标的的损失，采取各种抢救与防护措施等所支出的合理费用。

救助费用是指海上保险财产在遭遇承包范围内的灾害事故时，由保险人或被保险人以外的第三者对其进行抢救之后，由被救方付给的报酬。

2. 海上货物运输保险的险别

海洋运输货物保险条款所承保的险别,分为基本险别和附加险别两类。基本险别有平安险、水渍险和一切险三种。附加险别是基本险别责任的扩大和补充,它不能单独投保,附加险别有一般附加险和特别附加险,现主要介绍三种基本险。

(1) 平安险(Free from Particular Average)。它的责任范围主要包括:

1) 被保险货物在海上包括陆上运输过程中,由于雷电、海啸、地震、洪水等自然灾害造成整批货物的全部损失或部分损失;或由于运输工具搁浅、触礁、沉没、互撞与流冰或与其他物体碰撞以及失火、爆炸等意外事故,造成的货物全部损失或部分损失。

2) 在运输工具已经发生搁浅、触礁、沉没、焚毁等意外事故的情况下,货物在此前后又在海上遭受恶劣气候、雷电、海啸等自然灾害所造成的部分损失。

3) 在装卸或转运过程中由一件或数件货物落海造成的全部或部分损失。

4) 被保险人对遭受承保责任内危险的货物采取抢救,防止或减少货损的措施而支付的合理费用,但以不超过该批被救货物的保险金额为限。

5) 运输工具遭遇海难后,在避难港由卸货引起的损失以及在中途港、避难港由卸货、存仓以及运送货物产生的特殊费用。

6) 由上述事故引起的共同海损的牺牲、分摊和救助费用。

7) 运输契约订有"船舶互撞责任"条款,根据该条款应由货方偿还船方的损失。

(2) 水渍险(With Particular Average)。水渍险的责任范围除包括上述平安险的各项责任外,还负责被保险货物由恶劣气候、雷电、海啸、地震、洪水自然灾害造成的部分损失。

(3) 一切险(All Risks)。一切险的责任范围除包括上述平安险和水渍险的各种责任外,还负责被保险货物在运输途中由外来原因导致的全部或部分损失。一切险实际上是平安险、水渍险与偷窃、提货不着、淡水雨淋、短量、混杂玷污、渗漏、碰损、破碎、串味、受潮受热、包装破裂和锈损等附加险责任的总和。

3. 国际采购的保险程序

(1) 国际采购货物的投保。我国的国际采购大多以 FOB 或 CIF 价格成交,由各进口企业负责在国内向中国人民财产保险股份有限公司办理保险。各进口企业须在获悉每批货物启运时,将保险所要求的内容书面通知保险公司以办理投保手续。

(2) 批单手续。在保险公司出立保险单后,被保险人如果需要变更险别、运输工具名称、航程、保险期限的扩展或保险金额等项目时,可向保险公司提出批改申请。保险公司如果接受这项申请,将出立批单,并对批改后的内容负责。

(3) 保险索赔。保险索赔是指被保险货物遭受承保责任的风险损失,被保险人向保险人要求补偿。如果被保险人在索赔时,未按条款规定的手续提供证明,就可能得不到补偿或不能及时得到应有的赔偿。

在我国,如果中国人民财产保险股份有限公司承保的国际采购货物遭受损失,收货人或其代理人一般都按保险单规定委请指定的检验人检验货损,出立检验报告,收货人凭报告连同有关权益证明书、保险单正本,直接向出单的保险公司索赔。被保险人向保险人索赔,应在一定的期限内提出。根据国际保险惯例,索赔时效一般为两年。超过索赔时效,保险人不再受理索赔。

第四节 国际采购的结算

任何国际采购业务都涉及支付。对于采购方来说,了解多种支付方式及相关的银行业务是至关重要的,因为支付方式不仅可以减少立即付现的问题,而且还可以为买方提供最大限度的保障。买方可以把支付方式当作一种担保的工具来使用,特别需要注意:在采购货物或代表货物的单据收到前不进行支付;支付只在装船日、交单或其他双方约定的日期开始,并在规定的期限内进行;累计式支付方式应与交货过程中的一些重要步骤相联系。

与国内采购业务不同的是,国际采购一般有三种支付方式,即预付、跟单汇票和信用证。

一、预付

很明显,从采购方立场来看这是最不理想的支付方式,因为采购方要承担不交货的风险,实际上采购方也为供应商提供了生产资金。因此,采购方应该拒绝这种方式,除非万不得已,例如:货物需按合同规定制造,如果不预付货款,则卖方拒绝提前生产;卖方的财政状况较差,急需资金,如果采购方不预付货款,则卖方没有能力履行合同。预付不需要一次性付清全部的货款,一般采用逐步递增的分期付款方式。

二、跟单汇票

大量的国际采购采用跟单汇票支付的方式。一般来说,出口商不愿意在货款收到前交货,采购方则不愿意在货物收到前支付货款,跟单汇票成了两者之间的桥梁。通过跟单汇票的方式,银行向双方提供保证。这种支付方式又可分为两种:①付款交单(D/P),即通常所说的凭单据付款;②承兑交单(D/A)。

在付款交单的方式下,出口商的银行将单据寄交给采购方的代理行,再由采购方代理行向采购方提示单据,采购方凭单据付款以获得货物的所有权。出口商必须提交给银行的单据将由采购方鉴别,并且要与买卖合同的有关条款完全相符。这些单据通常包括:①发票;②包装说明或重量表;③如果是以CIF或其他条件等由卖方支付保险的贸易术语成交的,则需保险单据或保险凭证;④提单或其他运输单据,包括多种方式的联运单据;⑤原产地证明书。

在承兑交单的方式下,代理行将向采购方出示汇票。该汇票由采购方签字以表示其承担付款的责任。承兑后,单据被交给采购方,使其获得了货物的所有权。在付款到期日,银行将再次向采购方提示票据,这时采购方付款。

跟单汇票的方式对采购方更为有利,因为只有在收到了代表货物所有权的单据后才付款。而出口商则面临着采购方可能拒收单据或在承兑交单的情况下承兑后拒付这一问题。从采购方立场看,凭单据付款还具有一个优点,即银行的手续费低廉。

三、信用证

> **思 考:**
> 什么是信用证?

信用证是国际采购业务中最普遍使用的一种支付方式。它之所以这样普及,是因为它向双方提供了可靠的保证,并且使出口商更易得到资金的保障。信用证是银行做出的有条件的付款承诺，即银行根据开证申请人的请求和指示，向受益人开具的有一定金额并在一定期限内凭规定的单据承诺付款的书面文件；或者是银行在规定金额、日期和单据的条件下，愿代开证申请人承购受益人汇票的保证书。

1. 信用证的种类

（1）可撤销信用证。开证行可不必通知卖方，在买方的指示下，随时修改或撤销。因此，可撤销信用证为买方提供了很大的灵活性，而它却未给卖方带来任何安全感。在国际贸易中，这种可撤销信用证几乎是不用的。

（2）不可撤销信用证。这是指只有在所有当事人同意的前提下，信用证才可以撤销或修改。这种情况下，卖方获得了更多的保障，而买方则失去了灵活变通，因为一旦开出不可撤销信用证，买方就不能不付款。

（3）保兑信用证。采用这种信用证，买方有一定的风险。例如，由于承诺是由国外的开证行做出的，从而会引起转付款项问题。为了减少风险，卖方要求一家当地银行对不可撤销信用证加以保兑。信用证经保兑后，只要单证相符，卖方可向当地保兑行交单收汇而免受追索。从卖方立场看，保兑信用证是最好的。但这种信用证对买方来说却最不好，因为保兑而增加的费用与开立信用证的费用一样高。因此，买方应拒绝卖方开立这种信用证的要求。买方可以强调开证行是某著名的银行，无须第三方保兑。买方还可表示只要卖方承担因保兑而引起的费用，不反对对信用证进行保兑。

（4）循环信用证。循环信用证可在被使用后不经特别修改而恢复原有金额再使用，并可按时间或金额循环。

（5）红条款信用证。这种信用证有一条特殊的条款，授权通知银行或保兑行在交单前预付给受益人（卖方）信用证金额的部分或全部。当经销商、代理商或任何其他卖方要求预付而买方又愿意向卖方提供资金融通时，就可使用此种信用证。

买方开立此种信用证必须非常谨慎，因为如果卖方不能装运或交单清算已收到预付，银行就会向买方追索，买方必须连同利息向银行偿还预付金额。

（6）可转让信用证。这种信用证可以由卖方（第一受益人）转让给一个或更多的第二受益人。当第一受益人只是中间商而需将信用证转给向其提供货物的一方（第二受益人）时，才使用此种信用证。这种信用证只可转让一次。

（7）背对背信用证。这种信用证也是用于当卖方只是中间商时。如果卖方没有要求也不想开立可转让信用证，以不给买方留下其不是真正供货人的印象，就可使用背对背信用证。其程序是：第一受益人将向银行提供原始信用证作为保证，要求以另一方为受益人开立第二份信用证。

2. 信用证的开立

信用证是应买方的申请而开立的，买方必须给银行以详细的指示，以便把所有必要的条件列入信用证条款。买方在做这样的指示时应该非常谨慎。因为一旦信用证开立，就不能单方面撤销。买方向银行所做出的指示大致包括以下内容：

（1）正确、完整的受益人名称和地址。
（2）信用证金额。
（3）信用证类型。
（4）信用证是否可用于付款、承兑及议付。
（5）付款行及其付款程序。

（6）对货物的简要说明，包括详细数量和单价。
（7）运费是否预付。
（8）所需单据细目。
（9）装运地、交货地或接管地及目的地。
（10）货物的运输是否允许转船或转换运输方式或绕道运输。
（11）是否允许分批装运。
（12）装运期/交货期（如果有的话）。
（13）开出提单或其他运输单据后必须交单付款、承兑或议付的期限。
（14）信用证到期地点和日期。
（15）信用证是否可转让。
（16）信用证如何通知、邮寄、电报或电传。

3. 信用证的支付

信用证的支付是以提交信用证中规定的单据为基础的，因此对单据必须进行非常仔细的审查以保证：①所需单据都已提交；②各单据相互之间不矛盾；③不存在单据不符的现象。

由于信用证必须受到法律上"严格符合的原则"的制约，因此银行可以因单据上极小的误差而拒付。这一原则实际上是对买方利益的一种保障。

单据中最常出现的不符现象有以下数种：

（1）有附注的（不洁）提单。
（2）包租船提单与信用证相悖。
（3）没有货物实际已装船的证据。
（4）装船港与信用证规定不符。
（5）货物放置于甲板上。
（6）所提交的保险单类型与信用证要求不符。
（7）投保的风险责任范围与信用证规定不符。
（8）投保金额过低。
（9）保险不是从装船单据日起生效。
（10）单据间不一致。
（11）发票中对货物的说明与信用证不符。
（12）商标、数量和单据不一致。
（13）超出信用证金额。
（14）信用证已过期。
（15）提交单据不及时。
（16）延期装运。
（17）少装。
（18）缺少信用证所需单据。
（19）汇票的受票人写错。
（20）汇票的到期日不明确。
（21）提单、保险单或汇票背书不正确。
（22）所提交的单据上没有按所要求的背书。

(23) 提单未注明运费是否已付。

如果买方对卖方是非常有诚意的，并确信卖方已经履行了买卖合同，即已按合同规定的重量、质量要求将货物装船，即使单据中有细小的不符，也可指示银行付款。

德尔福集团的全球采购策略

德尔福集团是全球最大的汽车系统和零部件生产制造商之一，总部设于美国密歇根州特洛伊市，截至2018年拥有176个全资厂家，全球范围内开展业务的国家和地区多达41个。德尔福集团于1993年进入中国市场，在中国的总投资额4.33亿美元，投资建立了13家企业，并与清华大学合作建立了德尔福清华汽车研究所。德尔福集团在华生产达40多种产品系列，在中国的客户几乎涵盖所有国内及外资汽车制造商。

因为需要采购和储存大量的零部件，德尔福全球范围内拥有大规模的厂房及设施，而随着经济全球化的加速，采购业务在集团中的位置越来越重要，全球众多员工中就有1%为专业采购人员，德尔福采购部（DGP）也成了集团的重点部门。

为贯彻其全面实现精益理念，德尔福集团坚信它在中国市场的成功将与是否建立一个强大的供应商群息息相关，集团进一步扩大在华的生产也需要供应商的支持。

另外，德尔福集团正在扩充在华采购人员和组织，其重点是在华供应商开发及寻找有技术实力的供应商。

正因为德尔福集团实现了真正的全球采购，才可以从全球配置各种原材料资源，这在一定程度上缓解了制造业成本增长的压力。

复习思考题

1. 试述全球供应链与国际采购的关系。
2. 试述国际采购与国内采购的区别。
3. 国际货物的运输与保险有哪些特殊要求？
4. 什么是信用证？

第十四章

项 目 采 购

作　用

项目采购是采购管理知识体系的重要组成部分，本章对项目采购进行专题介绍，目的是使读者了解项目采购的相关概念、项目采购的管理模式，并掌握项目采购管理的过程和管理要点等。

关　键

本章所涉及的基本概念包括项目采购、项目采购管理等；基本理论包括项目采购的类型、项目采购管理模式等；主要方法包括项目采购的方式、项目采购风险应对等。

第一节　项目采购概述

一、项目采购的定义

> **思　考：**
> 1. 什么是项目采购？简述项目采购的方式和程序。
> 2. 项目采购实施过程应该注意哪些问题？

项目采购是指从项目组织外部获得货物和服务（合称产品）的过程。在项目采购中，卖方通常称为承包商、承约商，常常又叫作供应商。承包商或者卖方一般都把他们所承担的提供货物或服务的工作当成一个项目来管理。

项目采购有以下几个典型特征：

1. 实施的临时性

临时性是指每一个项目都有确定的开始时间和结束时间，当项目的目的已经达到，或者已经清楚地看到项目的目的不会或不能达到，或者项目的必要性已不复存在并已终止时，该项目即到达了它的终点。

2. 目标的明确性

项目采购作为一类特别设立的活动，一般由成果性目标与约束性目标组成。其中，成果性目标是项目采购的来源，也是项目采购的最终目标；约束性目标是指在项目采购实施过程中必须遵循的限制条件，从而称为项目采购过程中管理的主要目标。项目采购的目标是二者的统一。

3. 项目采购的整体性

项目采购是为实现目标而开展的任务的集合，它不是一项孤立的活动，而是一系列活动的有机组合，从而形成了一个完整的过程。强调项目采购的整体性，也就是强调项目采购的过程性和系统性。

4. 项目组织的临时性和开放性

项目采购开始时要建立项目组织，组织过程中的成员及其职能在项目的执行过程中不断变化，项目结束时项目组织就要解散，因此项目组织具有临时性。一个项目往往需要多个甚至成百上千个单位共同协作，它们通过合同、协议以及其他的社会联系组合在一起，可见项目组织没有严格的边界，具有开放性。

5. 后果的不可挽回性

项目采购具有较大的不确定性，它的过程是渐进的，潜藏着各种风险。它不能试做，一旦失败也无法重来。因此，项目采购要求有合理的计划、精心的实施和有效的控制，以达到预期的目的。

6. 资源的约束性

资源的约束性是指工期与进度要求、投资成本与费用限制等。任何项目都是在一定的资源（时间、资金、技术、人员、材料等）约束下进行的，这是项目实施过程中必须遵循的条件。

7. 项目的独特性

就整体而言，世界上没有完全相同的项目，项目的独特性可能表现在项目的目标、条件、组织、过程等方面。

二、项目采购的类型

（一）按采购内容分类

按采购内容可分为以下三种：

1. 土建工程采购

土建工程采购是有形采购，是指通过招标或其他商定的方式选择工程承包单位，即选定合格的承包商承担项目工程施工任务。

2. 货物采购

货物采购属于有形采购，是指购买项目所需的投入物，如建筑材料（钢材、水泥、木材等），并包括与之相关的服务，如运输、保险、安装、调试、培训、初期维修等。

此外，还有大宗货物如包装材料、机械设备、文体用品、化肥、计算机等专项合同采购，它们采用不同的标准合同文本，可归入上述采购种类之中。

3. 咨询服务采购

咨询服务采购不同于一般的货物采购或土建工程采购，它属于无形采购。咨询服务的范围很广，大致可分为以下四类：

（1）项目投资前期准备工作的咨询服务，如项目的可行性研究，项目现场勘查、设计等业务。

（2）工程设计和招标文件编制服务。

（3）项目管理、施工监理等执行性服务。

（4）技术援助和培训等服务。

（二）按采购方式分类

按采购方式可分为以下两种：

（1）招标采购。它主要包括国际竞争性招标、选择性招标和国内竞争性招标。

（2）非招标采购。它主要包括国际、国内询价采购（或称"货比三家"）、直接采购、自营工程等。

三、项目采购的方式

1. 公开招标

公开招标采购是指招标机关或其委托的代理机构（统称招标人）以招标公告的方式邀请不特定的供应商（统称投标人）参加投标的采购方式。公开招标是项目采购的主要采购方式。招标人不得将应当以公开招标方式采购的工程、货物或服务化整为零或以其他任何方式规避公开招标采购。

2. 邀请招标

邀请招标采购是指招标人以投标邀请书的方式邀请规定人数以上的供应商参加投标的采购方式。通常情况下，邀请招标需要具备一定的条件，例如只能从有限范围的供应商处采购的，以及采用公开招标方式的费用占项目总价值的比例过大的情况等。

3. 竞争性谈判

竞争性谈判采购是指采购机关直接邀请规定人数以上的供应商就采购事宜进行谈判的采购方式。《中华人民共和国政府采购法》规定，符合下列情形之一的货物或者服务，可以依照本法采用竞争性谈判方式采购：

（1）招标后没有供应商投标或者没有合格标的或者重新招标未能成立的。

（2）技术复杂或者性质特殊，不能确定详细规格或者具体要求的。

（3）采用招标所需时间不能满足用户紧急需要的。

（4）不能事先计算出价格总额的。

4. 单一来源采购

单一来源采购是采购机关向供应商直接购买的采购方式。《中华人民共和国政府采购法》规定，符合下列情形之一的货物或者服务，可以依照本法采用单一来源方式采购：

（1）只能从唯一供应商处采购的。

（2）发生了不可预见的紧急情况不能从其他供应商处采购的。

（3）必须保证原有采购项目一致性或者服务配套的要求，需要继续从原供应商处添购，且添购资金总额不超过原合同采购金额10%的。

5. 询价

询价采购是指对特定数量（《中华人民共和国政府采购法》规定不少于三家）的供应商提供的报价进行比较，以确保价格具有竞争性的采购方式。《中华人民共和国政府采购法》规定，采购的货物规格、标准统一，现货货源充足且价格变化幅度小的政府采购项目，可以依照本法采用询价方式采购。

四、项目采购的程序

采购工作开始于项目选定阶段，并贯穿于整个项目周期。项目采购与项目周期需要相互协调。在实际执行时,项目采购与项目周期两者之间的进度配合并不一定都能按照理想的情况完全协调一致,为了尽量保持项目采购与项目周期两者之间的协调一致,在项目准备与预评估阶段尽快确定采购方式、合同标段划分等,尽早编制资格预审文件、进行资格预审、编制招标文件等,做到在项目评估结束、贷款生效之前,完成招标、评标工作。这样既加快了采购进度,也提高了资金的效益。项目周期与采购程序之间的关系如图14-1所示。

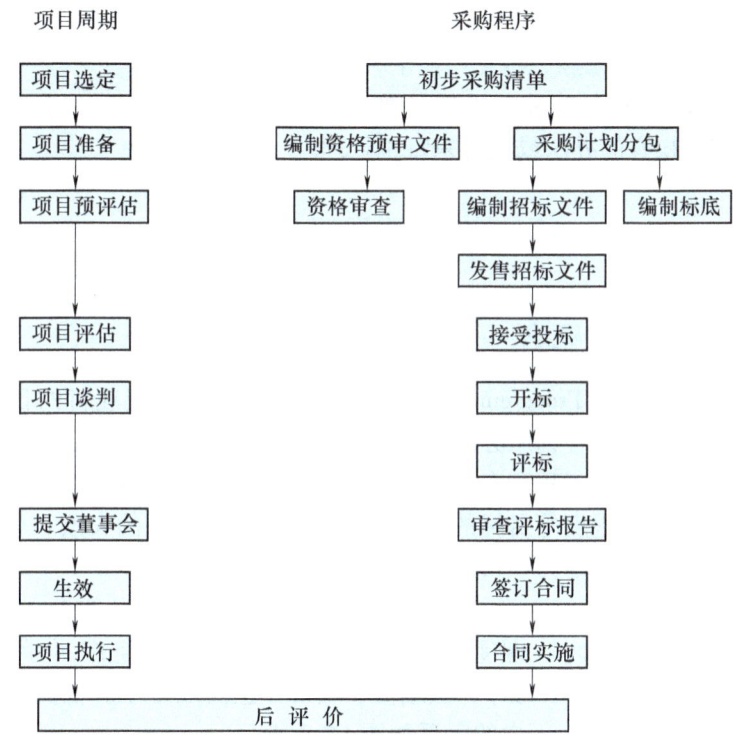

图 14-1　项目周期与采购程序之间的关系

项目采购流程设计应该注意的要点如下:

1. 注意关键点的设置

为了便于控制,使各项正在处理中的采购作业在各阶段均能被追踪管制,如国外采购、询价、报价、申请进口许可证、开信用证、装船、报关、提货等,均有管制要领或办理时限。

2. 注意划分权责或任务

各项项目采购手续及查核责任,应有明确权责规定及查核办法,如请购、采购、验收、付款等权责应予以区别,并指定主管单位。

3. 注意先后顺序及时效

在设计项目采购流程时,应当注意作业流程的流畅性与一致性,并考虑作业流程所需时限。须注意以下三项:

(1) 避免同一主管对同一采购案件做多次的签核。
(2) 避免同一采购案件在不同部门有不同的作业方式。
(3) 避免一个采购案件会签部门过多,影响作业时效。

4. 注意价值与程序相适应

程序繁简或被重视的程度应与采购项目的重要性或价值的大小相适应。凡涉及数量比较大、价值比较高或者容易发生舞弊的项目采购，应有比较严密的监督程序；反之，则可略微予以放宽，以求提高工作效率。

5. 作业流程应适应现实环境

应当注意作业流程的及时改进。早期设计的项目采购处理程序或流程，经过若干时间以后，应不断完善或改进，以适应组织变更或作业上的实际需要。

6. 避免作业过程发生摩擦、重复与混乱

注意变化性或弹性范围以及偶发事件的应对措施，例如，在遇到"紧急采购"及"外部授权"时应有权宜的办法或流程来特别处理。

第二节 项目采购管理

一、项目采购管理的概念

项目采购管理（Project Procurement Management）是指为实现项目的目标而从项目组织的外部获取货物、工程和咨询服务所需的过程。项目采购管理是保证项目成功实施的关键活动，如果采购的货物、工程和咨询服务没有达到项目规定的标准，必然会降低项目的质量，影响项目的成本、进度等目标的实现，甚至导致整个项目的失败。项目采购管理的总目标是以最低的成本及时地为项目提供满足其需要的产品。

> **思 考：**
> 1. 简述项目采购管理的功能与模式。
> 2. 项目采购管理的主要目标有哪些？举例说明。

在项目采购管理中，主要涉及四个方面的利益主体，即项目业主或客户、项目实施组织（承包商或项目团队）、供应商、项目分包商或专家。他们在项目采购管理中的关系如图14-2所示。

（1）项目业主或客户是项目的发起方和出资方，他们既是项目最终成果的所有者和使用者，也是项目资源的最终购买者。

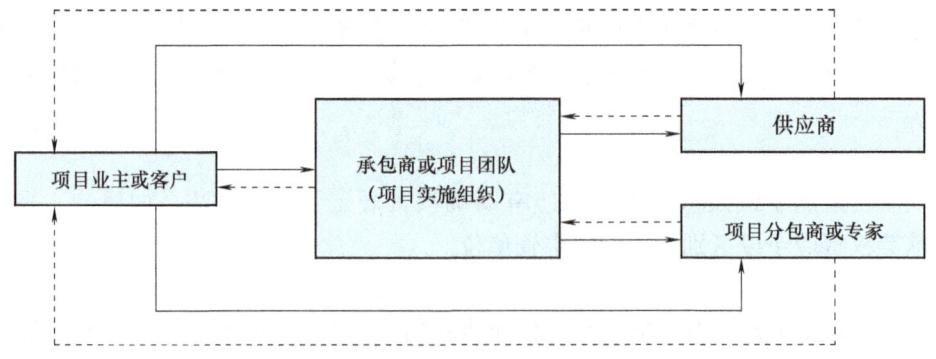

图14-2 项目采购管理中各角色的关系

（2）项目实施组织是指承包商或项目团队，是项目业主或客户的代理人和服务提供者，他们为项目业主或客户完成项目货物和部分服务的采购，然后从项目业主或客户那里

获得补偿。

（3）供应商是为项目组织提供项目所需货物和部分服务的卖主，他们可以直接与项目业主或客户交易，也可以与承包商或项目团队交易，并提供项目所需的货物和服务。

（4）项目分包商或专家是专门从事某个方面服务的工商企业或独立工作者，当项目组织缺少某种专长人才或资源去完成某些项目任务时，他们可以雇用各种项目分包商或专家来完成这些任务。项目分包商或专家可以直接对项目实施组织负责，也可以直接对项目业主或客户负责。

图14-2中的实箭线表示"委托—代理"关系的方向和项目资金的流向，而其中的虚箭线表示项目采购中的责任关系。项目采购管理主要是管理这种资源采购的关系和行为，对这种资源采购中所发生的问题进行管理。在项目采购管理中，计划、组织、管理和实施工作主要是由项目实施组织开展的，项目业主或客户直接进行项目采购的情况较少，因为项目实施组织是项目资源的直接需求者和提供者，他们最清楚项目各阶段的资源需求。

二、项目采购管理的功能

项目采购管理具有控制生产成本、控制产品质量、控制生产供应、促进产品开发四大功能。

1. 生产成本控制功能

虽然在现代企业的产品成本中，各类企业采购的原材料及零部件成本占企业生产总成本的比例不同，但一般都在30%~90%之间，平均水平在60%以上。从世界范围来说，一个典型的企业，一般采购成本（包括原材料、零部件）要占60%左右，而企业员工工资和福利占20%左右，管理费用占15%左右，利润占5%左右。显然，采购成本（包括原材料、零部件）是企业成本控制的主体和核心。那么，控制采购成本（包括原材料、零部件）是企业成本控制中最有价值的部分，所以采购管理具有企业生产成本控制功能。当今很多企业经营管理人员似乎并没有注意到这一点，为了提高企业生产效益，在研究控制成本时，将大量的时间和精力放在不到企业总成本40%的企业管理费用及工资和福利上，惯用的手法是裁减员工、消减福利等，即所谓的"减员增效"，这种忽视其主体部分——采购成本（包括原材料、零部件），结果收效甚微。

2. 产品质量控制功能

质量是产品的生命。采购物料不只关心价格，还要关心质量水平、质量保证能力、售后服务、产品服务水平、综合实力等。有些东西看起来买得很便宜，但如果经常维修、经常不能正常工作，这就大大增加了使用成本；如果买的是假冒伪劣商品，就会使企业蒙受更大的损失。一般情况下，企业会根据质量控制的时序将其划分为采购品质量控制、过程质量控制及产品质量控制。

由于产品中价值的60%是经采购由供应商提供的，毫无疑问，产品的"生命"主要由采购品质量控制来保证。也就是说，企业产品"质量"不仅要在企业内部限制，更多地控制在供应商的质量过程中，这也是"上游质量控制"的体现。供应商上游质量控制得好，不仅可以为企业质量控制打好基础，同时可以降低质量成本，减少企业来货检验费等。由此可见，通过采购将质量管理延伸到供应商，是提高企业自身质量的基本保证，这就证明了采购具有产品质量控制功能。

3. 生产供应控制功能

稳定的供应才有稳定的生产。在生产过程中，即使99%的物料到位，无论狭义的供应还是广义的供应，只要有1%的物料因各种原因不能按时到货，也将迫使生产中断。所以，采购的生产供应控制功能起着主导作用。

为了满足顾客越来越高的最终需求，企业力求以最低的成本将高质量的产品以最快的速度供应到市场上，以获取最大的利润，这就要求企业按库存生产，即时满足顾客的需求。但是库存的增加会增加企业的费用，也会增加企业的风险。企业要解决这一矛盾，只有将供应商纳入自身的生产经营过程中，将采购及供应商的活动看成自身供应链的一个有机组成部分，最大限度地做到以销定产，按需供应，才能加快物料及信息在整个供应链中的流动，从而可以将顾客所希望的库存产品向前推移为半成品，进而推移为原材料，这样既可以减少整个供应链的物料及资金负担（降低成本、加快资金周转等），又可以及时将原材料、半成品转换成最终产品以满足客户的需要。

4. 促进产品开发功能

产品开发与采购密切相关，如果没有采购支持的产品开发方案，则其成功率在某种程度上会大打折扣。随着科技的进步，产品的开发周期在极大地缩短，产品开发同步工程应运而生。通过采购让供应商参与企业产品开发中，不仅可以利用供应商的专业技术优势缩短产品开发时间、节省产品开发费用及产品制造成本，还可以更好地满足产品功能性的需要，提高产品在整个市场上的竞争力。冯·锡培尔指出，成功的工业革新常常是从供应链和买方的相互深入作用中得到的。积极地寻求这种相互作用是采购的任务。通过这种方式，采购能够对产品的持续革新和改进做出积极贡献，进而帮助企业在其最终用户市场取得更为强大的竞争地位。其他相关著作也表明，采购具有促进产品开发的功能。

三、项目采购管理的目标

项目采购管理的目标是走出传统采购认识误区，充分发挥现代采购的功能，为企业生产经营的成功、提高企业在市场上的竞争力等做出贡献。

1. 适时适量

适时适量，这是项目采购管理非常重要的目标之一。采购供应不是把货物进得越多越好，也不是进得越早越好。货物进少了不行，因为当生产需要的时候，没有货物供应会产生缺货，影响生产；但是货物进得过多，不但占用了较多的资金，而且还要增加仓储，增加保管费用，甚至造成了浪费。货物进迟了不行，因为会造成缺货；但是进早了也不行，进早了会增加存储时间，相当于增加仓储、保管费用，同样增加了成本。因此，要求采购适时适量，就是要求采购做到既保证供应又避免增加成本。

2. 推进产品开发

采购过程中，企业应该充分发挥供应商的专业优势，让其积极参与产品开发或过程开发，将供应商纳入企业自身的整体研发中。而且，通过适当的调整或修饰，供应商能够对企业产品开发起到推进作用。因此，在采购过程中，不能只顾着使用供应商的产品，还要与供应商的产品开发同步进行，这就要求采购的同时研究供应商的产品，发现供应商新的产品。

3. 提高产品质量

项目采购通过不断改进采购过程以及加强对供应商的管理，保证采购原材料的质量，从而达到提高企业产品质量的目标。

如果一个企业能将 1/4～1/3 的质量管理精力花在供应商的质量管理上，那么企业自身的质量（过程质量和产品质量）水平起码可以提高 50% 以上。因此，采购的又一重要目标就是将质量管理延伸到供应商，形成一个质量保证体系。

4. 提升企业竞争力

采购管理职能也能够以一种间接的方式对企业竞争力的提高做出贡献，这也是项目采购管理的目标之一。这种间接贡献以产品品种的标准化、质量成本的降低和产品交货时间的缩短等形式出现。例如，在产品标准化方面，采购可以通过减少产品种类来对降低成本价格做贡献，这可以通过具体的标准产品的标准化（而非供应商品牌）和（或）标准供应商得以实现。这有利于降低对某些供应商的依赖性，更好地使用竞标的方法，并减少库存物品。

项目采购管理的目标不再仅仅是以最少的资金买最好的商品，而是要尽可能地发挥采购的功能，为企业在降低生产成本、提高产品质量、提供最新信息、推进产品开发、提升企业竞争力等方面做出更大的贡献。

四、项目采购管理的主要过程

项目采购管理的主要过程包括：

（1）采购计划编制。决定何时采购何物。
（2）询价计划编制。生成需求文档，确定可能的供应商。
（3）询价。获得报价、投标、出价，或取得建议书。
（4）供应商选择。从潜在的供应商中选择。
（5）合同管理。管理与供应商的关系。
（6）合同收尾。合同的完成与解决，包括任何未尽事项的决议。

图 14-3 是项目采购管理的主要过程。

这些过程彼此之间及其与 PMBOK[⊖] 定义的其他知识领域的过程之间存在相互影响。根据项目需要，每一过程都包含了一个或多个个人或团体的共同努力。虽然这里各个过程是彼此独立、相互之间有明确分界的组成部分，但在实践中，它们可能会交叉重叠，互相影响。

项目采购管理主要是从买方—卖方关系中买方（即业主方）的角度进行讨论的。在项目的许多层次上都存在买方—卖方关系。根据应用领域的不同，卖方可以称为承包商、供应商、分包商、咨询者或卖主等。

卖方通常以项目方式管理其工作，在这种情况下：

（1）买方成为客户，并且是卖方的一个重要的项目参与方。
（2）卖方的项目管理人员应关注项目管理的所有过程，而不仅仅是项目采购管理的过程。

⊖ PMBOK 是 Project Management Body of Knowledge 的缩写，即项目管理知识体系，是美国项目管理协会（PMI）对项目管理所需知识、技能和工具进行的概括性描述。

采购管理

图 14-3 项目采购管理的主要过程

（3）项目采购管理过程中的合同条件一般由买方制定，是卖方许多过程的关键性输入。合同本身实际上可能就包括输入。合同可能会限制项目队伍的选择。

项目采购管理假定卖方在执行组织之外。然而，其中的多数探讨同样适用于卖方组织内部、各分部之间签订的正式协议。

五、项目采购管理模式

项目采购管理模式是各种项目采购管理过程中比较复杂,但又相对规范和成熟的。由于项目建设无论对各国政府还是对私营机构来说一般投资额都很大,提高项目管理的水平可以创造巨大的经济效益,因此多年来各个国家(地区)和一些国际组织一直对项目采购管理模式和方法进行不断研究、创新和完善。

(一) 传统的项目采购管理模式

传统的项目采购管理模式又称为设计—招标—建造方式。这种模式下的项目各参与方的关系如图14-4所示。

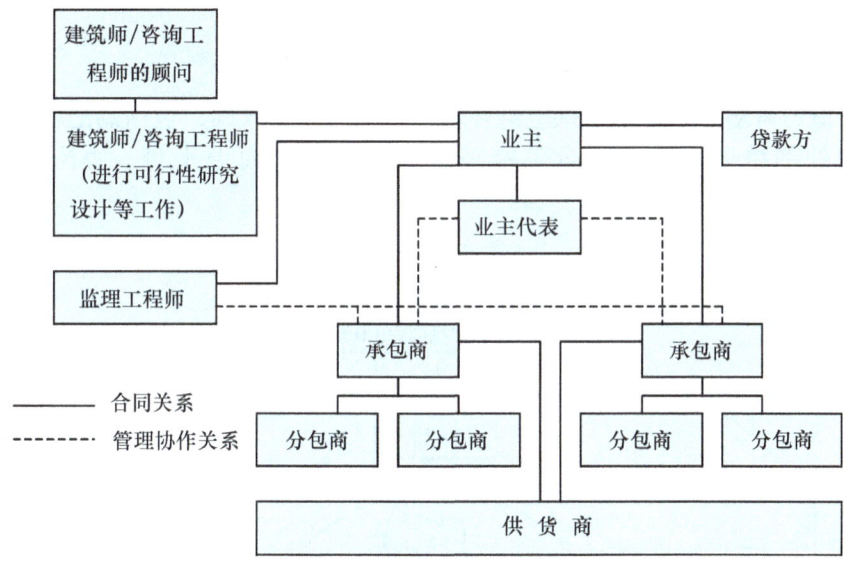

图 14-4 传统的项目采购管理模式

这种项目采购管理模式由业主与设计机构(建筑师/咨询工程师)签订专业服务合同,委托建筑师和/咨询工程师进行项目前期的各项有关工作,待项目评估立项后再进行设计。在设计阶段进行施工招标文件的准备,随后通过招标选择承包商。业主和承包商订立项目的施工合同,有关工程的分包以及设备和材料的采购一般都由承包商、分包商和供货商单独订立合同并组织实施。业主单位一般指派业主代表与咨询工程师和承包商联系,负责有关的项目管理工作。但在国外,大部分项目实施阶段的有关管理工作均授权建筑师/咨询工程师进行,建筑师/咨询工程师和承包商没有合同关系,但承担业主委托的管理和协调工作。

传统的项目采购管理模式下项目的实施过程如图14-5所示。

传统的项目采购管理模式的优点是:由于这种模式已长期、广泛地在世界各地采用,因此管理方法较成熟,各方都熟悉有关程序;业主可自由选择咨询和设计人员,对设计要求可以控制;可自由选择监理工程师负责监理工程的施工;可采用各方均熟悉的标准合同文本,有利于合同管理和风险管理。

传统的项目采购管理模式的缺点是:项目周期较长;业主管理费较高;前期投入较大;变更时容易引发较多的索赔。

(二) 协同项目采购管理模式

协同项目采购是指与供应链上的伙伴建立一种协同商务的伙伴关系,并以此作为采

采购管理

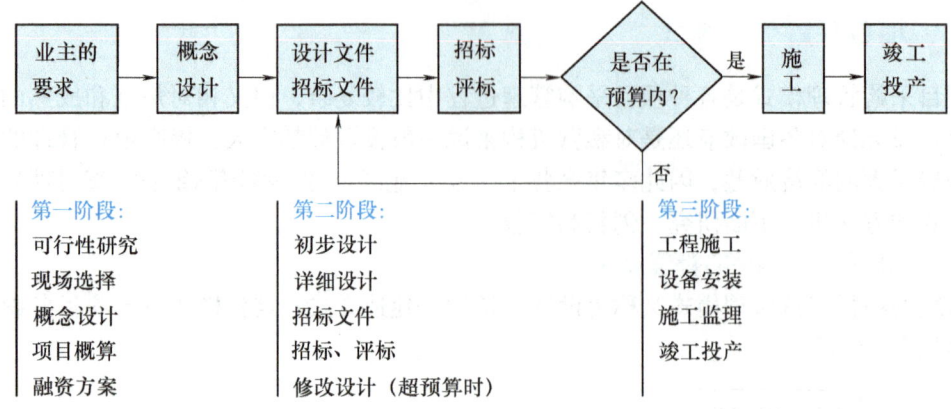

图 14-5 传统的项目采购管理模式下项目的实施过程

购和流程再造的策略,它是基于供应链环境下的采购作业流程,包括制造商内部协同采购和制造商外部协同采购。协同采购必须借助于协同商务平台。协同商务平台如图 14-6 所示。

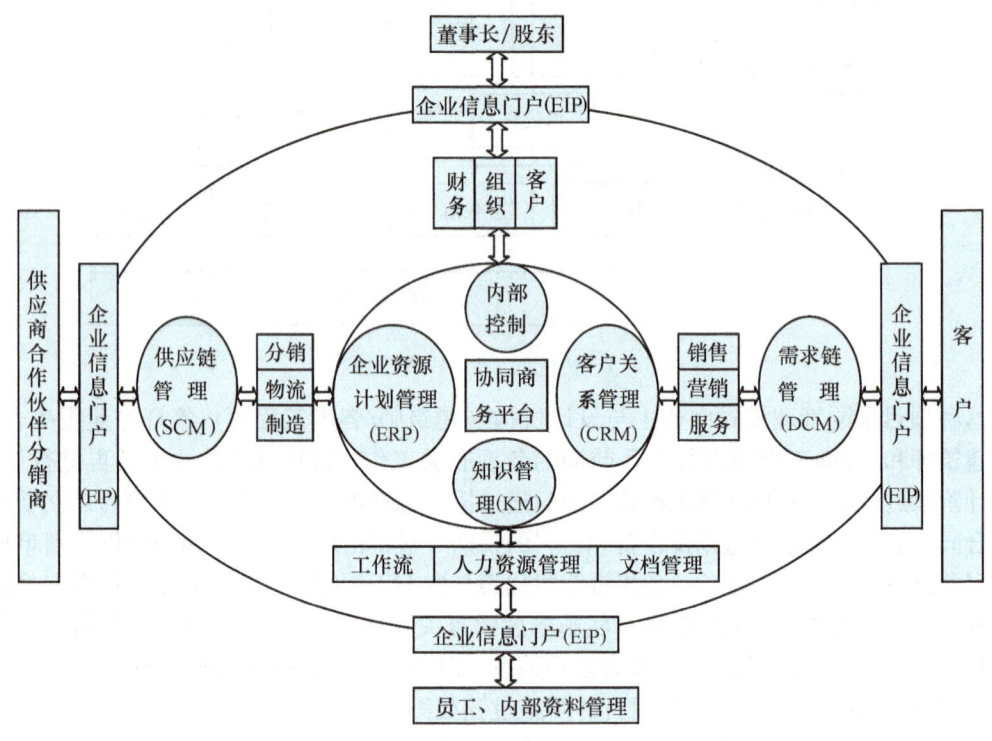

图 14-6 协同商务平台

1. 制造商内部协同

由于采购行为涉及品种、数量、渠道等信息,而这些信息的获得需要来自制造商内部的采购、销售、设计、生产部门的信息,只有当这些部门协同合作时才能创出高效的采购效果。尤其是随着新产品、新材料品种急剧增加,需要采购的品种数量也大大增加。

2. 制造商与供应商、零售商的外部协同

协同通常是指制造商和供应商在共享提前期、库存、需求等方面信息的基础上，根据供应商的供应情况实时在线地调整制造商的计划和执行交付的过程。同时，供应商也要根据制造商的实时在线库存、计划等信息实时调整自己的计划。外部协同可以使供应商在不牺牲服务水平的基础上降低自己的库存。

采购作业流程是一个动态连续的过程，所以对其的管理可以纳入企业计算机管理信息系统，以采购管理子系统方式实现包括采购计划、采购订单、收货、确认发票、付款业务、账表查询、期末转账等几部分的控制功能。

（三）设计—建造项目采购管理模式

设计—建造模式是一种简练的项目采购管理模式。1995 年国际咨询工程师联合会（FIDIC）出版的《设计—建造与交钥匙合同条件》、1999 年 FIDIC 出版的《工程设备与设计—建造合同条件》和《EPC（设计—采购—建造）交钥匙项目合同条件》都是基于这种项目采购管理模式而编制的。设计—建造项目采购管理模式的组织形式如图 14-7 所示。

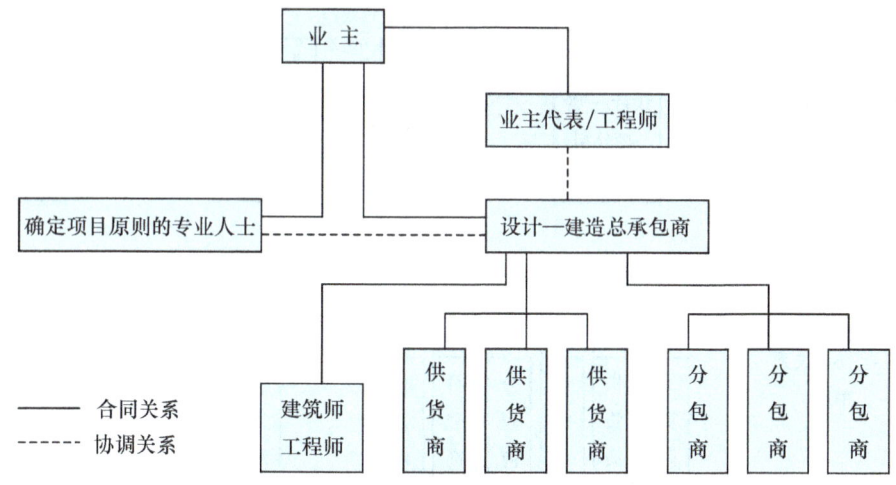

图 14-7　设计—建造项目采购管理模式的组织形式

在项目原则确定后，业主只需选定一家公司负责项目的设计和施工。这种采购管理模式在投标和订立合同时是以总价合同为基础的，设计—建造总承包商对整个项目的成本负责，他首先选择一家咨询设计公司进行项目的设计，然后采用竞争性招标方式选择各个承包商，当然也可以利用本公司的设计和施工力量完成一部分工程。

在这种方式下，业主首先招聘一家专业咨询公司代他拟订拟建项目的基本要求，然后授权一位具有专业知识和管理能力的管理专家为业主代表，在项目期间作为联络人对接设计—建造总承包商。

在设计—建造项目采购管理模式中有两种不同的形式，以适应不同种类项目的需要：①竞争型设计—建造程序；②谈判型设计—建造程序。

设计—建造模式的主要优点是：在项目初期选定项目组成员，连续性好，项目责任单一，有早期的成本保证；可采用 CM 模式⊖，可降低管理费用，减少利息及价格上

⊖　CM（Construction Management）模式即施工管理模式。

涨的影响。

(四) 设计—管理项目采购管理模式

设计—管理项目采购管理模式是同一实体向业主提供设计和施工管理服务的工程管理方式,在通常的 CM 模式中,业主分别就设计和专业施工过程管理服务签订合同。在这种情况下,设计师和管理机构是同一实体。

设计—管理项目采购管理模式的实现可以有两种形式。如图 14-8 所示:形式一是业主分别和设计—管理公司与施工总承包商签订合同,由设计—管理公司负责并对项目实施进行管理;形式二是业主只与设计—管理公司签订合同,由设计—管理公司分别与各个单独的分包商和供货商签订合同,由其施工和供货,这种形式可看作 CM 模式与设计—建造模式相结合的产物,常用于承包商或分包商发包阶段,以加快工程进度。

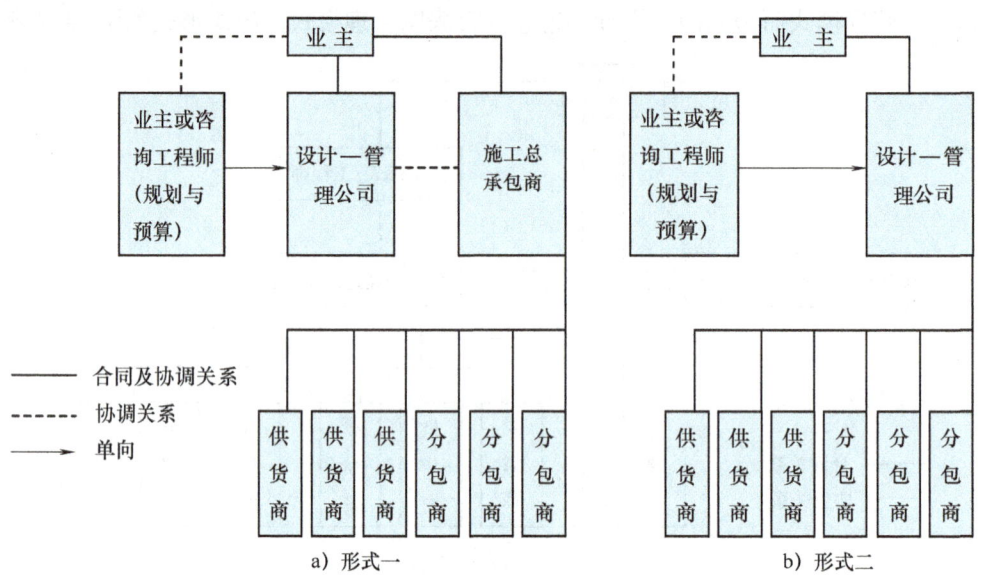

图 14-8　设计—管理项目采购管理模式的两种组织形式

(五) 建设—运营—移交项目采购管理模式

建设—运营—移交(Build-Operate-Transfer,BOT)项目采购管理模式是依靠外国私人资本进行基础设施建设的融资和建造,或者说是基础设施国有项目民营化。这种管理模式是指东道国政府开放本国基础设施建设和运营市场,吸收国外资金,授予项目公司以特许权,由该公司负责融资和组织建设,建成后负责运营及偿还贷款,在特许期满时将工程移交给东道国政府。

世界上还有多种由 BOT 模式演变出来的类似模式,如建设—运营—出售(Build-Operate-Sell,BOS)、修复—运营—移交(Rehabilitate-Operate-Transfer,ROT)等。这些模式的基本原则、思路和结构与 BOT 模式并无本质差别。

图 14-9 是 BOT 模式的典型结构框架。

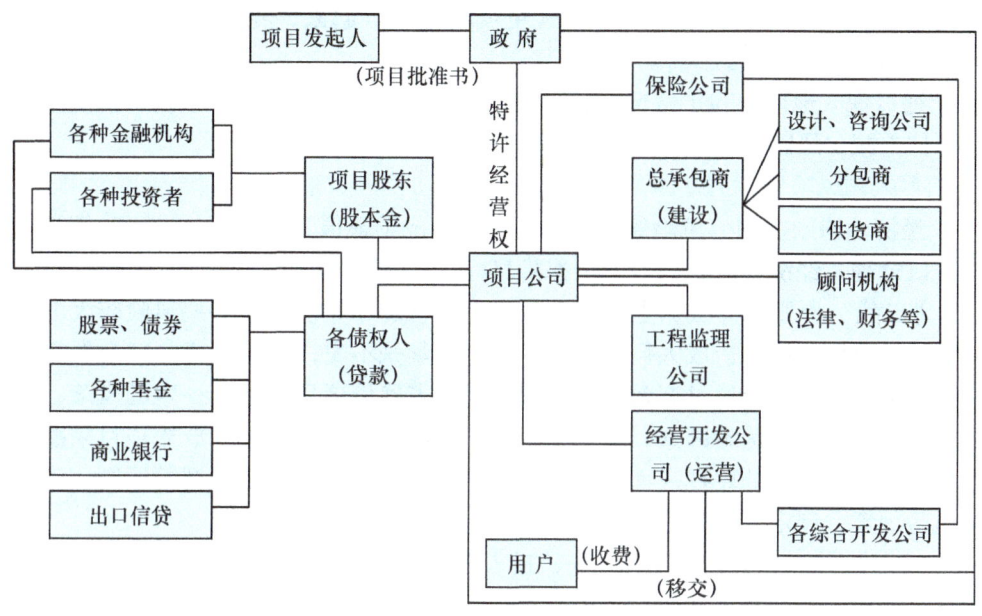

图 14-9 BOT 模式的典型结构框架

第三节 项目采购风险管理

任何经济活动总有不确定性，因此要使经济活动取得利益就必然要承担相应的风险。风险和收益是相互关联的，通常收益越大，风险越大。因此我们对一项经济活动进行评价时，除了要考虑取得的收益外，还应考虑组织在这项经济活动中可能承受的风险，以及采取何种措施能够最大限度地降低风险。

> **思　考：**
> 1. 简述项目采购风险管理的程序。
> 2. 举例说明项目风险应对的具体措施。

一、项目采购风险管理概述

项目采购活动的风险因素大致有：政府的政策；资金的筹措方式与来源；项目费用支付方式；发包人聘请的监理人员失职；承包人的施工能力与财务状况；设计错误；合同形式的选择；项目环境如政治、经济、劳工和气候等；物资采购与供货；投标计价错误；结算价款错误；通货膨胀和信贷风险；汇率变动；不可抗力；项目组织内部不协调；合同条款的错误与混乱；分包人违约；政府拖延审批；等等。

1. 实施项目采购风险管理的必要性

（1）通过风险分析，不仅可以加深对项目采购风险的认识与理解，从而合理地拟订风险应对方案，减少或分散风险；而且可以提高各种项目采购计划的可信度，有利于改善项目团队内部和外部之间的沟通。

（2）不仅可以推动项目采购组织和管理层积累有关风险的资料和数据，以便改进将来的管理；还可以为以后的规划和设计工作提供反馈，以便在规划和设计阶段采取措施防止和避免风险损失。

（3）能够将处理风险后果的各种方式更灵活地结合起来，在项目采购管理中减少被动，增加主动和项目成功的概率。

（4）通过深入地研究和了解情况，可以使决策更有把握，更符合项目采购的方针和目标，从总体上减少风险，保证项目采购目标的实现。

2. 项目采购风险管理的基本原则

（1）经济性原则。制订风险管理计划时应以总成本最低为总目标，即风险管理也要考虑成本，以合理、经济的方式处置安全保障目标。

（2）"二战"原则，即战略上蔑视、战术上重视的原则。对于一些风险较大的采购项目，对风险的恐惧往往会造成人们心理和精神上的紧张不安，这种忧虑心理会严重影响工作效率和积极性。这时应通过有效的风险管理让大家确信项目虽然有一定的风险，但管理部门已经识别了全部不确定因素，并且已经妥善做出了安排和处理，放松项目采购人员的紧张心理，这是战略上的蔑视。而项目采购管理部门要坚持战术上重视的原则，认真对待每一个风险因素，制定完善的风险管理方法。

（3）满意原则。不管采用什么方法，投入多少资源，项目采购的不确定性是绝对的，而确定性是相对的。因此，在风险管理过程中要允许存在一定的不确定性，只要能达到要求即可。

（4）社会性原则。项目采购风险管理计划和措施必须考虑周围地区及一切与项目有关并受影响的单位、个人等对该项目采购风险影响的要求；同时风险管理还应充分注意有关方面的各种法律法规，确保项目采购风险管理的每一步骤都具有合法性。

3. 项目采购风险管理的程序（见图14-10）

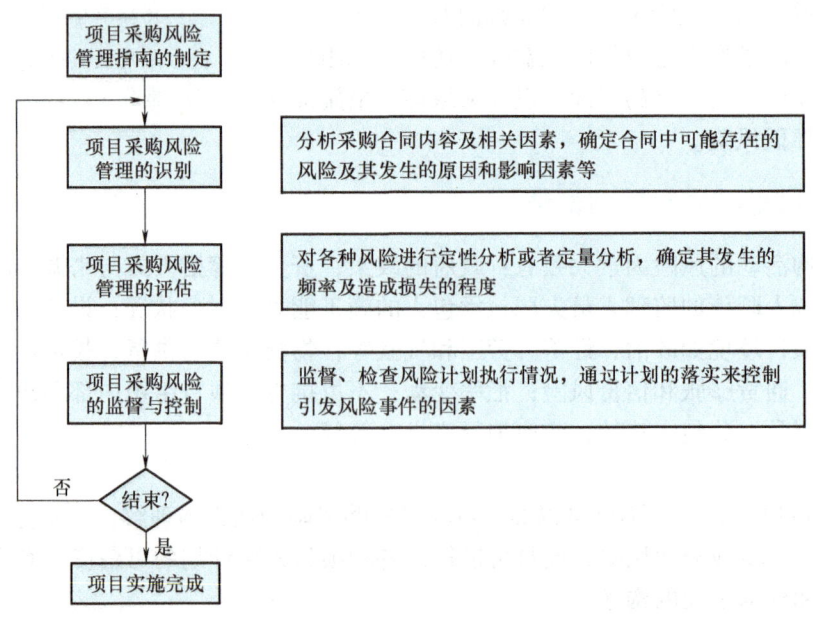

图14-10 项目采购风险管理的程序

二、项目采购风险分析

1. 技术风险

技术风险是指与项目采购有关（直接或间接）的技术产生进步或技术应用效果发生变化，使得采购目标出现损失的可能。技术风险分为技术应用风险和技术进步风险。由于各种原因，实际应用效果可能达不到预期水平，使项目遭受损失，形成技术应用风险。此外，技术的进步会使项目的相对技术水平下降，从而影响项目的竞争力，或者技术进步的速度低于预期，从而导致项目无法按原计划进行等，都会产生技术进步风险。

2. 经济风险

经济风险是指经营管理不善、市场预测失误、价格波动、供求关系发生变化、通货膨胀、汇率变动等导致的经济损失的风险。

3. 政治风险

政治风险是指政局变化、政权更迭等引起社会动荡而造成财产损失及人员伤亡的风险。其通常表现为罢工、战争、抢劫、经济封锁等现象，严重影响项目采购的顺利完成。

4. 市场风险

市场风险是指市场情况的不确定导致目标出现损失的可能。具体来讲就是市场需求量、需求偏好、价格以及市场竞争等方面有可能发生不利的变化，从而使项目采购的经济效果达不到预期的水平。

5. 政策风险

政策风险是指政策的改变导致项目采购出现损失的可能。政府政策涉及范围较广，对项目采购有重要影响。

6. 信用风险

信用风险是指项目采购相关主体（企业、个人或其他组织）不守信用导致目标出现损失的可能。项目采购涉及大量合同，如果有违反合同的行为发生，甚至合同停止，项目采购则毫无疑问将受到损失。

7. 道德风险

道德风险是指有关行为人道德变化（主要指道德水准下降）而可能导致的目标损失的可能。该风险在高新技术项目采购中相当显著，应该引起重视。

8. 自然风险

自然风险主要是指气候与环境的变化造成的影响，由于自然力的作用造成财产损毁或人员伤亡的风险属于自然风险。天气的突然变化及自然灾害，如水灾、火灾、风灾、地震等不可抗力会严重地拖延项目采购进度并增加费用。

三、项目采购风险应对

（一）预防风险

风险预防是一种主动的项目采购风险管理策略，分为有形手段和无形手段。

1. 有形手段

（1）防止项目风险因素的出现。在项目采购活动开始之前，采取一定措施，减少风险因素。例如，为了防止信用风险，对供应商进行深入调研，观察其过往信用状况等。

（2）减少已存在的风险因素。例如发现供应商经营情况不佳，应及时物色候补厂家。

（3）将项目风险因素与人、财、物在时间和空间上隔离。项目风险事件发生时，财产损毁和人员伤亡是因为人、财、物于同一时间处于破坏力范围之内。因此，可以把人、财、物与风险源在空间上实行隔离，在时间上错开，以达到减少损失和伤亡的目的。

2. 无形手段

（1）教育法。采购管理人员和所有其他有关各方的行为不当可构成项目风险因素。因此，要减轻与不当行为有关的风险，就必须对有关人员进行风险和风险管理教育。其目的是要让有关人员充分了解项目所面临的种种风险，了解和掌握控制这些风险的方法，使他们深刻地认识到个人的任何疏忽或错误行为都可能给项目造成巨大损失。

（2）程序法。教育法处理的是人的因素。但是，项目采购活动的客观规律若被破坏也会给项目造成损失。程序法是指以制度化的方式从事项目采购活动，减少不必要的损失。项目采购管理组织制订的各种管理计划、方针和监督检查制度一般都能反映项目活动的客观规律性，相关人员一定要认真执行。

（二）减轻风险

减轻风险就是通过缓和或预知等手段降低风险发生的可能性或减缓风险带来的不利后果，以达到减少风险的目的。

从与成本、进度计划和技术要求三个方面相关的风险考虑，降低项目风险的策略建议见表14-1。

表 14-1 降低项目风险的策略建议

成本因素相关风险	运用有效的手段，识别和监控项目采购的关键成本
	采用低成本设计和备选方案相结合的方法，做好风险处理的预案准备
	利用建模和评估方法，控制项目实施的进度和效果，评估绩效
	最大限度地使用已被证明有效的技术和设备，减少未知因素
进度计划相关风险	提前进行项目采购团队的组建工作，并为其挑选合适的人员
	制订项目采购进度计划并努力坚持执行
	尽可能早地安排风险高的任务，为风险处理留有余地
	区分关键任务和次关键任务，安排最好的员工去完成时间紧急的关键任务
	遵守《中华人民共和国劳动法》，对加班工作者提供补贴，激发员工积极性
技术因素相关风险	组建具有现代管理理念、掌握项目采购技能的团队
	根据项目规划，确定关键的模型技术参数，通过模拟为决策提供依据
	使用成熟的计算机辅助工具和软件，对项目采购进行整体管理
	雇用外部专家对项目采购计划、项目采购风险进行审查和评估
	建立有效的激励机制，为技术团队的成果提供适当奖励

（三）转移风险

转移风险又称合伙分担风险，是指将风险转移到参与该采购任务的其他人或组织。其目的不是降低风险发生的概率和减少不利后果，而是借用合同或者协议，在风险事故一旦发生时将损失的一部分转移到有能力承受或控制项目采购风险的个人或组织。实行这种策略要遵循两个原则：①风险承担者应得到相应的回报；②对于具体风险，谁最有能力管理就让谁分担。风险转移的方式有外包、保险和担保等。

1. 外包

外包是一种很好的非财务性风险转移策略。例如将采购任务外包给专业的采购公司。外包日益流行，外包可以使企业专注于自己的核心竞争力，而将不擅长的领域外包给擅长的公司，有助于企业效益的提高，同时也转移了相关方面的风险。

2. 保险和担保

保险和担保都属于财务性风险转移，是风险转移常用的一种方法，是指项目组向保险公司交纳一定数额的保险费，通过签订保险合约来对冲风险，以投保的形式将风险转移到其他人的身上。根据保险合约，风险事故一旦发生，保险公司将承担投保人因风险造成的损失。

担保是指为他人的债务、违约或失误负间接责任的一种承诺。在项目采购管理上担保是指银行、保险公司或其他非银行金融机构为项目风险负间接责任的一种承诺。此种风险转移方式常用于风险较大的大型项目采购。项目承包商会请银行、保险公司或其他非银行金融机构在投标、履行合同、归还预付款等方面向业主做担保承诺。

（四）回避风险

回避风险是指当项目采购风险潜在威胁发生可能性太大，不利后果也太严重，又无其他可用策略时，主动放弃项目或者改变项目最初的目标和方案，从而规避风险的一种策略。这种风险应对的目的是尽可能避免人、财、物、设备等的损失。回避风险是一种消极应对方法，尽管许多风险因素能够避免，但不是所有的风险因素都能消除，特别是一些工程类的项目采购，一旦开始就会发生较大的资金投入，采用回避策略，意味着采购项目损失在即。

回避风险包括主动预防和完全放弃两种。①主动预防指的是从风险源入手，将风险的来源彻底消除。②完全放弃这种方法比较少见，是最彻底的回避风险的方法，但也会带来其他问题。因此，在采取回避策略之前，必须要对风险有充分的认识，对威胁出现的可能性和后果的严重性有足够的把握。采取回避策略，最好在项目活动尚未实施时，放弃或改变正在进行的项目，一般会付出巨大的代价。

（五）储备风险

对于一些大型项目工程，由于项目的复杂性，项目风险客观存在，为了保证项目按预定的目标实现，有必要制定项目应急措施（即储备风险）。所谓储备风险，是指根据项目风险规律事先制订应急措施和一个科学有效的项目风险计划，一旦项目实际进展情况与计划不同，就采用后备应急措施。储备措施主要有预算应急措施、进度后备措施和技术后备措施。

采购管理

案 例

南非机车项目零部件采购及风险管理

近年来，随着中国高速铁路（以下简称高铁）的迅猛发展，中国高铁不断受到国外的关注。中车集团是世界瞩目的企业，逐渐向国外输出技术，承接国外项目。

2010 年，南非总统雅各布·祖马访华，开展多方面业务合作会谈，考察了中国的高铁项目。南非加入金砖国家后，于 2011 年向全球招标，采购 95 台电力机车。

2012 年，中国南车株机公司在竞争中打败欧美等国家和地区的竞争对手，斩获了项目的第一单。2013 年，中国南车株机公司创造了机车首台车交货期 16 个月的世界纪录。2014 年，中国南车株机公司和中国北车大连公司顺利拿下了南非政府全球招标 591 台机车订单（359 台电力机车和 232 台内燃机车）。

2014 年 3 月，中国南车株机公司与南非国家交通运输集团（以下简称南非集团）正式签订近 21 亿美元的电力机车大单。南非机车项目是南非集团在非洲最大、最复杂的项目，中国南车株机公司在南非中标此项目有着深远的意义：①打破了欧美企业对南非铁路内燃机市场 60 年的垄断；②这是中国南车株机公司迄今在国外中标的最大项目，在国际上提升了品牌形象。

另外，此项目也是迄今我国高端轨道交通整车出口的最大项目，对未来国际市场的开发与推广起到了很关键的作用。中国南车株机公司自 2005 年开始进驻南非，先后与南非集团签下总价值 35 亿美元的大单，这也是国家层面的关键战略项目。

一、隔离开关面临交货风险

作为中国南车株机公司的子公司，株洲中车时代电气股份有限公司是该项目的关键零部件——牵引变流零部件的供应商，结合主机厂的生产进度与客户需求时间，深感此项目的难度大。

其中，隔离开关是此项目的关键原材料，项目团队在技术方案选型时第一时间组织各个部门进行方案分析与策略规划，从交货期来看，早早地就发现了这个风险点，而结合项目原材料整体分析，隔离开关是瓶颈物料，其到货周期远不能满足项目的要求。这也给项目组与供应链团队增加了一定的工作难度。

为了解决交货期问题，公司各部门第一时间组织开会讨论解决方案并结合讨论的方案开展相关工作。在技术响应、交货期响应方面，各部门协同以求快速响应客户需求，积极努力地开展工作，技术人员开展系统研发设计与应用设计，物料专家提供物料方面的方案指导与支持。

二、识别难点

在轨道交通行业中，用于车体的隔离开关（大电流）绝大部分由国外厂家进行供货，结合目前公司已有的项目，国外厂家该类别产品的价格高、生产/供货周期长、技术支持及商务响应能力都较差，而针对南非机车项目，国外厂家给予的价格、生产/供货周期、技术支持与服务等同样不能满足目前公司的要求。

南非机车项目首列车交付时间十分紧急，且客户对首列车试运行试验要求较高，综合客户的交付需求及技术条件，既要保证顺利交付，也要保证产品质量合格。能否顺利完成该项目在很大程度上影响着中国南车株机公司的品牌形象。

这是中国南车株机公司最大的海外项目，有较强的品牌效应，也具有一定的政治意义。项目的成功与否将在很大程度上决定公司的国际影响力及市场份额。这个项目存在以下几个难点：

1. 首列车交付时间紧急

客户需求时间很紧，首列车交付时间进度紧张，根据客户需求条件，公司提供的机车牵引与变流器需要重新设计，与公司标准产品有一定差异。公司各部门需要协同，寻求最快的解决办法。

2. 客户需求不定时变化

在项目设计初期，方案没有完全确定，客户提出的需求有变化，需要根据客户需求及时更改设计方案，这对首批产品顺利交付造成了很大的困难。

3. 隔离开关技术因素

项目所需的多极隔离开关进口品牌市场占有率较高，关键原材料隔离开关技术主要在国外，而国外厂家不愿意对标准产品按照公司要求进行改造，他们更希望按照他们的产品进行设计。

项目要求进口产品更改标准产品安装尺寸进行定制，国外厂家不接受定制方案，给项目设计方案造成很大难度。

如果选用国外品牌，成本较高，交货期也很长，不能响应客户需求，这迫使公司考虑与国内技术水平较高的厂家进行合作，按照设计要求进行产品开发，保证进度满足客户需求。

鉴于此，从价格和成本上综合考虑，唯有国产化才能满足客户需求。

4. 客户地域文化差异

客户现场首列车安装进度不受控制，主要是客户地域工作习惯差异所致，这样会对后续批量的连续供应造成困难。这些都需要充分考虑并做好相应的准备。

三、项目实施

在对项目的难点进行分析之后，为了确保项目顺利实施，公司成立了项目团队，并明确了分工。

1. 项目主要参与者

（1）物料专家。物料专家对隔离开关进行物料试验与验证，并给供应商提供技术原理理论及试验效果数据支持。

（2）技术人员。技术人员对公司集成的产品进行技术原理分析与认证，同时提出隔离开关技术要求。

（3）项目经理。项目经理对接客户，传递客户需求到公司内部，同时将公司的进展情况及时反馈给客户。

（4）质量工程师。质量工程师对隔离开关进行质量首件评审及装车考核试验，定期与物料专家探讨产品技术质量问题。

（5）供应开发师。供应开发师与国外厂家进行谈判，同时在国内进行寻源，开展价格谈判。

（6）采购经理。采购经理对国内寻源的厂家进行价格谈判，并与项目团队一起确定未来合作的对象，定期现场监造、查看进度，组织开展战略合作并签订合作协议。

其中，物料专家在项目中起了非常重要的作用，在与供应商进行共同的产品开发过程中，他们的工作进展尤为重要。采购经理作为项目的牵头人，必要的时候也要进行协调。

2. 项目实施过程中的关注点

在项目实施的过程中，公司密切关注了以下几个方面：

（1）进度控制。

1）根据客户需求，按照合同首列车交付计划控制进度。首列车交付是一个里程碑，为此，公司全力以赴，确保能够按时交付，得到客户的认可。

2）在项目执行中，客户需求的变化对产品选型开发中的进度管控提出了更高要求。确保进度，对公司未来进军海外市场起着关键的作用。

（2）进口产品国产化。对于隔离开关，参考公司之前的产品（与该项目类似的产品），公司选用的是国外一家知名品牌，但是南非项目与公司其他类似项目平台一致，在和对方进行技术交流时，国外标准化产品与所需的安装接口及一部分技术参数不兼容，为了保证项目进度，公司的技术与供应链团队人员紧急找到供应商寻求支持，但是得到国外供应商的回复是很失望，对方既不愿意加急生产赶工，也不愿意更改标准产品的接口，但时间就是宝贵的资源，在产品交付之前整个团队都在与时间赛跑。

对于隔离开关，国外厂家不接受公司的定制要求，而国内技术欠缺，怎么办？

唯一可行的办法就是，寻找合适的国内厂家，短时间内开发出符合要求的技术。在国内产品选型开发中，公司派出专家，全程进行技术指导，并参与其中的设计与试验。

最终，公司选择了国内一家知名企业进行定制开发，且要求对方30天内首件产品交付，试验通过后15天内批量交付，同时公司安排物料专家、质量工程师等人员到现场进行试验与生产监督。在这个过程中，采购经理无时无刻不在关注试验的进度，和物料专家建立了良好的沟通关系，充分把握开发的进度，最终保证了产品的顺利交付，质量也完全符合项目组的需求。

(3) 风险识别。在整个项目实施过程中，公司时时刻刻都关注着风险，包括供应风险、需求风险、过程风险、控制风险、环境风险等，因为任何风险一旦发生，如果没有及时采取有效措施，就有可能造成项目的延误。项目风险识别是从"终端到终端"，对国外技术限制及国内临时定制的各种风险源进行综合全面分析。

(4) 总成本节约。在项目参与者的共同努力下，公司不仅实现了首批采购结合产品替代开发过程中的成本花费比国外产品成本节约，而且也实现了连续供应累计采购总成本节约的目标。

(5) 在项目实施过程中，公司对项目目标进行了定性和定量的分解（见图14-11）。

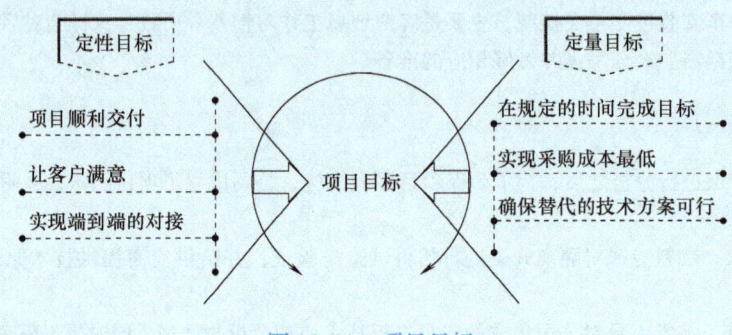

图14-11 项目目标

定性目标，就是要让项目能够顺利交付，让客户满意，实现端到端的对接。

定量目标，一方面是要能够在规定的时间完成；另一方面是要实现采购成本最低。此外，还有关键的一点，即确保替代的技术方案可行。

最终，公司在这个项目上取得了成功，保证了项目的交付进度。

复习思考题

1. 什么是项目采购？
2. 项目采购有哪些类型？
3. 简述项目采购的基本原则和程序。
4. 什么是项目采购管理？简述其功能与模式。
5. 项目采购管理的目标有哪些？
6. 简述项目采购管理的主要流程。
7. 项目风险的识别方法有哪些？
8. 举例说明如何应对项目风险。

第十五章

政 府 采 购

作 用

本书是以企业采购管理为中心展开论述的，但考虑到企业同样需要面对政府采购市场，因此本章作为完善采购管理体系的重要补充，目的是使读者了解政府采购的相关概念、政府采购的管理方法和采购模式。

关 键

本章所涉及的基本概念包括政府采购，基本理论有政府采购的特点、政府采购管理；主要方法涉及政府采购的程序和管理方法、政府采购中不同采购方式的运用等。

第一节 政府采购概述

政府采购也称公共采购，已有 200 多年历史。政府采购以政府机构或履行政府职能的部门为主体。作为市场经济国家管理政府公共支出的一种基本手段，最早的政府采购法律规范可追溯到 1761 年美国的《联邦采购法》。根据相关资料，各国政府采购的资金一般占国内生产总值（GDP）的 10% 以上，实行政府采购制度可节约资金 10% 左右。政府采购制度不是一成不变的，随着各国政府在市场经济发展过程中角色的不断变化，采购制度的目标和作用也发生着相应的变化。同时，随着政府不断改进其采购方式，采购制度的规则也在不断更新。

一、政府采购的概念和特点

《中华人民共和国政府采购法》中对政府采购的定义是："本法所称政府采购，是指各级国家机关、事业单位和团体组织，使用财政性资金采购依法制定的集中采购目录以内的或者采购限额标准以上的货物、工程和服务的行为。"政府采购不仅是指具体的采购过程，而且是采购政策、采购程序、采购过程及采购管理的总称，是一种对公共采购管理的制度。

上述定义包括以下三层含义：①政府采购的主体是公共机构，具体包括"各级国家机关、事业单位和团体组织"；②政府采购的资金来源具有公共性，主要是"财政性资金"；③政府采购对象严格限定在"制定的集中采购目录以内或者采购限额标准以上"。

政府采购是相对于个人采购、家庭采购、企业采购和团体采购而言的一种采购管理制度，与个人采购、家庭采购、企业采购或团体采购相比，政府采购具有以下特点：

1. 资金来源的公共性

政府采购的资金来源为财政拨款和需要由财政偿还的公共借款，这些资金的最终来源为纳税人的税收和政府公共服务收费。而私人采购的资金来源于采购主体的私有资金（Private Fund）。实际上，从本质上来讲，正是采购资金来源的不同才将政府采购和私人采购区别开来。

2. 采购主体的特定性

政府采购的主体，也称采购实体，是依靠国家财政资金运作的政府机关、事业单位和社会团体、公共机构等部门。

3. 采购活动的非营利性

任何资金的使用都存在管理者责任问题。在完善的市场经济条件下，营利性商业组织的资金管理者责任及资金的使用效率可以通过优胜劣汰的市场机制反映出来，也即通过市场检验来体现。而对于非营利性的政府采购管理也就成为一种弥补市场不足的必要补充。政府采购的目的不是营利，而是实现政府职能和公共利益。

4. 政府采购的社会性

政府采购的社会性实际上是蕴含在其非营利性特征中的，是非营利性的更深刻的表现。政府采购为非商业性采购，它不是以利润为目标，也不是为卖而买，而是通过采购活动为政府部门提供消费品或向社会提供公共利益。

5. 采购对象的广泛性

政府采购的对象包罗万象，既有标准产品也有非标准产品，既有有形产品也有无形产品，既有价值低的产品也有价值高的产品，既有军事用品也有民用产品。为了便于管理和统计，国际上通行的做法是按其性质将采购对象分为三大类：货物、工程和服务。

6. 行政性

采购实体在采购时不能体现个人的偏好，必须遵循国家政策的要求，包括最大限度地节约支出、购买本国产品等。

7. 规范性

政府采购不是简单的"一手交钱一手交货"，而是要按有关政府采购的法规，根据不同的采购规模、采购对象及采购时间要求等，采用不同的采购方式和采购程序，使每项采购活动都规范运作，体现公开、竞争的原则，接受社会监督。

8. 影响力大

政府采购不同于个人采购、家庭采购、企业采购或团体采购，它是一个整体，这个整体是一个国家最大的单一消费者，其购买力非常大。政府采购金额占一个国家国内生产总值的10%以上，因此，政府采购对社会经济有着非常大的影响力，采购规模的扩大或缩小、采购结构的变化对社会经济发展状况、产业结构以及公众的生活环境有着十分明显的影响。正是由于政府采购对社会经济有着其他采购主体不可替代的巨大影响，它已成为各国政府通常使用的一种宏观经济调控手段。

此外，财政部门实行全方位的监督，也是政府采购的一个重要特征。当然这种监督不是财政直接监督参与每项采购活动，而是通过制定采购法规和政策来规范采购活动，并检查这些法规、政策的执行情况。财政监督的对象不仅是采购实体，还包括采购中介机构、供应商等参与采购活动的机构和个人。

二、政府采购的目标

政府采购对单个采购实体而言，是一种微观经济行为，但将政府作为整体而言，政府采购就成为一种宏观经济手段。通过政府采购，政府可以将宏观调控和微观经济行为结合起来，以实现政府的重大政策目标。

1. 经济性和有效性目标

经济性和有效性是政府采购最基本和首要的目标。国际上，政府采购规则都将提高政府采购的经济性和有效性作为其首要目标。这是指以最有利的价格等条件及时采购质量符合要求的货物、工程或服务。经济性是指采购资金的节约和合理使用。基于公共资金的性质，采购机构必须谨慎合理地使用采购资金。有效性是指采购的货物、工程或服务要具有良好的质量，价格要便宜，还要注意采购的效率，要在合同规定的合理时间内完成招标采购任务，以满足使用部门的需求。

2. 实现宏观调控

政府通过调整采购总规模，调节国民经济的运行状况，即为了刺激经济发展，政府可以扩大采购规模，增加内需；为了抑制经济过热，政府可以缩减采购规模，降低消费需求。政府还可以通过调整采购结构达到调整产业结构的目的，即对政府鼓励的产业，政府可以提高采购量，为该产业的发展开辟市场；对政府控制的产业，政府可以减少对这些产业的产品采购。

3. 保护民族工业

许多国家通过立法，强制要求政府采购购买本国产品，以实现保护民族产业目标。例如，美国在1933年颁布了《购买美国产品法》，该法所称的"美国产品"是指最终产品中美国零部件含量不少于50%的产品。该法的宗旨是"扶持和保护美国工业、美国工人和美国投资资本"，要求美国政府购买本国的货物和服务。目前，美国已经加入了世界贸易组织的《政府采购协议》，《购买美国产品法》仍对未加入《政府采购协议》的国家适用，即使是世界贸易组织的成员，对某些领域仍在进行保护。政府通过购买本国产品，是以竞争为基础的，实行优胜劣汰，从整体上提高国内企业的竞争力，重点培育一批有实力的企业和产品。

4. 保护环境

保护环境的法规落实情况与多种因素有关，但在公众意识尤其是法人意识不强的情况下，还需要采取必要的手段促使他们执行国家的环境法规和政策。政府采购就是必要手段之一，政府对所采购的产品或拟建工程，提出有利于环境保护的指标和要求，不符合规定指标和要求的产品不得采购，例如规定政府购车的排气量、明确不能购买在生产过程中产生污染的厂家的产品等。

5. 稳定物价

根据国际惯例，稳定物价主要是指稳定粮食价格和原材料价格。政府通过对储备商品的采购和吞吐，调节物价水平。在粮食方面，政府按保护价从农民手中收购粮食，同时规定市场售价的最高价，如果出现投机，政府可以动用储备粮，平抑市场价格；在原材料方面，政府在某些原材料充裕或国际市场上价格合理的情况下进行储备，一旦这些原材料出现短缺或者国际市场上价格偏高，政府将按合理价格出售。

6. 促进就业

政府采购对就业的促进主要体现在以下三个方面：①鼓励政府从一些特殊企业购买产品，这里的特殊企业包括残疾人企业、妇女企业以及少数民族企业；②对参与采购竞争的企业进行资格审查，如果该企业存在歧视妇女和残疾人就业的情况，则取消其供应资格；③对于拿到政府采购合同的企业，要求其接收一定数量的人员就业等。在特殊时期，尤其是经济萧条时期，政府可以通过扩大工程采购，即增加基本建设来增加就业机会。

7. 促进国际贸易

政府通过加入国际性或区域经济组织的政府采购协议，使国内企业以较优惠的条件进口原材料，同时也为国内企业开辟了新的市场，让国内企业到外国政府采购市场上争取合同，增加出口，促进国际贸易。

8. 加强对国有资产的管理

政府采购的对象中，相当一部分属于国有资产。这些资产包括存量资产和新增资产，都包含在政府采购信息库中。因为每一项采购合同包括品名、数量等在合同形成前要报财政部门立项，在合同形成后要报财政部门备案，采购实体在申请购买新资产替代旧资产以及申请立项时也要做出说明，资产的处理收入要上缴国库。这些规定和要求使财政部门能够全面掌握国有资产的情况，有利于对国有资产的管理，防止国有资产的流失、闲置或浪费。

9. 推进反腐倡廉

政府采购作为一项制度安排可以从两个方面推进政府的反腐倡廉工作：①政府采购内在的监督约束机制，可以促进反腐倡廉；②在实践过程中，实行政府采购制度的国家建立了一整套外在的监督机制，最大限度地提高了政府采购的透明度，做到尽可能避免腐败现象的发生。

三、政府采购的原则

为了保证政府采购目标的实现，必须明确政府采购遵循的主要原则。

1. 公开、公平、公正和有效竞争的原则

这是政府采购的核心原则，也是政府采购与传统采购活动的根本区别。公开是指采购活动具有较高的透明度，不搞幕后活动、私密活动，全部采购活动向社会公开。公平、公正就是对所有供应商、所有品种一视同仁，采用相同的政策。有效竞争是介于过度竞争和垄断之间的市场竞争原则，既要发挥竞争效应，又要发挥规模经济优势。

2. 有效监督的原则

这也是政府采购与传统采购活动的根本区别。有效监督是保证政府采购公平、公正的必要手段。任何一种好的采购制度，都要通过人去操作，而人可能会有意或者无意地偏离公平、公正的轨道，有效监督能够消除采购活动中的腐败现象，促使政府官员依法行政，维护政府形象。

3. 调控经济的原则

政府的作用就是服务经济、发展经济。通过政府采购活动，政府可以有目的地引导需求，有目的地投放资金，改善产业结构，促进经济发展，从而起到调控经济的作用。

4. 国民待遇和非歧视性原则

开放政府采购市场后，应当遵循的原则主要是国民待遇和非歧视性原则。其中，国民待遇原则是指缔约国之间相互保证给予对方自然人（公民）、法人（企业）在本国享有与

本国自然人、法人同等待遇的原则。非歧视性原则就是无歧视待遇原则。

四、政府采购的程序

国际经验表明，各项采购无论采取什么方式，也无论涉及多大金额，都要按规定的步骤进行。政府采购的完整采购程序包括：确定采购需求，预测采购风险，选择采购方式，资格审查，执行采购方式，签订采购合同，履行采购合同，验收，结算，效益评估。在以上十个阶段中，前六个阶段称为合同形成阶段，后四个阶段称为合同管理阶段。政府采购程序与本书前述的一般采购程序基本相同，在此不做详细介绍。

> **思 考:**
> 思考一下政府采购中可能出现的问题。

五、政府采购管理

1. 主管机构

政府采购按使用对象，可分为军用产品采购和民用产品采购。军用产品采购的主管部门为国防部门，而民用产品的主管部门一般都是财政部门。但在有些国家，政府采购不是由财政部管理，而是由其他机构进行管理，这主要是由于国外的政府机构设置与我国不同。

财政部主要负责政府采购法规、政策的拟订和监督执行，采购计划的编制，供应商、采购代理资格标准的制定和审查，采购官员的培训和管理，采购争端的仲裁，国有资产的管理，采购信息的发布，采购统计和分析，部分甚至全部本级政府消费的货物、工程和服务的直接采购、分配和管理等。财政部通常设置专门机构负责政府采购的管理和协调。

2. 法律体系

为了加强对政府采购的管理，实现政府采购的政策目标，各国制定了一系列有关政府采购的法律和规章。各国的基本法规为政府采购法或合同法，如美国的《联邦政府采购政策办公室法案》《联邦采购条例》《合同竞争法案》等，新加坡的《政府采购法案》，英国的《通用合同及商业法》，中国的《政府采购法》等。除了基本法规之外，各国还制定了大量的配套法规，如美国的《购买美国产品法案》等近20个配套法规，新加坡的《政府采购指南》，英国的《非公平合同条款》《贪污礼品法案》，中国的《政府采购法实施条例》等。

各国的各部门、单位根据政府采购的基本法规和配套法规的精神，结合本部门、本单位的实际情况和特定需要，制定补充条例。地方政府根据中央政府的政府采购基本法规，制定地方实施细则。

此外，许多国家为多边国际贸易协议（如世界贸易组织、联合国贸易和发展组织等）或双边国际贸易协议（如澳大利亚-新西兰、美国-以色列等）的成员，也都相应制定了对外贸易中应遵循的政府采购法规。例如《美国贸易协议法》规定，禁止联邦政府购买未加入世界贸易组织国家（地区）的商品，或明确在对外贸易中应遵守的国际性或区域性政府采购协议，如世界贸易组织的《政府采购协议》等。

3. 政府采购模式

各国的政府采购模式不尽相同。有的国家实行集中采购模式，即本级政府所有的采购均由一个部门负责。例如，韩国企划财政部的政府采购厅，负责对中央政府以及中央政府驻地方机构的所有货物、工程和服务的采购、分配和管理。有的国家实行分散采购模式，即采购由需求单位自己进行。完全实行分散化采购的国家不多,多数国家实行半集中半分散的采购模式,即部分物品由一个部门统一采购,部分物品由需求单位自己采购。例如,新加坡财政部对具有批量的产品(如计算机、纸张等)实行集中采购,其他的则由各部门自己采购;美国联邦总务署统一负责为联邦各政府部门提供办公用房、办公设备及内部服务,其他物品由有关的联邦政府部门自行采购。

从采购模式的历史来看,很多国家的采购模式都经历了从集中采购模式到半集中半分散模式的过程。随着电子贸易的普及,估计政府采购模式又将会走向集中。

4. 质疑和申诉机制

供应商质疑和申诉是采购活动中经常遇到的问题,如果这些问题得不到妥善解决,不仅会影响采购活动的开展,还会影响政府的信誉,影响政府与供应商之间的关系。正因为如此,世界贸易组织的《政府采购协议》以及许多国家的政府采购制度都包括了对处理质疑和申诉问题的特殊规定,包括申诉程序、有效时间、负责处理此类问题的机构等。

关于处理质疑和申诉机构设置,《政府采购协议》要求设立一个独立的机构,但这只是将来的趋势,目前各国(地区)的做法差异很大。有的成员将这类机构设在财政部门,如新加坡、韩国等;有的成员由法院负责如英国等;有的成员另设独立机构,如澳大利亚的联邦政府调查委员会、日本的政府采购审查委员会等;有的成员由负责管理贸易申诉的行政法庭来负责,如加拿大的国际贸易仲裁法庭、美国的会计总长办公室和总务署合同上诉委员会以及法院等。

成功地解决申诉问题的补偿机制有道歉、重新审查采购决定、取消采购决定、终止合同、重新招标、补偿损失、修正有关的采购规划或程序、暂停采购活动等。

为了减少采购活动中的争端,很多国家都制定了内部或外部审计和监督程序,以确保政府采购活动的正常进行。

5. 采购官员管理

政府采购官员代表政府进行各种采购,拥有很大的权力,但同时也要承担很大的责任。各国对政府采购官员的要求非常高,他们不仅要懂政府采购的法规政策,还要懂国际贸易的政策和规则;不仅要熟悉采购程序,还要掌握国内外市场情况;不仅要懂经济知识,还要具备多方面的专业知识;不仅要懂采购技巧,还要善于解决采购过程中出现的各种问题;等等。

为了保证政府采购队伍的专业化、职业化,各国都非常重视对采购官员的培训和管理。负责大宗商品的采购或具有高风险的商品和服务的采购官员由中央政府培训;负责小额商品的采购官员由部门或地方培训。培训合格的官员在采购主管部门登记注册,只有注册官员才能上岗。这些官员按职能分为合同官员、采购官员和采购经办人员,在采购工作中实行流水作业,各司其职,即将采购的各环节分离,分别由不同的官员负责和经办。上一个环节的官员向下一个环节的官员交接工作时,必须书面保证本环节具有合法性。在签订合同时,由不同级别的官员签订不同金额的合同,合同金额越大,要求合同签订人的级别越高。按这套机制运作,权责对称,责任明确。

6. 采购信息管理

采购信息管理是政府采购管理制度中的一个重要组成部分,采购信息管理不仅是指采购信息的发布,还包括采购情况的各项记录信息。关于采购信息的发布,通常的做法是在采购主管机构指定的公开发行的刊物(如政府采购公报、政府采购和资产处理公报等)或官网上刊登采购通告。

采购记录信息的内容非常多，如美国联邦采购数据收集中心收集的采购信息包括：按采购对象性质分类的采购合同及金额，按采购方式分类的采购合同及金额，按采购对象来源地分类的采购合同及金额，按部门分类的采购合同及金额，全国合同金额居前 100 名的合同商的各项采购合同及金额等。韩国的采购记录中包括本年新增国有资产、本年处理国有资产、本年净增国有资产等有关国有资产的信息。通过对政府采购各项信息的收集和处理，可以对采购进行地域分析、市场分析以及对政府有关政策目标落实情况的分析，这是对政府采购制度的一种评估方法。

7. 中央和地方关系

政府采购实行分级管理，中央政府和地方政府建立各自的政府制度，但二者不是绝对独立的。第一，一个国家只有一部政府采购法，法律规定的原则和要求，中央政府和地方政府都必须遵守，地方政府在不违背政府采购法的原则和要求的前提下，可以制定本地的政府采购实施细则。第二，由于中央政府与地方政府存在资金往来关系，特别是中央政府要给地方政府大量的转移支付，因此，只要地方政府的采购项目中含中央政府的补助，地方政府就必须按中央政府的采购规则操作。至于地方政府用自有资金安排的采购项目，则可以按地方的采购规则执行。

8. 国际事务

这里的国际事务主要是指有关政府采购问题的对外谈判事务，按国际上的做法，一般由外贸部门负责，也有的国家由财政部门负责。

第二节　政府采购方式

一、政府采购方式的分类

1. 按招标范围分

根据招标范围，可将采购方式统一规范为公开招标采购、邀请招标采购和议标采购。世界贸易组织的《政府采购协议》就是按这种方法对政府采购方式进行分类的。各种招标方式的内涵详见本书第三章。

2. 按是否具备招标性质分

按是否具备招标性质，可将采购方式分为两大类：招标性采购和非招标性采购。采购金额是确定招标性采购与非招标性采购的重要标准之一。一般来说，达到一定金额以上的采购项目，采用招标性采购方式；不足一定金额的采购项目，采用非招标性采购方式。

达到一定金额以上的采购项目一般要求采用招标采购方式，但在有些情况下，如需要紧急采购或者采购来源单一等，招标方式并不是最经济的，需要采用招标方式以外的采购方法。另外，在招标限额以下的大量采购活动，也需要明确采购方法。非招标性采购是指除招标采购方式以外的采购方式。非招标性采购方法有很多，通常使用的主要有单一来源采购、竞争性谈判采购、竞争性磋商采购等。

单一来源采购即没有竞争的采购，它是指达到了竞争性招标采购的金额标准，但所购商品的来源渠道单一，属专利、首次制造、合同追加、原有项目的后续扩充等特殊情况。在此情况下，只能由一家供应商供货。

竞争性谈判采购是指采购实体通过与多家供应商进行谈判，最后从中确定中标供应商的一种采购方式。这种方法适用于紧急情况下的采购或涉及高科技应用产品和服务的采购。

竞争性磋商采购是指采购人、采购政府代理机构通过组建竞争性磋商小组与符合条件的供应商就采购货物、工程和服务事宜进行磋商，供应商按照磋商文件的要求提交相应文件和报价，采购人从磋商小组评审后提出的候选供应商名单中确定成交供应商。

3. 按采购规模分

按采购规模，可将采购方式分为小额采购方式、批量采购方式和大额采购方式。

（1）小额采购是指对单价不高、数量不大的零散物品的采购。具体采购方式可以是询价采购，也可以直接到商店或工厂采购。

（2）批量采购是指小额物品的集中采购。其适用条件是：在招标限额以下的单一物品由个别单位购买，而且数量不大，但本级政府各单位经常需要；或单一物品价格不高但数量较大。具体采购方式可以是询价采购、招标采购或谈判采购等。

（3）大额采购是指单项采购金额达到招标采购标准的采购。适用的具体采购方式有招标采购、谈判采购等。

4. 按采购手段分

按运用的采购手段，可将采购方式分为传统采购方式和现代化采购方式。

（1）传统采购方式是指依靠人力来完成整个采购过程的一种采购方式，如通过报刊公开发布采购信息，采购实体和供应商直接参与采购每个环节的具体活动等。

（2）现代化采购方式是指主要依靠现代科学技术的成果来完成采购过程的一种采购方式，如采购卡采购方式和电子采购方式。采购卡类似于信用卡，与信用卡的不同之处在于，采购卡由财政部门统一发放给采购实体，采购实体的采购官员在完成采购后付款时，只需划卡即可。划卡记录包括付款时间、付款项目、付款单价和总价等信息，这些信息将传送财政部门备案审查。采购卡一般适用于小额采购，由于这种采购方式不需要签订合同，对于每年数以万计的小额采购来说，能够节约大量的文书费用。电子采购已在本书第四章进行了专门介绍，此处不再赘述。

二、采购方式的发展趋势

1. 竞争性招标采购仍是主要的采购方式，但比重逐渐下降

> **思考：**
> 你所了解的政府采购方式主要有哪些？

竞争性招标采购虽然有很多优点（在本书第三章已述及），但也存在很多不足之处，突出表现在：①周期太长，费时太多；②需要的文件非常烦琐；③可能造成设备规格多样化，影响标准化的实现等。因此，尽管竞争性招标目前仍是政府采购的主要方式，但其所占比重在逐渐下降。

2. 竞争性谈判采购方式逐步占据主导地位

除竞争性招标采购以外，还有很多的采购方式，包括限制性招标采购、单一来源采购、竞争性谈判采购、自营工程等。其中，单一来源采购和自营工程等方式均为特例，它们都是在特定的环境下适用，而且所占比重非常小，任何国家或组织都不主张过多地采用这些方式。调查表明，竞争性招标采购方式所占比重在不断下降，与此同时，限制性招标采购和竞争性谈判采购所占比重不断提高，尤其是竞争性谈判采购在很多国家非常流行。

竞争性谈判采购既有竞争性招标采购方式的优势，还可以弥补其不足之处：
（1）缩短准备期，使采购项目更快发挥作用。
（2）减少工作量，省去了大量的开标、评标工作，有利于提高工作效率，减少采购成本。
（3）供求双方能够进行更为灵活的谈判。
（4）更有利于对民族产业进行保护。
（5）竞争性谈判采购还具有其他任何采购方式所不具备的一个优点，即这种采购方式能够激励供应商将自己的高科技应用到采购商品之中，同时又能转移采购风险。

竞争性谈判采购既能体现充分竞争，又能体现灵活协商，逐渐成为占主导地位的采购方式。

3. 采购手段的发展趋势

信息产业的高速发展和信息产品的普遍使用，将会为传统的采购手段带来一次彻底的改革，今后的采购手段以电子化为主，通过网络媒体发布采购信息并进行电子招标等。

第三节 国内外政府采购管理现状

国际上政府采购模式主要有三种类型：①集中采购模式，即由财政部门或另一个专属部门负责本级政府的所有采购；②分散采购模式，即由各支出单位自行采购；③半集中半分散采购模式，即由财政部门或一个专职机构直接负责对部分商品的采购，其他商品（主要是低价值和特殊商品）由各支出单位自行采购。

一、中国政府采购实施总体情况

2003年1月1日，《中华人民共和国政府采购法》开始施行，其目标是提高政府采购资金的使用效益，维护国家利益和社会公共利益，保护政府采购当事人的合法权益，促进廉政建设。绝大多数地区也制定了相应的地方性政府采购法规，中国政府采购法律体系框架基本形成，为依法开展政府采购活动提供了法律依据和制度保证。

2012年发布的《机关事务管理条例》明令禁止政府机关采购奢侈品、超标准的服务，并要求政府集中采购机构建立健全管理制度，降低采购成本，保证采购质量。有关数据显示，中国政府采购规模由2002年的1009亿元增加到2018年的3.58万亿元，17年间增长了约34.5倍，其中货物类采购规模为8065.3亿元，占22.5%，而且未来还将不断增加，中国将成为全球最大的公共采购市场。

政府采购方式逐渐多样化，除公开招标这一主要方式外，还经常使用邀请招标、竞争性谈判、询价采购、单一来源等国际上通用的采购方式，其主要特点见表15-1。

表15-1 各采购方式的主要特点

采购方式	主要特点
公开招标	采购机关或其委托的政府采购业务代理机构以招标公告的方式邀请不特定的供应商投标
邀请招标	招标人以投标邀请书的方式邀请5个以上特定的供应商投标
竞争性谈判	采购机关直接邀请3个以上的供应商就采购事宜进行谈判
询价采购	对3个以上的供应商提供的报价进行比较，以确保价格具有竞争性
单一来源	采购机关向单一供应商直接购买

采 购 管 理

思 考:

结合国内外政府采购经验，对我国政府采购管理提出建议。

《中华人民共和国政府采购法》颁布前，许多地方在财政部门内设立集中采购机构——政府采购中心，履行集中采购职能。《中华人民共和国政府采购法》实施后，各地都依法设立集中采购机构；中央设立中央国家机关政府采购中心，负责统一组织实施中央国家机关政府集中采购目录中项目的采购。《中华人民共和国政府采购法》规定，各级人民政府财政部门是负责政府采购监督管理的部门，政府采购监督管理部门不得设置集中采购机构。各地根据实际情况，将集中采购机构逐渐从财政部门分离，由政府独立设置，依法独立履行集中采购职能。

关于集中采购机构的主要职责，《中华人民共和国政府采购法》没有明确规定。《上海市政府采购管理办法》规定，上海市政府采购中心履行以下职责：①组织实施集中采购；②接受采购人的委托代理采购；③建立与上海市政府采购相适应的信息系统；④上海市人民政府规定的其他职责。根据《中华人民共和国政府采购法》的规定和各地政府的采购实践，集中采购机构的主要职责应包括：①组织对集中采购目录内的政府采购项目依法进行独立采购；②接受采购人员的委托，代理采购属于分散采购的政府采购项目；③建立符合业务要求的供应商信息库、商品信息库和专家库。

二、国外政府采购管理机构

政府采购的主要模式是集中采购，在实行集中采购或集中采购与分散采购相结合的国家和地区，都设立了集中采购机构来管理政府采购活动，各国集中采购机构主要形式如下：

1. 美国联邦政府集中采购机构——联邦总务署

美国联邦政府采购已有200多年的历史，1761年颁布了第一部政府采购的法律，确定了美国政府采购的基本制度，此后又颁布大量的政府采购法律法规，形成了完整的政府采购法律体系。与此同时，美国《联邦采购法》也随之发生了演变。1949年以前，由各部门依法自行采购，这种完全分散的采购模式造成重复采购、过度采购以及效率低下等。为此，1949年美国国会通过了《联邦财产与行政服务法》，依据该法设立了联邦总务署（General Services Administration, GSA），在全美设立一个地区分局，负责联邦政府的采购工作。为了促进各个政府采购机构采购规则的协调和统一，联邦总务署有权为几乎所有的联邦政府机构进行采购，有权设立标准和规范，有权为将来的需要进行采购和存储，有权在政府部门之间调剂采购商品。由此，美国联邦政府确立了集中采购的管理体系。

联邦总务署设立供应管理、购储标准、运输管理和动产利用四个司。集中采购供应由联邦供应系统具体运作，该系统使用了一个供应—销售—设施系统。由20个批发站和73个自助式零售商店组成，零售商店可以随时提供标准的办公用品货源，从而方便联邦政府机构采购。在集中采购的程度上，联邦总务署实行"放大集小"和"集大放小"相结合的政府采购体制。联邦总务署还设立合同争议委员会，处理招标过程以及合同执行中的争议，供应商对合同争议委员会处理不服的可以向美国政府问责署投诉，或向联邦索赔法院起诉。

1974年，美国联邦采购政策办公室成立，该办公室作为总统行政办公管理与预算局的一个组成部分，其职责是制定统一的政府采购政策，建立和发展统一协调的政府采购制度，联邦总务署的职能得到了进一步发挥。随着组织采购职能的不断提升，也由于采购业务日益复杂，专业技能不断提高，以及电子采购的广泛运用，政府集中采购的趋势得到了加强。

2. 加拿大联邦政府集中采购机构——加拿大公共工程和政府服务部

加拿大公共工程和政府服务部（Public Works and Government Services Canada, PWGSC）是加拿大联邦政府的集中采购机构，根据加拿大《政府服务规划》的规定，PWGSC 的主要业务领域包括建筑和工程咨询服务，建筑、维修货物和服务，每年的采购额近 60 亿美元。

PWGSC 主要通过加拿大投标服务系统公布采购信息，并通过灵活多样的采购方式进行采购，主要采购方式有电话采购、要求报价、邀请招标、要求提供建议、要求固定报价和单一来源采购。PWGSC 合同办公室官员有权处理供应商在采购过程中提出的争议，供应商对合同办公室处理不服的可以向加拿大国际贸易仲裁委员会提出质疑。PWGSC 有权根据采购项目情况确定采购方式，根据招标文件中确定的标准评估投标文件，以确定中标供应商并将政府采购合同授予供应商。一些重大、复杂的政府采购合同必须经过加拿大财政部批准。

3. 韩国政府集中采购机构——采购厅

韩国政府采购采取高度集中采购。韩国政府在企划财政部下设采购厅，由采购厅统一负责政府集中采购工作。采购厅是副部级单位，厅长由总理任命，工作完全独立自主。集中采购的程度是采取"集大放小"的原则，根据不同的采购主体确定不同的限额标准。中央政府部门及所属单位，采购价值在 30 亿韩元以上的工程项目和价值 5000 万韩元以上的货物和服务项目，地方政府采购价值在 100 亿韩元以上的项目和价值在 5000 万韩元以上的货物和服务项目，都必须由采购厅集中采购。采购厅还有权接受并处理供应商的质疑。

案 例

优化营商环境，消除政府采购隐性歧视

甲科技园管委会（以下简称甲）作为招标人，丙建设工程招标公司（以下简称丙）作为招标代理人，于 2019 年 3 月 11 日发布关于某公园绿化项目实施招标公告，由 A、B、C、D 四个公司参与投标，其中 A、C 公司是国有企业，B、D 公司是民营企业。B 公司参加了丙组织的开标会。评标委员依法进行评标并推荐了中标候选人名单，B 公司排在第一位。整个开标评标过程合法合规。根据《中华人民共和国招标投标法实施条例》第四十五条和第五十五条的规定，甲应确定 B 公司为中标人，并发出中标通知书。然而在公示期间，甲以接到投诉与规划需要调整为由，拒绝发出中标通知书，并发布公告终止招标投标程序。B 公司在与甲多次沟通未果的情况下，诉至法院，请求法院判令甲向 B 公司发出中标通知书，理由在于终止招标理由不属于不可抗力，真正原因是其预期的理想中标人 A 公司没能中标。甲辩称，因排名第二的中标候选人 A 公司向监管机构提出投诉至今仍未处理，而且规划需要重新调整，已经做出终止招标投标程序并发出终止通知。甲主张，根据《中华人民共和国招标投标法实施条例》第三十一条的规定，招标人有权终止招标，并且已经将收取的招标文件费用和投标保证金退还。

本案中，法院认为，根据《工程建设项目施工招标投标办法》第十五条第四款的规定，甲的抗辩理由没有依据，非终止招标程序的法定事由，不予采纳；甲抗辩向B公司发出了书面终止公告，属于单方的意思表示，违反法律规定及招标文件约定，法院不予采纳。最终，法院依法判决甲向B公司发出中标通知书。

在上述案例中，招标程序合法合规，究竟是什么原因使采购人不愿意向中标人发出中标通知书呢？法庭调查发现，该案例中的中标人是普通的中小民营企业，而采购人刚开始预期的中标对象是A公司（国有企业）。不难看出，在采购人长期形成的意识中，认为国有企业各方面条件更优于中小民营企业，中小民营企业难以保质保量地按时完成项目。这显然是对中小民营企业的歧视，这种隐性歧视通过司法路径予以纠正显然成本太高（有时可能难以得到纠正），不是营商环境好的象征。

除了通过终止招标外，隐性歧视实践中还有多种表现形式，例如，在邀请招标、竞争性谈判、询价等招标采购方式时，不邀请具备供应商资格的中小民营企业；通过非法干预评标专家评标，给想合作的国有企业在其自有裁量权范围内顶格打分；以串标为由对预中标的中小民营企业进行调查处理等。采购人的隐性歧视主要表现在：通过表面上或程序上的合法合规行为，实施不合法的方式，达到特定投标人或供应商中标或成交。

目前，优化我国营商环境正如火如荼地进行，尤其是优化政府采购环境，不仅要求有健全的法制体系，还要求采购参与人对法律的敬畏与守法意识，才能实现实质的公平公正竞争环境。通过构建开放型、阳光型政府采购运行体制，实现投标人或供应商在形式上与实质上的公平竞争。换言之，要实现公平公正的竞争环境，不仅要取消一些不合理的限制，让各类市场主体、不同所有制的企业"权利平等、机会平等、规则平等"，而且还要彻底改变招标采购过程中招标人及其代理机构、评标专家、相关监管人员的一些根深蒂固的歧视观念。

复习思考题

1. 什么是政府采购？政府采购的范围有哪些？
2. 政府采购的目标是什么？
3. 政府采购一般采取哪些采购方式？

实践与思考

学习本章后需要思考的问题是：政府采购在国外已有几百年的历史，在我国还是新鲜事物，你认为在我国现阶段推行政府采购制度的根本目的是什么？对我国经济发展的深层次意义是什么？如何保证我国政府采购制度的实施？

参 考 文 献

[1] 徐杰,汝宜红,蒋岩松. 市场采购理论与实务 [M]. 北京:中国铁道出版社,2001.
[2] 甘华鸣. MBA 核心课程:采购 [M]. 北京:中国国际广播出版社,2002.
[3] 沈小静,谭广魁,唐长虹. 采购管理 [M]. 北京:中国物资出版社,2003.
[4] 甘华鸣,解新艳. 采购管理速成 [M]. 北京:企业管理出版社,2002.
[5] 白继洲. 采购管理实务 [M]. 广州:广东经济出版社,2003.
[6] 谢勤龙. 企业采购业务运作精要 [M]. 北京:机械工业出版社,2002.
[7] 王槐林. 采购管理与库存控制 [M]. 北京:中国物资出版社,2002.
[8] 王忠宗. 采购管理实务 [M]. 广州:广东经济出版社,2001.
[9] 王忠宗. 采购管理99招 [M]. 广州:广东经济出版社,2001.
[10] 王忠宗. 采购管理手册 [M]. 广州:广东经济出版社,2001.
[11] 王成,刘慧,赵媛媛. 供应商管理业务精要 [M]. 北京:机械工业出版社,2002.
[12] 朱水兴. 工业企业的采购与采购管理 [M]. 北京:中国经济出版社,2001.
[13] 康善春. 采购技术 [M]. 广州:广东经济出版社,2001.
[14] 齐小平,沈建阳,张雷宝. 政府采购知识读本 [M]. 北京:中国财政经济出版社,2001.
[15] 曹富国,景成. 政府采购管理:国际规范与实务 [M]. 北京:企业管理出版社,1998.
[16] 马士华,林勇,陈志祥. 供应链管理 [M]. 北京:机械工业出版社,2000.
[17] 汝宜红,田源,徐杰. 配送中心规划 [M]. 北京:北京交通大学出版社,2002.
[18] 梅绍祖,李伊松,鞠颂东. 电子商务与物流 [M]. 北京:人民邮电出版社,2001.
[19] 何明珂. 物流系统论 [M]. 北京:中国审计出版社,2001.
[20] 任剑新. 企业战略联盟研究:一个新型产业组织的典型分析 [M]. 北京:中国财政经济出版社,2003.
[21] 现代物流管理课题组. 物流成本管理 [M]. 广州:广东经济出版社,2002.
[22] VAN WEELE A J. 采购与供应链管理:分析、规划及其实践 [M]. 梅绍祖,阮笑雷,巢来春,译. 北京:清华大学出版社,2002.
[23] 卡维纳托,考夫曼. 采购手册:专业采购与供应人员指南 [M]. 吕一林,等译. 北京:机械工业出版社,2001.
[24] 利恩德斯,费伦. 采购与供应管理 [M]. 张杰,张群,译. 北京:机械工业出版社,2001.
[25] LASETER T M. 战略采购管理 [M]. 王求真,李颖,译. 北京:经济日报出版社,2002.
[26] 邵举平. 物流管理信息系统 [M]. 北京:清华大学出版社,北京交通大学出版社,2005.
[27] 铁沛. 地产公司采购管理信息系统的建设 [D]. 成都:西南财经大学,2007.
[28] 姚家奕,吕希艳,张润彤. 管理信息系统 [M]. 北京:首都经济贸易大学出版社,2003.
[29] 黄志杰,张迪英. 中小型制造企业采购管理系统的研究与实现 [J]. 科教文汇,2006(10):143-144.
[30] 何瑛,李多顺,贺顺利. 电子商务环境下石化企业采购与供应链管理信息化的研究 [J]. 数字石油和化工,2006(11):66-72.
[31] 焦媛媛. 项目采购管理 [M]. 天津:南开大学出版社,2006.
[32] 《建设工程项目采购管理》编委会. 建设工程项目采购管理 [M]. 北京:中国计划出版社,2007.
[33] 郑建国. 项目采购管理 [M]. 北京:机械工业出版社,2007.
[34] 刘北林,马常红. 项目采购管理 [M]. 北京:中国物资出版社,2005.
[35] 伍蓓. 采购与供应管理 [M]. 北京:中国物资出版社,2011.

［36］陆建平. 企业采购与供应［M］. 北京：国防工业出版社，2013.
［37］温卫娟，郑秀恋. 采购管理［M］. 北京：清华大学出版社，2013.
［38］刘宝红. 采购与供应链管理：一个实践者的角度［M］. 北京：机械工业出版社，2012.
［39］贝利，法摩尔，克洛克，等. 采购原理与管理［M］. 王增东，李梦瑶，等译. 10版. 北京：电子工业出版社，2009.
［40］梁倩. 招标采购案例分析［M］. 天津：天津大学出版社，2011.
［41］鲍春生. 采购管理实务［M］. 西安：西北工业大学出版社，2011.
［42］刘志超. 采购与供应管理［M］. 广州：广东高等教育出版社，2011.
［43］邓秀恋，赵秀艳. 采购管理［M］. 北京：电子工业出版社，2012.
［44］范学谦. 采购管理［M］. 南京：南京大学出版社，2012.
［45］伯特，帕特卡维奇，平克顿. 供应管理［M］. 何明珂，卢丽雪，张屹然，译. 8版. 北京：中国人民大学出版社，2012.
［46］罗振华，孙金丹. 采购实务［M］. 北京：北京大学出版社，2011.
［47］杨赞，蹇令香. 采购与库存管理［M］. 大连：东北财经大学出版社，2011.
［48］梁军，王刚. 采购管理［M］. 2版. 北京：电子工业出版社，2010.
［49］周晓晔. 物流项目管理［M］. 北京：北京大学出版社，2011.
［50］王道平，李建立. 物流项目管理［M］. 北京：北京大学出版社，2012.
［51］逯宇铎，李正锋，苏振东，等. 国际物流学［M］. 北京：北京大学出版社，2012.
［52］刘洋，李瑾. 建设物资共享服务，提升采购供应效率［J］. 化工管理，2018（32）：18-19.
［53］叶河云，郑守忠，潘玉平. 基于供应链采购共享平台的建设研究和实践［C］//中国企业改革与发展研究会. 中国企业改革发展优秀成果2019（第三届）：下卷. 北京：中国企业改革与发展研究会，2019：216-222.